国家社科基金一般项目"信访问题统筹治理研究"

（项目批准号：11BZZ020）核心成果

信访问题统筹治理研究

XINFANG WENTI TONGCHOU ZHILI YANJIU

宋协娜◎著

人民出版社

目　　录

前　言

　　"绝知此事要躬行"。作为社会问题的"晴雨表"，信访是正确认知社会问题的病根的切口。但如果就信访论问题，只关注信访事项、信访涉及的矛盾，只从微观层面剖析，难免落入自我循环的陷阱。即使研究成果汗牛充栋，信访难题仍然无从破解。跳出信访看信访，将信访提升到国家治理体系现代化与能力的高度、提升到党治国理政方式以及政府治理职能转变的高度来分析，登高望远、高屋建瓴，对总病根进行深入挖掘、清洗、提炼，才能观其形、察其色、把其脉，才能寻到问题解决的思路。

　　重新界定"信访问题"，是本研究的基点与起点，是新的理论范式建构的基础。这里的信访问题至少有四个层次：一是信访问题本身，二是信访问题的治理性问题，三是信访问题的思想认识问题，四是信访问题的传统文化渊源。几个层次的问题缠绕嵌套，呈现为复杂的结构关系。"信访问题"是个"筐"，更是个"网"。本研究所面对的信访问题，不仅是信访工作中的信访事项，也涉及信访工作的体制、机制、制度，涉及信访治理理念、信访文化等方方面面。弄清这个"立体的问题网络"，分析"筐"、"网"、"人、事、物"关系，要抽丝剥茧、廓清概念、分清层次、厘清关系，揭示本质、正本清源、辩证研究、对症下药，从根本上更新观念，找到综合施治的要害。

　　站在社会治理的高度，从整体统一来抽象信访问题，实际上已经体现了统筹思维之要点。统筹治理，既是政治学理论学科发展的成果，又是对传统行政管理及现代政府治理改革实践反思的结果。它以整体观念和战略思维为基本理念，试图通过统一谋划、统一安排和统一行动实现公共治理的整体效能。统筹治理模式下的国家治理要发挥整体效应，必须实现从协调到整合、从分散到整体的转变。统筹治理在科层制和公共部门基础上的运用,是信息技术和现代知识在跨部门管理领域,包括市场、科层、网络等在内的各类协调机制直面问题解决而实行的"跨域(界)治理"。

以"统筹治理"范式架构、言说和应对错综复杂的"信访问题",是本研究的基本创新。为走出信访治理困境,需要从多个层面统筹安排:一是统筹多元主体,化解信访难题,主体责任虽在政府工作部门,但需部门、地区之间的协调联动、相互配合,并赋予信访部门协调与督办督查权能,同时发挥社会各方主体作用。二是统筹治理方略,实施"上下前后左右内外"立体网络治理。三是统筹手段,运用法治手段、思想引导、心理纾解等方式,把党的方针政策贯彻到群众之中。只有从党委政府总体统筹着眼,以群众工作、信访工作与社会工作有机结合构建服务群众网络,整合各主体及相关力量,才能形成信访问题妥善处理的常态机制。

体系与系统的界定,是相应的,也是相对的。从统筹角度看,管理对应系统,统筹对应体系。体系是方向、核心、网络、机制、方式、周期等的统一。系统在体系之下、之中。国家机构是一个统一体系,信访系统是这个体系之中的一个部分。从微观层面看,如果把信访系统作为一个体系来看待,又可以分为行政信访系统、人大信访系统、公检法信访系统以及各个单位各种层次的信访系统。从体系角度看,统筹对象是主体、客体、环境等的统一。当我们以统筹观点和统一筹划的思维方法认识信访工作时,信访问题统筹治理的对象即信访统筹的主体、客体、环境构成的统一体。统筹对象的三部分既相对独立又相互联系,三者交叉重叠的部分,构成统筹对象本身。

信访统筹是筹划如何转换时间和空间关系,在时间、空间转换中协调各种利益关系。信访事项的处理与信访形势好转,无论是对人群的利用,还是对时间、空间的利用,其成败的关键都在于协调问题。信访领域的运行,既有人群、时间和空间各自内部的协调,也有人群、时间和空间的总体协调问题。这种协调实际上是以人群为主体,以时间为"轴线",以空间为"链环"而构成的有机衔接、相互影响、相互促进与制约的关系。经过统一筹划促进良性循环,聚合优势趋向成功。在信访统筹中,随着时空关系的转化和发展,人的利益也在不断发生着变化、发展。可以利用可适、可控、可用、可管的因素及其转换,促使人、时、空三者和谐统一，从而达到既定目标，达成问题解决的充分和有效。对领导干部而言，在管辖范围内，在执政时间内，为官一任，所有的建功立业，都要在人、时、空统一的框架内才有可能把力量凝聚为一个整体。这个道理不难懂，实践起来却是异常艰难，因为关键问题在于，何时何地用何物或者何时何地由何人来支配、筹划、使用信访资源。

当前，在极其复杂的政治社会生态下，信访所呈现的是整个制度体系的治理焦虑。应对治理困境，必须对信访原初的设计理念进行重温和反思，尤其是在信访的政治、法治、治理等原则中形成新的共识，从信访与国家体制、信访人与信访工作的相互关系来探讨其内在依据，因为这关乎整个信访工作的初衷。

那么，用什么标准来评判信访事业统筹治理的效果？单纯讲成功，不讲实效，其结果得不偿失；只讲效率而不顾及成败，难免前功尽弃；只顾眼前成功与优化而不顾往后的可持续发展和良性循环，最终也将陷入困顿。唯以成功为本、优化为标、良性循环为势，并兼顾成功、优化和良性循环发展的三者统一，才是信访统筹的本义。要实现成功优化，首先要实现信访事业人财物的合理匹配。"匹配"是"大统筹"的手段，"兼顾"是"大统筹"的要义，目的是实现信访工作以至事业整体的良性循环之势。

习近平新时代中国特色社会主义思想与改革实践告诉我们，信访问题必须从治理民主的高度，转换思路，总揽全局，组合局部，总体筹划；将信访问题的治理放在经济发展、社会稳定的社会主义现代化建设事业的大局之中，真正形成党委领导、政府主导、部门协调、统筹兼顾、标本兼治、各负其责、齐抓共管的信访工作大格局，从而以更为宽广的理论视角与纵深实践的紧密结合，提高信访问题化解以及与社会经济发展稳定事业相协调的有效性。坚持以人民为中心、以服务群众为核心的价值导向，从管制思维转为内省思维。党和政府要从信访问题生成机制方面破解，在体制、领导、战略、系统、关系、主体、管理、过程、效果等各方面加以全面统筹。

本书借助统筹视角，借鉴中国传统文化以及当前研究者的思想精华，在对中国信访问题剖析解构中建构统筹治理的解析框架，以期对我国信访问题的治理提出某种可行思路。这是本书的初衷。

导　论

信访成为问题、课题、议题以来的一系列理论与实践成果,为本书提供了丰厚的实践基础和理论支撑,同时也提出了严峻挑战。信访总量一个时期以来的高位运行以及新情况、老问题的持续发展,在考问着我们:为什么? 怎么办? 究竟问题出在哪里? 党中央已经定性定位信访工作为"民心工程",为何实务层面依然是"天下第一难"?

一、主要观点

(一)信访与信访问题是部门职能产生的问题,问题的总根子在规划、政策、分配、腐败、不作为或政绩等诸多方面

我国信访一般具有民生特性。无论哪个部门,做好信访工作,就是践行党要求的讲政治、勇担当。目前的困难是,突发性的、分散化的、碎片化的、不确定的自组织的信访与固化的行政体制、专业化的信访工作存在某种不适应、不相称、不对等,失职、失序、失控多有发生。这种困境,只有党委才能把信访统筹起来加以解决。在国家统一体中,中国共产党是领导核心,政府、人大、政协等各部门在党的领导下工作。统筹主体是党,党的统筹是顶层设计与宏观调控,总揽全局、协调各方。党的统筹侧重的是指导实践,总体性地解决问题。它运用专业方法,解决主体问题时兼顾客体和环境的统一,解决客体问题时兼顾主体和环境的统一,解决环境问题时兼顾主体和客体的统一。党的统筹就是对最大政治责任的担当。

（二）信访的实质反映出党（及政府）—国家与民众的关系问题

被动信访、自下而上的民众上访往往显示出关系不和谐、利益不协调、发展不平衡、立法不及时、司法不公正、执法不严肃、行政不作为。主动下访是领导干部面对群众的责任担当，是了解民情、集中民智、维护民利、凝聚民心的正向作用，是"对党忠诚可靠、恪守为民之责、善做群众工作"的写照。信访统筹即站在全局对民情、民意、民利、民心的把握与维护。信访工作第一责任人，即党和国家自上而下的主要领导机构和各部门领导干部（第一责任人或关键少数）。

（三）党的统筹对象是信访问题

信访问题是个"网"，由主体网、客体网、环境网的统一构成。"网"的最大特点是互动性和不确定性，同时又因为有核心与边限，因而亦有相对的确定性。因此需要党的统筹，将具有确定性的对象作为统筹对象。这种相对确定性在于主体是客体和环境的统一，客体是主体和环境的统一，环境是主体和客体的统一。三者的相容部分一定是确定的、是整体的，这就构成了统筹对象。因为根本利益的一致性，信访问题之中之间之内外，是价值相容的，相容是矛盾转化的前提。由此主客境就可以互相转化了。党的统筹实践的根本，就是筹划主客境的转化统一。

信访问题统筹治理基于中国文化传统的"治"与"理"、"统"与"筹"。因此，本研究把"信访问题统筹治理"简称为"信访统筹"。以具有整体综合特征的信访工作效用为中心，追求组织合理、切实有用和适度，是针对信访问题在最高层次上的总体处理，是对过去传统线性思维模式的超越性探索。

二、基本框架结构

基于上述考虑，本书的框架结构依次展开：第一章，问题提出和思路介绍、意义。第二章，理论基础与研究现状。第三、四、五、六、七、八章，为报告核心内容,分为理论研究部分(第三、四、五章)和专业筹划部分(第六、七、八章)两个层次。第九、十章,是从时间与空间及其统一视角,对实务实业实践的归纳。

总体逻辑关系如图1所示:

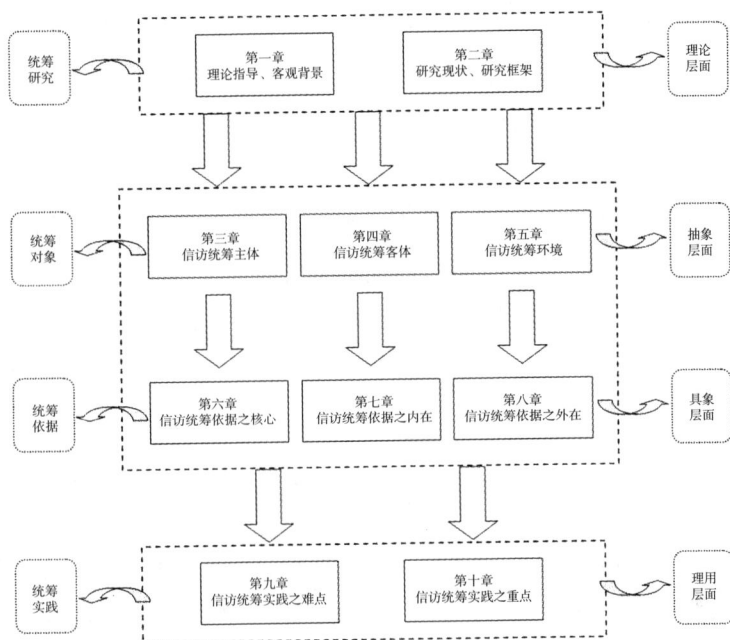

统筹研究	第一章 理论指导、客观背景　　第二章 研究现状、研究框架　　理论层面
统筹对象	第三章 信访统筹主体　　第四章 信访统筹客体　　第五章 信访统筹环境　　抽象层面
统筹依据	第六章 信访统筹依据之核心　　第七章 信访统筹依据之内在　　第八章 信访统筹依据之外在　　具象层面
统筹实践	第九章 信访统筹实践之难点　　第十章 信访统筹实践之重点　　理用层面

图1　本书的框架结构

三、嵌入的基本理念

(一)统筹治理的实质是反思与变革

信访统筹要从源头上作整体综合反思,贴近现实需要,之后再按照事物本来面貌和问题导向原则,层层剖析,求真务实。实践直接面对的统筹问题,是同时包括可控、不可控但可管理的"体系"(即统一体)问题,与系统对现实问题的可控抽象不同。从思维方式开始,反思并建构我们认识问题的方法论。目前,系统思维和系统理论凭借其独特的优势,已深入我们的生活、工作和科

3

学研究的方方面面。因此,为了准确界定统筹的概念,我们以系统理论为参照进行延伸。对统筹概念的厘定,建基于系统理论的比较之中。

(二)方法论创新提到议事日程

人的思维分为线性和非线性两类,互相支持。没有线性思维,思想就无法交流。没有非线性思维,思想就不能发展。系统知识的更新发展是由非直线性思维横跨出去的。新事物只有在开放环境中加入外部的因素进行重组才能产生,环境因素作为重要变量不可或缺。"在探索的认识中,方法也就是工具,是主观方面的某种手段,主观方面通过这个手段和客体"①。当前,我们面临的信访问题体现了社会转型期矛盾所特有的综合性、复杂性和不确定性,掌握科学的方法论,对做好新形势下的信访工作无疑具有十分重要的意义。然而,现有课题依据的思维和理论不能满足于问题的解释。因此,方法论创新提到议事日程。

(三)统筹是在优化系统思维基础上的方法论创新,具有诸多优性特质

一是过程性特征。所有信访都是一个过程,将信访事项置于动态发展的进程中去理解,正是统筹的优势所在。二是不确定性。信访工作就是在不确定的变化中把握规律,这也是统筹科学寻找解决问题的最佳途径。三是整体性。这里的整体性是突破现有西方思维逻辑,在中国优秀传统文化和谐思想中的"整体统一"逻辑,即强调的是人、时、空等所能达到的内在统一性。四是螺旋性。统筹摒弃了单向"线性"思维,推崇多向互动思维,将发现和思考问题的方式整合为一个"圆形"或者立体的螺旋网状。可见,系统对于统筹是有贡献的,如果系统在统筹之内,则解决方向、可控与成功问题,如果系统在统筹之外独立存在,可以解决有效但不一定解决有用问题。

(四)统筹治理的方法论创新是基于并超越系统思维的统筹思维

在思维方法革命上,一是高点站位,跳出"就信访论信访"的怪圈,从着眼

---

① 〔德〕黑格尔:《逻辑学》(下),梁志学译,商务印书馆1976年版,第532页。

一个个信访事项的解决,到信访工作规范化、标准化;二是扩大视野,找到其历史方位和坐标系,加入主体客体与环境要素,着眼系统机制与条块的制度与政策改革;三是有机统一,把信访置于党和人民事业有机整体与统一中,立足党委领导、政府主导,顶层设计,统筹兼顾。

（五）任何实践都是整体的

整体是由网络和自组织构成的统一,没有自组织的不会是整体。但是自组织要依托一定的网络。这是整体与全体的不同。事物的发展包括形态、体系、结构、要素等在发展空间、发展自由、发展形式等方面的变化,这些变化是整体统一体现在发展形态上。一方面,是因为实践依托于一定的时空条件;另一方面,任何事物都离不开时空条件。实践是有无数的过程和无数的联系相统一的连续形式。但是科学地把时空作为对象的直接要素进行研究和运用,常常不够充分。统筹是把时空作为任何事物的构成要素、事物发展的框架,事物的本质内容,同时作为研究事物的核心方法以及它们的统一。时间和空间不是外在于对象、可以任意使用的标准,而是对象内生部分。这是统筹科学和任何其他方法的根本区别之一。

（六）统筹对象是经过统筹产生的,不是现成的直观地出现的,这是统筹科学与系统方法之间的根本区别

人的实践活动所针对的事物受到人的作用,使人也成为事物整体的一个组成部分。恰如人在景中,同时人也成为景观的元素。从统筹来讲,任何事物一般本质就是人时空的统一。这个统一的表象即是整体。换言之,整体是针对一定的人、时、空来讲的。复杂形势要求我们善于超越整体与部分、全局与局部的关系,把主体、客体和环境作为统一过程来研究整体状况。从战略管理看,就要把信访问题进行复杂抽象,区分为"可控关系"、"可利用关系"、"可适应关系"等性质不同的关系组合,作为三者的统一体问题去模拟现实问题,科学思维,寻求解决方案。由此,认识对象在不断变化,各类关系在不断变化,自己也在不断地变换,一切尽在其中,一切都是题中之义。统筹治理,就是在信息不断变化的情况下,在信息的不清晰、不准确、不完整中,始终抓住"整体和统一"的关系,才能积极地处理和调整各方面的关系,把"整体"效果作为"统一"实现的过程,这样最终得到的"统一",必然是"整体"的实现。

(七)信访工作所维护的"整体",是相容性的整体,是全息的整体

系统思维中的各个部分是绝对划分的,网格中的人是管理者与被管理者,服务形式掩盖着管理与控制的实质,从系统思维设置角度看,系统化制约是必要条件,不能够系统化,就难以管理与管控。与系统思维不同的是,统筹视角的信访工作将"党与人民利益相容性"作为整体的重要工具和坐标。对信访事项的化解,不是将信访事项及其相关责任方当成一个个外在既定的实体或全体总合,而是把信访工作作为一个群众工作过程,一个党密切联系群众的机会,一个问计于民、服务人民的过程。在这个过程中,信访是人民对党和政府的信任,信访工作解决信访问题是维护人民利益、党和政府声誉。这种相容性使得主体、客体和环境的关系统一有了可能。

(八)统筹治理的"整体关联"或"统一体"假设

中国传统的思维方式注重整体关联。关于整体与部分的关系,反映了中西方不同的思维方式。中国传统思维方式认为,只有把部分放到整体之中去,才能正确认识它,彼此是一个整体。在古人心目中,任何事物无论如何复杂,万法归一于"道",宋代以降也说"理"。汉代的《河上公章句》注《老子》认为,老子之道,既可"治身",亦可"治国"。范仲淹则以"不为良相,便为良医"为人生志向,早已成为千古佳话。基于整体关联理念,统筹治理就是研究如何用统筹去管理战略问题,其中隐含两个假设,一是认为信访问题是战略问题而不是策略问题,是复杂问题而不是单纯问题;二是认为信访问题必须从战略上解决才能奏效,不是修修补补、细枝末节或者各个击破,而要顶层设计、统筹治理。因此,信访问题统筹治理,也可以认为是对信访问题的战略统筹,是从战略高度去整体把握信访规律、认识信访现象、研究信访问题、破解信访困局,是探讨信访问题在最高层次上总体处理的理论与对策研究。

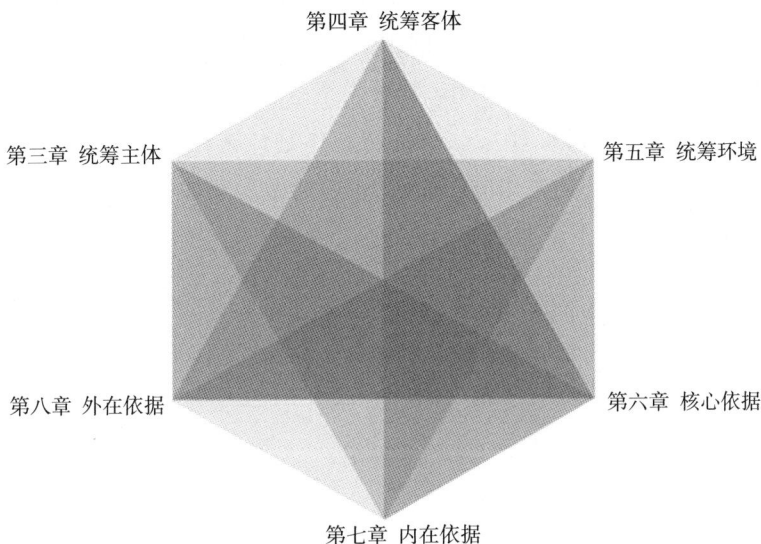

图 2　立体六边形的"统一体"

（九）从统筹实践看，本书是从中国特色社会主义道路出发预见信访发展的一种政治理论研究

本研究的特点是着力于理论的应用、方法论的革新，具有理论色彩而不是操作层面的业务规范。涉及的宏观是方法论，中观是信访理论，微观是信访工作，是以党的宗旨和服务型政府建设为目标，以社会转型、政府职能转变和共同治理为分析背景，以更好地服务群众为统筹理念，以党与政府为统筹主体，从揭示信访问题内生性关系切入，系统考察信访问题的难点、瓶颈和政治、经济、文化、心理等因素与条件，深入研究信访问题的主体及主体间的相互关系与信访系统的组织化问题，进而从社会现实出发构建党委统一领导下的社会协同解决信访问题的统筹治理新形态。

（十）内在逻辑思路呈现多维性

从刚性政治压力—管制型行政—民生信访（求决、诉求型）与弹性政治压力—服务型行政—民主信访（参政、建议型），探寻其内在联系；从信访问题演进探寻问题的生成机制:信访警源—警兆(社会矛盾纠纷)—警情(信访事项)—升级(非正常上访);从对应的工作探寻问题解决着力点:体制内各系统的日常工作—群众工作+社会工作(基层党组织+自治组织)—信访工作—维稳工作(综合治理、危机管理),认识信访工作是什么,到理清信访工作如何"做正确的事",明确信访工作应当如何"正确地做事",如何"把正确的事情做好",具体内容将在以下章节中逐步呈现。

第一章　信访统筹的对象

新时代给信访工作创造了良好的时代背景和客观条件。信访工作是党的群众工作的重要组成部分，必须与党的整体工作统筹协调，统一部署、统一安排、统一落实。我们党作为国家各项事业的领导核心，是最高的统筹主体。我们党历来重视人民群众的意见和建议，把通过信访渠道反映出来的民情民意民愿，作为国家整体工作的重要部分来统筹；对于信访系统反映的社会矛盾与问题，强调统揽全局、协调各方，党建引领、群众自治，以党民和谐促信访和谐、社会和谐。

一、信访问题是我们党的统筹对象

中国信访问题与信访工作问题的产生具有时代特点。信访工作是执政为民的适应性保证，因此具有历史性、社会性与长期性。信访工作是关切、维护民众现实利益的事业，与民众的民主活动形式与途径紧密相连，因此会长期存在。这是由党的宗旨与现实社会的多样化及建设治理的发展三者所决定的。因此，对于社会矛盾在信访领域的反映以及由此产生的信访问题，应当引起我们的高度重视。

（一）"信访问题"是个"筐"

由于信访问题的复杂性，信访工作往往被形容为一个"筐"。"筐"中的问题，是指群众信访行为反映的问题以及信访工作、信访制度运行中存在和反映的总体性问题。从信访总量看,调查显示①,一个省的年度信访量大约在 10 万—15 万件。其中的 10 万件以上是通过网上信访,其他的是来访和来信。全国情况由此可见一斑。从内容分类看,初访和初信所反映的信访问题最多,但其他形式的信访问题对信访元问题的解决也产生关联。信访问题作为一个较为宏观的概念,内容包罗万象,有必要运用统筹思维,从理论上对信访问题作出具体的分类和界定,有针对性地分析深层次原因,有利于找准方向、确定可行思路与方法。

目前的信访制度、信访活动以及信访工作陷于某种困境与悖论,到底因为什么会有如此的严峻形势? 如何走出困境? 在整体与部分皆模糊不清的情况下,提出问题比解决问题更重要。本研究强调的是一种统筹意识与思维方式,是在认识论、方法论方面进行的探索。那么,为什么要统筹治理? 什么是统筹治理? 又怎样统筹治理? 这种探索是信访形势所迫、发展大势所趋。

本研究所谓的"问题",既是议题又是课题也是难题,是个复杂问题。这个问题至少有四个层次:一是信访问题本身,可分为初访初信所反映的问题、信访行为引发的次生问题、信访行为本体问题、信访积案反映的问题以及信访工作机制运行中的"信息孤岛"等多方面问题。二是信访问题的治理性问题。三是信访问题的思想认识问题。四是信访问题的传统文化渊源。几个层次的问题缠绕嵌套,呈现为复杂结构关系。立足当下,寻根溯源,我们发现,信访本来因问题而生,过程之中又产生次生问题,工作中复杂问题简单化处理、简单问题复杂化处理,由此导致更为复杂的局面。由此可见,"信访问题"不仅是个"筐",而且是个"网",把这个"问题网络"作为科学统筹实践对象势在必行。为统筹实践廓清概念、分清层次、厘清关系,对"筐"和"网"中"人、事、物"揭示本质、正本清源、对症下药,意义重大。

(二)信访问题的复杂动因

1. 新时期的信访问题是快速发展过程中产生的失衡

我国改革开放以来创造了举世瞩目的发展成就。21 世纪的发展迎来前

---

① 本书所有的"调查显示"、"数据显示"皆为本项目组所进行的问卷调查或对信访局调研所得的第一手资料数据分析,特此说明。

所未有的黄金期,然而各种社会矛盾也随之凸显,信访形势更趋严峻[①],已造成不良抑或不正常社会现象。新时代随着改革发展的深化和深入,各种利益关系更是深刻变革,深层次矛盾和问题日渐凸现。严峻的信访形势,反映着也影响着经济社会改革发展。首先,资源环境整治、涉法涉诉城市拆迁改造、劳动社会保障、土地征收、企业改制遗留问题等成为近年信访突出问题;再是对国家机关及公务人员问题的反映、举报。其次,呈现出动态发展的特点,在有些信访突出问题缓解的同时,一些新的难点、热点问题又显现出来。持续的市场化、城镇化、城市化,使得老问题出现新动向,城乡无业人员、改制下岗工人、失地农民、复员军人、协解人员、"失独家庭"等成为新的信访群体。同时,新问题不断涌现,集资受害人员等金融领域、扶贫领域、环保领域成为新的信访类型。群众信访诉求方式也花样翻新、不断升级,择机、择地、择日,择点、择时、择人上访或进京上访;甚至出现以访为业的"钉子户"。群众上访所反映的问题复杂多样,往往是个人诉求与群体矛盾交叉;区域间跨越叠加,甚至是政治和经济混合;信访主体的组织化、专业化特征日益凸显。社会发展中的不平衡使得原来利益的安全性与稳定性被动摇,"既得利益"受到威胁,潜在的信访欲望出现现实冲动。信访或者上访,成为一种首选主动行为,有了某种"自组织性",有往"反治理"方向发展的趋势。

2. 制度性"供—需"反差伴随不公、不平、不作为、不稳定

社会主义市场经济发展的快速多变,行业、职业、就业新情况的出现,本已适应的劳动力或人群产生了适应性困难,如没有调解、解决乃至救济的恰当途径,信访就成为新的希望和寄托。所以,信访形势的概观是,信访方"供—需"强大,信访工作方"供—需"弱小,二者"供—需"内容与形式又存在较大反差,"供给"总是量大数多、"应接不暇",而解决问题总是捉襟见肘、"资源""紧缺"。信访内容与突出问题的变化,也与改革深化和有关政策出台规律基本一致。信访主体从早先的优抚对象、老幼病残、贫困户,变为失地农民、改制下岗工人、城乡无业人员等群体;信访内容从寻求救助、落实政策扩大到维权、投

---

① 吴家庆、刘厚见:《我国当前的信访乱象及其治理》,《湖南师范大学社会科学学报》2015年第3期。

诉甚至谋利,在城市拆迁改造、土地征用、企业改制遗留问题等内容上与开发商或政府部门进行博弈。网络新兴媒体的普及,使人人都是发言人,人人手中都有麦克风,有些群众选择通过网络曝光问题和案件,网上网下不同空间互动密切,总体形势日益复杂化。尤其是缠访闹访等过激行为,加上社会舆论、媒体关注,使信访问题的处理难度相应加大。信息化的发展,改变和扩大了认识对象的空间和视域,对我们就事论事的狭隘视域、常规认识提出挑战。信访客体、信访主体、信访环境都在变化之中。资源"供给不足"与领导干部"能力不足"叠加,提高统筹能力、把握信访规律成为新课题。

3. 制度功能与工作职能定位模糊、功能扭曲

2017 年 7 月 20 日,习近平总书记对信访工作作出重要指示,要求:"各级党委、政府和领导干部要坚持把信访工作作为了解民情、集中民智、维护民利、凝聚民心的一项重要工作,千方百计为群众排忧解难"①。一直以来,党中央及地方党政部门对信访工作都十分重视。但往往存在一个问题:信访工作到底是信访部门的工作,还是所有部门的共同工作? 无论把信访工作作为党的群众工作还是和谐社会的基础性工作,乃至习近平总书记提出的"四民"工作,都需要大家共同来做,不是信访局一个部门的工作。信访工作系统只是国家政治制度与信访群众之间的"中间体"、"中介体"。不可把信访的制度功能与信访局的工作职能相混淆。目前在"维稳"与"解决信访事项"双重目标挤压下,基于信访的历史缘起和信访制度的相关规定,我国信访工作主要在政治参与、化解矛盾、稳定社会、权利救济、汇集民意、权力监督等方面发挥作用。现在的问题是:信访制度存在扭曲、萎缩与扩张同在的功能性失调,"中间体"、"中介体"的功能更是处于紊乱之中。

(1)参与功能渐萎

我国信访制度的初衷之一,也是通过群众的来信来访保持国家(政府及执政党)与群众之间的联系。近年来不断涌现的各种信访洪峰,如由退伍转业、拆迁补偿、职工下岗、土地纠纷等引发的信访事件,可以说就与信访的政治

---

① 《千方百计为群众排忧解难　不断开创信访工作新局面》,《人民日报》2017 年 7 月 20 日。

参与功能萎缩正相关,与基层民主协商及政府政务公开程度紧密联系。

（2）救济功能扭曲

公民权利救济,是公民权利保障的重要环节。权利救济的基本原则和一般要求是有侵害必有救济原则、及时救济原则、充分救济原则、正义与经济性协调原则、公力救济优先原则、司法最终救济原则。在各个国家实际操作中虽然还有其他一些原则也应遵循,但这些民主、法治在公民权利救济领域的必然要求和具体体现还是都要遵循的。在我国国家制度架构中亦是如此。信访制度只是一种补充性、辅助性的权利救济方式,但在运行中已经成为信访工作的主要内容和任务,且远远超出了其所能承受的程度。救济过度依赖信访制度的结果及对制度的过度使用,实际上造成了对司法体制的侵害。

（3）监督作用单一

信访监督反映的内容,属于党组织、党员和行政监察对象思想、工作和生活作风方面的问题、一般廉洁自律的问题以及轻微违纪尚不构成处分的问题,是对被反映者采取信访谈话或发信访通知书等形式进行的监督。作为一种外部监督,驱动力来自社会,通过人民群众与党委政府间达成的"契约"进行互动,其方式和途径的多种多样,使得这种监督更利于公权力间的制衡,体现出《信访条例》所规定的特点:全方位、广泛性、互动性、实效性。应该承认,信访监督与国家机关监督的有机结合,对国家权力良性运行产生的是积极的效果。同时也应看到,信访监督功能主要体现在反腐、投诉等方面,在一定程度上冲击了原有的监督制度(如纪检监督、立法监督、司法监督等)。这种情况如何妥善处理,都需要党在总体上进行全面统筹协调。

（三）信访问题的总体特征

信访问题反映的是社会发展中的各种关系从无序走向有序,又产生新的失序的动态平衡过程。社会快速发展会影响人们的认识,产生不确定作用。信息时代,更从多方面加大了不确定性。信访工作部门再也不可能在一定时限内掌握全面一致信息,而信访人却随时都会按照自己掌握的信息来行动。信访工作是否应承担信访制度的全面功能呢？这是当然的。但信访制度功能的发挥,并不仅仅是信访系统的工作,这是全体责任,在首长负责制语境中,应是主要责任人的工作,实际上就是在事业发展中所面对的挑战之一。信息不对称与意愿不一致,单纯的"客观"没有了,客观中的主观性问题也是必须面对的内在矛盾。信访无序与诉访难分,成为信访实践普遍存在的问题。矛盾问题叠加,两难以上的问题剧增,其中"多难"问题有三类,必须统筹方可处理。

1. 诉求类及政策性信访:又发展又困难的问题

信访人的信访目的有申诉、求决、意见建议、控告等区别,信访人提出的信访事项大多可作"有理推定",虽存在"有限有理"情况,也应予妥善处理。解决"民办教师"问题,来了"赤脚医生"问题,政策性问题尤为棘手,有许多问题尚没有政策依据,贸然处置会顾此失彼,造成恶性循环。如经济下行引发的企业间经济纠纷、工程款拖欠和农民工欠薪等问题。时段集中,以年关为主;对象集中,主要涉及农民工;行业集中,主要集中在建筑业、房地产业和基础设施工程建设领域。但现在这三个特点都改变了,时间层面出现了常态化趋势,对象层面已不仅仅涉及农民工,还有各级承包商、建筑商。除了民营企业,还有国有企业,不仅有小企业,还牵涉大企业,有的还涉及基层公务员和教师问题。此外,现在个别企业主资金链断裂后跑路,也是引发社会矛盾、信访问题频发的重要因素。民众发展的要求与国家的困难局面,在程度上、时间上、节奏上严重地不对称不对等,一方面是部门、地方标准差异很大,各自为政;另一方面是国家不可能整齐划一地立马出台规定,去解决所有问题。这就需要统筹兼顾国家、社会、地区、部门以及各方面群众的利益,并与我们经济社会发展整体节奏相协调。归根结底要顾全大局、利益调和、统一筹划。

2. 重复性信访:又变化又协调的问题

"信访积案"是在《信访条例》规定的时间内没有解决的信访事项,是"疑"、"难"、"杂"症的集中区域,要综合运用政策、法律、经济、行政、情感等手段,逐案制定工作措施和化解方案,具体化的、个性化的方案,以针对性实现有效性。应相信党和国家以及地方工作部门,但凡有办法就会解决,解决不了的信访事项,大多是没有相关政策,于是就只能提出政策建议,暂时调解、劝解来化解。当然也存在"执行不力"的问题,可以区分为多种类型:拖延式、推诿式、抵触对抗式、阳奉阴违式、打发敷衍式,等等。两方面叠加,凸显问题的严重性。所谓的"事要解决",必然要兼顾协调和发展这两方面的需要,但不能一味地强迫"事要解决",把事情的解决建立在现有结构不变基础上,就是病态结构的发展。协调,不是直接着力事情本身,主要是对工作现状结构弊端的改进和调整,把协调的供需和发展的供需统一匹配起来。所以,"事要解决",主要在于"解",解的是利益关系,调解、化解、纾解、和解、理解、了解。解决的主要是政策制定问题,不"解"而"决",难免造成病态发展,以致积重难返。"解"的工作涉及现状结构弊端改革,也涉及诸多利益关系调整,这些复杂工作要统一筹划,互补共进,方可奏效。

3. 管理匹配问题:全局性整体症状反应

信访工作机构管理匹配问题,这是价值取向与职能定位问题,也涉及具体安排上的全局性现象。"事要解决"是要求信访工作机构直接解决,还是通过利益调和、互补共进、督查督办推进化解? 这不仅是现实实践中的普遍存在,而且是其整体全局中首要的问题。原有的信访工作模式过分强调信访部门的作用,由信访部门包打天下,将解决社会矛盾的重担过分集中在信访部门,往往造成信访部门疲于应对。由于信访部门并非信访事项直接的处理机关,因此只能采取沟通协调的方式化解信访事项,与有权处理机关纠缠不清、费力而不讨好。从 2014 年《国家信访局关于进一步规范信访事项受理办理程序引导来访人依法逐级走访的办法》实施以来,有权处理机关在处理信访问题中的主体责任进一步明确,信访部门工作职责由直接处理信访事项向监督有权处理机关处理信访事项转变,监督职能——督查成为信访工作的重点:监督有权处理机关按程序、按要求处理信访事项,督查有关部门对信访事项处理进度与质量。信访部门主业和主责的逐渐明晰,将对信访形势的整体好转产生积极影响。但在"事要解决"方面,多部门联合行动、协调一致,由谁来牵头呢? 中央与地方及其工作部门在纵向与横向以及管理层次上如何划分权力边界、合理匹配衔接,需要党的科学统筹,作出整体统一规划与安排。

众所周知,信访工作多年来一直存在着"一个核心问题",即"事没解决";"两个固有矛盾",即人民群众的利益诉求增多与我们现阶段行政解决的条件和政策规定之间存在的矛盾、人民群众解决诉求的急迫要求与政府服务效能之间的矛盾。"四个方面不足"主要表现在信访工作机制、工作落实层面。造成的复杂局面,新老问题交织叠加,还与经济下行压力重叠碰头。

基层信访工作仍然普遍存在不当的工作方式,且时常带来"因信访而信访"的次生问题双叠加。新的问责办法实施是信访监督工作的重要一环,也是信访工作法治化的表现。至于信访问责监督的实施情况,目前尚没有具体文献和数据予以佐证。诉访分离是信访工作转型的一个标志性事物。分类处理的理念,从根源上是重新定位信访工作,给信访系统减压、给基层政府减压。至于此制度的落实贯彻情况,尚未有具体的评估报告。属地处理的规则定位,直接决定了信访工作的游戏规则。对于信访积案专项化解的效果,在没有第三方评估的情况下,很难得到民众认可。信访扶贫问题是针对少数人的信访政策,要像针对贫困群体一样精准。信访人才培养方面,虽建立了信访高等教育联盟,平台之大、专家之高,是一个有力推动;然而远水不解近渴,当前的信访危机迫切需要专业水准的信访工作人才。信访维稳成本居高不下,有研究成果提出低成本的社会发展,剑指信访及维稳成本问题。信访固然是信任之访,是信访文化生态中正能量的指向,但社会对于信访仍是焦虑心态,信访群众被作为维稳对象、信访事项被作为案件来处理,信访现象被当作"舆情"来对待。信访只有从焦虑的社会心态走出来,才是信访工作得到社会广大民众普遍支持的证明。显然,我们还距离较远。

二、信访问题的"治理性"难题

信访"治理",归根结底要"以民管民"——依靠民众自我管理,而不是"以政治民"。这恰恰就是问题所在。信访工作过程中出现治理方式错位、缺位与越位,由此产生本研究所谓的"治理性"难题。在我们改革开放前后的几年中,信访治理主要围绕着国家政权、经济建设中存在的问题、要求落实政策、平反"文革"中的冤假错案等开展。改革开放后,作为国家治理重要方式之一的信访治理,随着国家治理情势的需要,在治理理念、治理主体等方面一直在进行逐步调整、完善。最为紧迫的是,世界范围的治理尚在路上,而"必要的革命"①业已来临。由发达国家主导的工业时代已近终结,"后现代"问题早已凸显。信访领域的变革,与整个大环境一样,正在通过"共同协作"开启真正的可持续变革:今天相互联系的世界就像一艘大船,每个人都成为解决问题所需力量的一部分。

(一)治理的结构性难题

1. 组织性与自组织的不对称

信访是以组织应对自组织、以集中应对分散、以有序应对无序的工作。困境在于多重矛盾交织、重叠、纠缠,两难、多难、悖论,表现在方方面面:国家对信访权利保护、信访活动许可与对信访行为、信访形势控制的矛盾,国家设置信访制度初衷与民众对信访结果期望发生冲突,废除信访或者强化信访制度与民众利益价值取向发生矛盾,信访问题治理中的高成本运行与法制化管理都难以得到民众的理解和支持的困境,改革创新方法只起到消极应付、维持现状的作用,民众信访心理执拗,对政府努力视而不见也对自身表达效果及风险无暇顾及,造成不计后果的恶性循环。可怕的是,在当前中国政治环境下,似乎只有维持现状,才可能使既已形成的政治生态不被打破,但民众大量涌向信访救济所形成的信访潮,不仅给治理带来前所未有的压力②,而且因信访而引发的群体性行动进而带来的社会不稳定因素,造成了大量合法性资源的流失,成为中央与地方共同关注的问题③。由此看来,信访困境的解决,不扩大视野,不站在中国政治结构整体的高度来看待,就难以全面把握了解政治过程、找到合理的切入点。必须把信访问题置于"中国社会转型中的政治秩序"这一宏大的理论和历史主题中去思考,整合以往信访研究的成果,拓展信访研究

---

① ［美］彼得·圣吉等:《必要的革命——可持续发展型社会的创建与实践》,李晨晔等译,中信出版社 2009 年版。

② 胡元梓:《中国民众何以偏好信访——以冲突解决理论为视角》,《华中师范大学学报》(人文社会科学版)2011 年第 2 期。

③ 尹利民:《地方的信访与治理——中国地方信访问题调查与研究》,人民出版社 2015 年版,第 2 页。

的视野,扩大信访研究的格局,同时切合当前中国社会发展的需要①。这是对信访问题的统筹治理,也是中国国家权力运作逻辑及信访治理逻辑的必然选择,同时也是信访工作走出治理困境的必由之路。

2. 制度化与非制度化的不适应

深入分析信访过程,有利于加深对中国信访问题的认识,了解中国社会转型过程中的国家与民众互动关系,把握其在中国政治发展中的重要性。信访中的国家与民众,是一个行为互动、相互博弈的过程。国家的信访治理制度创造出了一种政治限制与机会,民众的行为又往往会突破这种限制,积极在这种限制内寻找机会,最后结果可能是制度被不断调整、行为也被不断限制②。信访就是在这样一种互动的过程中展开着,大量非制度化的因素掺杂其中,人为主观的因素随处可见,从而导致了信访结果的不确定性③。这种治理过程中非制度化因素的过度渗入,可能是基于某一特定时期政治的需要,或者其他原因,但这种处理方式却以降低人民对制度可靠性和稳定性的信任为代价,变化越频繁,人们对制度的信任度就可能越低,以至于出现民众对政府的信任呈现出倒金字塔的情形④。由此可见,对中国信访问题的把握,需要从中国政治结构的整体着眼,从中国地方信访问题入手,方可找到恰当的切入点,实现顶层设计与中下同步的统筹兼顾。制度问题要用改革来解决,信访问题中属于制度的部分就去改革制度,属于民众民主行为的部分用规范引导,属于政府以及部门的问题则转变职能。从分工上,党要站在全局实施统揽、协调各方,不是执政为民就包揽一切、"包打天下"。从担当上,应"治理"的信访问题,不仅是信访人提出的信访事项,应是全方位的总体问题,更应成为党和政府反思与变革的力量。

3. "树结构"与"网结构"的不协调

从人与自然大的结构关系看,生物圈的两种基本结构是纵向的"树结构"

---

① 冯仕政:《老问题、新视野:信访研究回顾与再出发》,《学海》2016 年第 2 期。

② 尹利民:《政治机遇与限制:信访发生的机理与行动逻辑——基于两个信访案例的解读》,《华中师范大学学报》(人文社会科学版)2008 年第 5 期。

③ 尹利民:《确定性与不确定性:信访的实践逻辑及其风险》,《理论与改革》2011 年第 1 期。

④ 胡荣:《农民上访与政治信任的流失》,《社会学研究》2007 年第 3 期。

与横向的"网结构",生物圈的总结构则是"内树外网"。同理,信访的结构性问题还表现为信访系统的"树结构"与信访事项的"网结构"的不协调。信访工作只有达到生物圈所要求的这种协调,才能实现良性循环。统筹的要旨就在于此。信访系统与各个部门都是官僚体系中的"树结构",而信访事项作为社会矛盾纠纷在信访领域的表现则体现出鲜明的"网结构"特征。结构的不同,使得功能与特性也不同。这两种结构都通过"结点"来形成。"结点"在这两种结构中的作用是不同的。同一"结点"可以是树结构中的一个环节,也可以是网结构中的一个"结点"。网结构中的每一个"结点"都是一个树系统,网结构中的"结点"如果单向联结起来就会组成一个更大的树系统,而树系统内部相同层次的分枝间,也有类似的网结构关系的。"树结构"与"网结构"优势互补,取长补短,扬长避短,是问题的出路。信访工作如何如生物圈般实现"内树外网",达到动态平衡?例如使二者共进互补,把高层制约(树制约)的领导根本性控制,引入同层制约(网制约),强化规则意识与法治意识,同时发挥横向制约作用,以信访事项公开竞争、公开评价、群众评议来消解纠纷;以国家与社会整体发展的供—需平衡为环境制约(生物圈制约),通过外界环境提供的总能量的变化来对整体结构进行制约,从而实现信访工作与统一整体协调发展的良性循环。关于"树结构"、"网结构"、"内树外网"观点,是本书对世界生物圈进化发展规律探索的成果,对我们打开思路去理解信访问题及如何走出困境有积极意义。因本书的篇幅与论题所限,容另做分解。

(二)治理的主要矛盾危机

1. 主体意愿、期望值与解决能力的矛盾

随着社会利益关系日益复杂和对国家机关工作人员监督的强化,信访工作日益受到党中央的重视。中共中央提出要"妥善协调各方面的利益关系,正确处理人民内部矛盾。……健全正确处理人民内部矛盾的工作机制,完善信访工作责任制,综合运用政策、法律、经济、行政等手段和教育、协商、调解等方法,依法及时合理地处理群众反映的问题"[①]。信访工作已被视为一项关系

[①] 冯俊主编:《中国特色社会主义理论体系论纲》,人民出版社 2017 年版,第 379 页。

中国共产党执政能力的重要工作,被赋予极大的期望值。但就当前实际情况看,信访工作距离党中央的要求还有差距。

根据《信访条例》规定,信访工作机构所享有的权力主要是对信访事项的程序性处理和对信访事项处理机关的建议性的督促检查权,没有对具体信访事项的实际处理权,在对具体事项具有实际处理权的其他国家机关和政府工作部门不积极履行职责的时候,信访工作机构的作用就受到严重限制。按照属地管理原则,信访事项的具体处理主体,大多是基层的党政部门。在程序上,由一线的责任部门负责处理信访事项,再由上一级的党政部门审核处理,实行三级终结制。由于处理信访事项包括投诉类事项的国家机关往往是作出某种决定、对信访人权利有影响的组织,或者与原机关有一定的关系,特别是存在行政隶属或业务指导关系,甚至是监督与被监督的关系。也就是说责任部门常常是信访事项的当事人,或者与当事人有密切关系,因此一些国家机关和政府工作部门在办理信访事项时,既是当事人又是裁判,不能作出公正、透明的处理自然是在所难免。这样,一方面,信访工作机构要受理大量的信访事项,但其享有的权力十分有限,而且这种督促检查也是一种内部监督,容易出问题;另一方面,有权处置信访事项的机关却常常存在不能公正处理的情况。这种权责配置不合理的情况必然导致信访工作部门解决实际问题的效率、效能低下,最终结果是,信访机构成了矛盾的聚焦地,严重削弱了信访制度应当发挥的作用。

2. 机构系统组织性强大与效能性衰退的差距

当前,信访机构在我国各类机构中数量最多、最为庞杂,而且信访事项的受理和处理有些情况下是跨部门、跨地区的,因此运行显得杂乱。信访机构作为国家机构体系的组成部分,遍布党、政、军、司法、立法、政协、大型国有企业等国家机构和社会组织或单位,承担来信来访任务的机构包括执政党的各级组织、各级政府及其工作部门、各级司法机关、各级人大及其常委会、政协机关、各群众团体、新闻媒体、国有企事业单位、群众自治组织等。从中央层次来看,中共中央、国务院联合设立了国家信访局,全国人大常委会办公厅设立了信访局,中纪委、最高人民法院和最高人民检察院设立了信访室,中央各部委设立了信访办,政协信访工作机构称为联络局,妇联、工会、残联等群众组织也承担部分信访职责,设置了专门的信访工作机构,部分大型国有企业设置信访机构,在军队中也设有专职的信访工作机构。从地方层次来看,都设立了相应的信访处(科、办)等,配备了一定数量的专职干部。在立法部门,各级人大常委会受理公民的申诉一般有两个部门,一个是常委会的信访工作机构(信访局)负责接待群众来访、转办信件,很少直接调查或处理信访事项;另一个是人大的有关专门委员会或者常委会的法制工作机构,主要接受公民对有关司法机关及其工作人员的投诉。在全国人大和省级人大可能同时存在两个以上部门,而在市、县一级人大,由于不设专门委员会,可能只有常委会的法制工作机构或者信访室两者中的一个部门处理信访。在法院系统,受理信访的机构,既可能是设置在立案庭内的信访组(办),也可能是审监庭,还可能是法院的纪检机构,甚至可能是法院应对中心任务的临时性办公室、研究室、院长接待室等。

　　总之,目前除了国务院及地方政府单独设立有信访机构外,各级人大、司法机关以及政府相关部门也都设置了信访机构。这导致现行的信访机构体系归口不一、庞杂繁多。从形式上看,从中央到地方,设立众多信访机构应当有利于增加信访信息的渠道和来源,便于党和政府解决访民的信访事项、推进访民信访诉求的实现,但由于这些机构相互之间没有法律上的隶属关系,中央信访机构对各部门的信访机构以及地方信访机构的管控协调能力都十分有限,客观上却导致了信访受理机构职责交叉、庞大杂乱,信访机构之间存在信息共享壁垒。有的信访机构的工作人员对较为敏感、舆论关注度高、容易引发群体性事件的信访事项,担心"引火上身",为规避风险,往往以种种理由不予受理。而现实中还存在信访人的以下两种行为,第一,"一诉多头访",即基于同一信访诉求向多个部门、机关上访;第二,"多诉多头访",即信访人信访诉求的确关涉多个部门、机关,而不得不同时向多个部门、机关上访。对于这种情况,信访机构及其工作人员往往以其没有管辖权为由不予受理,最终导致出现信访受理工作中的"踢皮球"现象。

　　3. 信访规范性法治化与方式非制度化的冲突

　　面对信访群众的各种信访事项,信访受理机构本身无法作出直接处理,信访人问题的解决,最终离不开地方政府及有关部门的配合和主导协调。《信访条例》第四条规定,"信访工作应当在各级人民政府领导下,坚持属地管理、分级负责,谁主管、谁负责"。这一规定确立了地方政府在信访治理中的主体地位。然而,近年来,随着民众权利意识的觉醒以及社会利益格局的日益多元化,信访制度实施中遇到了地方政府难以处理、日益复杂的情势,存在着非涉法涉诉信访与涉法涉诉信访交织、合法合理诉求与非法不合理诉求交织、非正常信访与正常信访交织的情况。"一方面,国家一直强调要打破官僚主义的阻碍,不能对正常的上访群众搞拦、堵、卡、截,而是要保证信访渠道的畅通;另一方面,国家又一再要求把各种问题解决在基层,要尽量减少越级上访、集体上访和重复上访。许多省市县都把减少各种类型的上访数量作为衡量官员'保一方平安'的一个政绩指标,甚至作为考核官员'一票否决'的内容。"①面对信访领域存在的这些难题以及信访考核的压力,很多地方政府不得不采用"压制"、"赎买"、"领导批办"、"领导包案专项执法活动"等非制度化、非正式化的手段加以解决。"无奈之举"实乃典型的短视行为,其突破法律规定或利用法律漏洞的做法虽然换取了信访治理的暂时安宁,却进一步恶化了信访环境,严重降低了党和政府的公信力。

(三)治理的过程性"演进怪圈"

1.治理理念:由注重维稳到侧重解决问题

1978年十一届三中全会后,由于十年"文革"的严重破坏,全国信访积案特多。信访工作主要围绕平反"文革"中的冤假错案等历史遗留问题展开。这一时期是国家信访工作的恢复阶段,信访人数激增,需要解决的各种问题堆积如山。针对此种情况,为了维护"文革"后来之不易的社会安定团结,1980年8月,《国务院关于维护信访工作秩序的几项规定》,要求"来访人员应当自觉遵守国家的政策和法令,遵守信访部门制定的为保障接待上访群众工作顺利进行的有关规章制度。对于来访人员中已经接待处理完毕、本人坚持不走、说服教育无效的,可以由信访部门出具公函,公安部门协助,送民政部门管理的收容遣送站收容送回"②。此后,1982年5月,国务院又制定了《城市流浪

---

① 应星:《作为特殊行政救济的信访救济》,《法学研究》2004年第3期。
② 《国务院关于维护信访工作秩序的几项规定》(1980年8月22日发布)。此文件已被1995年10月28日国务院发布的《信访条例》代替。

乞讨人员收容遣送办法》。1983 年底,中央信访部门和政府部门又专门颁发了针对长期滞留北京的上访人员的文件,规定"可以建立一个劳动场所,把他们集中起来,加强管理,边劳动,边教育,直到他们不再到处流窜为止"①。这些相关规定都体现出国家在信访治理中注重维护社会稳定,防止社会秩序失控的理念追求。

国家拨乱反正任务基本完成后,随着国家经济建设和国家治理转型的推进,信访治理的主要任务,也由强调维护社会秩序转变为在重视秩序的同时,侧重化解矛盾、实现权利救济。1995 年《信访条例》的颁布,标志着国家信访工作法制化的开始。《信访条例》第一条规定:"为了保持各级人民政府同人民群众的密切联系,保护信访人的合法权益,维护信访秩序,制定本条例。"首次将"保护信访人的合法权益"列在"维护信访秩序"之前,体现了国家信访治理工作宗旨的校正,表明信访工作的首要任务是化解各类社会关系中存在的问题,维护群众的合法权益,促进社会和谐发展。但理念的调整、笼统的规定与程序性规定脱节,使得信访部门地位和规格的提高以及近年来推行的一些行之有效的信访办理新形式,如联席会议、人大监督、领导接访、下访、信访听证等,并没有实际上缓解信访压力,法理、理论与现实之间始终有一些中间环节。

2. 工作部门:由附属机构到地位提升

1978 年后,我国信访机构经历了由信访接待室、信访接待机构到单设信访局作为各级政府一个职能部门的演变。1982 年 2 月第三次全国信访工作会议通过了《党政机关信访工作暂行条例(草案)》,确立了信访工作中的"分级负责、归口办理"原则,该条例第六条规定:"各级党政机关,要按照方便群众、有利工作和机构精干的原则,建立健全信访工作机构。党中央、国务院分别在它的办公厅设立信访局。"与此相应,全国各地的信访机构也作了一定调整。20 世纪 90 年代,各类信访问题持续攀升,信访治理工作引起了国家的高度重视,各级信访部门的规格和地位得到很快提升。2000 年 2 月 13 日,中

---

① 陈柏峰:《缠讼、信访与新中国法律传统法律转型时期的缠讼问题》,《中外法学》2004 年第 2 期。

办、国办印发《国家信访局职能配置、内设机构和人员编制规定》的通知,根据该规定,中办国办信访局更名为国家信访局,升格为副部级单位。这意味着,中央对信访工作在国家工作全局中的角色定位进行了重大调整,信访工作在国家治理中的地位进一步提升。作为一个综合性的协调部门,根据《信访条例》等相关规定,信访部门不仅能够协调与信访业务有关的党政部门,还能够横向平行或自上而下检查、考核同级党政各部门或下级政府的信访工作。2010 年在县市两级党政机关实行"用群众工作统揽信访工作"的试点,同级党委常委或党政副职领导人兼任信访局局长,更使信访部门的权力与地位前所未有。

改革开放以来,我国分别在 1982 年、1988 年、1993 年、1998 年、2003 年、2008 年、2013 年、2018 年进行了 8 次较大机构改革。2018 年大部制改革,信访部门有所涉及,但都保留下来,所属不一。总体而言,有 5 省(区、市)信访局为副厅级单位:山东省、广东省、海南省、辽宁省、西藏自治区。全国其他省、自治区、直辖市的信访部门为正厅级单位。隶属关系不尽相同。有十多家省级信访部门隶属于省委管理部门,有的隶属于政府部门管理机构。分为四种形式:一是省委序列正厅级单位;二是政府序列正厅级单位,比如山西,《山西省机构改革实施方案》指出,省信访局由省委办公厅管理的机关调整为省政府直属机构,名称由"中共山西省委山西省人民政府信访局"更名为"山西省信访局";三是省委序列副厅级单位,比如辽宁,《辽宁省机构改革方案》指出,"省委省政府信访局"管理体制由省委办公厅、省政府办公厅管理,调整为省委工作机关管理的机关;四是省政府序列副厅级单位,比如山东,《山东省机构改革方案》指出,"省委省政府信访局"更名为"省信访局",由省委办公厅、省政府办公厅的部门管理机构调整为省政府办公厅的部门管理机构。问题是,为什么全国信访局归属不一,这事关紧要。

3. 政府治理:由处置信访事务到压力倒逼

针对"文革"后大量群众通过信访迫切要求平反冤假错案、落实政策,1978 年 9 月中央召开了新中国成立后的第二次全国信访工作会议,会议具体讨论、交流并印发了中央及有关地方政府制定的解决信访问题政策草稿,分别涉及成分出身、平反后的工资工龄、"上山下乡"、遣返遗留、户口等若干具有普遍性的政策问题,奠定了各地制定解决信访问题具体政策的基础。之后,中央及各级地方政府相继成立了信访工作领导小组、检查组,从全国抽调了 20 万干部深入基层,直接参与解决上访人要求和所反映的问题,有力地推动了"文革"结束后数量暴增的信访事项的妥善处理。从根本上看,中央政府直接参与信访具体问题的解决,只是权宜之计,但却留下了伏笔。

"文革"结束后,基于国家权力分工以及人力配置等角度,以地方政府为主处理信访事项是一个必然的选择。1982 年 2 月,第三次全国信访工作会议通过的《党政机关信访工作暂行条例(草案)》确立了"分级负责、归口办理、件件有着落、事事有结果"的信访工作原则,明确了相关部门以及地方政府在信访治理工作中的责任。自 2005 年新的《信访条例》颁行后,该条例第二十六条规定:"公民、法人或者其他组织发现可能造成社会影响的重大、紧急信访事项和信访信息时,可以就近向有关行政机关报告。地方各级人民政府接到报告后,应当立即报告上一级人民政府;必要时,通报有关主管部门。"依据该规定,国家信访部门开始每月会对各省(区、市)"非正常上访"人次数进行排名,各省也会对地市排名,直至县市及乡镇。由于信访事项多集中在基层,县市及乡镇政府的信访工作随即成为对当地党政干部政绩考核的指标之一,后来逐渐演化为各级党政领导成为信访责任人,其辖区内的访民进京上访次数与党政领导的升迁直接挂钩。信访工作机制强化,形成强大的体制内压力倒逼机制。自 2013 年起,虽然国家信访局取消了对各省信访的排名制度,但实际上由于上级部门在考核信访过程中对信访群众诉求的合法性及合理性极少进行实质性甄别,有关信访方面的依据(《信访条例》第七条关于信访通报、信访绩效考核的规定)、数据在考核中依然发挥着重要作用。可以说,一方面,只要中国特色的官员考核与晋升机制没有进行实质性改变,作为官员治国理政重要方式之一的信访治理工作给各级官员带来的压力倒逼效果就很难根除;另一方面,基层解决不了的问题就呈现信访"上行"的倒三角状态。"上访"量高位运行,又从多方面对所有相关人员造成更大压力。

4. 治理方式:由简单交办到联动解决

关于信访问题的宏观治理方式,1982 年通过的《党政机关信访工作暂行条例(草案)》与1995年的《信访条例》,涉的信访治理方式基本一致,即分级负责、归口办理,谁主管、谁负责。这两个条例实施后,对信访工作的规范、信访秩序的维护、信访人合法权益的保障发挥了重要作用。随着我国改革开放的深化、利益格局的调整,信访总量持续攀升,跨地区、跨部门的上访越来越多;过激行为时有发生,信访事项层层转办、效率低下,信访积案与日俱增。2005年,新修订的《信访条例》在坚持"属地管理、分级负责,谁主管、谁负责"的基础上,其第五条规定:"县级以上人民政府应当建立统一领导、部门协调,统筹兼顾、标本兼治,各负其责、齐抓共管的信访工作格局,通过联席会议、建立排查调处机制、建立信访督查工作制度等方式,及时化解矛盾和纠纷。各级人民政府、县级以上人民政府各工作部门的负责人应当阅批重要来信、接待重要来访、听取信访工作汇报,研究解决信访工作中的突出问题。"此次修改,从全局出发、系统地规范了信访治理规程,使信访工作领导负责制、整体治理观,统一领导、部门协调,各负其责的格局要求有了很大的改进。2007年3月10日,《中共中央、国务院关于进一步加强新时期信访工作的意见》文件,进一步明确了"联席会议制度",并提出建立"四个长效机制",从中央层面强化了信访治理"联动解决"的重要性,对各类信访问题的有效解决发挥了积极作用。然而,各级政府的统一领导如何实现? 由谁牵头? "联动"哪些部门? 如何联动? 依然是个问题。纵向似已贯通,但横向却极为乏力,联席有会议无作用,内耗性、体制性疲惫凸显。

三、信访事业的未来发展

习近平新时代中国特色社会主义思想,蕴含着丰富的现代思维方法。其中的求是思维、辩证思维、系统思维、战略思维、统筹思维、实践思维、法治思维、底线思维、历史思维、创新思维和人本思维等现代思维方法,最主要的理论依据是辩证唯物主义和历史唯物主义中的基本原理和方法论。真正的共产党人始终关注变化着的实际,总结出新的实践经验,发展出新的理论。观照历史,是"理解过去的钥匙",包括反复思维和反省思维;把握未来,"预示着未来的先兆,变易的运动"①,包括综合性思维和整体性思维。习近平新时代中国特色社会主义思想就实现了这一转换。他以高度的理论自信和实践自觉,面对资本和市场带来的问题,在重视道德建设的同时,全面依法治国;顺应生产力发展要求,全面深化改革、全面从严治党,调整不合理的生产关系、社会关系和利益关系。其中蕴含的现代思维方法既是习近平新时代中国特色社会主义思想的重要内容,也是实现新时代中国特色社会主义现代化伟大征程的根本指针,更是信访事业发展的根本指针。

(一)信访要与社会主义事业发展相适应

党的十九大报告作出的社会主要矛盾变化这一重大政治论断,"是关系全局的历史性变化"②。信访是社会矛盾的综合反映,随着人民群众在民主、法治、公平、正义、安全、环境方面的要求日益增长,信访矛盾也会呈现新的变化和新的特点。因此,进一步研究社情民意新情况新动向、信访矛盾新特点新规律和信访群众新要求新期待,增强做好新时代信访工作的前瞻性、系统性、针对性,是我们义不容辞的责任③。社会主要矛盾决定社会政策、策略和整体布局,是一切大政方针的基本依据。信访也不例外。人民群众对美好生活的向往与不协调不充分发展的矛盾,带来了信访目前新的形态,老问题、新矛盾交织重叠,信息化条件下的信访问题更加复杂。处理不好,势必影响到国家"五位一体"总体布局、"四个全面"战略布局和2020年全面建成小康社会的顺利实现。信访统筹成为一个重大工作,摆在全党的面前。

社会发展对信访的要求是什么?可从多维度加以观察:一是从社会主要矛盾看,信访应顺应新变化,坚持以人民为中心的思想,着重解决供给不平衡不充分的短板,深入社会生活,提高大众素质,丰富文化涵养,不断满足精神层面人民日益增长的美好生活需要;二是从国家治理现代化看,信访应在中国特色社会

---

① 《马克思恩格斯全集》第46卷(上册),人民出版社1979年版,第458页。
② 习近平:《决胜全面建成小康社会　夺取新时代中国特色社会主义伟大胜利——在中国共产党第十九次全国代表大会上的报告》,人民出版社2017年版,第11页。
③ 张璁:《新时代信访工作踏上新征程——访国务院副秘书长、国家信访局局长舒晓琴》,《人民日报》2018年4月30日。

主义事业"五位一体"总体布局、"四个全面"战略布局中,充分发挥社会稳定器的作用,凝聚民族精神与民心力量,使信访领域成为国家治理体系与治理能力现代化重要见证;三是从党的领导方法与艺术看,党要总揽全局协调各方,推动并实现党民沟通、政社联通、诉求畅通、资金融通、民心相通的和谐发展,是社会根基与精神纽带,信访作为党的群众工作与和谐社会建设的基础性工作,就是民心工程,信访应当为民心相通搭建彩虹桥;四是从国家政治大局看,信访应当"了解民情、集中民智、维护民利、凝聚民心",在缓解矛盾与冲突上提供基础性保障,在人民群众中构筑起维护党和国家大局、共建共享和谐的全面的小康社会力量。

(二)信访要与国家治理体系建设相适应

从国家治理大局看,信访问题成为国家治理能力的表征。信访虽然在整个国家治理体系中属于边缘部分,但上述信访的两个突出特征以及信访治理的本质决定了其所实际处理的问题却是国家治理中最前沿、最敏感的问题。这些问题既涉及国家依法设置的各类科层制机关主体,也涉及利益格局与取向越来越多元化的社会成员个体;这些问题可能是社会发展演变中的历史遗留问题,也可能是当前经济社会发展中正在发生的现实民生问题;有些问题不仅突破了地域管辖的限制,也突破了部门管辖的限制。从历史与现实的角度,国家治理过程中发生的各类矛盾、冲突,在信访治理体系运行中都会遇到。信访治理问题不是解决一个局部的社会矛盾或权益救济问题,而是一个关涉国家治理全局、关系国家政权稳定的问题。

以习近平同志为核心的党中央,推进国家治理体系和治理能力现代化,"集中反映了我们党对领导中国人民建设中国特色社会主义所面临的形势和任务作出的新判断,是对我们党治国理政思想的重大创新……推进国家治理体系和治理能力现代化,是一项极为宏大的系统工程,在一定意义上可以说是一场国家治理领域的革命。"[①]习近平同志不断进行理论创新,积极思考,不断探索规律,积极研究各国政府面对的共同性治理难题,其治国理政思想有着鲜明的统筹意蕴,"统筹"与"治理"在习近平治国理政思想中得到有效整合。

---

① 王伟光:《努力推进国家治理体系和治理能力现代化》,《求是》2014 年第 12 期。

国家权力来源于社会成员。同时,所有的国家权力行为最终都需要通过作用于相关的社会个体才能实现其目的。但是,与其他国家治理行为所涉及的国家社会关系相比,信访治理有两个明显不同的特征:一是直接性。《信访条例》第一条第一句话:"为了保持各级人民政府同人民群众的密切联系",就明确了信访治理的首要宗旨,表明国家希望通过信访治理直接联系社会各界群众。这一点确实也与党和政府对信访工作的性质描述相印证:"信访工作作为党的群众工作的重要组成部分,是党和政府联系群众的桥梁、倾听群众呼声的窗口、体察群众疾苦的重要途径"①,它是"最直接的群众工作",是"面对面的群众工作",是"最现实的群众工作",是"送上门来的群众工作"②。"倾听窗口"、"体察疾苦"、"最直接"、"面对面"、"最现实"等这些词汇,非常生动也非常准确地描述了信访制度的属性,以及它在国家与社会的关系中所处的独特位置。二是全面性。作为一种处理国家与社会之间关系的治理制度和方式,其在内容上最具全面性。这是指凡是国家与作为公民的社会成员之间发生的任何问题,均能够反映给有关信访机构,请求予以处理。只要当事人认为是个问题,涉及申诉、控告、投诉、检举等内容的信访活动,不论合理与否、是否涉及个人利益,信访部门都可以受理。依据《信访条例》的有关规定,与其他行政机关或司法机关在业务受理上有一个最明显的区别,那就是信访部门不能以程序、部门分工等为由拒绝受理访民反映的任何问题。与其他国家机关在业务受理范围上的局限性相比,信访机构的业务分工在范围上突破了传统国家机关科层制的限制,内容庞杂广泛又细致,是信访治理之外的其他任何国家治理行为所不具备的。

信访治理的直接性、全面性表明信访治理扮演的是政治性和行政性救济角色③,是以治理民主实现社会民生的重要政治制度④,是中国特定国家治理

---

① 中共中央文献研究室编:《十六大以来重要文献选编》(下),中央文献出版社 2008 年版,第 960 页。

② 王学军主编:《学习贯彻〈中共中央国务院关于进一步加强新时期信访工作的意见〉百题解读》,人民出版社 2008 年版,第 76—79 页。

③ 应星:《作为特殊行政救济的信访救济》,《法学研究》2004 年第 3 期。

④ 王浦劬:《以治理民主实现社会民生——我国行政信访制度政治属性解读》,《北京大学学报》(哲学社会科学版)2011 年第 6 期。

情势下妥善处理官民关系或国家社会冲突的解决机制。信访治理在国家治理中的地位如此突出,除去信访产生的历史因素及执政党的群众路线考虑外,更为重要的原因是当前中国宏观政治架构、国家权力实际运行过程及其与公民权益的表达和保障存在很多问题,这些问题在一定程度上割裂了本应和谐的官民关系或国家与社会关系:首先,中国国家权力配置采取的是单一国家权力结构,实行中央集权制,地方虽然拥有一定解决纠纷的手段和资源,但中央政府和较高层级政府掌握的权力资源更多,解决纠纷的能力更强。其次,公民不少基本权利在很多领域长期缺乏有效保障,而国家对结社、言论出版等表达领域的权利和自由存在很多限制,新闻媒体上难以对地方政府及其部门与公民个体的矛盾真实有效地反映,公众借助各种媒体监督公共机关和官员行为的可能性很低。再次,各级国家机关主要领导人职位的产生方式,先天性欠缺对社会公众诉求的动力,有些地方党政官员往往选择首先对上负责,较少考虑选民的意愿。最后,司法机关"难以真正独立行使审判权、检察权,办案公信力偏低,通过司法途径解决纠纷的法律效果不理想,司法正义在较低级行政区域和基层尤难落实"①。

种种情况表明,我国政治体系存在回应不及时、公权力行使不到位、不规范等问题。现有的社会组织更多地受制于管控思维,难以发挥其应有的作为沟通社会与国家中介的作用。在此种情境下,从完善治理的角度,中央政府确实需要信访这样一种治理内容具有直接性和全面性的制度安排或途径来了解、处理社会成员的民生诉求,在通常的救济途径之外,为民众维权伸冤开辟一定的通道,从而尽可能妥善处理国家权力运行中所引发的官民冲突,弥补官民关系、国家与社会关系中的裂痕,提高国家政权的合法性,筑牢国家政权存在的根基。但信访制度的形式与内容,则必须与国家治理现代化要相一致、相统一、相适应,这是毫无疑问的。

(三)信访要与信息社会要求相适应

信访问题反映的是信息社会发展中的矛盾从无序走向有序的动态平衡过程。信息化的基本特点是突然、放大、互动,信息网络的高度发展,与信访网络

---

① 薄钢主编:《信访学概论》,中国民主法制出版社 2012 年版,第 312—313 页。

的重合,改变和扩大了互动空间和视域,又形成新的立体网络,大小网络因素与信访发生着有形、无形的联系。环境因素的变化,必然会影响人们的认识,个人的主观性也会在认识中产生不确定作用。可见,从主客观环境三方面,都加大了不确定性。信访工作网格化,就是运用系统方法,把信访工作作为一个系统工程,把信访工作对象作为整体和部分关系、全局和局部关系,也就是以社区或者部门为单位设定一个区域空间,将信访人员以及信访事项归属于这个空间,由专人负责,边界清晰,任务明确。这种将事物的内在矛盾放在事物自身中的方法,使得事物内在的对立统一关系有了相对的稳定性。但这在工程技术领域进行实验是可以的,用于管理信访人及其复杂矛盾却暴露出局限性。系统方法的本质要求是对象完整清晰、目标明确、手段确定。然而,信息化全媒体的出现,使人们来不及获取完整的信息或比别人更多的信息,一切不确定,情况"测不准"。系统思维下的工作方法,一般把较为复杂易变的现实问题抽象为由各种可控因素组成的系统问题。其必然以职责规范性作为目标,以这种目标为核心,突出优化并加以有效处理。网格化管理的是固化、标准化的直接相关关系,是一种排除性抽象,而不是客观抽象。"可控抽象"思维,把复杂的信访问题作为一种可控关系来处理,期望以全覆盖、横到边、竖到底的网格化管控住,现实的状况是很多不可控因素没有纳入管理视野,大量的非线性信息不断加入,并通过信访人、信访渠道反映出来。尤其是"非直接利益群体"以及"隐性信访利益相关人"的存在,使得信访工作对象不再清晰和明确,情况"出格","跑冒滴漏"频发,突发事件应对陷于被动,网格化管理失效。系统管理遇到严峻挑战,这归根结底是线性思维遇到的挑战。现实超出可控范畴越远,用系统来筹划所造成的后患就越大,信访总量高位运行,信访积案成为专项治理年度任务,信访工作成为天下"第一难"。

"我们生活在一个可确定的概率事件之中,生命和物质在这个世界里沿时间方向不断演化,确定性本身才是错觉。《确定性的终结》是一部分水岭著作,它表明一种全新的科学与文化之自然法则诞生了。"①由于确定性的终结,

---

① ［比］伊利亚·普里戈金:《确定性的终结——时间、混沌与新自然法则》,湛敏译,上海科技教育出版社 2009 年版,第 2 页。

社会及其事物成为复合网络,"网络思维意味着关注的不是事物本身,而是事物之间的关系"①,通过对互动关系、主从关系中共性的提炼,帮助主体厘清看似无关的关系,是主体对环境的积极反应。网络意识实际上就是针对网络思维的自觉性,统筹意识可视为建立在复合网络基础上的意识自觉。

马克思指出:"现在的社会不是坚实的结晶体,而是一个能够变化并且经常处于变化过程中的有机体。"②这里有机体暗含着社会是一个系统的意涵。同自然系统相比,社会系统主要由具有目的性与主动性的适应性主体(Adaptive Agent)构成。适应性主体及其与环境相互作用,构成了社会发展和演化的基本动因。在复杂适应性系统理论的提出者霍兰看来,适应性产生复杂性③。复杂在于"多元"+"互动"。"多元互动"即机会与资源反复转化、演化、创新、"涌现",创造出新的复杂与网络。当社会条件、利益机制等发生变化时,现有的社会系统不能适应这些变化了的条件要求,开始远离平衡态,处于不断的裂变、冲突、协调重构之中,形成耗散结构,自组织地产生出社会结构的分岔、社会行为的混沌与分形等复杂性特征。社会的复杂适应性特征,使得社会治理必须充分考虑人的适应性及环境条件对社会治理行为的深刻影响。传统线性管理的目的是阻止这种转化,而统筹的目的是选择、组织、利用、控制这种转化,信访统筹就要在把握这种转化中锻造出适应新时代要求的适应性主体以发挥预警和规划作用。

---

① [美]梅拉妮·米歇尔:《复杂》,唐璐译,湖南科学技术出版社2011年版,第292页。

② 《马克思恩格斯文集》第5卷,人民出版社2009年版,第10—13页。

③ [美]约翰·H.霍兰:《隐秩序——适应性造就复杂性》,周晓牧、韩晖译,上海科技教育出版社2000年版,第112页。

第二章　信访统筹的研究

　　信访有悠久的历史文化渊源,也有深刻的现实基础。改革开放40多年来,我国经济社会全面发展,呈现出了利益多样化和主体多元化的趋势,经济的快速发展与GDP目标导向,使得中国社会发展的协调性问题及主体间利益冲突凸显,信访问题及其复杂性随之加重。信访作为社会发展矛盾的综合反映,已成困扰中央和地方的大问题,归根结底是党与政府的方针政策是否统一的问题,具有中国特有的复杂性和各种不确定性,因此信访问题必须进行统筹治理。本书从大政治学视野,借鉴社会学、公共管理伦理学、统筹学等学科知识,整合已有研究成果,突出多学科研究方法的集群优势合理运用,如中医辨证调理,分析社会主义基本制度结构内生性关系、系统状态和整体功能,力图使信访这个复杂多变的问题,获得"有价值、能匹配、少后患"的妥善处理。

一、统筹治理的传统文化基因

(一)信访的文化渊源

　　据古籍载,上古尧帝曾设"敢谏之鼓"、"进善之旌",舜帝设立"诽谤之木"。数千年来,信访形式在清朝时达到巅峰之后才渐趋衰落。应该看到,古代乃至近代社会的信访,是经验性指导的实践。在现代实践中,信访具有了不同以往的意蕴。信访作为中国传统社会治理方式的一部分,悠久的历史和深厚的文化积淀,在数千年历史长河中形成的传统文化,对我国现代社会心理以及现代信访制度的形成也产生了深远的影响。

1. "轻讼"、"无讼"思想使人们习惯用信访来寻求权利救济

在我国古代农耕文明高度发达的时代,群居生活、群体劳作对于抵御自然灾害、保障生产生活有着重要意义。受社会地域封闭局限、人口相对聚居的影响,在一个地区长期生活的人们,彼此之间形成了复杂交错的亲属关系,对于封建纲常伦理和家族颜面的高度重视,使得"和为贵"的理念深入人心。受此理念的影响,古代社会产生了"轻讼"、"无讼"①思想。人们对打官司、进"衙门"多是忍而息之或退而避之,能调解就调解,能私了就私了,不到万不得已,不会赴"衙门"告状。至今仍然如是,人们发生纠纷时首先考虑的依旧不是"打官司",这种"轻讼"、"无讼"思想观念,历经千百年传承,在人们头脑中刻下了深深的印记,对现代社会的影响也极为深刻。

2. "官本位"的权力崇拜使民众信权不信法

在中国两千多年的封建社会中,由于生产力不发达和人类思想意识的局限性,"君权天授"的观念大行其道,封建统治者将自己的地位神秘化,将手中至高无上的权力合法化。作为普通百姓,对于上天选定的"天子"自然也是心存敬畏,对于统治者手中可以主宰他们命运的"权力"有着无上的崇拜,"朝中有人好做官"、"官官相护"的客观现实也在无形中加剧了这种权力崇拜。如遭冤屈,必去寻求更高统治阶级的帮助和庇佑,讨还清白。时至今日,"上访"行动频繁指向政府和信访机关,并非是对政府的恶意攻击或者不信任,反而是他们坚信上级政府的权威,也更相信基层政府的不法行为只有更高级的政府机关才能对其加以管束和遏制。现实社会中,某些事件在得到高层领导的关注后得以特事特办的先例和由此引发的示范效应也使得民众群起效仿,强化了上访者的信心和对权力的崇拜。民众认为领导手中的权力可以解决法律无法解决的问题,有诉求就要去上访,而不会首先考虑是否合法合规。

---

① 《论语·颜渊第十二》。子曰:"听讼,吾犹人也。必也使无讼乎!"听讼即治讼。处理诉讼纠纷事件。法官或士师听取当事双方及证人等相关人员的诉求、证词及意见等,然后士官再综合相关材料,依据当时的律令规定或传统习俗作出判决。主要靠"听"来获取信息,故曰听讼。类似词语还有"听政"。无讼:治讼的目的是安民,道民向善。民安则天下安。天下安宁,民不犯禁,何来讼乎,故曰无讼。《史记·周本纪第四》有载:"成康之际,天下安宁,刑错四十余年不用"。"天下安宁,刑错不用"应该就是夫子所说的无讼吧。孙子也说:"不战而屈人之兵,善之善者也"。所以,诉讼与战争都是不得已而为之,遇到矛盾首先还是调解。

3."青天情结"使民众对信访有着心理依赖

中国传统文化中有一个流传甚广的名词叫作"青天",特指铁面无私、为民申冤的良吏。在古代流传下来的文学作品和史书当中,都不乏"青天"的身影,如寇准、包拯、海瑞等,其事迹历来为人们所颂扬,反映了人们对于公平和正义的追求和渴望。在封建社会,地方官员集行政与司法于一身,其所接受的监督主要来自上级机构,而深居皇宫的帝王想要了解基层的民情民意并不容易,皇帝要想维护和巩固自己的地位,就必须开辟一条简便易行的途径,于是"清官"就成为皇帝爱民、亲民、为民的替身。在两千多年的封建社会中,惩恶扬善、匡扶正义的"青天"逐渐成为官德和官员资格的代表,成为被历朝历代倡扬的对象,由此形成的"清官文化"也一直流传至今。千百年来,当处于社会最底层的百姓有冤屈得不到伸张,看不到正义曙光的时候,心中就会寄希望于"青天"的出现,而且他们认为"青天"是始终存在的,只要肯于不断寻找。这种"青天情结"历经千百年的传承,一直潜藏在人们的意识中。即便是在现代社会,人们对于"青天"依然执着追求,遇到问题喜欢采用信访方式,且往往"一访到底"、坚持不懈,重要的因素,是我们的传统文化在其中所起的潜移默化甚至是推波助澜的作用。

4.重实体正义传统使民众为寻求结果公正而不断上访

中国古代的诉讼一直存在着重实体正义而轻程序正义的现象,已经审结的案子,只要当事双方有一方不认可判决结果,就可以选择继续上告。从这个角度来说,中国古代的诉讼并没有实际意义上的终审,只要当事人愿意并且有耐心有毅力,就可以将自己认为判决不公的案子不断上诉,甚至告"御状",由国家的最高统治者来还自身清白,为己主持公道。人们普遍认为,司法途径的程序正义不能作数,实体正义才是重要的,寻求实体正义的过程就是不断上访的过程,只要能坚持并且找到了"青天",问题终会得到解决。这种可以"不断上诉"的思维充分体现了中国古代社会对于实体正义的执着追求,认为只要能查出事实真相,只要最后的结果是公正的就可以了,而对于追求事实真相的过程是否合规合法,则没有过多的要求。由于当事双方心目中对于所谓公正判决的期待并不相同,在当事双方都应承担部分责任的案件中,极有可能出现当事双方各执一词、纠结不休、交替上访的情况。在现代法治社会,民众对于实体正义的执着丝毫没有减弱,尤其因证据不足或者程序问题导致程序正义与实体正义出现较大偏差的时候,当事人便会拒绝接受程序正义而进行"申冤",不断寻求各级领导的关注,要求获得公平公正的对待,这也是部分上访人员常年闹访、缠访、重复上访的原因所在。实际上,随着现代社会人们法律意识的觉醒,要求程序正义与实体正义相统一,应成为一种基本趋势。

(二)统筹的文化渊源

统筹根源于中华民族优秀的传统文化,与中国千百年来的"大一统"思想和整体思维相伴而生。虽然统筹学作为一门科学进入人们的视野,只是近些年的事情,但中华民族对于统筹思想的运用却有着数千年的历史。据查,清代之前的文献当中并未发现"统筹"一词,人们习惯使用"运筹"。如"帝曰:'运筹用武,然后远人始平。卿但用武平之,何患不得平远乎?'"①"高祖曰:'夫运筹策帷幄之中,决胜于千里之外,吾不如子房'。②"清代出现"统筹"一词,如"现在灾区甚广,为日方长,必须统筹豫计,认真核办,方得实际"③。到了现代社会,统筹则成为日常用词。

1. 统筹是基于古代朴素唯物辩证法的运用

统筹作为一种思想方法早已在中国古代优秀传统文化中得到广泛体现和应用。《论语》"学而篇"提到,子曰:"道千乘之国,敬事而信,节用而爱人,使民以时。"孔子认为要治理好"千乘之国"(春秋时指中等诸侯国),就要把严肃对待国事、信实无欺、节约费用、爱护官吏和在农闲时间役使老百姓统筹起来。在"为政篇",子曰:"为政以德,譬如北辰。居其所而众星共之。"主张用道德来统筹治理国政,自己便会像北极星一般,在一定的位置上,别的星辰都围绕着它。在"颜渊篇",子曰:"足食,足兵,民信之矣。"只有对兵员和后勤保障进行统筹,百姓对政府才能树立信心。而在"尧曰篇"中更是提出"谨权量,审法度,修废官,四方之政行焉。"政令的通达离不开对度量衡、法律、机关的统筹管理。从《论语》中,我们看到统筹思想在治理国家方法中的体现。而中国古

---

① 《北史·列传第七十四》。
② 《日知录·卷二十四》。
③ 《清实录·德宗景皇帝实录》。

代历史上被誉为"万经之王"的《老子》,其文意深奥,包含广博,全书以"道法自然"即哲学意义上的"道"为纲进行统筹,论述修身、治国、用兵、养生之道,但最终又回归到政治,是实至名归的"内圣外王"之学。

我国古人普遍认为,天意(即自然)不可违。人与自然应是一个有机整体,二者互相依赖,不可分割。如能参透天地奥秘,做到人与自然和谐相处,会是一种极高的境界。老子曰:"故道大,天大,地大,人亦大。域中有四大,而人居其一焉。"庄子曰:"天地与我并生,而万物与我为一。"孟子曰:"尽其心者,知其性也;知其性,则知天矣。"①荀子曰:"万物各得其和以生,各得其养以成。"②这种从广博的视角来探讨天人关系,主张人遵天命而和谐相生的观念,构成了中国古代的主流宇宙观,也造就了中华民族所特有的"整体思维"模式。

在认识人类自我和外部世界的过程中,古人根据经验,已在不自觉地运用统筹的方法,其中较有代表性的便是中国古代的"阴阳五行"之说。如"阴阳者,天地之道也,万物之纲纪,变化之父母,生杀之本始,神明之府也,治病必求于本。故积阳为天,积阴为地。阴静阳躁,阳生阴长,阳杀阴藏。阳化气,阴成形。寒极生热,热极生寒。寒气生浊,热气生清。清气在下,则生飧泄。浊气在上,则生䐜胀。此阴阳反作,病之逆从也。"③黄帝认为,阴阳之间相生相克,阴阳失衡会导致疾病,从而开启了中医的先河。这一论断的医学价值暂且不论,单就立言本身来看,这种将人体看作一个由阴阳变化而构成的整体,以实现阴阳协调为目标的思维,正是统筹方法的实际运用。五行学说是中国古代先哲的一种系统观,《尚书·洪范》曰:"五行:一曰水,二曰火,三曰木,四曰金,五曰土。水曰润下,火曰炎上,木曰曲直,金曰从革,土爰稼穑。润下作咸,炎上作苦,曲直作酸,从革作辛,稼穑作甘。"主张将世间万物归结为金、木、水、火、土五大类,称为"五行",并且对每类的性质特点进行了描述,认为宇宙的一切变化都是由这五类要素的运行和相生相克来变化构成的,一旦这种相生相克的关系遭到破坏,就会产生异象或灾难。阴阳五行学说体现的是近乎

---

① 《孟子·尽心上》。
② 《荀子·天论》。
③ 《黄帝内经·素问》。

一种朴素的唯物辩证法,它关注事物的整体以及整体内部各个组成部分之间的协调统一,要求人们在认识世界、改造世界的过程中,要从整体的角度出发,统揽全局、通盘筹划,兼顾各个方面,从而实现协调发展,是中国传统文化中的精华所在。

2. 统筹是源于古代军事实践经验的总结

中国古代战争中的统筹,也是历朝历代军事家们的常用方法,贯穿于战争始末,记载于军事专家所著的兵书当中。古代兵家思想集大成者孙武在《孙子兵法》中,从战争胜负、攻守战略、战术、计谋等角度体现了统筹的思想方法。"计篇"——"故经之以五事,校之以计而索其情:一曰道,二曰天,三曰地,四曰将,五曰法。"进行战争胜负的考量,就必须统筹考虑政治、天时、地利、人和、法制。"谋攻篇"——"十则围之,五则攻之,倍则分之,敌则能战之,少则能逃之,不若则能避之。"则是对进攻与防守战略、战术的统筹。《孙膑兵法》也说,要想取得战争的胜利,需要士兵、将领、君主三者之间密切配合、协调一致,缺一不可。唯有如此,战争方可取胜。孙膑在著书的时候已充分意识到了整体与部分之间的关系,并且主张使用统筹兼顾的方法来排兵布阵,从而实现军队战斗力的最大化。此外,《管子》、《六韬》等兵书当中也有诸多关于使用统筹方法的记载。历代军事辩证法沿用古代军事家讲"运筹帷幄"的"运筹"其中就蕴含着对人、事、物,包括对时间与空间等信息的统筹分析、重点择取和权衡利用,既有决策中的统筹含义,也有实施中的运筹过程。

3. 统筹在中西方文化交汇中延伸

由于历史文化起源的不同,人们在分析问题时一般是运用两种传统思维方法:"一分为二"与"合二为一"。中国人思维重时间或"合二为一",西方人思维重空间或"一分为二"。信息时代适应的新思维方式是非线性思维,新思维的非线性,是依据信息的参考作出思考和判断。中国传统文化注重天人合一、虚实相成、阴阳平衡,对事物的全局有着较强的把握能力,但对事物的内在构成缺乏深入探究。而西方文化则是注重对事物本身的构成进行细分,分为多个组成部分,进而对每一部分进行深入探讨,最后再构成一个系统。根源在于,"西方科学和西方哲学一贯强调主体与客体之间的二元性,这有悖于注重

'天人合一'的中国哲学"。① 最简单的例子，便是人们常说的中医与西医的区别，中医主张的是灵活辩证的疗法，注重对人体进行整体调理，而西医则是依靠数据分析解剖，针对病症开出药方。

我们今天所说的统筹思想则是中国传统的整体性思维与西方分析性思维的有机结合。既需要用整体性思维来进行总体筹划，将与目标所关联的所有要素关系厘清，同时又需要用分析性思维来对各要素进行具体解析，确定哪些要素可用、哪些不可用、哪些可转化等等，经过总体筹划、辩证分析之后，得出符合实际的决策和方案，避免顾此失彼。千百年来，由于封建社会诸多历史条件的限制，统筹方法在运用过程中并未形成科学的理论体系，但其蕴含的整体思维、系统原理等朴素的唯物主义思想，却为今天统筹学理论的形成以及推广提供了丰厚的土壤和依据；西方哲学中的辩证法和系统思想的发展史同样源远流长，为统筹学理论的建立奠定了坚实的基石和理论支撑。

4. 统筹是多学科理论与研究方法精华的集聚

"统筹"，衍生于中国几千年的整体性哲学思维与文化传统，承载着中华传统文化的基因，展现的是东方人的智慧，得益于对唯物辩证法的科学运用。"统筹"一词由"统"、"筹"二字组合而成，"统"是指对所管辖范围内的各类信息进行全面收集、系统分析与择取选用；"筹"是为实现期望目标，依据主客观条件制定决策与组织实施的思维活动，包括变革、创新。在《现代汉语词典》中表述为统一筹划或通盘筹划。作为一个联合词，"统筹"尚无定论。刘天禄认为，"统筹是针对被实践对象的整体所作的首要的和统一的筹划。"②朱国林等认为："统筹的深层涵义是为实现期望目标，对构成事物统一体的主体、客体和环境所进行的总体筹划。"③从其实质看，"统筹"的重点在于"统"，即统领、统揽，整体性、全局观，强调领导者对人、时、空以及资源条件进行全局性、整体性的调配与规划，对有限的资源实现最有效率安排，以整体有效的执行实现最大化的产出，着重于规划、预前、技术与效率的统一。质言之，统筹并非具

---

① ［比］伊利亚·普里戈金：《确定性的终结——时间、混沌与新自然法则》，湛敏译，上海科技教育出版社 2009 年版，第 5 页。

② 刘天禄：《统筹学概论》，中国商业出版社 2004 年版，第 33 页。

③ 朱国林等：《统筹学》，时事出版社 2010 年版，第 6 页。

体的药方或对策,而是作为一种思维方式存在,甚至可以把统筹视为一种整合平台与顶层设计,着眼的是大局与整体统一。

　　人们往往会把统筹学等同于运筹学,但二者不是一回事。运筹学是20世纪30年代初发展起来的新兴学科,是管理人员实现有效管理、正确决策和现代化管理的方法。该学科应用数学和形式科学的跨领域研究以及统计学、数学模型和算法等方法,寻找复杂问题中的最佳或近似最佳的解答,以提高效率来解决现实生活中的复杂问题。现代运筹学被引入中国是在20世纪50年代后期。1956年在钱学森、许国志先生的推动下,中国第一个运筹学小组在中科院力学所成立。统筹学学科则是20世纪60年代初,产生自华罗庚先生提出的"大统筹、理数据、建系统、促发展"的设想。在学理基础上,运筹学偏重数学,内容主要包含模型、理论和算法三大部分,有数学规划、组合优化、随机最优化等方面。统筹学与系统论相辅相成,是建立在组织合理化、追求最优化极值的"基础之上"的科学。这里讲的组织,是机构、任务、人员、资源以及知识、经验的综合组织。

　　在中国,通常管理人员或有实践经验的人对统筹概念都有大致近似的理解,自觉不自觉地将这种不讲极值而讲适度、讲临界的综合思想广泛应用于实际工作中。因为在环境条件变化、目标难以确定,并且方法不完全可控、不断调整等条件下,那种必须要在范围清晰、目标明确、方法可控等条件下才有用的系统论就失灵了。在自然科学领域,综合全面测量各种变量,并进行抽象、系统模型建构,以期探寻自然规律的确定性,实现技术创新,系统性思维则呈现出其强大的一面。而在社会科学领域,人是最大的不确定性因素,由于人与人之间的交往,会衍化出诸多混沌不清、不确定性的状态,面对实际工作中多种多样可变的假设前提,系统论的局限性显而易见。因此它需要由统筹学为指导,服从于统筹学的规范。

　　统筹学正是针对环境范围、目标、方法都不确定,在变化中的发展的科学,以人、时间、空间的统一变化为对象和工具的科学理论。可见,统筹学是在对人类的综合整体思维方法的研究、改造和创新的基础上形成的一种新理论。统筹科学最初作为综合管理思想是最新成果,以"事业—效用"的体系来考虑和处理问题,考虑"事业—远景—目的—目标—手段—效率—效益—效用"这样一个善始善终的大范围事件,其中包含了运筹学。从规划层面上看,筹划可分为战略层面和操作层面,总体筹划属战略层面,细节筹划属操作层面。按照统筹学的整体统一理论,实际研究必须从定性入手,然后才方便定量研究,而且定量研究时要以定性研究为指导和保证,故而统筹学高于运筹学。

恩格斯说:"在一切哲学家那里,正是'体系'是暂时性的东西,这恰恰因为'体系'产生于人类精神的永恒的需要,即克服一切矛盾的需要。"①但包含在体系中的有价值的东西却可以长久地启迪人智,方法就是之一。近年来,"质的研究"兴起,最早引入我国的是美国维尔斯曼(Wiersma)的《教育研究方法导论》(袁振国等译,教育科学出版社 1997 年版);之后,北京大学陈向明的《质的研究方法与社会科学研究》(教育科学出版社 2000 年版),比较系统地阐述了质的研究方法,在理论界产生了一定影响,为我们提供了科学研究新的视角。"质的研究"主要有后实证主义、批判主义、建构主义这三种理论范式提供理论基础②,以及一些其他理论方法如阐释学、人类学、现象学、象征互动主义、扎根理论、自然主义、女性分析、文本分析、后现代主义等,也为"质的研究"提供理论基础。应该说,不管"质的研究"还是定性、定量研究,都是在不同层面、不同角度,采用不同的方法,对事物的"质"进行研究的方法。所不同的是,"质的研究"被定义为一种"实践"的活动,这与"统筹"的"实践性"极为契合。

唯物辩证法认为,任何事物都处于变化之中。因此,任何研究方法都具有自身的局限性。定量分析只能是反映对象的一部分性质而不是全部,部分引起事物性质变化的不可量化的隐性要素就可能被忽略。同时,任何事物的特性会由于其条件组成的时间顺序不同而不同,没有定性分析的定量分析就失去了由组成时间顺序差异所产生的特性区别,也就失去了定量分析的本来意义;再者,环境对于事物的性质变化影响巨大,事物性质在不同条件下会有多种不同的量的表现,同样的量在不同的环境下也会有不同意义。所以,统筹者须先从"质的研究"——定性(包括对象和过程)研究入手,并与"量的研

---

① 《马克思恩格斯选集》第 4 卷,人民出版社 2012 年版,第 225 页。
② 陈向明:《质性研究的新发展及其对社会科学研究的意义》,《教育研究与实验》2008 年第 2 期。

究"——定量研究相结合,这种方法即为统筹方法,其最重要的特点是统筹目的与方法的统一,或言之,统筹既是方法也是目的,使用统筹方法的正是统筹者自己。文化主位与客位是人类学研究中一对重要的二元关系,注重以局内局外双重视角去看待文化现象。陈向明曾认为"质的研究"侧重文化主位,借此表达来看,恐怕"统筹"必须要整合"主位"、"客位"之后而以"本位"出现,方可体现其所具有的统合性。

(三)治理的文化渊源

1."治理"成为处理国家与社会关系的重要路径

全球化过程中,众多社会组织集团迅速成长,同时国家和社会结构所带来的一系列新的更复杂的问题凸显。市场与国家在社会资源的配置中出现的失效,宣告传统公共行政模式与市场和等级制的调节机制发生双重管理危机。"治理"成为国际社会评判国家能力和处理国家与社会关系的重要路径,善治与治理亦成为当代中国公共管理研究领域的重要范畴。在西方语境中,詹姆斯·罗西瑙创始治理理论,丹尼尔·考夫曼和青木昌彦提出国家治理概念①。世界银行首次使用"治理"一词。治理概念突出人的多主体性作用,其内涵凸显各利益相关者围绕相关事务进行谈判、协商以及执行中的协调性、顺畅性、公平性、程序性。到现代,治理理论以其深厚根源使得治理实践成为一个重大特征和趋势。

2."治理并非舶来品"

在中国古代史料中,存在"治"、"治理"的并用。"学界亦有从教化、法律、政制、商业角度,分析中国古代共治、礼治治理架构的研究成果"②。"中国古代历经五帝治理、诸子治国理政、汉朝'修齐治平'、唐朝'制瀍成治'、宋朝'资治'之鉴、元代'治乱警监'、明朝重修吏治和清朝治权之辩。新中国建立后,

---

① Daniel Kaufmann, *Governance Matters* Ⅲ: *Governance Indicators for 1996, 1998, 2000 and 2002*, World Bank Econ Rev., 2004; James N. Rosenau and Ernst Otto Czempiel, *Governance without Government: Order and Change in World Politics*, Cambridge University Press, 1992; Jon Pierre, *Debating Governance: Authority, Steering and Democracy*, Oxford University Press, 2000.

② 《辞海》,上海辞书出版社 2009 年版,第 2952—2953 页;姚中秋:《华夏治理秩序史:天下》第一卷,海南出版社 2012 年版,第 11 页。

我国先是经历了'全能主义国家治理模式'和社会管理创新的'内生性演进'，而后，党的十八届三中全会提出全面深化改革总目标，这标志着治理现代化方略的正式形成……深化中国治理体系建设的道路自信、理论自信与制度自信。"①中国特色社会主义治理观的理论支撑，是人民群众为创造历史主体的唯物史观，是现代国家、政党和政府之间的本质关系等马克思主义国家理论。中国特色社会主义治理观的思想脉络，是对社会主义制度建立、巩固、完善和发展历史经验的认真梳理，对社会主义建设规律认识成果的科学总结。中国特色社会主义治理观形成的实践基础，是中国改革开放以来现代化事业的不断推进。中国特色社会主义治理观，就是从更高理论层面上审视新阶段、概括新特征、提出新方案、描绘新蓝图。

3."治理"的本土性转化和现代性应用任重道远

在理论建设方面，以本土事实与本土过程为思考对象并作建设性理论转化，建构更为有力的解释、把握和指导中国社会治理变迁的理论分析框架，需要加强对治理理论的创新。信访制度作为我国一项重要制度设计，是国家治理体系的重要组成部分，是中国化的特有政治结构。信访制度是实现党和国家执政理念的重要途径，是为国家提供多重目的的治理工具，是国家治理体系中自下而上的负反馈机制，作为矛盾与冲突的"排气孔"、"安全阀"，其运作效果是国家治理能力的一个微观表现。党的十九大报告提出，要"善于结合实际创造性推动工作，善于运用互联网技术和信息化手段开展工作"。当前我国正处于改革的深水区，不同利益主体的利益诉求协调难度增大，对信访及信访问题进行统筹治理，要充分考虑信访所涉主体人群、时间、环境的整体统一，使信访这个复杂多变的问题获得有价值、能匹配、少后患的解决，以追求成功、优化、良性循环整体综合特征的信访工作效用为中心加以展开，讲究组织合理、切实有用和适度，是针对信访问题在最高层次上的总体处理，是对过去线性和有限可拓性的超越，是降低信访运行成本的有效途径。

---

① 李龙、任颖：《"治理"一词的沿革考略——以语义分析与语用分析为方法》，《法制与社会发展》2014年第4期。

二、相关研究现状述评

(一)信访问题研究述评

始于 20 世纪中后期的新时期信访研究,由于 2003 年遭遇的"信访洪峰"而备受关注,相关研究即现高潮。从研究的数量看,以关键词或主题查找"信访"、"上访",时间限制在 1997—2017 年间,从中国知网上共检索出 59411 条数据,其中报纸 42169 条,博硕库 2117 条,学术辑刊 542 条,国内外会议 336 条,教育期刊 169 条,期刊 14078 条,其中学术性文章仅占 24%。

这里重点分析学术性期刊文章,根据期刊库进行二次筛选,保留篇名上涉及信访的期刊论文,仅剩 3696 篇,占比仅 6.2%。3696 篇论文的发文情况如图 3 所示。

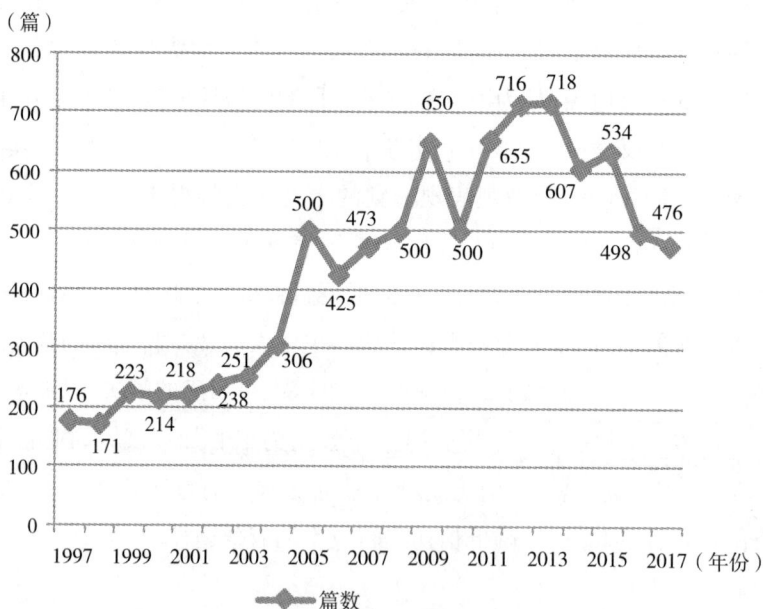

(篇)

图 3 信访学术文献数据的年度分布

1. 信访基本问题的阐释和政策性的指导研究

信访基本问题的阐释和政策性的指导研究对信访的概念界定、功能定位、性质辨析等自身基本特质的探讨成果丰硕,以《信访条例》等为代表的法律法规和政策性文件,自进入 21 世纪以来呈勃发状,为信访研究的深入开展提供了基本依据、规范和法律基础。王浦劬着重从政治上研究信访,认为"行政信访制度是具有中国特色的政治制度安排"①。他以国家与社会的关系为视角,辩证分析了这一制度的制度基础、基本功能和内含价值,据此解读了这一制度安排的政治属性,认为它本质上是一项以治理民主实现社会民生的政治制度。在此基础上,解析了民主与民生的各自含义、治理民主与社会民生关系等关键性理论命题。王浦劬等著的《以治理的民主实现社会民生——对于行政信访的再审视》,不仅呈现出政治学分析范式的鲜明特色,也呈现了中国基层治理的实践过程,是在行政信访工作实践、社会矛盾解决实践和中国特色社会治理实践基础上开展的理论学术研究,是一本尊重基层实践和注意顶层设计的学术著作。

2. 实践中具体领域信访问题的探索研究

实践中具体领域信访问题的探索研究主要集中在实务工作中,这方面的工作总结提炼性研究成果很多。来自实践一线的工作者,有着鲜活的视角与经验、体验,这些研究为学术性研究提供了生动的例证和实践智慧,主要反映在各新闻媒体和政务网。另外,实践中的具体领域如在企业信访、涉农信访、高校信访、环境信访、司法信访、反腐信访、扶贫信访等方面的研究也有大量成果涌现,在此不做展开。

3. 信访基础理论研究

随着实践探索的不断加深,学理性探究达到了前所未有的广度和高度。从对 1997—2017 年信访研究成果的主要关键词频次检索分析可见,信访研究的重点一直是"信访"本身。

信访"工作"在学者与实务工作者两个层面都受到高度重视。王学军在

---

① 王浦劬:《以治理民主实现社会民生——我国行政信访制度政治属性解读》,《北京大学学报》(哲学社会科学版)2011 年第 6 期。

（次）

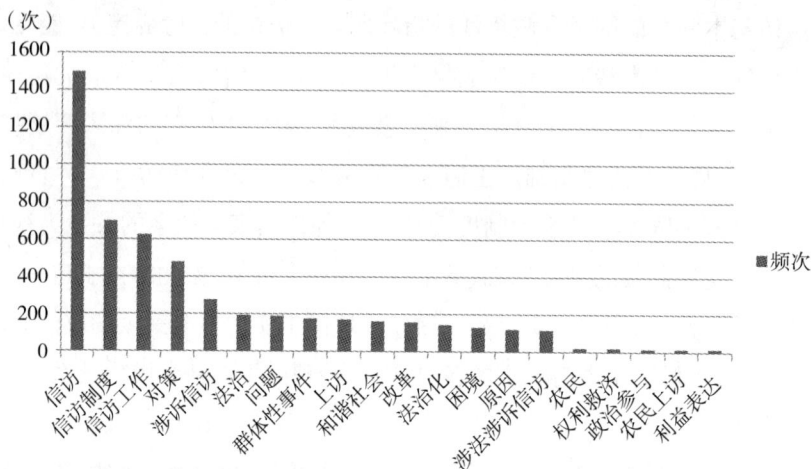

图4　对 1997—2017 年信访研究成果的主要关键词频次检索分析

《中国信访体制的功能、问题和改革思路》一文中指出信访体制能动地处理了公民的政治参与、政府的行政决策和政党的政治整合三者的互动关系，是党和政府与人民沟通的重要桥梁和纽带，是具有中国特色的人民民主形式①。国家信访局一直高度重视信访理论研究工作，组织了一批有影响力的理论研究成果，有效回应和指导了信访工作实践，但相对于快速发展的信访工作实践，研究工作还较为滞后，系统性研究不够，碎片化现象突出。国家信访局在2015 年设立了信访理论研究项目，面向社会和信访系统发布了一批信访理论研究课题，形成了约 195 万字的研究成果，同时在对外交流中组织翻译了 11个国家和两个国际组织公民申诉制度方面的法律法规，约 58 万多字，中国法制出版社编辑出版了"信访理论研究丛书"。这些代表性成果，均由国内知名专家学者和信访部门负责人牵头完成。

　　在系统性研究方面，北京市信访矛盾分析研究中心出版了系列丛书，跟踪研究信访领域的现实问题，并进行深入的学术探讨。同时，在国家社会科学学科建设层面，已有信访专业招生。在系统性研究的基础上，进行了信访问题的深化研究，使信访统筹使命更加明确。根据北京市信访矛盾分析研究中心官

---

　　①　王学军：《中国信访体制的功能、问题和改革思路》，《湖北社会科学》2003 年第 1 期。

方网站介绍,已开展课题 43 项,3 个社科重大课题,2 个社科一般课题。目前信访理论研究著作已出版 22 部,研究生教材一套(6 部),以及重大热点事件分析研究报告 36 个。信访工作机制的改革,近年来较为快速地出台的新措施、新规定,在一定程度上对其起到了指导性作用。但观念的改变、原来工作模式的改变以及基础信访机构的逐渐适应都需要时间,一定程度上影响了该规范性文件的快速落实、彻底实施。

　　在实务创新方面,2011 年 4 月,南京在全国信访系统首创信访工作专家智囊团,旨在引入第三方力量,发挥多学科专家智慧和专业特长,研究处理疑难突出信访问题。2013 年,南京信访工作专家智囊团转型为信访工作专家智囊协会,在民政部门登记成立,成为正式的第三方社会组织。该协会以信访工作联席会议机制为依托,借助信访工作联席会议办公室会办督办平台,建立专家问案化案、分析研判、协调会办制度,在介入复杂疑难信访问题化解方面,取得了突破性进展。

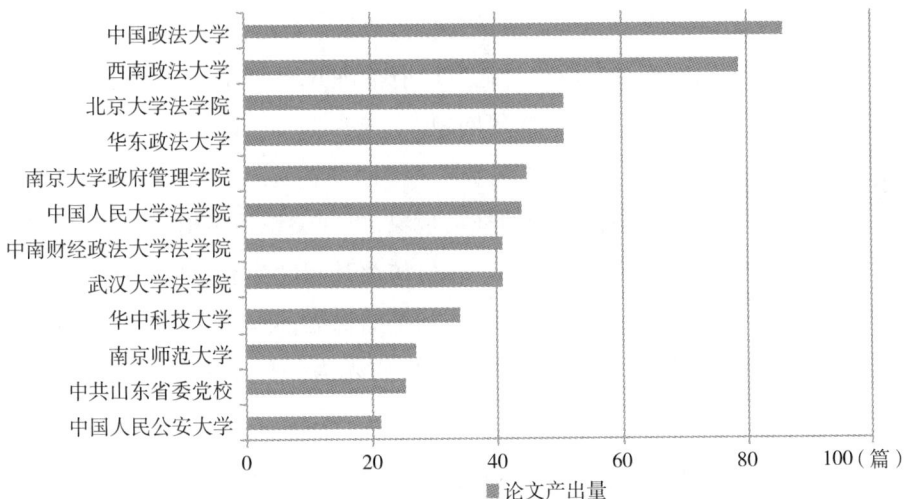

图 5　1997—2017 年间重点研究机构论文产量图

4. 信访发生根源的研究

　　学者们善于在政治学、法学、社会学等理论框架下分析、探索、解答信访问题。蒋美华认为当前信访需要应对诸多问题,主要是:信访机构功能模糊,权限不明,信访机构间及与其他机构间的联动少,影响信访工作成效,群众信访问题不能及时解决,造成群众上访事件增多①。张宗林等察觉到信访内容出现了新情况和新特点,一是诉求原因,由"直接侵害"向"间接侵害"转变。二是诉求目的,由"维护权益"向"谋取利益"转变。三是表达方式,由"显性表达"向"隐性不满"转变②。尹利民认为,信访的发生发展是以政治限制为临界点,系统论述了我国信访发生的机理、行动和实践的逻辑。宋协娜以党群关系与和谐社会建设宏观视角审视信访问题,提出"和谐信访"概念,并从基本特征、内容框架、机制体系等方面界定了"和谐信访"的时代内涵③。孟新军从加强党的执政能力角度提出了许多具体的建议④。在信访实际工作和理论研究中,刘喜祥强调了科学发展观对基层信访工作的指导作用⑤。张锡杰将信访工作视为党的群众路线和群众工作的重要组成部分,并积极探索了新形势下信访的规律、途径和方法。信访问题与政府行政,尤其是地方政府的政绩休戚相关,因此,有些学者将二者结合起来分析。戴小明以行政信访为研究主题,分析了行政信访参与各方的责任,探讨了行政信访未来发展的趋势⑥。肖萍等对行政信访范围进行了界定。陈丹就行政复议与信访的衔接问题进行了探讨⑦。李蓉蓉则以信访为视角对地方政府治理开展研究,分析了治理能力不足、合法性危机和治理成本高昂等问题⑧。

5. 微观视角的研究

通过微观视角展现我国宏观的社会现象,更加尖锐地指出了当前我国信访制度的种种困境及其深层次原因。在信访及其制度功能定位方面,国内学者基本从两个方面来定位当前我国信访制度的功能,即政治属性和法律属性及其融合⑨。其中,比较集中的观点是将信访视为一种政治上的权利救济。

① 蒋美华:《和谐信访的建构及其有效运作》,《学习论坛》2007 年第 9 期。
② 张宗林、张建明、刘雯:《信访工作的新思维与新理念》,《中国行政管理》2013 年第 6 期。
③ 宋协娜:《社会主义和谐信访问题研究》,《当代世界与社会主义》2009 年第 3 期。
④ 孟新军:《信访工作与党的执政能力建设》,《领导科学》2005 年第 15 期。
⑤ 刘喜祥:《用科学发展观指导基层信访工作》,《党建研究》2010 年第 10 期。
⑥ 戴小明:《论行政信访》,《中南民族大学学报》(人文社会科学版)2006 年第 6 期。
⑦ 陈丹:《行政复议与信访衔接问题研究》,《理论探索》2011 年第 3 期。
⑧ 李蓉蓉:《信访与地方政府治理中的问题》,《中国行政管理》2006 年第 1 期。
⑨ 湛中乐、苏宇:《论我国信访制度的功能定位》,《中共中央党校学报》2009 年第 2 期。

（篇）

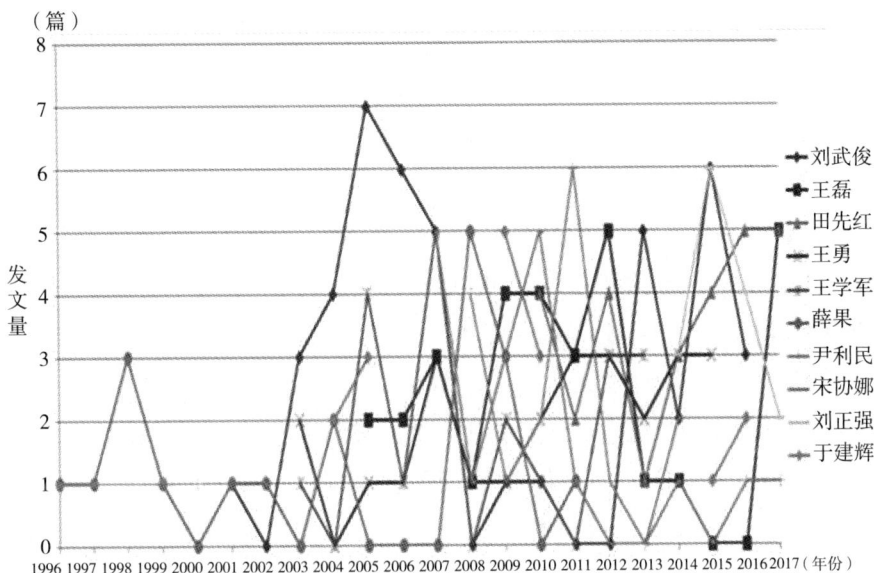

图6　经知网查询获得的核心作者相关论文被引最高文献与被引率曲线

林喆把信访归结为"政治权利和救济权利的一项子权利"①，而王长江则把信访的定位放到"社会转型和正在构建的民主政治背景下审视"②，唐皇凤持有相似观点，主张"回归政治缓冲是我国信访制度现阶段功能变迁的理性选择"③。刘家安认为在信访工作中，全局意识的建立以及理性思维的倡导，可以使参与公众素质在一定程度上得到提升并最终形成一股团结的力量；应鼓励部分群体建立联盟，使其在共同利益诉求的引导下，在小团体内部形成优良的品质和作风也是一种可以有效培育社会资本的手段④。

6. 工作机制可操作性研究

信访可操作性的工作机制创新，研究著作相对丰硕。宋协娜等比较系统

①　林喆：《信访制度的功能、属性及其发展趋势》，《中共中央党校学报》2009 年第 1 期。

②　王长江：《民主和法治建构下的信访定位》，《中共中央党校学报》2009 年第 1 期。

③　唐皇凤：《回归政治缓冲：当代中国信访制度功能变迁的理性审视》，《武汉大学学报》（哲学社会科学版）2008 年第 4 期。

④　刘家安：《信访新走向："多元化"参与的协同治理模式——杭州市"三位一体"信访工作机制的启示》，《中共太原市委党校学报》2013 年第 4 期。

地提出信访工作机制是一个包括主体机制、目标机制、动力机制、控制机制、保障机制、预警机制的完整体系,进而对预警体系的构建与整合、目标机制的路径、信访工作的标准化等实际问题进行了深入研究①。关于信访的制度化、法治化及其程序的规范化问题,李宏勃的《法制现代化进程中的人民信访》、朱应平的《行政信访若干问题研究》、李微的《涉诉信访:成因及解决》、张丽霞的《民事涉诉信访制度研究:政治学与法学交叉的视角》都对信访制度的形成与演进、依据与基础、政治社会功能、现状及其问题、改革的路径选择及具体对策做出了详细研究。

7. 信访存在的价值意义

对信访制度的价值意义已形成共识。大家承认,其独特的制度基础、权力文化逻辑与社会功能,一直发挥着抒发民情、消除民怨、改善政府与公民关系的作用。具体说,即实施权利救济、舒缓社会矛盾、监督行政机关依法适当地行使职权②。而我们在对信访的不断研究中逐渐有了更多的新情况和新发现。特别是党的十八大以来,有学者将信访制度放在决胜全面建设小康社会的转型期来考察,认为信访制度是我国社会转型期公民"主动接触"的有效方式与纠纷解决的补充手段,有助于公共决策的科学化、民主化③。发现问题为的是解决问题。因此,更多的研究力量是集中在信访问题的解决上。新时代信息化社会大潮下,信访问题的解决需要新的思路和手段。有人将大数据运用到信访治理之中,倡导以大数据驱动的信访治理超越现行的信访办理,提升社会治理的科学化水平。如张海波从大数据的核心内涵出发,结合网络信访的特点,探讨了在网络信访基础上发展基于大数据的信访治理的可行性。首次提出用大数据进行"信访治理",倡导以大数据驱动的信访治理超越传统的信访办理模式④。有学者以解决实际问题为中心,努力探索我国信访制度的

---

① 宋协娜等:《新时期信访工作机制建设论要》,《学习论坛》2009 年第 2 期;《略论信访问题预警系统建设》,《理论学刊》2007 年第 2 期;《我国信访问题预警机制的全面整合》,《天津大学学报》(社会科学版)2010 年第 5 期;《新时期信访工作目标机制探析》,《岭南学刊》2009 年第 4 期;《信访工作标准化问题研究》,《山东社会科学》2010 年第 3 期。

② 林莉红:《中国行政救济理论与实务》,武汉大学出版社 2001 年版,第 251 页。

③ 王学军:《中国信访体制的功能、问题和改革思路》,《湖北社会科学》2003 年第 1 期。

④ 张海波:《大数据与信访治理》,《南京社会科学》2017 年第 10 期。

出路及其功能的重构。史嵩宇从"诉求表达、民主监督、矛盾协调、权益保障"四个方面提出了完善信访制度功能的建议①。这些完善措施或者建议的提出,可以说是对信访及其制度改革的初步探索。另外,成本收益问题是信访制度设计不可回避的重要内容,将经济学的相关理论运用到信访问题的研究是学界破解信访难题的创新性思考。陈丰对信访制度成本进行了比较深入的研究,从信访主体角度提出了包括"政治成本、经济成本、社会成本"在内的"三位一体"的信访制度成本结构,并对现存高昂制度成本的原因及如何降低成本、提高效率展开思考②。

信访应承担起接受人民群众监督、引导民主、补充法治的功能。从政治哲学角度来看待问题,可以将信访理解为是追求社会正义的,与当前中国社会的主流价值追求不谋而合。信访制度有存在的必要性,信访制度并非一时的补充性的救济制度,而要担负起吸纳民意、监督政府依法行政、具备大数据分析等三项功能。有的学者从理想状态来看,认为信访制度仍有一定的接纳空间和存量余地,可以应对较大规模的信访洪流;但从现实运作来看,信访制度已经"爆棚",其化解信访问题的能力已不可持续③。然而,现实的不一定就是合理的。面对信访问题,我们既要看到它的现实性与合理性,又要看到它与法治的矛盾。改革的方向应该兼顾理想与国情,采取"代替"、"转化"的方法。

应该看到,信访困境伴随着依法治国、以人为本等理念的彰显,信访研究也出现了不同的视角和范式,这些研究有一定的学术价值和现实关怀,对我们理解信访困局颇有启发。但这些研究尚有一些缺憾,对信访制度过于理想化的改革处理,过于坐而论道,无法操作;对于信访治理特别是无理访的化解,过于注重技术化的手段。田先红给出的答案是要找重新找回意识形态,从根本上增强国家基础权力的同时,还原专断权力的正当性与合法性。在现代国家建构过程中,将治理技术与政治性结合起来,用政治来塑造人心,使之成为最

---

①　史嵩宇:《社会利益和谐与信访制度功能的完善》,《理论学刊》2009年第2期。
②　陈丰:《信访制度成本研究》,华东理工大学博士学位论文,2011年。
③　刘正强:《信访的"容量"分析——理解中国信访治理及其限度的一种思路》,《开放时代》2014年第1期。

好的息访之道①。其实,信访问题的研究缺乏关于信访治理的一些基础性的分析与策略。学者尹利民在《信访的过程机制研究》中,通过分析信访运作机制本身来分析信访通道的淤塞及其危险,并给出削减信访存量的操作方案。在信访问题的统筹治理上,目前尚缺乏整体通透的研究成果。

(二)统筹科学研究述评

统筹思想的形成和实证研究催生了统筹科学的诞生。统筹思想体系,其萌芽、生长、发展,直至问世,是中华传统文化与东方人思维智慧的结晶。人类实践的历史顺序是先有组织后有管理。但理论产出的顺序则反过来,是先有管理理论后有组织理论。很长时间里,组织理论是属于经验性的,掩盖在技术理论下。直到复杂实践出现后,组织问题方凸显出来,从技术理论中脱颖独立,才产生统筹学。统筹科学作为新兴科学,由华罗庚教授初创 12 字诀的总体框架,经统筹法的推广和应用,对统筹思路的梳理和扩展以及在高层决策、组织管理、科技创新、社会服务、公共活动、教育培训、军队建设和维护国家安全等社会实践活动中的广泛应用和检验,统筹理论得以不断深化和升华。

1. 统筹理论的研究态势

《统筹学概论》的作者刘天禄先生认为,据他 30 余年的跟踪考察,国内的统筹研究大致有指导性研究、操作性研究、系统性研究、概念性研究、实践性研究五种研究态势②。

(1)指导性研究

这是以我国几代领导人统筹思想的继承和发展,并且以不同方面不同层次领导人的实践和提倡为标志,不断完成统筹兼顾的理论化体系。毛泽东同志早在 20 世纪 50 年代就提出:"我们的方针就是统筹兼顾,各得其所。"③这是我党统筹兼顾思想的正式文字表达,这里侧重强调实现各得其所的目标状态,它是对全国 6 亿人口的统筹兼顾。统筹兼顾的思想内涵极其丰富。党的

① 田先红:《治理基层中国——桥镇信访博弈的叙事,1995—2009》,社会科学文献出版社 2012 年版,第 271 页。
② 刘天禄:《统筹学概论》,中国商业出版社 2004 年版,第 24—28 页。
③ 《毛泽东文集》第七卷,人民出版社 1999 年版,第 186 页。

十七大报告提出的科学发展观,其根本方法就是统筹兼顾。中国历代领导人都十分重视用"统筹兼顾"这一方法解决经济社会发展中的诸多问题。自从统筹的兴起,一路走来,它一直在我国的悠悠历史长河中经久不衰,随着社会的变化和经验的积累,得到了长足的发展。在党的十三届七中全会、十六届三中全会的会议公报和决议中,在党的十八大之后的报告中,都充分体现了统筹精神。习近平新时代中国特色社会主义思想,更是有关统筹理论表述的集大成者。党的十九大报告中,"统筹"一词出现 20 次,其中在第三部分"新时代中国特色社会主义思想和基本方略"中出现 6 次,在第六部分"健全人民当家作主制度体系,发展社会主义民主政治"中出现 3 次,在第八部分"提高保障和改善民生水平,加强和创新社会治理"中出现 5 次,在第一、四、五、十、十二、十三部分中各出现 1 次。

（2）操作性研究

这是以华罗庚提出统筹法,并按照中央领导人的指示,以各地各条战线大力推广统筹法的群众性事件为标志,着力于新技术相统筹,科学过渡的艰巨探索。在信息时代与"互联网+"条件下,大数据与云计算、物联网的普及,已经开启了一个人工智能服务社会、惠及民众的新时代。在操作应用方面,遍及全国各个社区的信访工作网格化与维稳综治精细化管理即为该研究的成功经验。在研究方法方面,通过大数据分析的方法,实证研究信访社会问题以及辅助支持公共政策决策,是当前信访课题研究的一个趋势。更有"社会矛盾指数"研究,形成初步的信访指标评价。但至今缺少对改革开放以来信访工作的思路、工作成绩与缺陷的梳理。近年来一直倡导推开的网上信访,实际上是对操作性研究当中的时空网络技术的开发应用,此种研究方法在社会管理中的应用,比如智慧社区、惠民工程的建设,对于信访问题的解决提供了很好的范例。

（3）系统性研究

这是统筹研究的一个特例。系统工程领域的系统性研究突飞猛进。统筹包含而不能取代系统工程的作用,系统性深化使得统筹使命的完整更有保证。

（4）概念性研究

这种研究是统筹学术发展中不断反思而逐步认清其重要性的背景下,在极小的范围内展开的。这类研究借鉴系统工程学科创立的经验,是以解决统筹的多义性问题为起点的,志在为统筹可操作性的整体提高,扫清概念上的障碍。自统筹兴起,它的基本概念已被广泛应用于社会生活的各个领域,也就从根本上确立了统筹理论的历史地位和学术价值。随着社会实践活动的不断拓展,国内很多有识之士将统筹思想与方法同社会实践相结合,进行了长期深入的研究与求索,对统筹的认识和理解逐步清晰,并趋于一致。

在概念性研究方面,经历了多个阶段。一是统筹科学事业的开拓者、领导者华罗庚先生。华先生通过对系统方法和统筹方法所作的研究,提出了创建统筹学的 12 字诀:"大统筹、理数据、建系统、策发展"。二是刘天禄教授①《统筹学概论》建立了统筹学"事业—效用"体系。他提出科学是针对"事业—效用"体系而发的,统筹是始于事业而终于效用的完整过程,大致可表述为"事业—使命—战略—目的—任务—目标—手段—效率—效益—效用"这样一个完整的价值体系。1999 年 11 月出版的《军事统筹学》以及 2010 年出版的《统筹学》(朱国林著)在刘氏统筹学框架内进行了通俗化解读,使统筹学向实际应用前进一步。三是陈枫教授②用统筹方法论指导战略研究,重点深化研究统筹科学和战略统筹,探索不同于西方引进的战略管理理论的战略统筹理论,提出了战略统筹体系大纲及其众多创新的战略相关概念观点,运用统筹学理论方法研究中国企业集团发展和集团战略,提出了许多关于集团发展的新理论、新观点,在集团发展理论方法上有所突破。陈枫教授对统筹科学的新贡献是提出了事物整体的核心元逻辑结构形式,并把统筹科学提升到认识论和方法论统一的高度,建立了自己的统筹科学理论与实践理论体系框架,补充完善

① 刘天禄,从事统筹及统筹学研究与应用 30 余年,主笔并联名发表统筹学术论文 20 余篇,1985 年参与创建"中国人民解放军军事统筹学会",并担任该学会专事学术研究与普及应用的副理事长。20 世纪 90 年代参与组建"中国优选法统筹法与经济数学研究会统筹分会",担任该分会的副理事长兼秘书长、学术带头人。自 1999 年以来,在应用实践上更多地涉及企业管理咨询领域的统筹问题,所著《统筹学概论》是迄今为止唯一一本公开出版的整体专著。该书 1995 年首版,2004 年再版。

② 陈枫,战略与统筹研究专家,"中国优选法统筹法与经济数学研究会统筹分会"常务理事、副理事长。曾任中国发展战略学研究会常务理事及战略管理咨询中心主任,注册管理咨询师。重点研究统筹科学和战略统筹,用统筹方法论指导战略研究,探索不同于西方引进的战略管理理论的战略统筹理论,提出了战略统筹体系大纲及众多创新性战略观点。

了刘天禄教授统筹学理论体系的相关概念和内容，用统筹科学方法，完成了科学的战略统筹体系的构建。

（5）实践性研究

这是一个亿万人民作为统筹经验创造者为特征而分散展开的过程。我国改革开放的大气候以及各条战线发展的日新月异，各种矛盾层出不穷、此起彼伏的状况，使得客观事件对统筹的呼唤日益强烈。这是统筹研究中最贴近实际、最生动的一类研究形态。一是来自信访实务层面的不断探索，全国各省市县对信访问题的探索实践，产生了大量新鲜经验。二是近年来的信访研究成果丰硕。其中，笔者已结题的国家项目《信访和谐问题研究》，对信访工作改革提出了信访预警、信访和谐、信访工作标准化的实践性研究对策①。当前，在国家治理能力、治理体系现代化背景下，信访治理能力、治理体系现代化研究是不可忽略的时代话语。信访何以立？信访何以行？如相关学者所言，依然面对理论与实践的双重考问。信访制度的运行环境本身就是一个复杂多变的社会环境。即便战略性、高端性与创新性研究，也难以逃脱有限性的束缚。于是，信访如何改革的问题就应该是当前信访理论与实务界不能不去面对的实际问题。如何追求信访的善治良政？是一个体系性的革新、全面的改革和深化的改进过程。研习习近平同志治国理政思想中的有关统筹的重要论述，对于推动并提升信访治理理论与实践，必将产生重大指导意义。信访改革顶层设计是较大的课题切口，不仅需要思考之智慧，更加需要丰富全面的社会经验积累与多学科的理论支撑。如何实现"治理"要义的信访？当前哪些方面需要改进？与"治理"相距几何？关于信访治理的理论基础研究实际上还相对薄弱。

以上五种研究形态，在人员投入上有不同程度的交叉，也有很大程度的脱节，并且缺乏应用的交流，这五种研究形态程度不同的错落演进，造就了学术发展时起时伏的态势。但也证明统筹已经渗入到人们日常生活和社会活动中，日益成为一种思维方式、工作方法、理论态度——"统筹思想"，在影响、引导着国家与社会、政党与民众的行动。同时，人们在研究这些问题的时候有了

---

① 宋协娜：《信访和谐问题研究》，人民出版社 2013 年版，第 301—304 页。

进一步的延伸,统筹成为各级领导与决策机构为制定和实施决策提供有效思路和科学方法,以减少片面性和形而上学的重要思维方法。

2. 统筹理论的现实推进

统筹理论是开放的体系,是在过程中不断发展的。在以上五种研究态势基础上整合、拓展,固可称为一种综合研究。具体有两个有价值的面向。一是周浩劲①等成立的智库机构,应用统筹科学为企业提供咨询服务。他们依据统筹科学理论和方法建立的企业统筹体系,对企业进行整体的中医式审视诊断咨询与战略统筹咨询服务,并通过企业家统筹私董会、公益讲座,使得更多人熟悉和了解统筹科学。二是以宋协娜为首席专家的山东省委党校"信访与社会问题研究中心",承担的国家社科规划基金项目"信访问题统筹治理研究",以统筹科学思维和方法论为指导,聚焦中国"第一难",对习近平有关统筹的重要论述进行了研究并发表了相应成果。近年来,本课题组的宋协娜、陈枫及周浩劲等联合全国统筹科学各方人士,先后注册了统筹学苑、统筹学苑公众号、统筹学苑微信朋友群,并以中共山东省委党校"信访与社会问题研究中心"为基地展开工作。2018 年以来,多次举办统筹科学走进党政领导干部教育殿堂的学术沙龙和学术讲座,由此推动统筹科学研究走向一线,出现指导性研究、创造性研究、系统性研究、实践性研究、概念性研究同时并举、全方位发力的良好态势,也使得线上线下、虚拟与现实空间、理论与实践得以沟通交互、共享共赢,由此开启了统筹科学从管理科学、决策科学到组织科学的学科建构层次跃升,统筹主体角色实现由管理者—领导者—战略家的主体性成长。本团队所在单位与省信访局密切合作,30 多名教研人员在省信访局挂职接访办信。我们邀请省信访局领导与历届挂职人员举行座谈会、信访专题沙龙,成为常规内容。

理论研究是不断发展创新的。作为课题组主研人员,陈枫经过多年的深入研究认为,统筹科学是一门针对复杂实践、解决复杂实践问题的认识论和方

---

① 周浩劲,统筹科学有缘人和爱好者。2004 年至今学习并跟踪中国自主原创的统筹科学的发展,2008 年以来在统筹科学研究专家陈枫老师指导下学习统筹科学和战略统筹。在此基础上研发以统筹科学为指导的企业统筹体系框架。立志推广传播统筹科学,为中华民族的文化和思想复兴作出自己的贡献。

法论学科,是解决复杂实践中的多专业理论、多专业方法、多专业知识的统一组织和协调运用的科学,是多专业理论、多专业方法、多专业知识统一发挥作用,促使实践发展;是解决复杂实践的成功、优化、良性循环的统一问题;是解决复杂实践的生命力生长和强化问题。统筹科学的对象是实践主体、实践客体与实践环境的交叉统一部分。对于多专业的复杂实践,统筹科学要运用时间、空间和人的统一解决不同专业实践的时间和空间的统一问题。这是统筹科学的核心原理、核心方法和核心依据。统筹科学作为一门特殊形态的科学学科,它是利用各门科学学科的概念,专门针对复杂实践中具有领导性、组织性、决策性的实践者的工具,不是所有实践者的工具。统筹科学来自实践并在实践中发展,并将随着科学技术的应用发展而不断发展。

理论应用也是不断创新的。在国家整体实践中,无论是对国家安全与发展战略上的构想,还是对政治、经济、外交、文化、体育等领域的发展规划;无论是政府职能、法律制度,还是产业结构、社会保障;无论是国防建设、科技开发还是教育训练、政治工作等方面,都需要统一筹划,统筹对诸多事件活动都有重大的指导意义,人们对它的研究意义悠长,任重道远。研究中,我们注意处理历史继承和现实发展的关系,这对确立统筹意识、养成统筹思维习惯是十分必要的。对统筹理论的研究不仅要反对"厚古薄今、崇洋媚外",坚持"古为今用、洋为中用",而且要强力突出"中国智慧"的特色,使统筹理论在构建和谐社会的实践中发挥思维导向作用。继承传统与发展创新相结合,保持东方文化的优势,自我为主与借鉴国外相结合,保持中国特色。

(三)治理理论研究述评

1.西方"治理"理论及我国的初始研究

1989年世界银行在概括当时非洲的情形时,首次使用了"治理危机"一词,此后,"治理"便被广泛地用于政治发展研究中。20世纪90年代以来,治理理论的主要创始人之一罗西瑙(J. N. Rosenau)在其代表作《没有政府的治理》和《21世纪的治理》等文章中,将"治理"定义为:一系列活动领域里的管理机制,它们虽未得到正式授权,却能有效发挥作用。与"统治"不同,"治理"指的是一种由共同的目标支持的活动,这些管理活动的主体未必是政府,也无须依靠国家的强制力量来实现。罗茨(R. Rhodes)认为:"治理"意味着"统治的含义有了变化,意味着一种新的统治过程,意味着有序统治的条件已经不同于以前,或是以新的方法来统治社会"①。"治理一词的基本含义是指官方的或民间的公共管理组织在一个既定的范围内运用公共权威维持秩序,满足公众的需要。治理的目的是在各种不同的制度关系中运用权力去引导、控制和规范公民的各种活动,以最大限度地增进公共利益。所以,治理是一种公共管理活动和公共管理过程,它包括必要的公共权威、管理规则、治理机制和治理方式。"②

从"治理"的角度看,"治理"的主体可以是公共机构,也可以是私人机构,还可以是公共机构和私人机构的合作。多元化的治理主体相互依存,推动了公共管理朝着网络化的方向发展③。"治理"理论打破了社会科学中长期存在的两分法传统思维方式,即市场与计划、公共部门与私人部门、政治国家与公民社会、民族国家与国际社会等,把有效的管理看作是两者的合作过程;它力图发展起一套管理公共事务的全新技术;它强调管理就是合作;它认为政府不是合法权力的唯一源泉,公民社会也同样是合法权力的来源;它把治理看作是当代民主的一种新的实现形式;等等。所有这些都是对政治学研究的贡献,具有积极的意义。

在探究治理在现代经济和社会发展中的作用时,治理被界定为使公共政策和项目能得以制定、实施及评估的政府与公民之间的关系,从广义上讲它指决定国家或组织的作用方式的规则、制度和网络。新加坡的政府经验被概括为动态治理。他们所谓的"动态治理指政府能够持续调整它的公共政策和项目以及改变政策的制定和实施方式,以实现国家的长远利益。在不确定和迅速变化的环境中,在日益苛求和错综复杂的社会中,在公民的教育程度逐步提升和全球化程度加深的时代中,治理的动态性对可持续的经济、社会发展都至关重要"④。总之,"治理"理论在国际学术界已获得承认,并成为一个颇具潜

---

① [英]R.A.W.罗茨:《新的治理》,《马克思主义与现实》1999年第5期。
② 俞可平:《全球治理引论》,《马克思主义与现实》2002年第1期。
③ 蔡全胜:《治理:公共管理的新图式》,《东南学术》2002年第5期。
④ [新]梁文松、曾玉凤:《动态治理:新加坡政府的经验》,陈晔等译,中信出版社2010年版,第5页。

力的新兴研究领域。当然,随着学者们对治理理论研究的深入,必然还会从其他学科理论中找到更多有益的学术资源。

对我国学者而言,在学术研究方面起步晚于西方,最初则更强调规范价值。具有代表性的是俞可平教授,从政治学视角分析了统治与"治理"①。俞可平认为:"治理的概念是,它所要创造的结构或秩序不能由外部加强;它之发挥作用,是要依靠多种进行统治的以及互相发生影响的行为者的互动。"②何增科在《治理、善治与中国政治发展》中依据俞可平关于发展国家的十条善治标准,提出"合法性、法治、透明性、责任性、回应性、参与、有效、稳定、廉洁、公正或包容性"的中国政治发展走向。我们看到,新公共管理运动中的治理,意味着在政府的公共服务中引入市场的激励机制和私人部门的管理手段。社会控制体系中的治理,强调政民、公私间的合作互动。社会协调网络中的治理,倡导模糊主体间界限、依赖自治组织网络。善治中的治理,主张政府的职能实现从划船到掌舵的转变,即治道变革。毛寿龙认为治道变革,研究的是政治生活中的公共行政问题。与行政学相比,行政学研究的是政治与行政分开条件下的公共行政,而治道学研究的是公共行政的政治方面,并强调行政与管理的分开,实现管理的自主化。

2. 对"治理"理论的反思

由于"治理"一词好处多多,眨眼间"满城尽带黄金甲","治理"风潮席卷全球。"人们毫无顾忌地用治理来代替统治","将治理、创新和变革相联系",形成系列"治理产品","治理"自身也成为需要治理的问题了。需要注意的是,治理同时是一个高度政治化的要求,我们应该防止在重组社会内部各级责任时削弱中央集权国家,将其再分配的功能服从于自由经济规律的目的,同时兼顾各种社会复杂性并有利于对话和集体行动,在进一步推进上述体制改革和制度创新的过程中,通过统筹治理逐步实现建立社会主义民主政治和法治国家的目标。国家治理模式的转向关键是对国家治理体系与治理能力进行相应的升级,以应对国家治理的全新挑战,适应国家和社会治理的新常态。社会

---

① 俞可平:《推进国家治理体系和治理能力现代化》,《前线》2014年第1期。
② 俞可平主编:《治理与善治》,社会科学文献出版社2000年版,第3页。

转型中现代公民的成长和现代国家的构建,需要克服经济发展的社会代价,修正公共政策制定、执行过程中存在的问题以及保证政府和官员依法行政。

对于治理概念与模式在信访工作的应用,大多数学者还尚未展开研究。翟羽佳的新公共服务理论对公共利益的追求和对公众参与的重视为我们提供了一种创新政府治理模式的构想,即共同治理。要实现共同治理首先需要政府转变观念,另外在实践中要做到几个方面,即多元化的参与主体、界限明晰的治理范围,及参与互动式的治理模式①。王玉婷认为共同治理的新模式应该是在中国共产党领导下,积极发挥市场和企业的积极作用,重视社会组织、中介机构力量和增强社会治理过程中公民的主体性。这种治理模式应该是一种多维度、多中心、高参与度的管理模式,能够缓解政府减弱市场控制以后出现的权力空白,而高参与度意味着政府、市场、公民和社会能够通力合作,提供一个良好的社会环境②。蔡英辉和刘文静认为共同治理就是要构建政府间伙伴关系,建构中央与地方、地方与地方、地方与中央部委之间平等对话的平台,促成跨国区域、国内跨区域和跨部委、同区域和同系统内实现跨层级协作。伙伴关系的维系有赖于法治环境的完善、行政层面的引导、公私部门的通力合作,以促进国家和社会协调发展③。但高巍也指出政府与社会共同治理的认识不到位,我国的公民社会、社会组织发展不完善,共同参与社会治理能力有限,缺乏有利于政府与社会共同治理的社会环境④。

随着研究的深入,人们发现"治理"可以弥补国家和市场在调控和协调过程中的某些不足,可"治理"也不是万能的,它也内在地存在着许多局限,它不能代替国家而享有合法的政治暴力,它也不可能代替市场而自发地对大多数资源进行有效的配置。事实上,有效的治理必须建立在国家和市场的基础之上,它是国家和市场手段的补充。如何克服治理失效,不少学者和国际组织提

---

① 翟羽佳:《共同治理:新公共服务理论视域下我国政府治理的创新模式》,《加快政府职能转变深化行政体制改革——第四届中国行政改革论坛论文集》,2013 年。

② 王玉婷:《高参与度共同治理模式——政府治理社会模式创新探索》,《学习月刊》2011年第 4 期。

③ 蔡英辉、刘文静:《政府间伙伴关系:超越条块和层级的共同治理》,《燕山大学学报》(哲学社会科学版)2013 年第 1 期。

④ 高巍:《浅析政府与社会共同治理》,《现代经济信息》2014 年第 4 期。

出了"元治理"、"健全的治理"、"有效的治理"、"善治"、"电子治理"等概念。在治理的逻辑结构中,公共权力是最为核心的概念,公共权力集中于少数人乃至个别人手中,称为集权治理。而公共权力依其性质和职能,分别由不同的人执掌,称为分权治理。尹利民从民众表达与政治治理的关系角度提出,实现国家治理的现代化的一个重要方面就是推动民众表达的制度化。治理理论的一项重大突破在于,它在关注社会管理力量多元化的同时,对政府角色给予重新定位,提出了具有重要意义的新政府理念。

无论在政府政治领域还是在学术研究领域,"治理"一词已成为高频用语。在党的十九大报告中,"治理"一词出现 44 次,既有涉及国家治理体系和治理能力现代化的宏观叙事,也有涉及"全球治理"、"社会治理"、"生态治理"、"军队政治生态治理"等具体、细腻而又指向明确的方面。这些政治的"治理"行为,为当前学术界研究的进一步深入、兴盛提供了良好契机和实践支撑。

(四)系统理论与复杂性科学研究述评

1. 系统与系统理论研究演变

我国著名科学家钱学森,在 2001 年出版《创建系统学》,认为系统是由相互作用和相互依赖的若干组成部分合成的具有特定功能的有机整体。一般系统论的奠基人、美籍奥地利生物学家路·冯·贝塔朗菲认为:"系统可以定义为相互作用着的若干要素的复合体。"[1]同时他又特别指出:"系统应如何定义和描述的问题没有明显和简单的答案"[2]。布莱恩·阿瑟把技术视为"有目的的系统",他认为,"乐器、货币、法条、制度以及组织等,即使不依赖于物理现象,它们也确实都是手段或目的性系统,因此都应该在讨论的范围之内"[3]。

系统思想在西方哲学思想中占据了重要地位,客观唯心主义哲学家莱布

---

[1]　[美]冯·贝塔朗菲:《一般系统论:基础、发展和应用》,林康义、魏宏森等译,清华大学出版社 1987 年版,第 51 页。

[2]　[奥]L.贝塔兰(贝塔朗菲):《一般系统论:基础　发展　应用》,秋同、袁嘉新译,社会科学文献出版社 1987 年版,第 10 页。

[3]　[美]布莱恩·阿瑟:《技术的本质:技术是什么,它是如何进化的》,曹东溟等译,浙江人民出版社 2014 年版,第 59 页。

尼茨继承和发展了古希腊哲学中的系统思想,后又被德国古典哲学所吸收。随着近代科学在西方的产生和发展,系统思想、系统逻辑在实践中与系统技术相结合,为近代系统理论和系统科学的诞生奠定了物质基础。关于系统论的内容丰富、庞杂,包括八大基本原理、五大基本规律①。"广义系统论是把对象作为组织和自组织复杂系统进行专门的科学技术哲学研究的一般系统理论,是综合现有的一般系统理论、信息论、控制论、耗散结构、协同学和超循环论等现代复杂性系统理论中的科学技术哲学问题的横断科学,是系统科学与辩证唯物主义联系的桥梁,它研究系统科学中的哲学问题,属于科学技术哲学的范畴。"②超越自然学科和哲学社会学科的习惯标准,划分出宇宙系统、生命系统、精神系统、生态系统和社会系统五大类型的系统模式,并将它们一一囊括其中。

马克思主义哲学中关于系统的论述也对现代系统论产生了深远影响。恩格斯指出:"当我们深思熟虑地考察自然界或人类历史或我们自己的精神活动的时候,首先呈现在我们眼前的,是一幅由种种联系和相互作用无穷无尽地交织起来的画面。"③普遍联系的观点是马克思主义唯物辩证法一个基本的特征,甚至可以将唯物辩证法规定为"关于普遍联系的科学"④。系统论的理论基点和前提便是从联系出发,联系的观念始终贯穿于系统的各方面和全过程。一定意义上,当代系统论是对马克思主义唯物辩证法中关于整体与部分观点的具体化发展。中国古代朴素的系统思想是现代系统理论的又一重要思想来源。中国古代关于系统的思想资源非常丰富,最早可以追溯到春秋战国时期成书的《周易》"八卦"思想及后来演化出的"阴阳五行"说,将整体世界的构成要素分为八卦或者五行来认知。再如中医学领域的《黄帝内经》,把阴阳五行的平衡视为一个和谐整体的前提条件,生病的原因就是阴阳失调所致。中国现存最早一部完整兵法《孙子兵法》,也是从战略全局的高度,运用动态系

---

① 当前学界对系统论基本内容的理解众说纷纭,莫衷一是。出于文章论述的需要和权威性的考虑,笔者主要以清华大学魏宏森和曾国屏的相关观点为基础,同时兼顾其他学者的观点。

② 魏宏森、曾国屏:《系统论——系统科学哲学》,清华大学出版社1995年版,第3页。

③ 《马克思恩格斯选集》第3卷,人民出版社1995年版,第733页。

④ 《马克思恩格斯选集》第3卷,人民出版社2012年版,第841页。

统的思想来分析战争局势。通过历史溯源不难发现,中国古代朴素的系统思想、近代西方的科技进步与系统逻辑及马克思主义奠基人的系统思维成为现代系统理论的三大思想来源。在如此丰厚的传统系统思想资源的温床上,加之现代科学技术的进步与统计学、管理学等新兴学科的兴起,时代的需要呼唤新的系统论,需要现代系统论在原有系统思想观点、方法和理论的基础上,成为新世纪新时代科技发展过程中的伟大成就。

2. 复杂性科学研究述评

"系统科学的先驱者贝塔朗菲于40年代末已经提出研究复杂性的问题。信息论创始人之一的韦弗尔(W. Weaver)在同一时期提出有组织复杂性和无组织复杂性的划分,把有组织复杂性作为系统科学的研究对象,对其后的科学发展产生了深刻影响。但总的来说,这个时期的复杂性科学尚无实质性进展。在20世纪50—60年代,系统科学获得重要进展的分支是运筹学、控制论、信息论等技术科学,研究对象基本属于简单系统,尚未触及真正的复杂性。"①

复杂性科学兴起于20世纪80年代,既是系统科学发展新阶段,又是当代科学发展的前沿领域之一。研究的三大主流是指埃德加·莫兰的学说、普里戈金的布鲁塞尔学派、圣塔菲研究所的理论。其中,埃德加·莫兰最先提出把"复杂性研究"作为课题,他于1973年发表《迷失的范式:人性研究》正式提出"复杂性方法"②。之后,普里戈金与斯唐热于1979年出版了法文版《新的联盟》(此书的英文版改名为《从混沌到有序》)③一书中提出"复杂性科学"的概念,并被作为经典科学的对立物和超越者提出来。1984年5月成立的美国圣塔菲研究所,更是被视为世界复杂性问题研究的中枢,作为圣塔菲研究所的元老级人物和复杂性科学奠基人,布莱恩·阿瑟对于"复杂性"这一时髦而又难以理解的概念,用《复杂经济学》给出了清晰的诠释。作为圣塔菲研究所的学术领头人盖尔曼,指出了复杂系统的适应性特征,特别是主体复杂的应变能力以及与之相应的复杂的结构。法国埃德加·莫兰在六卷本巨著《方法》中,从

① 黄欣荣:《复杂性科学与哲学》,中央编译出版社2007年版,"引言"第2—3页。
② [法]埃德加·莫兰:《迷失的范式:人性研究》,陈一壮译,北京大学出版社1999年版。
③ [比]伊·普里戈金、[法]伊·斯唐热:《从混沌到有序:人与自然的新对话》,曾庆宏等译,上海译文出版社2005年版。

哲学层面上对复杂性的研究方法以及其对科学思维和科学方法的影响进行了许多探索性的研究。德国学者克劳斯·迈因策尔在《复杂性中的思维》①一书中详细阐述了复杂性思维给人们思维方式带来的冲击和影响,并试图建构一个跨学科的一般方法论。自组织(Self-Organization)作为复杂性理论的核心概念,由著名的德国哲学家康德从哲学的视角最早提出。德国理论物理学家哈肯于1976年第一次从科学意义上提出了"自组织"概念。比利时物理化学家、诺贝尔奖获得者普里戈金在创立耗散结构理论时也使用了"自组织"概念,用以描述那些自发出现或形成有序结构的过程。哈肯提出的协同学、法国数学家托姆提出的突变论、西德生物化学家艾根及其同事们提出的超循环论等,都从不同的角度研究了非平衡态系统的自组织问题。

国内最早明确提出探索复杂性方法论的是我国著名科学家钱学森。20世纪80年代复杂性研究刚刚兴起之时,钱学森就敏锐地提出要探索复杂性科学的方法论,从定性到定量的综合集成研讨厅体系,后来发展成为综合集成方法,其实质是将专家体系、信息与知识体系以及计算机体系有机结合起来。随后,除了成思危的《复杂科学与管理》②、黄欣荣的《复杂性科学的方法论研究》③、范冬萍的《复杂系统突现论——复杂性科学与哲学的视野》④以外,国内对复杂性方法论进行系统研究的还比较少,但是对系统科学及其分支学科的方法论还是有比较多的探索。如吴彤教授对自组织方法论做过专门研究,苗东升教授对系统方法论和混沌研究方法有深入探索,赵松年研究员对非线性方法论做过比较系统的研究等。

近年来,将复杂科学理论引入到研究突发事件的应对机制问题中⑤,研究群体性事件生成机理,发现其演化过程中存在着复杂的人群网络结构⑥,具有

---

① [德]克劳斯·迈因策尔:《复杂性中的思维:物质、精神和人类的复杂动力学》,曾国屏译,中央编译出版社1999年版。

② 成思危:《复杂科学与管理》,《南昌大学学报》(人文社会科学版)2000年第3期。

③ 黄欣荣:《复杂性科学的方法论研究》,重庆大学出版社2006年版。

④ 范冬萍:《复杂系统突现论——复杂性科学与哲学的视野》,人民出版社2011年版。

⑤ 李明强、张凯、岳晓:《突发事件的复杂科学理论研究》,《中南财经政法大学学报》2005年第6期。

⑥ 汪大海、何立军、玛尔哈巴·肖开提:《复杂社会网络:群体性事件生成机理研究的新视角》,《中国行政管理》2012年第6期。

一定代表性。限于传统的"线性管理模式"的局限性,无法解决环境和社会事务的复杂性和不确定性,有必要引入复杂科学管理范式,分析社会系统的复杂网络结构及其特征,建立社会治理的协同创新机制和制度安排。复杂系统理论为研究社会治理提供了一种新的研究范式①。从最早提出的"小世界网络模型"到"无标度网络",再到"复杂网络"②,复杂性科学的方法论不断得以创新。这些已有的关于系统科学及其分支学科的方法论的研究成果,对于我们探索复杂性科学的方法论都有一定的启发价值,值得后来的研究者借鉴和吸收。不难发现,复杂系统理论与社会治理具有内在的契合性,能够揭示社会治理复杂现象的内在规律性,有助于辨识社会治理复杂性形成的真正原因和机制,为社会治理提供新的研究范式。

　　在某种意义上可以说,系统理论与复杂性科学以及自组织原理,为信访问题的统筹治理研究提供了基础理论支撑。复杂性科学首先是一场方法论或者思维方式的变革。"复杂性思维方式并不是简化思维方式的对立面,而是要整合后者,并形成新的融贯的思维方式,形成新的融贯方法论。"③这种思维的特征,已与我国本土文化精华的统筹思维有很多相像之处。尽管国内外学者已经认识到研究复杂性科学的重要意义,然而要想找出一个能够符合各方研究旨趣的复杂性科学的概念还有困难。虽然目前人们对复杂性科学的认识不尽相同,但可以肯定的是复杂性科学的理论和方法将为人类的发展提供一种新思路、新方法和新途径,具有很好的应用前景。

三、本研究的适用概念与框架体系

　　本研究在此提出的概念界定与框架体系,是在上述前人研究基础上的继承、转化、深化与提升。对相关概念所作的特别审视,主要基于统筹学的统一

---

①　范如国:《复杂网络结构范型下的社会治理协同创新》,《中国社会科学》2014 年第 4 期。
②　汪小帆、李翔、陈关荣编著:《复杂网络理论及其应用》,清华大学出版社 2006 年版,第42 页。
③　黄欣荣:《复杂性科学与哲学》,中央编译出版社 2007 年版,"引言"第 5 页。

整体观念。本研究所运用的统筹科学具有自身的特殊性,与人们所熟知的科学主义语境中的理论范式相比,有某种"反科学"意蕴,这是统筹科学第一或唯一的特性抑或问题及认知障碍。人们对于统筹科学,不可按照惯常与表面词汇作论断,要摒弃西方思维、系统思维,采用东方思维、整体思维,因为这是中国本土文化产出的理论体系,其概念的特性是:(1)统筹意喻赋予其基本概念以复合多重结构,是"体"、"用"、"效"的三合一。(2)统筹意喻的概念不是固化的,在人时空统一中是可变的、不确定的。(3)各个概念是重叠的、交织的。(4)统筹的学科界限是隐性复合的,既寓于各个学科,又游离于各个学科。实际上,统筹实践整合并重组了各门科学学科。因此,我们在运用统筹科学来研究信访这个复杂动态发展的问题时,不是简单地线性地就事论事、一概而论或者仅仅局限于一般的因果关系,而是像中医那样,把人置于自然大循环之中,既"望闻问切"、整体把脉,又因人而异、辨证施药,既有整体又有部分,具体问题具体分析,一人一方、一事一法。

(一)基本概念及其关系

1. 信访的问题与矛盾

首先应该界定,信访本身不是问题,信访与问题要作出区分。这在第一章已经说明。其次,信访又是作为"问题"来研究的,实际上揭示的是社会矛盾的复杂性。信访是民众通过某种载体向主导方、权利分配方或责任承担方表达自己诉求的活动。信访形式在《信访条例》里规定的分别是书信、走访、电子邮件、传真和电话五种方式,又可把它用"信、访、网、电"四种来概括。多年来,信访随着社会形势发展出现多方面演化,从最初的褒义渐趋中性,而今已然成为一个极其敏感、复杂而沉重的议题和问题。统筹视域的人民信访,是社会发展与社会矛盾问题的一种体制内适应性反映,反映的是社会整体发展状况。因此,信访研究就走向"问题"研究:研究信访人的信访,研究信访事项提出后的受理与处理过程、流程、程序,认识信访事项蕴含的问题、危机与矛盾,全面把握信访制度所发挥的作用。最后,信访作为社会的"出气孔"、"减压阀",犹如社会有机体的排毒系统。所不同的是,信访领域提出问题的往往不是引发信访的责任方,而是问题涉及或者相关方:信访人多为基层群众;研究问题、解决问题的则是党政领导干部及其主体。我国中医理论强调治病的"辨证统一性",其实根治的秘方只有一个,就是提高有机体的免疫力和抵抗力。最好的医生是患者自己。在信访领域进行党的统筹,思路也应该是"依法行政"、"依法执政",发挥体制的组织力来聚合自组织力。

2. 混序与信访

应该承认,现实问题的治理往往是从混到序,创新则是从序到混。打破、颠覆,才能创新。只有破序重混才能产生新的秩序——混序①,"混沌+秩序"才能获得更高层次的生命力。"混沌"的发现使得科学的许多核心原则被重新加以思考。科学家发现,"在大量混沌系统的普世共性中却有一些'混沌中的秩序'","在细节上'预测变得不可能',在更高的层面上混沌系统却是可以预测的"②。从混序来审视信访工作的"混",体现为信访事项发生前后的状态,一旦发生信访进入混沌不清的状况,同时意味着某种新秩序的产生,信访事项即进入程序管理,信访人进入管理程序,从不明确到明确,从问题矛盾到事项的受理处理,由"混"的无序到清的有序,事结案了、息诉罢访,这是目前信访工作实践以及理念所至。那么,是否信访涉及的事情解决了,没有再次信访,就是工作使命完成了呢? 实践证明,一旦环境发生变化,信访主体认为有需求,信访事项就又可能以更高的诉求被提出,如此循环往复。所以,混沌不是管理混乱或者业务混乱、资金混乱,实际上指的是人的关系的混沌。这里的关键是信访主体本身是否进入有序状态。如果他们还是依然外在于社会大家庭这个整体,秩序只是行政机构的层级和部门化的命令控制、制度流程及确保标准化和一致性的体系,信访群众与此无关,那对管理而言,局面依然是混乱而不可控的。因此,管理的第一步,是系统化的管理控制,实现无序到有序,社会有机体要有活力。如何既有序又有活力? 混序理论从管理角度来看待信访时,信访工作不是消灭信访事项,也不是消灭信访,而是允许信访的存在和发生,并且成为一种纠错机制的缘起与重要的组成部分,与党和国家及人民的事

① 混序理论的最早提出者迪伊·霍克,是 VISA 创始人及名誉 CEO,1994 年建立非营利组织混序联盟,1999 年出版《混序时代的诞生》。

② [美]米歇尔·沃尔德罗普:《复杂:诞生于秩序与混沌边缘的科学》,陈玲译,生活·读书·新知三联书店 1997 年版,第 48 页。

业、民族命运形成命运共同体,所需要着力的是,在公共资源的提供、利用较为公平合理的前提下,基层组织与群众逐步体现为自组织式的开放链接和共享。混序理论与管理实践为信访问题的统筹治理提供了较为开阔的思路。

3. 管理与统筹治理

"管理是一切人类活动中涉及最广泛、影响最深刻、作用最重要的活动。"①管理存在于政治领域,或人治或法治,伴随着社会实践发展不断得到升级与完善,尤其是 20 世纪系统科学以及诸多管理理论与技术应用基础上的管理,得到了科学化的提升,于是产生了"管理即控制"之说。科技的迅猛发展与社会化实践的日益增强,信息瞬息万变,系统的边界变得模糊而难以确定,主客体以及环境都发生不确定、不可控现象,多主体参与共同治理成为必要。可以认为,治理是管理在系统性难题中的发明与进步。统筹是围绕理想目标对所完成的具体任务进行的总体筹划。"统筹治理"从高层次上研究事务发展变化和客观规律的过程;是建立在充分发挥各方面积极性和创造性基础上的思维活动,是高智能性的思维活动。多表现为各级决策机构或"智囊团"的预测与决策过程的始终。它是以实现人、时、空统一为核心标志,通过权衡利弊、寻求优化、促进事业良性循环,进而趋向成功的。

统筹与治理大多数情况下在分别使用,作为一个联合概念多出现在相关的表述之中,对"统筹治理"概念的界定,尚在少数学者和实践层面的表述中。李瑞昌认为整体性治理包含了统筹治理的实质性内容,所不同的是统筹治理更强调政府的统筹谋划功能,强调政府战略与社会目标的一致性。统筹治理成为城乡经济社会一体化的发展进程中的一项新突破,在科层制模式和公共部门基础上的运用,是运用信息技术和现代知识在跨部门管理领域,对包括市场、科层、网络等在内各类协调机制解决实行"跨域治理"②,是国家战略和政府治理形态的契合,更是国家治理现代化的内源式重构。他的论域实际上依然在系统思维与管理学中。

统筹治理作为中华优秀文化瑰宝,也是我党治国理政的治理形态和成功

---

① 刘天禄:《统筹学概论》,中国商业出版社 2004 年版,第 2 页。
② 李瑞昌:《统筹治理:国家战略和政府治理形态的契合》,《学术月刊》2009 年第 6 期。

经验。改革开放以来,我党将战略统筹运用于治理实践,特别是以习近平同志为核心的党中央,结合中国发展的现实需求,秉承中华文化的统筹哲学传统,吸纳治理概念的精髓,创新性地建构起了有关统筹的理论体系,指导中国特色社会主义事业走向成功、优化与良性循环相协调的正确道路。统筹治理是对行政管理及政府治理实践反思的结果。从党和政府总体统筹着眼,以群众工作、信访工作与社会工作有机结合,构建服务群众网络,整合各主体及相关力量,才能形成信访问题有效解决机制和统筹治理模式。随着社会的不断发展和人类文明的不断进步,在国内外现代化环境的推动下,人们对统筹、治理、信访等问题的探索可谓见仁见智。信访问题统筹治理研究的探索,就是通过研究行为呼唤实践者,为其准确把握对象、穷尽利弊因素、理清相互关系、寻求最高效用提供一种新的视角。

(二)研究逻辑与理论边界

1. 信访的"统一体"与"整体相容性"

信访问题是社会矛盾的集合体。这是一个抽象概念,不是具象的信访事项。信访问题的统筹研究,不是把信访事项及其相关责任方当成一个个外在的既定的实体或全体总合,而是把信访工作作为一个群众工作过程,一个党密切联系群众的机会,一个问计于民、服务于民的过程。如此,情况就会大不相同。在这个过程中,信访是人民对党和政府的信任,信访工作是对人民利益的维护、是对党和政府声誉的维护。

所谓"信访统一体",是一种哲学概念抽象,指具有相互关联的两个以上的事物或单元或系统构成的统一整体,包括主体、客体、环境三部分,也就是对信访问题中的人与事、时间与空间和环境中的利弊条件作出的抽象概括。以统一体作为统筹活动的思维对象,便于研究分析和解决其中的理论与实践问题。"统一体"概念的导入,基于社会整体性思维,其含意既是整体的统一,又是统一的整体,构成完整统一的体系。

信访制度既然是中国政治体系统一整体的重要组成部分,就要对其主体、客体、环境作相关信息、关系、因素、联系、状态、特征的总体分析和把握。把信访工作作为统一体来看待,宏观上涉及党和国家工作大局、人民长远利益和根本利益;中观上涉及一个单位部门系统所从事的事业及其性质、地位与作用;微观上涉及一个工作领域的活动、项目、问题、任务等相关信息、关系、因素、联系、状态、特征。当运用统筹学观察信访工作时,就是观全局、顾大局,有世界眼光、战略思维,把握运用生存与发展的路线方针政策,用以破解难题。即要把信访作为一个大的统一体来看待,又要看到它是由多个统一体所构成,即信访工作统一体、信访事项统一体、信访活动统一体、信访机构统一体、信访队伍统一体,等等。信访统一体的所有信息,包含于这三个层次之中,又超然于这三个层次之外,因为信访统一体本身就是全息的,具有自身的完整性。剖析这个统一体,或者以此为窗口,我们可以观察到整个社会现实。为什么中、西医对于治病,其对象是同一个,但两者竟各成一体甚至无法沟通。原因就在于看待人体生命的"根本观念"不同。"根本观念"的不同正是中西医学的"分水岭"。中医的根本观念是"生命"、"自然",看宇宙是活的,一切以自然为宗。西医把人体看成是一个静态的、可分的物质实体,不似中医把人体看成动态的、不可分的整体。由此导致了两者根本方法的不同。

信访问题作为一个统一体,其中包括至少三个方面。一是信访主体,与"人"有关的个人和组织;二是信访客体,与"事"有关的人财物;三是信访环境,与"时间"、"空间"有关的条件、载体和政策等。信访问题解决难,就是在这些方面遇到梗阻。一般的信访事项,都有一个复杂的原因,诉求类、求决类信访事项,更是如此。应该看到,问题不到一定严重程度,人民群众是不会来信访的。所有的信访积案都不是单纯的原初信访问题,只要在以上各个方面的任何一点出现梗阻,就会产生积案。这些跨度时间长、成因复杂、处理难度大的问题,随着时间的推移,信访人不断加码的利益要求因超过政策法规的界限而无法得到解决,陷于恶性循环,难以事了访息。因此,必须把信访问题作为一个统一体来看待,把涉及的主体、客体与环境结合起来,三者相统一构成的统一体,就是信访问题统筹治理的研究对象。

信访工作所维护的"整体",是国家民族整体发展与稳定的大局,是人民群众根本利益与长远利益的整体与大局,因此是相容性的整体、是全息的整体。这种相容性使得主体、客体、环境的关系统一有了可能。信访工作将"党与人民利益相容性"作为整体的重要工具和坐标。这与信访工作的传统系统思维不同之处是,系统思维中的各个部分是绝对划分的,网格中的人是管理者与被管理者,服务形式掩盖着管理与控制的实质。群众看到的服务,机械而随性,感觉不到"初心"的真诚。从系统思维设置角度看,系统化制约是必要条件,否则就不能够系统化,就难以管理与管控。按照"利益整体相容"来统筹研究、统筹规划、统筹安排、统筹实践,加强理论研究。

信访问题往往反映政府对批评意见的态度,犹如人对疾病的态度,其认识的高度与深度,也是修养与气量的表现。在信访领域,国家对信访的态度、领导干部对信访的态度、工作者对信访人的态度、纪委监察机关对信访的态度,都体现出体制的弹性和宽容度。从社会发展来讲,相容性体现为对威胁因素、风险危机的应对能力;表现为执政党的执政能力,领导干部应对突发事件的处置能力。如何把危险性因素化为安全因素,如何化敌为友、转危为安、化腐朽为神奇,考验的是领导干部的执政能力。在实质上看,与工作环境条件的相容性,反映的是主体的适应性能力。因为相容性还表现为容许程度。从信访工作的角度看,所有信访事项,都有一种提出问题、监督批评的含义。因此,党和国家、党政领导干部,对这些意见建议投诉监督是否能够真诚欢欣接受,反映的是体制的容量弹性与生命力。从根本上说,群众信访总体上属于人民内部矛盾,通过纠纷调解、救济等处理,都可以在体制内化解和吸纳。把极少数的对公共安全造成威胁的所谓非正常上访和群体性事件,纳入法治管理轨道。

2. 信访人时空与环境的统一

信访工作如何从偶然事件中及早发现问题、尽早介入和处理问题,认识规律是个根本问题。这就需要人时空统一的方法。本质问题需要研究人群的思想、行为和博弈,要结合社会科学的各个方法体系。信访环境除了有资源、机会、趋势外,还有"态",如稳定平衡态、不平衡态、远离平衡态等。只有在不平衡稳定态时,统筹需要"预见"和"主动"。预见针对趋势,而趋势针对的是偶然性。偶然性则是随机和突变的反应。我们通过诸多不同的偶然事件会发现趋势,从而产生预见,也就有了统筹。

信访统筹的对象寓于主客境的差异关系之中,环境中各种机会和资源条件制约了成功。这里已经包含一定的人时空关系。实体的环境有外部和内部,相容包含了内外部环境的相容,如企业文化环境。一方面,实体的外部资源和内部资源的相容过程不是均衡的、连续的,而是先后参差不齐进行的,需要一定承载的方式进行相容;另一方面,运行方式决定了输入和输出的有效性范围和程度,从而实体外部环境有运行方式规定环境和输入输出可变性环境两种。此外还有创新研发环境,这又有两种局部环境:提升效益环境和运行方式变革环境。统筹具有水性与土性,如水与泥土的统一,在不同的环境下会发生很大的变化,融合与转化是其特性。统筹治理视角的信访工作,就是要发挥"社会水泥"作用,增进社会有机团结,建设精神家园、和谐共同体。统筹治理信访问题,就是要集中人类智慧和全部知识,多学科成就巨无霸变形金刚,利用辩证法和系统方法以及各门学科知识和经验性知识等等,依托所有人类的知识,使之统一筹划起来运用,应对现实危机,走出信访困境。通过人时空与环境相统一进行统筹治理,就是积极创造条件,各个方面健康协调发展。不仅使人民群众有话愿意说出来,有地方方便说话,还要在有困难和问题时有人受理,使信访工作成为党的群众工作的重要组成部分,成为社会主义和谐社会建设的基础性工作。信访部门要找准定位,履行好岗位职责,实现自身建功立业的价值意义。

3. 信访统筹主体、客体与环境的统一

在统筹语境中,主体是决策者,或者是党委或是家族、董事会,或者是个人等多种身份。体制也是主体的一种形式。体制不同,主体不同,决策方式和程序也不同,从而事业取向不同。客体受到规模、方式、特点等制约,其可控性和可适应性也不同。如果没有体制、规模,方式相容也谈不上。统筹客体是形、结构、功能、方式等的统一。方式是动—静、控制—协调、正反馈—负反馈、分—合、周期、节奏等统一构成。方式决定客体的特点,决定了事业取向和相容性的实现和统一。方式决定统筹实践的本体。分析更复杂的自组织就需要计算机辅助了,其实群体性突发事件都有自组织性。这种自组织特点常常被利用,迅速放大,危害社会秩序。研究认识自组织性有利于调解突发事件。

信访问题统筹治理,犹如中医对待疾病的态度。西医是分析解剖,动辄开刀切除。中医的理念是整体思维,调理、化解、处理,接纳、理解,与病共处。人体的疾病无非是三种情况,退行性衰老性病变与遗传性疾病是必须接受和适应的;外来侵入性的疾病是环境外部条件造成的,有的是可以预防和避免的,大多数是可以控制的。人类要适应疾病的变异和存在、适应和改善环境,提高免疫力是唯一选择。对社会矛盾的信访事项而言,要求国家体系的整体成为一个适应性主体,具有免疫力和适应能力。对应前两类疾病,信访也可视之为工作中的正常失误,是人民群众对工作误差的校正,是一种难得的有益修正和完善,也是维护我们事业不偏离航向的可靠保证。我们要与人民群众一道,共同维护国家安全与发展大局,提高对不可预测的、不确定因素造成的社会风险的防范能力。国家、社会与人民群众要适应有矛盾、问题或者信访现象的存在,采取一种积极、乐观、承认、面对、接纳的态度。

(三)本研究对统筹理论的应用

从统筹角度看信访,首先要界定好体系与系统。管理对应系统,统筹对应体系。体系与系统是相对的,不是绝对的,有以下六个层次:体系构成的第一要素是方向,包括环境方向、事业方向、实体方向的统一。环境方向如全球化、网络化、环保、可持续发展等。体系的第二要素是核心,即本质,即唯一性。任何事物与别事物的区别的总和就是唯一性。第三要素是网络,即边界模糊的网络、虚实相间的网络、软硬相成的网络的统一。第四要素是机制。机制是统一机制、协调机制、平衡机制等的统一。第五要素是方式,即决策方式、运行方式、发展方式等的统一。第六要素是周期,即生命周期、运行周期、组织周期等的统一。照此原理来理解,国家机构是一个统一体系,信访系统是这个体系之下的一个部分。系统在体系之下、之中。体系包括众多的系统,如信访系统。从微观层面看,如果把信访系统作为一个体系来看待,又可以分为行政信访系统、人大信访系统、公检法信访系统,以及各个单位各种层次的信访系统。

当我们以统筹观点和统一筹划的思维方法认识信访工作时,首先要明确信访问题统筹治理的对象。统筹对象是主体、客体、环境及其统一体,是三者交叉重叠部分。既要对信访统筹对象的三个组成方面分别进行分析,又要从信访统筹整体上对信访统筹对象的各个组成给予组织定位。我们把主客境的内容构成界定为:第一,信访统筹主体即组织、决策、体制的确定性和可控性,是权力、智力、能力等在实践过程中的成功、优化、良性循环的统一实现。第二,信访统筹客体即输入、转化、输出的稳定性和可适应性,是规模、技术、质量等在实践过程中的事业取向、方式、相容的统一实现。第三,信访统筹环境即机会、趋势、资源的可能性和可利用,是有用、有利、有效在实践过程中的有意义、有价值、无害的统一实现。统筹治理,即利用三者结合时所产生的差异,把不同的差异和人时空编排后作统筹处理。

国家信访局提出的三个信访——阳光信访、法治信访、网上信访,其实反映了主体、客体和环境三个方面的统一,是信访统筹工作的主要要求,也是信访统筹对象涉及的主要方面。这个对象可以统称为信访问题统筹治理,简称"信访统筹",包括主体责任统筹、法治统筹、环境平台统筹。天时、地利、人和,明确主体应该干什么,用什么办法干,干活的实体和环境条件,信访工作的情理、学理、法理。这就是本书第三、四、五章的设置。实际上,阳光信访、法治信访、网上信访本身并不是目的,甚至不是困难所在。信访统筹的难度在于对主体、客体与环境的统一体进行统筹协调,达至和谐共赢。真正实现信访统筹的依据是实现"四个统一":主体、客体与环境相统一,人时空相统一,相容性与价值取向相统一,成功优化与良性循环相统一。后三个"相统一",正是本书第六、七、八章探讨的内容。

表1　信访统筹与信访工作关系区别

	信访统筹	信访工作	统筹的构成
主体	党组织	政府及其部门;信访工作部门(信访者不是信访统筹主体,只是主体的一个因素)	思想、价值取向、利益代表。科学性、发展性、历史性的统一
客体	与信访问题有关的客观存在	信访事项(信访机构和工作人员不是信访统筹客体,只是客体的一个因素)	组织、制度、机制、结构、文化、物质条件等。优势劣势标准、周期、节奏、时效、作用、影响等统一
环境	外部条件;实践载体	与信访有关的外部条件	宏观指导环境,中观规范环境,微观组织环境的统一

统筹实践是包含筹划实践为中心的组织实践和专业实践的统一。信访的筹划实践,是信访制度性规定,国家的顶层设计;信访工作的组织实践,是全国的信访系统的运行;信访的专业实践,是从科学建构视角的学科专业研究。信

访治理的顶层设计与筹划活动,脱离了组织实践和专业实践,统筹实践不可能存在。统筹实践第一步是厘清主客境的范围。第二步是主客境各自的性、态、状研究。第三步是主客境分别与第三层次的关系。第四步是用人时空研究第三步的情况。第五步是主客、主境、客境两两统一。第六步是整体统一。统筹实践中需要组织和运用哲学—正确性、经济学—交换可利用、博弈论—策略、管理学—成本有效、行为科学—价值取向和文化、统计学—差异比较、计算机科学—设计模拟等,使之为统筹整体服务。

表2　信访统筹与信访工作的内容比较

	信访统筹(战略)	信访工作(实务)
对象	主、客、境三者的统一交叉部分	信访事项相关的"人"、"事"、"物"
任务	统筹任务不是解决具体问题,不是解决信访工作的问题,而是解决信访各个环节各个过程的统一问题	化解矛盾、解决信访事项的相关问题,"案结事了"
要求	统筹要求不是对工作的评价,而是对各环节统一性的评价和要求	群众满意,"事要解决",和谐稳定

　　相对于火热的信访一线实务,信访统筹内容侧重的是理念与推理研究,可认为是理论;信访统筹形式相对于实践,又是对理论的展开和具体化,从实践的不同侧面对信访统筹进行实证,如在经济统筹、政治统筹、党建统筹、管理与服务统筹、社会政策统筹、社会组织统筹、基层民主统筹、城乡统筹、医疗统筹、军事统筹等各个层面的展开。正如理论与实践的辩证关系,信访统筹的理论篇抑或实践篇,实际上已融为一体,本书力求拨开实践迷雾,使理性之光照耀现实。

第三章　信访统筹的主体

一、统筹主体构成的复杂性和关系的统一性

信访主体是信访活动的主要承载者,体现了信访机制运行的整体状况。"信访过程决定了信访主体的复杂性,具有重叠的主客体关系,而实际运行中,党和政府及其部门和信访群众又是互为主客体。"①从信访工作的性质和方向来看,我们应当从整体上确立以信访群众为主体的信访运行新机制,确立信访群众社会主体地位、信访权利与利益诉求的主体地位。主体定位,就是统筹的历史性、人民性和发展性,这个主体也是党(和政府)——思想性、价值取向和利益的集中代表。统筹主体的党(和政府及其工作部门),对应群众信访活动的权利主体,又是义务主体。动力、主体、环境和规则是信访统筹运行机制的基本要素,核心是要解决信访资源配置和利益分配问题。

(一)问题中的主体关系

1. 信访主体

从人的现实活动中去考察人与对象世界的关系,就出现了"主体"与"客体"范畴。中国汉语中的"主体",有特殊的含义。《现代汉语词典》上说:主体是事物的主要部分,也指有意识的人。《辞海》则增加了一层:为属性所依附的实体。在不同的语境中,主体的人格是不同的。在我国,法律关系主体一般包括国家、

---

① 　宋协娜:《信访和谐问题研究》,人民出版社 2013 年版,第 64 页。

机构和组织以及公民。根据我国法律规定,能够参与法律关系的主体包括以下几类:(1)公民(自然人);(2)机构和组织(法人);(3)国家。在特殊情况下,国家可以作为一个整体成为法律关系主体,包括国家权力机关和行政机关。

根据国务院《信访条例》第二条关于信访的定义可知,信访主体包括以下四类:信访事项提起人、信访事项受理人、信访事项责任相关人、信访事项处理人。朱应平在《行政信访若干问题研究》中提出,我国行政信访实践中的信访法律关系主体包括五大类:行政信访人、行政信访机关(行政信访工作机构、行政信访办理机关、行政信访处理机关的层级、信访工作人员)、第三人、涉外信访人或利害关系人、代理人。按照"权利本位"理念,党和政府及其部门在接到群众来信来访的那刻起就处于履行义务的状态。由此可见,信访主体是一个主体组合,从发生学意义看,主要由三方面构成:一是信访具体责任方;二是党和政府及其有关部门、信访工作者群体和机构;三是信访人。以上三方面又可以归为两类:一是以信访责任方、信访工作者群体和机构为主体的各级党委和政府及其工作机构,广义上还包括人大等国家机关及其信访工作机构;二是提起信访事项的信访行为主体。从以上这种"五四三二"的主体分类可见,"信访主体之间的关系实质上是党和政府与人民群众的关系,信访主体的关系定位实际上就是党和政府与人民群众之间的关系定位"①。如表3所示。

表3　信访主体的对应关系

权利—诉求主体	义务—回应主体
信访人	信访工作者、信访事项责任方及职能部门
信访事项提出主体	信访事项处理主体
老百姓—公民	政府—国家
人民—群众	政党—领导干部

近年来,随着社会矛盾主体增多,信访主体外延不断扩展,几乎社会各个阶层都有信访活动参与者。一般而言,信访活动中存在的主体包括信访人、信访工作机构、信访事项处理机构及被信访人。实际上,由于信访活动的特殊

---

① 宋协娜:《信访和谐问题研究》,人民出版社2013年版,第62—63页。

性,还存在着一种隐性的主体,和信访事项存在着间接的利益关系。如,对某一特定群体里的个体提高福利待遇,则意味着该群体里的其他人也可享受同等待遇;又如,某一小部分人坚持过高要求时,则可能造成其他绝大多数人的正当利益受损;等等。这部分人可被称为"利益相关人"。由于"利益相关人"在《信访条例》中未被明确提及,在信访工作实践中也往往被忽略,从而出现因"利益相关人""不在场"而导致的一系列理论和实践困境。"利益相关人"以一种隐性的缺位阻隔在信访人与被信访部门之间,强化了不信任的民众心理,使信访群众更加"信访不信法"。各地处理信访的标准与方式的千差万别,使一些信访"受害者"成为"肇事者",合法维权者成为违法行为者,人民内部矛盾发生质变,由此产生更深层次的信访问题。

为推进本课题的开展,我们根据需要设计了问卷,对社会各界关于信访工作的看法进行调查。如图7所示,对"信访的主体是谁"这一问题的回答,反映了信访中多主体存在的现实。在信访工作中,信访人、信访工作者、信访事项的相关方都是信访工作的主体,都是利益相关方。即使是对决策指挥权的看法,大家也不一致,从图8看,对"在当地有决策、指挥、控制权力的机构是哪个"这一问题,大家倾向于把党委、政府、公检法和纪委等机构都纳入进来。

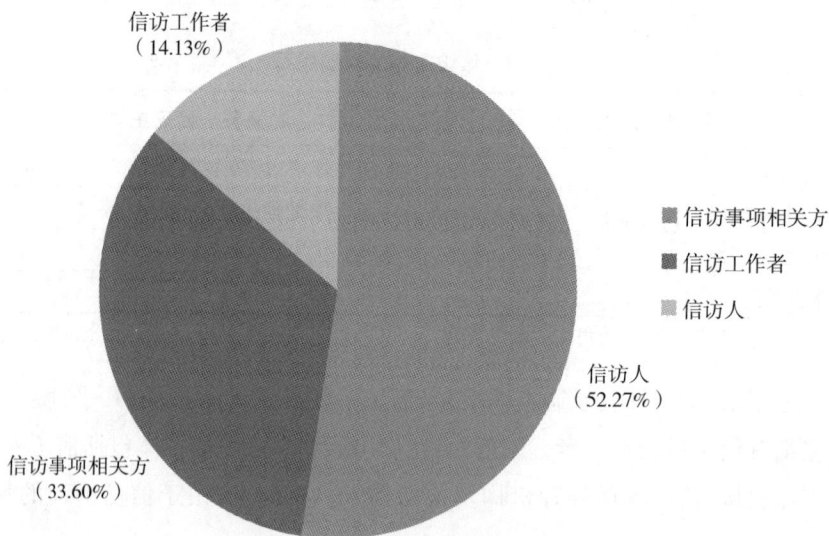

图7　您认为信访的主体是谁

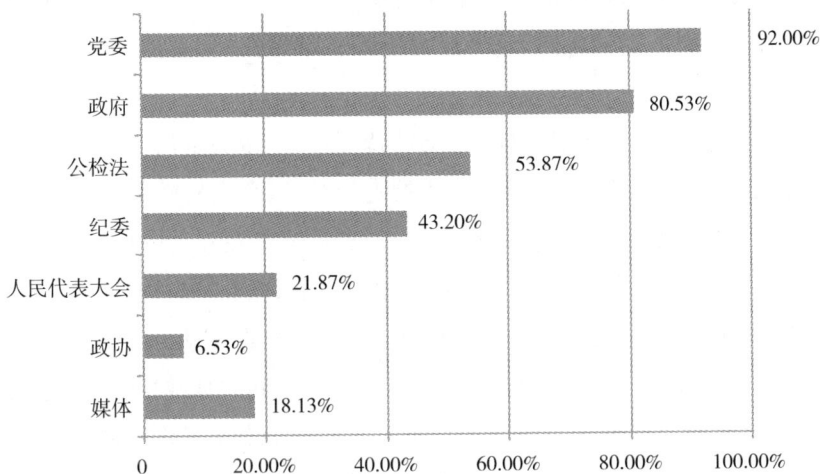

图 8　您认为在当地有决策、指挥、控制权力的机构是哪个

2. 信访主体的互动关系

信访主体的互动状况，表现为三个层面：信访人的主动与被动、工作部门的主动与被动、领导干部的主动与被动。从整体实际状况看，我国信访互动关系没有形成良性循环，主动与被动的位置出现次序的颠倒，信访责任主体淹没在被动之中。

信访者间的互动特征：情感、交流行动较多；行动的无序性；提出意见和建议的信息行动较少；信访者之间理解互动多于分歧互动；各类行动的频次与群体组织程度的强弱密切相关；互动过程往往群情激愤、话语一边倒；互动中常发生感情代替理智的情形。

信访者与社会互动的特征：一是行动效能的间接性。社会力量对信访者的作用一般表现为通过将事件公开化使权力者关注，或者提供精神、物质或知识资本的支持，这种效能仍是间接的。如果权力机关对此不予理会，那么案件仍会无限期地搁置。社会力量只是为问题真正解决提供助力。二是互动对象的广泛性。信访者与社会互动的对象非常广泛，也就是说，他们实际上能得到多方面的助力。除媒体、网络、专家等主体外，还可以动员各种民间组织、律师、社会热心人士等社会力量，这些力量遍布社会的各个角落和缝隙。三是行动的演进性。群体外资源动员开始从非常不满和较少资源的群体向那些较为不满和有强大资源后盾的群体传播。这往往是一种文化的力量实现政治和法律意识形态的认同,这一过程不是一蹴而就的,而是一个逐步的演进过程。

信访者与受访机关(信访局)互动的特征:一是多头走访行动、机械重复行动、求见领导行动、选定时空行动、辅助走访行动、个人极端行动、群体暴力行动等均不是严格按照《信访条例》程序进行的,而是在互动中信访者认为比较有效的策略。二是信访者与国家机关之间的面对面互动过程相对有序。三是信访的目的性、明确性。四是分歧性互动多于理解性互动。

总之,信访主体良性互动的实现,有赖于主体之间的真诚相待、双向交流。双向交流不仅标志着平等关系的真正确立,而且标志着平等沟通动力的形成,标志着共同协商成为可能,这是构建平等交流机制的关键环节。同时,实现主体权利和义务的对等,社会成员基本权利和基本义务的平等,社会成员的付出和社会所得的对等,不同意志、不同利益、不同个性、不同思想、不同步调社会成员协调共处、互补共赢、携手前进,不仅是信访和谐格局形成的关键,更是巩固党的执政基础、扩大党的群众基础的必然要求。在此之中,党委和政府应该革新自我,率先垂范,主动行动。

(二)统筹中的主体关系

统筹视角的主体关系是可以转换的,原因在于党的人民性。党的人民性体现在我党的国家领导权力来自人民、服务人民、依靠人民、为了人民。人民性是我党身份的重要证明,是我党思想、行为以及理想的出发点和落脚点。

1.统筹主体

统筹科学的主体是权力、能力、智力三力的统一。在宏观层面,党和国家是最高级别的统筹主体。中国共产党作为时代先锋,改革开放的领导者、领跑者,只有坚持人民性的根本不动摇,才能真正做到代表全国人民的根本利益,代表先进文化的前进方向,代表先进生产力,才能实现中华民族的伟大复兴。中国政府在共产党的领导下,具有很强的控制和管理社会的能力。在中国国家战略策略总体布局意义上,执政党具有核心领导地位,是中国唯一的最高统筹主体。严格意义的统筹,集中在集体、上层与高层,正所谓顶层设计高屋建瓴,微观层面就是顺势而为、上下一致。这种国家层面上的统筹具有绝对政治意义,不容置疑。相对而言,统筹的个体、下层与微观层面,是党的主要领导干部,甚至包括地方与基层一线领导和管理者,也具有某种程度的统筹职能。这些具有统筹职能的主体相对于信访群众,统筹主体意愿与肩负的责任应该是有特殊规定的,从愿望与目的看,二者是一致的。因此,他们是具体岗位职责的统筹主体,贯彻落实中央上层的统筹意志,呼应群众的信访意愿,主要是解决组织"谁来干"、确定"怎么干"的问题。统筹主体在信访统筹实践中,处于核心和中枢的地位。

作为信访主体的群众是否应该界定为统筹主体呢? 从历史规律看,人民具有主体地位与作用,但推动历史前进的往往是其先锋队和关键少数,也就是统筹主体具有开创者的作用。信访统筹主体强调信访的整体统一,成功、优化、良性循环的统一,领导干部的责任与"关键少数"定位,具有主导、领导、统领、示范作用,这是不可推卸的责任。责任信访、法治信访、阳光信访的实践,体现了新时代信访工作部门党委及政府的统筹主体地位。

2. 信访统筹主体

信访统筹主体不是指所有与信访有关的人群,只有作为统一体运行的主导力量,对信访实践过程产生影响的领导者、主事者才是信访统筹主体。一般是由有权对总体活动的筹划和实施作出决断的主持者与决策者所组成的群体。但在许多情况下,客体的上级主事者也就是上级部门和上级主管部门,也是统筹主体的一个重要组成部分。由于信访活动范围广大、类型多样,信访事项又有多种不同目标的价值取向,因此我们在研究信访统筹主体时,也很难对所有各不同类型的信访主体逐一加以剖析,只能界定所需要的范围,并加以抽象的概括。也就是说,无论是高级决策者,还是中级领导者,凡是对信访各个环节具有协调、指挥、控制的机构即是统筹主体,它具体包括以下三部分。

(1)党委包括政府的领导者及其领率机构

领导者受命于上一级权力机关,是主体内的首要组成部分。对统一体结构具有内聚的约束力,对统一体运行具有指向性和指挥、调控的职能。

(2)信访系统及公检法综合治理部门

上述这些执行者通常依据领导者的意图和上级机关的部署,从局部或某一侧面决定实现总体意图的具体执行者,是主体内重要的组成部分,具有相对的系统独立性,同时对统一体运行具有局部的约束性和一定的波动性。

(3)人大、政协等同级领导者和执行者层次,或与领率机关和服务保障机构平行并列的外部机构

这部分群体是居于统筹环境中的活体力量,与统一体主体结构有着程度不同的、错综复杂的横向约束关系,对统一体运行既有推动和促进作用,又有牵动与离散的倾向。"对国内外、军内外同一层次上具有横向联系的相邻地区,或单位,或部门的支援与协同机构,以及与信访活动相关的其他支援机构和团体,即在此例。"①

从以上信访统筹主体看,只有具有统筹职责的微观层面领导在发挥作用,在国家最高层面上,党的国家领导核心层面的统筹主体作用尚未充分发挥。或许这就是信访问题一直没有得到较好解决的原因所在。

(三)统筹主体性质的确认

1. 信访统筹主体的人民性

党和政府与人民群众的关系在理论与实践上早已确定。人民群众的历史主体地位毋庸置疑,问题是在具体的微观操作层面,情况就变得异常复杂,往往出现主体缺位或主体地位模糊甚至倒置现象。人民,作为抽象的政治概念,其群体的主体地位在社会运行中要通过个体主体来体现。相对而言,单一的个体主体在遇到困难和问题时,要面对的势力往往是强大的,正如信访往往是针对问题而来,从古至今,信访就与诉怨、告状、打官司等相联系,信访群众主体要面对的往往是强势力甚或国家机器。在社会主义制度下,国家机器是人民意志的体现,但由于历史原因,政府在体现人民意志时,也会产生某种梗阻或异化。

肯定人民的主体地位,就要承认信访群众信访行为的合情、合理、合法性。首先,不管信访群众为什么信访,信访群众有法定的信访权利;其次,信访群众肯定是有意见和建议需要表达和提出,或者遇到了困难和问题需要救助才去

---

① 朱国林等:《统筹学》,时事出版社 2010 年版,第 71—72 页。

信访;再次,群众有事情就去找党和政府,是一种极大的信任,党和政府应该十分珍惜这种信任,也有责任和义务千方百计地去解决信访群众的问题;最后,信访群众往往是人民群众中的困难群体和弱势群体,其基本权利保障应该得到特别重视。因此,确认信访群众信访主体地位,也就是明确了党和政府及其管理部门的人民性。

但从信访工作角度看,党和政府及其管理部门又具有工作主体地位,是信访工作的主导力量,是为信访群众解决困难和问题的。它的主体地位是由信访群众的本源性和分散性决定的。信访统筹主体人民性的体现,直接关系到党群关系、干群关系,关系到人民群众对共产党和人民政府的信任和拥护。信访统筹主体和谐互动,是和谐社会的客观要求。我们已经创造了很多行之有效的主体互动机制,如群众积极参与民主政治,建言献策,有序信访;政府问计于民、问政于民、问策于民,领导干部主动下访、主动接访;具体部门严格信访评估和信访听证;等等,如此慎重对待各项工作和群众意见,都从为了群众、依靠群众出发想事情、做工作,信访主体和谐达成就没有问题。《关于创新群众工作方法解决信访突出问题的意见》提出要"实现办理过程和结果可查询、可跟踪、可督办、可评价","推行信访事项办理群众满意度评价工作,建立群众满意度评价体系"。① 把信访事项办理的评价权交给群众,是信访工作本质属性的应有之义,也是统筹主体人民性的必然要求。

实践证明,信访工作在消除不和谐因素,增加和谐因素方面已经发挥了积

---

① 群众满意度评价:2013 年 12 月,中央提出《关于创新群众工作方法解决信访突出问题的意见》,2014 年国家信访局要求全口径放开信访事项办理群众满意度评价工作。新的省、市、县三级网上信访受理平台启动后,通过平台初次实名提交并在受理范围之内的网上信访事项,将全部纳入满意度评价范围,同时要求具体承办人,要及时告知信访人享有评价的权利,教会其评价的方法,积极引导信访人进行评价。山东省群众满意度评价工作,可概括为:"一个主体、两个对象、三个标准"。"一个主体",是指只有信访人这个主体方可进行评价。信访人凭注册时的用户名和密码,可随时登录网上信访受理平台,跟踪、查询自己所反映网上信访事项的办理过程和办理结果,并作出评价,从而保证了评价的真实性。"两个对象",是指可以分别对信访部门的服务态度、工作效率和责任单位的办理质量进行评价。"三个标准",是指评价意见分为"满意"、"基本满意"和"不满意"三个等次。群众评价的结果,将纳入信访工作年度考核的指标,并且把群众评价不满意的网上信访事项作为督查的重点,强化督查督办,切实推动网上信访事项及时有效解决。

极作用。我们目前在各项工作中都在贯彻"和合"理念,以人为本、执政为民、和谐发展、科学发展、持续发展,相信我们所追求的信访和谐局面与和谐社会一定会实现。但在实际工作中,信访信息系统要求群众进行满意度评价,上访群众往往是利益受损的底层群体,试图通过信访部门达到不合理不合法的要求居多数,让他们给一个公正客观的评价非常之难。还有一些信访群众出于种种原因不愿意参与评价或故意给出负面的评价。不对信访事项处理作出评价,信息系统就没有完成工作任务,为了让信访群众对信访事项处理作出评价,信访干部不得不作出超出工作范围的举动,本来的正常工作出现异化。

本课题组通过调研,获得第一手数据资料。如图9、图10所示,通过对 S 省 2017 年 1—12 月信访群众的满意度评价情况分析发现:

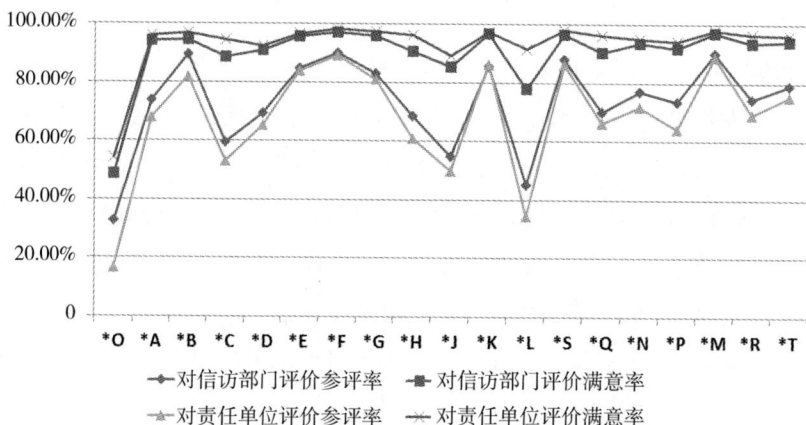

图 9 2017 年 S 省国、省两级信访事项参评率和满意率

①信访群众对信访部门的评价参评率高于对责任单位评价。

②在纳入评价的信访事项中,信访群众对责任单位的满意度高于信访部门。

③同级别的各地信访群众参评率与满意率有明显的区域差异。

④为何参评率低? 其实质是信访群众可能是不高兴评、不会评、不愿意评,如果把不到一半的参评率之外的绝大多数算作不满意,那么总体满意率约在三分之一,即 3 个信访事项有 1 个满意。

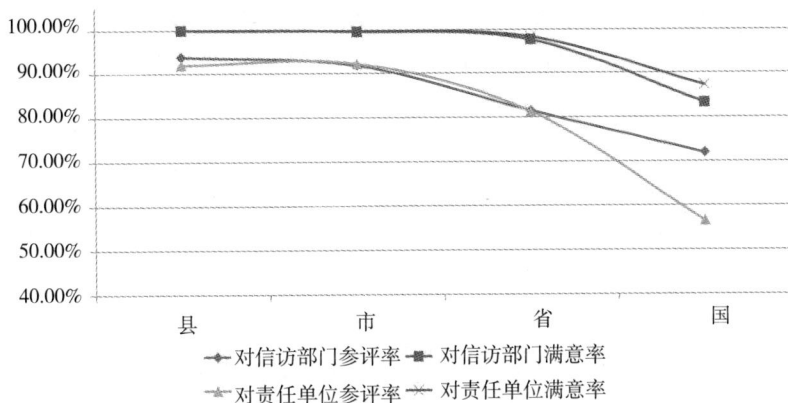

图 10　2017 年 S 省国省市县四级总的信访事项参评率和满意率

　　⑤四级信访群众评价情况从县至国,级别上升、评价率下降。在国家级参评率最低,满意率也低。这些真实数据,说明了什么问题,值得我们深思和反思。

　　2. 信访统筹主体的法律意识及确认主体的法律责任

　　信访统筹主体依照中国宪法及法律体系实施对于信访工作的指导和组织,具有鲜明深刻的法律意识,并承担相应的法律责任。如何担当信访法律责任,关系到信访法律制度的实施、功能的发挥以及价值的实现等诸多方面。因此,完善我国的信访主体法律责任显得尤为重要。《信访条例》明确规定,解决信访问题的主体是有权处理的有关单位。但在现实中,无论是从思想上,还是工作习惯上,许多人仍把信访部门当作解决问题的主体。发生信访问题被通报的、受责备的是信访部门,责任单位却成了旁观者。这样的结果导致了"惹祸的没事,帮忙的摊事,惹祸者指责帮忙者"的怪现象。可见,信访主体的法律责任界定尤为重要。现实中,信访问题出现"上急下不急、信访部门急而相关部门不急、上访群众急而责任单位不急"的现象,主要原因也是因为责任主体不明确。

　　《信访条例》规定的信访统筹主体责任,是指导解决信访问题的主体,指的是有权组织处理的决策者和有关单位。通常意义上理解信访主体的法律责任,是通过纠正信访主体的违法行为造成的不利结果,使其正确地履行法律责任,以保障法律目的的实现。与道德、行政、政治等责任不同,法律责任的特点是由国家强制力保证实施,且只能由法律授权的国家机关依照法律程序予以追究。"审判程序只是法律的生命形式"①。但"合理而公正的程序是区分健全的民主制度与偏执的群众专政的分水岭。因为民主的真正价值显然不是取决于多数人的偏好,而是取决于多数人的理性。在众口难调的状况下,程序可以实现和保障理性"②。一般而言,所谓法律程序就是按照既定的规则所要求的顺序、方式和手续来作出具有法律意义的决定的相互关系的各个环节和方面的总和③。

2005 年新的《信访条例》第六章用了 9 个条文对信访法律责任进行了规范。其中把信访法律责任分为信访刑事责任和信访行政责任。《信访条例》规定了信访事项的引发责任、受理责任、办理责任、督办责任、重大紧急信访事项信息报告的责任、透露信访人检举揭发信息的责任、打击报复迫害信访人的责任以及扰乱信访秩序的责任等,并规定了相应的责任形式,将法律责任贯穿于信访事项从发生到办结的全过程,从而形成了比较完整的责任体系,完善了责任结构,做到了密无疏漏、责罚相当,是非常及时和必要的。在此基础上,2016 年由中办、国办印发的《信访工作责任制实施办法》,明确规定了各级党政机关及其领导干部、工作人员的信访工作责任,从源头上预防和减少信访问题发生,推动信访问题及时就地解决,依法维护群众合法权益,促进社会和谐稳定。其第二条指出:"本办法所称党政机关,包括党的机关、人大机关、行政机关、政协机关、审判机关、检察机关。各级党政机关派出机构、直属事业单位以及工会、共青团、妇联等人民团体适用本办法。国有和国有控股企业参照本办法执行。"④

二、统筹主体的客体性要素与环境性要素的统一

统筹主体作用发挥的实质是,实现客体性要素与环境性要素的统一,具体

---

① 《马克思恩格斯全集》第 1 卷,人民出版社 1956 年版,第 178 页。
② 季卫东:《法治秩序的建构》,中国政法大学出版社 1999 年版,第 51 页。
③ 姚建宗:《法治的生态环境》,山东人民出版社 2003 年版,第 289 页。
④ 《中国共产党最新党内法规:图解版》,人民出版社 2016 年版,第 161 页。

说来就是一方面要认识环境和把握环境,另一方面要指导客体和反映客体。党的统筹主体涉及的客体性要素与环境性要素很多,但用制度来统筹是根本性的,必须把权力关进制度的笼子;用方针政策来指导也是根本统筹大法;一切执政行为都是在法律法规范围之内而不是之上、之外的行为,受法律规制,也用法律来保障权利。因此,党的统筹主体作用,具体来讲就是认识和把握环境,倾听群众呼声,遵循客观规律,指导法律、制度的建立与完善,明确领导干部的法律责任,并把责任落实、督察到位。

(一)统筹主体的法律责任

"做好信访工作,责任在领导,机制在长效,关键在落实。各地要坚持'分级负责,归口管理','谁主管、谁负责'和'属地管理'的原则,进一步增强工作的主动性,层层负责,落实责任,党政主要领导要负总责、亲自抓,分管领导要直接负责具体抓,其他领导要主动配合、密切协作,努力形成党委、政府统一协调、齐抓共管的工作格局。"2003年,时任浙江省委书记的习近平在全省信访工作会议上就理清了信访工作的责任链条。2016年的《信访工作责任制实施办法》(以下简称《办法》)首次对信访工作各责任主体的责任内容作出明确规定,解决了实践中理解不一、难以界定、把握不准的问题。在信访工作督查方面形成常态化制度,要求各级党政机关每年至少就信访工作的开展和责任落实情况组织一次专项督查。《办法》的出台,是中央对加强问责提出的新的更高要求。

1. 对领导干部主体责任的相关规定

信访既是化解社会矛盾的制度化渠道,也是群众利益诉求表达的重要平台。为适应全面深化改革对化解社会矛盾的新要求,近年来在理念革新、政策设计、健全机制等方面,中央和地方都对信访治理作出了一系列探索。特别是2016年中办国办印发的《办法》,从信访责任落实的层面为及时就地解决信访问题作出了新的设计。《办法》首次对信访工作各责任主体的责任内容进行明确规定。

《办法》明确,党政机关领导班子主要负责人对本地区、本部门、本系统的信访工作负总责,其他成员根据工作分工,对职权范围内的信访工作负主要领导责任。根据《办法》,地方各级党委和政府在预防和处理本地区信访问题中负有主体责任,信访部门则在党委和政府的统一领导下协调、指导和监督本地区信访工作。《办法》对于党政机关如何开展信访工作也作出了详细规定。要求各级党政机关应当将信访工作列入议事日程,定期听取工作汇报、分析信访形势、研究解决工作中的重要问题;各级领导干部应当阅批群众来信和网上信访,定期接待群众来访,协调处理疑难复杂信访问题。《办法》提出应当追责的6种情形,并对问责主体、方式、程序等方面加以明确。6种失职行为将被追究责任:因决策失误、工作失职,损害群众利益,导致信访问题产生,造成严重后果的;未按规定受理、交办、转送和督办信访事项,或不执行信访事项处理意见,严重损害群众合法权益的;违反群众纪律,对应解决的群众合理合法诉求消极应付、推诿扯皮,或对待信访群众态度恶劣、简单粗暴,损害党群干群关系,造成严重后果的;对发生的集体信访或者信访负面舆情处置不力,导致事态扩大,造成不良影响的;对信访部门提出的改进工作、完善政策和给予处分等建议重视不够、落实不力,导致问题长期得不到解决的;其他应当追究责任的失职失责情形。《办法》明确了责任划分原则。对规定中涉及的集体责任,领导班子主要负责人和直接主管的负责人承担主要领导责任,参与决策和工作的班子其他成员承担重要领导责任。此外,对错误决策或者行为提出明确反对意见而没有被采纳的,不承担领导责任;涉及的个人责任,具体负责的工作人员承担直接责任,领导班子主要负责人和直接主管的负责人承担领导责任[1],体现了“权责对等”精神。

2. 对领导干部主体责任的反思

《中共中央国务院关于进一步加强新时期信访工作的意见》明确提出:“认真落实信访工作领导责任制。各地区各部门的主要领导同志是信访工作的第一责任人,对本地区本部门的信访工作总负责,对重要信访事项要亲自推动解决;分管信访工作的领导同志负直接责任,抓各项具体工作的落实;其他领导成员‘一岗双责’,按照分工抓好分管方面的信访工作,形成一级抓一级、

---

[1] 参见《中国共产党最新党内法规:图解版》,人民出版社2016年版,第164页。

层层抓落实的信访工作领导者责任体系。"①该文件的出台和实施,对基层信访工作领导责任的落实产生极大的作用。实践证明,"领导抓、抓领导"是落实信访工作领导责任制、切实做好基层信访工作的关键。

从制度执行层面看,许多好的制度在执行中走样。如领导包案流于形式;如领导干部定期接访制度的落实,定期接访的时间不能保证,程序得不到严格执行;如矛盾纠纷排查制度的落实,由于报喜不报忧、上报问题影响形象、上报问题会有上级督导等错误思想的影响,排查程式化,只排查重、稳、控不化解,甚至瞒报漏报,不出问题不报。出现上述问题的原因很复杂,一些地方的现实问题有一定代表性、趋势性。令人担忧的是,这些问题越是在一些信访工作没有出过大问题的地方表现得越普遍。为什么会出现一个地方的一个事件还没处理完,另一个地方又出同样问题? 基层信访工作中存在一些问题的重要原因就是领导责任不落实,在平时工作中是"空转"。出现"空转"的原因很多:一是现在一些干部特别是领导同志,不了解《信访条例》等一系列信访法规和政策;二是责任追究前置条件造成过程追责难;三是追责的效应没有实质改进工作,追责没能起到应有的警示作用。

首要的解决办法是:牢固树立为人民服务的思想,增强信访工作的统筹意识,做到"两加强、两完善"。"两加强"是加强干部岗前培训、加强信访工作领导责任制落实情况的宣传。"两完善"是完善过程责任追究制度,实现问责日常化、过程化;完善干部考核制度。谁制造问题,谁负责解决问题,解决不好问题要追究责任;解决了问题也要追究责任。我们执行严肃问责,不是发生群体事件、造成恶劣影响这样的后果,才使问责成为必要,没按要求落实信访工作领导责任,本身就属于应被追究责任的范围;要使干部认识到,在对待信访工作任务上,没有侥幸,不作为就会面临问责。完善干部考核制度,要考核就要让干不好信访工作的人觉得"疼",上级信访部门要对基层责任追究落实情况进行督导,要对执行制度情况进行抽查和不定期暗访,发现问题及时处理。

---

① 王学军主编:《学习贯彻〈中共中央国务院关于进一步加强新时期信访工作的意见〉百题解读》,人民出版社 2008 年版,第 204 页。

（二）工作机构的组织主体责任

1. 具体工作部门是信访责任的执行主体

信访制度运行的载体是信访部门。初期的信访工作被看作执政党和政府联系群众的桥梁、纽带，是权力部门获取信息的渠道，是一项政治工作，信访工作机构则是党委和政府的秘书性办事机构。随着信访形势的发展变化，信访工作机构的工作内容和职能发生了变化，逐步介入信访问题的协调、督办和检查等。《信访条例》对信访工作机构的职责规定主要体现在第六条第二款：一是信访工作机构的综合协调职能：信访部门是各级国家权力机构负责信访工作的行政机构，但是没有具体的行政管理职能，不直接承办具体的信访事项，不是信访事项的直接办理机关，而主要是在受理信访事项后进行分流。由于信访事项的解决往往需要多部门协作办理，因此，信访工作机构在其中要起一个综合协调的作用。综合协调的职能是信访部门最重要的职能。二是信访工作机构的督查督办职能：督查督办是信访部门为保证信访事项得以正确、及时处理和信访处理决定得以落实执行而采取的重要措施。三是信访工作机构的参谋建议职能。四是信访工作机构的检查指导职能：行政机关的上下级之间是领导和被领导的关系，而上下级党政部门的信访工作机构之间属于指导和被指导的关系。可以说，以上职能是信访工作机构的"核心职能"，但因其在组织机构中缺乏严格意义上的独立性，信访工作机构的以上职能，特别是综合协调和督查督办的职能，受到很大程度的局限和约束，没有发挥应有作用。国务院《信访条例》对信访工作人员的工作责任是从正面提出的，而有多个省出台的该省信访条例，还从反面作了更加详细的规定，包含了工作制度、保密制度、首访负责制度、回避制度乃至素质和能力要求。

2. 职能部门承担信访事项的引发责任

《信访条例》设定特定信访事项的引发责任，目的是督促和强化，防止常规救济机制失灵，减少重复信访。特定信访事项的引发责任具体内容是："特定行政工作人员因某些违法行为严重侵害相对人或信访人的合法权益，且未能通过行政复议、行政诉讼、行政赔偿等常规救济渠道予以纠正而导致信访事项发生,或者拒不执行支持信访请求行政意见导致信访事项再次发生而应承担的法律责任。"构成特定信访事项引发责任的违法情形主要有:"超越或者滥用职权,侵害信访人合法权益;行政机关应当作为而不作为,侵害信访人合法权益;适用法律法规错误或者违反法定程序,侵害信访人合法权益;拒不执行有权处理信访事项的行政机关做出的支持信访事项请求的意见;等等"。

3. 信访部门承担信访事项的相关责任

信访部门承担的相关责任,也可称为"信访次生问题",是因信访工作不当或机制失灵而导致的信访问题。一是信访事项的受理责任。信访事项的受理责任按照信访责任主体的不同,可分为信访工作机构的受理责任和有关行政机关的受理责任。信访工作机构的受理责任涉及未按规定进行登记、未按规定进行转送、未按规定进行交办等方面。有关行政机关的受理责任涉及不按规定进行登记、应受理而不予受理、不适当履行告知义务和行政机关工作人员在受理信访事项过程中的作风粗暴导致的严重后果。二是信访事项的办理责任。信访事项的办理责任是指有权处理信访事项的行政机关及其相关工作人员违反《信访条例》第五章关于办理信访事项的规定,并实施了第四十三条、第四十四条第二款规定的违法行政行为应承担的行政责任。三是信访事项的督办责任。信访工作机构的督办责任是指县级以上各级人民政府信访工作机构不履行《信访条例》规定的对本级和下级人民政府有关行政机关督促检查信访事项的处理职责而应承担的行政责任。亦即县级以上各级人民政府信访工作机构不履行《信访条例》第六条第二款第四项和第三十六条规定职责,应当按照第四十一条的规定由其上级行政机关追究其及相关工作人员的行政责任。四是重大紧急信访事项和信访信息的报告责任。重大、紧急信访事项和信访信息的报告责任是指行政机关工作人员违反《信访条例》规定对重大、紧急信访事项和信访信息隐瞒、谎报、缓报应承担的行政责任或刑事责任,亦即行政机关及其工作人员违反《信访条例》第二十六条规定,应根据第四十五条追究其相应法律责任。《信访条例》对信访主体进行了"双规范",这是信访法治化水平得以提升的重要标志。

（三）信访统筹主体系统内的责任关系

1. 责任主体的纵向关系——主从关系：怎么"做正确的事"

21世纪初，随着经济改革形势的深入发展，信访工作中出现了许多新的情况和问题，为使信访工作机构和队伍建设与面临的形势、任务相适应，2000年，中央一级的党委信访机构和政府信访机构合并升格为副部级单位，更名为国家信访局，为国务院办公厅管理的负责信访工作的行政机构，业务上接受中共中央办公厅和国务院办公厅领导，领导班子成员列入中央管理。现在国家信访局内设办公室、综合指导室、来访接待司、人事司、国家投诉受理办公室、信息中心等机构。2005年，根据新的《信访条例》第六条规定，在县级市、省自治区、直辖市、党政部门都设有了专职的信访工作机构，县级以上党政部门专职信访工作机构的设置模式不尽相同，有的实行党政分设模式；有的实行党政合设，共同管理，单位主管模式；还有的实行新党政合设，共同管理，政府主管模式。其中第三种模式最为普遍。目前从中央到省级、地市级和县级党政部门，都设立了专职机构，配备了专职工作人员，乡镇党政部门信访机构的设置有较大差异。由此形成从中央到地方、自上而下的纵向信访系统，主要承担了"上传下转"的程序性功能。信访部门没有成为相对独立的权力实体，既不能对上负责，也不能居中协调，也没有从政治体制上成为代表民意的人大的直属部门。信访机构没有严格意义上的隶属关系，中央信访机构对地方及中央各部门信访机构之间的管制协调能力十分有限，信访职能与处理信访事项职权不匹配，各级信访机构在缺乏监督的情况下对信访事项实行层层转办，导致信访不断升级，各种问题和矛盾焦点向中央聚集，这就在某种程度上导致了信访事项的久拖未决。从信访工作运行的实际可以看出，信访中所反映的各种矛盾相对可控的较少，大多数矛盾需要利益协调，需要信访统筹主体之间的关系全面理顺，统筹兼顾，才能把握好矛盾发展的节奏，实现相应的治理目标。

2. 责任主体的横向关系——协调关系：怎么"正确地做事"

根据新的《信访条例》的规定和实际工作需要，许多重要的中央部委设立了专门的信访工作机构，并配备了专职人员，如教育部信访办公室、公安部人民来访接待室、司法部办公厅信访办公室、劳动和社会保障部信访处、住房和城乡建设部办公厅信访处、审计举报中心办公室等,在省市两级的政府职能部门中,一些重要的部门也如中央部委一样,设立了专门的信访机构,配备了专职工作人员。此外,因为反腐和组织工作的需要,在一些党委的纪检监察部门和组织部门还专门设有信访办公室,配备了专职工作人员。但是在大部分县乡基层政府部门并没有设立专职机构。除党政部门外,信访还包括人大信访、司法信访、政协信访、群众组织信访,一些级别较高、规模较大的国有企事业单位、基层自治组织,也都分别设立了信访工作机构,或配备了专职的信访干部。以上不同系统的不同信访工作机构之间的关系和党政信访机构,与人大信访机构之间的关系一样,结构比较松散,通常只有一些业务联系,没有权责对应关系。目前,我国的信访模式是立法机关负责立法的信访,执法机关负责执法的信访,司法机关负责司法的信访,虽是三个权力机关各有各的信访,然而这三家信访却并不合一,而是各自与各自系统合而为一。可见,在我国的法律体系中,信访不论是作为机关还是权力功能,都与国家主要权力机关并列为同等地位,合为一个组织整体。

3. 统筹主体的统筹责任——统筹协调与各部门间的内在矛盾:怎么"既做对又做好"

信访问题的严重状况显示,在行政体制内,信访部门、基层政府、职能部门、上级政府之间在决策、信息、协调、沟通上,出现了"体制性断裂",信访统筹主体之间匹配协调不适。在政治体制内,政府与人大、政协,立法、执法、司法与民众等在权力匹配上没有实现有效统一。如人大、政协的民意代表性没能有效体现,现有正常设置的司法、行政资源大量闲置浪费。这两大体制性或结构的断裂使各信访统筹主体之间无法有效协调配合,无法从信访源头、政府决策、沟通协调、权利保障等对整个信访问题进行统筹治理。为适应信访工作新形势、化解社会矛盾、维护社会稳定,党委、政府进行了各具特色的信访工作制度、体制、机制改革,这些改革取得了一定的成效,但信访工作依然暴露出信访功能无限放大、信访总量居高不下、信访维稳成本高昂、信访不信法现象突出等问题。另外,信访考核基本上将压力压在基层政府,并没有从整个行政系统的角度对信访问题的出现进行统筹分析,从上级政策到基层执行全方位地去查找整个公共治理体系中的决策、执行、组织、协调等系统性因素。所以,这种单系统、单向度的信访问题治理模式与复杂而动态的社会矛盾发展并不匹配,虽然有时也能奏效,但大多谈不上对社会问题进行优化解决,甚至容易留下后患,影响社会良性循环发展。

目前,社会治理主体结构的矛盾,首先表现为治理主体结构的单一与治理内容的广泛性、复杂性和独特性的不匹配,决定了需要动员多元化的社会力量多层次协同发挥功能。社会矛盾牵涉诸多方面,成因错综复杂,应该联合各个部门力量,采用多种工作方法、制度机制,综合运用法律、政策、经济、行政等手段和教育、调解、疏导等办法,才能见到实效。如面对集资融资、征地拆迁、劳动社保等复杂问题,多从群众立场、社会视角看待和分析,坚持创新机制与强化责任并举、主张权利与履行义务统一、依法办事与思想教育结合,把着力点放在畅通、调处、保障和维护上。在形成化解社会矛盾合力,寻找解决问题的钥匙、统筹兼顾的良方之时,党委虽然发挥着领导作用,政府也在发挥主导作用,但党委领导、政府主导,无法替代其他社会主体所具备的独特功能。困难在于,在治理组织结构方式上,部门分割、职能交叉、多头管理、缺乏协调、相同性质的社会事务被分置于不同的部门之中,并与政出多门、各自为政、相互推诿共同存在,互相掣肘内耗,形成执法"真空",协调门槛高,治理成本大;同时,地方政府部门在横向上隶属于相应层级的政府,纵向上又分属于不同上级主管单位,形成信访组织结构系统中国特色的"条块"分割现象,这种结构造成了信访治理的低水平重复、边界模糊不清、行政效率不高及"条块"之间的冲突①。总而言之,现实状况亟待党的统筹主体作用发挥,在机构改革中把信访统筹进去,理顺整体信访系统的关系,构建符合新时代要求的信访工作网络。

三、统筹主体的现实作用

2016 年 4 月、2017 年 7 月,习近平总书记两次就做好信访工作、妥善处理

---

① 范如国:《复杂网络结构范型下的社会治理协同创新》,《中国社会科学》2014 年第 4 期。

信访突出问题作出重要指示,强调领导干部是"第一责任人"。"双肩挑"的制度设置以及信访工作的重要定位,要求"各级党委、政府和领导干部要坚持把信访工作作为了解民情、集中民智、维护民利、凝聚民心的一项重要工作,千方百计为群众排忧解难",①要"把信访工作作为重要工作和基础性工作抓紧抓好"。习近平总书记的指示,可谓一针见血。在实际工作中,信访工作是滞后于其他工作的,正所谓"说起来重要,忙起来不要,闹起来首要";信访工作也是外在于中心工作和基础性工作的,只是信访部门在从事的工作;领导干部接访是信访工作部门的最高层次处置机制;多年调研访谈数据显示,绝大部分领导干部"头疼"信访工作。②

(一)发挥党政领导及领率机关的领导作用

习近平同志指出:"在新形势下,各级领导必须放下架子,打掉官气,主动上门,把信访工作做到基层,把党的关怀和政府的济助送进普通群众的家庭。"③作为统筹主体中的领导者和领率机关,首先要发挥主动性,随时依据条件变化及时采取相应措施,变不利为有利,以确保如期实现总体目标。

1.强化领导责任,解决信访工作"为谁干"问题

领导干部接待来访和下访活动,是习近平总书记在浙江工作时倡导建立的一项制度。他指出:"变群众上访为领导下访,不是信访工作的唯一形式,也不是越俎代庖,取代基层工作,而是一种思想观念的转变,一种工作思路的

---

① 《下大气力把信访突出问题处理好　把群众合理合法的利益诉求解决好》,《人民日报》2016 年 4 月 22 日;《千方百计为群众排忧解难　不断开创信访工作新局面》,《人民日报》2017 年 7 月 20 日。

② 领导干部对信访制度、信访工作的认识,可以很好地反映信访领域的状况。为此,我们设计了"领导干部信访态度调查"问卷。调查对象是 2017 年春季学期在校学员。共发放问卷 400 份,收回 374 份。这些学员分为四大类,一是县处级党政领导干部;二是市厅级领导干部;三是乡镇党委书记,这是首次在省级党校培训的基层干部;四是高校、科研院所、基层党校等社会科学领域的管理干部与专业技术人员。数据显示,这些学员的年龄大部分在 40—50 岁之间,95%以上是大学本科以上学历。他们当中,从事信访工作的时间跨度绝大部分是在 1—2 年,23%的人是从事信访工作 10 年以下,其中有 18.45%的人从事信访工作达 11 年以上。大部分表示不愿从事信访工作。

③ 习近平:《摆脱贫困》,福建人民出版社 1992 年版,第 45 页。

创新,一种行之有效的机制,一种发扬民主、体察民情、联系群众的重要渠道。"①坚持不懈地抓下去、实施好,领导干部是第一责任人。职责所在,要创新方法手段,采取定期下访、专题下访、带案下访、定点接访、重点约访、上门回访等形式,深入基层帮助解决群众信访问题,推动实现人民信访"最多跑一次"目标,最大限度地把问题解决在基层、把矛盾化解在苗头状态。

2. 强化主体责任,解决信访工作"谁领干"问题

众所周知,信访问题多发生在基层,但是否就应该在基层解决呢? 调查显示,63.64%的人认为,信访问题发生在基层并不一定在基层解决。为什么有如此多的人不认同基层解决? 因为依法、及时、就地解决问题,存在操作上和制度上的困难和矛盾。尤其是"三跨三分离"的信访事项,难以做到依法、及时、就地化解。但对于基层领导干部而言,由于考核评价的压力,为了完成及时、就地目标,在某些信访事项的解决上不得不程序上及时、时间上及时,却不能依法处理,压力越大,处理越匆忙,越是偏离法治。国家信访局要求从 2015年 1 月 1 日起通过全国信访信息系统处理信访事项,信访问题在基层依法、及时、就地化解处于更为艰难的局面。

信访事项妥善处理,要求领导干部处理好领导责任与主体责任的关系。职务越高的领导接待处理难度越大的信访问题时,会整合资源,强力推进。按照"属地管理、分级负责,谁主管、谁负责"的原则,各有权处理单位必须严格履职尽责。要划分行政部门之间依法处理矛盾纠纷的责任,把信访部门不该管、管不了也管不好的事项,直接转交有法定职责的部门处理。调研中我们发现,信访部门能否在解决群众的合理诉求中发挥更大作用,取决于当地党委政府是否重视信访工作,取决于信访部门负责人的协调能力和干事魄力,有时还取决于信访群众利用各种形式造成的社会影响。为难的是在处理某些影响社会稳定的疑难复杂信访问题时,领导决策有时候会打法律的"擦边球",有时候会超出法律法规的界限,有时候会超出程序的规定,就个案而言,确实解决了群众诉求,但从长期来看,影响了法律的严肃性,也加大了信访工作人员的工作难度和工作压力。数据显示,在认知层面,基层领导干部充分认同党委政

---

① 习近平:《之江新语》,浙江人民出版社 2007 年版,第 54 页。

府在经济社会发展中的主导作用,实际上,在信访事项的处理中,各级领导干部确实发挥了非常重要的作用,能够主动接访,畅通群众诉求表达渠道,主动下访了解群众关注的重点问题,主动负责推动信访突出问题的解决。应该看到,这里的"主动",体现的是鲜明的政治特征,信访工作制度的细化与针对性改革,是应该重视的。

3. 强化组织责任,解决信访工作"靠谁干"问题

按照《信访条例》要求,各级党委、政府主要领导都把群众工作和信访工作列入党委政府的重要议事日程,给予高度重视。但具体的信访问题涉及面广,单靠某一个部门很难妥善处理,需要各方努力、共同化解。因此,要求党委、政府主要领导要建立统筹协调制度和机制,充分发挥各级党委和政府的组织优势和主导作用,充分发挥联席会议和信访部门的综合协调作用,形成上下联动、左右协调、运转高效的信访处理机制。

强化领导责任。各级领导干部要主动沉下去,到信访矛盾突出的地方接待群众,到信访工作比较薄弱的地方现场办公。领导干部信访工作"一岗双责",同时要求有重大影响的群体性事件被上一级通报的要追究责任单位的责任。各级信访部门主要负责同志要对公开承诺兑现情况进行跟踪了解,加强引导,确保承诺不折不扣兑现到位,真正做到不走形式、不走过场。信访部门要适时提出意见和建议,推动党委政府把信访工作列入重要议事日程,像研究经济工作一样研究信访工作,像分析经济形势一样分析信访形势,像考核经济绩效一样考核信访绩效,健全完善主要领导负总责、分管领导直接负责、其他领导"一岗双责"的领导责任体系。

强化部门责任。职能部门是具体政策的制定者、执行者,也是解决信访问题的责任主体。为此,要严格落实"谁主管、谁负责,谁受理、谁督导,谁办理、谁回复"的要求,把有权处理信访问题的职能部门推到解决信访问题的第一线,对信访问题转送、交办或者信访人直接提出属于职能部门职权范围的有效信访事项,职能部门应依据职权调查核实,依法按政策作出处理。

强化基层责任。上级领导要加强基层基础工作,健全组织机构,配足配齐工作力量。我们工作的根基、活力、依靠的力量在乡镇。县级领导要加强对乡镇工作指导,促进工作中心的下移,有效整合政法、维稳、综治、信访等工作力量,积极引导

社会组织和民间力量参与,进一步健全基层信访工作网络,方便群众依法就近就地反映问题,把信访事项吸附在当地、化解于当时,防止人员上行、问题上交。

(二)发挥信访系统与纪检监察及综治部门的主力作用

执行者及其服务保障机构是统筹对象事务统一体的"骨架",他们在统一体整体利益主导下,调节局部利益和个体利益的关系。当局部利益关系变化影响整体利益且出现偏差时,就需要领导者及其领率机关及时加以调控,采取断然措施予以纠偏。领导者所涉及的整体利益综合匹配以及对重大决策的实施,都要通过下属执行机构和相关的支援机构、服务保障机构的行动来实现,都需要通过执行、保障机构的骨干作用,通过具体的实施组织、作用客体和利用改造环境显示出来,执行力对于统一整体良性运行具有决定意义。目前,信访工作的难点和重点在于对社会弱势群体的利益保护,如何对社会多元价值观冲突和民众利益理性表达进行理性化引导呢? 有 7.22%的人认为要增加人力物力财力,68.45%的人认为要出台国家相关法律法规,24.33%的人认为要出台区域性的法律法规。这个数据说明基层领导干部有较高的法治意识,他们认为信访问题的解决主要还不是人力物力财力的问题,法治建设与执政理念被摆在首位。同时,狠抓落实、善抓落实、不折不扣、完全到位的执行力,是新时代做好各项工作的前提。

1.发挥信访部门的主力作用

领导干部眼中的信访状况及信访态度是怎样的呢? 在问到"本单位配备的专职或者兼职信访干部的数量是多少"时,回答 1 人的占 29.68%,回答 2—3 人的占 40.64%,16.31%的回答是配备 4—5 人。照此逻辑,如信访问题的解决主要不是人力物力财力的问题,人数多少就不是大问题,但有 45.19%的人认为信访干部不能适应工作要求。访谈发现,基层工作人员年龄偏大,使用网络能力有限,其中不少人无法适应相当复杂的全国信访信息系统,在乡镇一级的信访部门表现得更为明显。基层干部对所在单位的基层网络建设情况,大多数人认为是比较健全;但由于信访工作人手少,信访信息系统要求高,需要代理服务,有 56.42%的人认为群众通过信访代理表达诉求的比例在 10%以下。

应该承认,我们的信访工作部门是高素质人才汇集的艰苦部门和重要岗位。信访部门在依法履行职能中能够适合本部门自身特点发挥重要作用,实际上他们也在发挥着应有的作用。但当问"你是否愿意从事信访工作这个岗位"时,43.05%的人表示不愿意、太辛苦。访谈中发现,领导干部公认信访工作辛苦,要求高、待遇低、提拔慢。但是,作为一项常规工作,应以平常心对待。除了进一步推进诉访分离之外,对于那些难以及时就地解决的事项,应避免压力型体制下的特事特办,应走向分类的制度化解决模式。已经出现的多部门协调多元矛盾纠纷化解等机制值得进一步提炼。信访要与经济社会的发展阶段相适应,跟上改革与转型的步伐,成为与现代法律框架比肩的处理社会矛盾的专门部门。工作中坚持于法有据、开展实地督查、多维度确责、高位推动和依靠基层相结合。从管理学角度,信访督查问责,本质上属于领导行为,是一个重要的领导环节和领导方法。信访部门要善于通过"领导抓,抓领导",变"要我问责"为"我要问责"。

2.发挥纪检监察部门的主力作用

纪检监察信访举报工作,是纪检监察机关联系群众的桥梁和纽带,是送上门来的群众工作。其工作的着力点对焦于党员领导干部。党的十八大以来,随着纪检监察机关深入"转职能、转方式、转作风",严肃查处了一大批违纪违规案件,反腐败工作取得显著成效。纪检监察机关最基本的方法是督办和查办信访问题。《中国共产党纪律检查机关监督执纪工作规则》第二十条规定:"纪检监察机关……信访举报部门归口受理同级党委管理的党组织和党员、干部以及监察对象涉嫌违纪或者职务违法、职务犯罪问题的信访举报,统一接收有关纪检监察机关、派驻或者派出机构以及其他单位移交的相关信访举报……经审批后移送案件监督管理部门。"[1]按照最新要求,纪检监察信访举报受理范围明确为"六类受理、三不受理",体现了有所为有所不为。"六类受理"信访举报包括:(1)对党组织、党员违反政治纪律、组织纪律、廉洁纪律、群众纪律、工作纪律、生活纪律等党的纪律行为的检举控告;(2)对监察对象(《监察法》规定的六类公职人员,下同)不依法履职,违反秉公用权、廉洁从

---

① 《中国共产党纪律检查机关监督执纪工作规则》,中国法制出版社 2019 年版。

政从业以及道德操守等规定,涉嫌贪污贿赂、滥用职权、玩忽职守、权力寻租、利益输送、徇私舞弊以及浪费国家资财等职务违法犯罪行为的检举控告;(3)党员对党纪处分或者纪律检查机关所作的其他处理不服,提出的申诉;监察对象对监察机关涉及本人的处理决定不服,提出的申诉;(4)被调查人及其近亲属对监察机关及其工作人员违反法律法规、侵害被调查人合法权益的行为,提出的申诉;(5)对原行政监察机关作出的政纪处分和其他处理决定不服未超过申请期限,提出的申诉;(6)对党风廉政建设和反腐败工作的批评建议。"三不受理"包括:(1)对依法已经、正在、应当通过诉讼、仲裁、行政裁决、行政复议等途径解决的;(2)依照有关规定,属于其他机关或单位职责范围的;(3)仅列举违纪、职务违法犯罪行为名称,无实质内容的检举控告,纪检监察机关不予受理。

纪检监察委切实加强纪检监察信访信息综合分析研判,全方位对纪检监察信访举报情况开展统计分析,提出建议对策,发挥的是领导决策"情报部"作用。这个部门对信息进行的规范化管理,对数据进行的实时跟踪,有自身的使命。成功做法是,创建预警系统,全程精准督办,运用科学分析,助力决策参考。通过系统自动筛查、个案比对等数据联动运算机制,对大量信访举报数据进行整理、分析,准确把握信访举报总体情况和主要特点,及时对违反中央八项规定精神问题、侵害群众利益的不正之风和腐败问题等方面信访举报情况进行分析,为领导决策、安排部署党风廉政建设工作提供了科学参考依据。

3.发挥政法综治部门的主力作用

习近平同志在2014年中央政法工作会议上的重要讲话中明确指出:"维权是维稳的基础,维稳的实质是维权,要求完善对维护群众切身利益具有重大作用的制度,强化法律在化解矛盾中的权威地位。"①将信访纳入法治化轨道,去除"搞定就是稳定,摆平就是水平"的错误观点,纠正"大闹大解决、小闹小解决"的侥幸心理。更为重要的是,人治往往伴随着缺乏监督,后果就是权力膨胀,矛盾纠纷、社会问题由此产生。在党委、政府领导人换届之际,常常出现

---

① 习近平:《维权是维稳基础 维稳实质是维权》,《人民日报》2014年1月29日。

信访高峰,在一定程度上讲是人治思想的表现。信访问题法治化,实质是以法律维系社会的有序运行和健康发展,以法律保护每个社会成员合法的权利和自由,最终实现真正意义上的平等和公平正义。一是进一步建立健全信访工作机制和信访法律、法规。二是加大信访执法力度,维护信访者的合法权益。三是建立理性、有序、合法的信访秩序。四是实施信访终结制度,经过三级部门处理的案件不再受理,使无理或持过高要求的信访人不再缠诉。通过依法治访,把信访制度纳入法治化建设的道路。

政法综治部门依法协调社会关系,依法处理利益纠纷,依法打击违法犯罪活动,保障社会既充满活力又和谐有序,要注意几个关系:一个是维稳和维权的关系,维权是维稳的基础,维稳是维权的实质性体现,这都是辩证关系;还有一个信访是公民的宪法性权利,老百姓应该有知情权、表达权、参与权、监督权。这些权利过去都有,但问题是,这是把信访放到维稳的调子里面了,现在信访系统归政法委领导,纳入政法综治维稳的一部分,就和原来信访的意义不一样了,这个问题值得深思。发挥综治部门作用,但不能把信访部门与综治部门归于一体。维稳综治部门的任务是深化平安建设,突出人民对平安生活的向往,把发展和稳定摆在同一等高线上,目的是通过社会治理社会化、法治化、智能化、专业化,维护社会和谐稳定、切实增强人民群众的安全感和满意度。

(三)发挥群体与个体主体的能动作用

在信访过程中,民众与政府的互动,推动了我国政府政策与体制改革,也推动了公众观念与行为的改变,促进科学素养、理性思维、独立人格、平等观念、民主觉悟、责任意识和法治观念的形成,这种民众与政府的互动与适应性变迁也为公民与国家的转型带来了希望。互动中的主体作用的发挥,有作用力性质、大小和方向,统筹视角的主体作用发挥,尊重客观实际利益和个体立场,同时强调整体根本利益导向的主观能动性发挥。

1. 发挥领导干部作用

领导干部的作用是"领"+"导"+"干",顶层设计、做表率、树标杆,率先垂范。统筹作用在于维护整体利益、关照长远发展,站在大局和中心工作考虑问题。信访工作中,领导干部要依法按政策、客观公正地维护群众利益,设身处地体验群众所想所盼所急,对合理诉求及时有效地推动解决。定期接待群众来访、下访,不仅要最大限度地用好政策,调动资金、人员等解决疑难复杂问题,更重要的是让基层群众和干部看到党委政府做好信访工作的决心,为信访事项的解决提供思路、方法和参照,推动信访工作整体水平的提升。

2. 发挥信访工作者作用

信访工作号称"天下第一难",信访干部的作用就是围绕中心服务大局。中共中央办公厅印发的《关于进一步激励广大干部新时代新担当新作为的意见》,提出要引导和促进广大干部增强"学习本领、政治领导本领、改革创新本领、科学发展本领、依法执政本领、群众工作本领、狠抓落实本领、驾驭风险本领"[1]。信访工作作为各级党政部门与群众联系的桥梁和纽带,要察民情、体民心、解民困、办民事、聚民心,干什么、练什么、精什么。习近平总书记强调:各级党委要建设一支对党忠诚可靠、恪守为民之责、善做群众工作的高素质信访工作队伍,不断开创信访工作新局面[2]。作为基层信访工作者,要主动适应新形势的需要,大兴调查研究之风,通过蹲点调研、带案下访等方式,深入基层和一线"解剖麻雀",总结经验、发现问题,推动整体工作。不断提升做好信访工作的综合素质,练好"十八般武艺"(即,嘴上"功夫"系列、手上"功夫"系列、腿上"功夫"系列、笔上"功夫"系列和头上"功夫"系列共十八种能力)。筑牢基层化解信访矛盾的第一道防线。要把工作能力强、有担当、有冲劲的同志不断充实到基层信访部门的领导岗位上;要把能干事、肯干事、干成事的干部,不断充实到信访工作第一线。各级领导干部要在政治上多关心、工作上多支持、生活上多关怀信访干部,特别是长期工作在一线的基层信访干部。

---

[1] 中共中央宣传部:《习近平新时代中国特色社会主义思想三十讲》,学习出版社2018年版,第325页。
[2] 《千方百计为群众排忧解难 不断开创信访工作新局面》,《人民日报》2017年7月20日。

3. 发挥律师与心理辅导师作用

党的十八届三中全会确定要"普遍建立法律顾问制度"。党的十八届四中全会进一步明确:"积极推行政府法律顾问制度,建立政府法制机构人员为主体、吸收专家和律师参加的法律顾问队伍,保证法律顾问在制定重大行政决策、推进依法行政中发挥积极作用。""各级党政机关和人民团体普遍设立公职律师,企业可设立公司律师,参与决策论证,提供法律意见,促进依法办事,防范法律风险。"①律师与心理辅导师在化解纠纷时作为第三方比较中立、客观、舒缓,更易取得当事人的信任,为化解纠纷打下了良好的心理基础。律师通过提供法律服务参与信访工作,能发挥重要作用:一是助力信访部门厘清职责权限,提高干部依法履职能力。二是助力信访群众增强法律意识,促进信访秩序规范。三是助力职能部门工作人员依法行政,从源头上预防和减少信访问题发生。四是助力党政领导依法决策,提高领导干部执政水平。2015 年,北京市成立全国首家法律服务枢纽型社会组织——北京市公益法律服务促进会,统筹整合市律师协会 57 个专业委员会和 2100 家律师事务所,参与涉法涉诉问题化解工作。他们在市区两级接待群众来访,全部引入律师和心理咨询师,为群众释理说法、打开心结。目前从全国范围看,律师与心理咨询师参与信访工作成效显著,已成常态。

4. 发挥基层党支部作用

基层党支部是党组织的最小单位,担负着直接联系群众、组织群众的重要责任。党组织的作用和战斗力,就是靠每一个支部和党员来体现。信访群众反映的问题其实开始时并不难处理,但如支部工作不得力,党员作风不过硬,久拖不决,问题难免由小变大。基层党支部与群众最近,直面群众诉求,要把真情、真意、真心、真爱体现在一言一行上。首问责任制,是不推诿、不拖拉,力争及时解决到位,做好耐心细致的解释和答复工作。能现场解决的事项决不拖延,应予以快速办结,不能现场解决的事项由接访人员做好登记,做好汇报、沟通和协调,并负责向信访人员反馈利益诉求的落实情况,做到群众利益无小

---

① 《中共中央关于全面推进依法治国若干重大问题的决定》,人民出版社 2014 年版,第 16、32 页。

事,确保群众诉求件件有落实、事事有回音,以踏踏实实的工作态度赢得群众的信任。

5. 发挥基层社会组织作用

基层社会组织是社会自组织能力的体现。人们探索出通过经济合作组织、综治组织、基层文化组织和社会保障组织的力量聚集,起到春风化雨、润物无声的作用,实现社会有序管理,和谐共享共赢。通过"枢纽型社会组织"①,将过去没有纳入管理范围的社会组织纳入监管范围,运用政策引导、法律约束、民众监督等多种方式促进社会组织健康成长。"2012 年以来,北京市总工会立足发挥好工会枢纽型社会组织作用,以购买服务为切入点,认真抓好联系引导职工服务类社会组织工作,积极引领社会组织、聚合社会资源服务职工群众。"②各地信访部门根据不同社会力量的特点,探索形成了社会力量参与信访工作的 10 种模式。(1)律师参与模式。通过组织律师参与信访接待调和代理涉法涉诉信访事项,为群众提供法律援助,依法破解缠访、闹访、非正常访等问题。(2)专业协会参与模式。在某一个行业领域中的信访事项,应该建立集预防宣传、现场处置、依法调解为一体的工作机制,及时有效化解特定行业纠纷。(3)行业协会参与模式。发挥行业协会熟悉会员、熟悉业务的优势,通过协会对矛盾双方进行教育疏导,帮助化解疑难信访问题。(4)共建共享模式。把信访工作纳入平安建设内容,发动群众、依靠群众,依法妥善处理信访问题,实现平安建设人人参与,平安成果人人共享。(5)"两代表一委员"参与模式。党代表、人大代表、政协委员加强与群众的联系,积极主动听取诉求,推动信访问题依法按政策解决。(6)志愿者、社会工作者参与模式。组织社会人士等参与化解疑难信访问题,协助稳定信访人情绪,引导信访人依法理性信访。(7)"调解"联动、调诉对接模式。充分发挥行政调解、人民调

---

① "枢纽型社会组织",本概念首次出现在 2008 年 9 月北京市社会工作委员会出台的《关于加快推进社会组织改革与发展的意见》中。在北京市《关于构建市级"枢纽型"社会组织工作体系的暂行办法》中指出:枢纽型社会组织是由负责社会建设的有关部门认定,在对同类别、同性质、同领域社会组织的发展、服务、管理工作中,在政治上发挥桥梁纽带作用,在业务上处于龙头地位,在管理上承担业务主管职能的联合性社会组织。

② 《切实发挥工会枢纽型社会组织作用 扎实做好工会联系引导职工服务类社会组织工作》,《工人日报》2016 年 12 月 19 日。

解、司法调解在解决信访问题中的作用,做到三者之间互相衔接,密切配合,良性互动。(8)"三联三访三助"模式。各职能部门联合,社会力量参与,多措并举解决信访问题。(9)"一站式"纠纷解决模式。整合相关机关单位、社区调委会、行业性和专业性调委会、律师事务所等资源成立多元化纠纷调解服务中心,推动信访与调解有效对接。(10)法律诊所调解模式。组织法律工作者设立社区法律服务诊所,为社区群众提供无偿的法律援助,及时"把脉"、"问诊",化解疑难信访问题。

第四章　信访统筹的客体

统筹治理视角的信访客体与统筹客体,有其特殊的规定性。统筹客体使命所要回答的,是信访工作应该做什么、做的工作是为了谁、做哪些工作才会更好地满足主体意愿。在我国,中国共产党和人民政府肩负着中华民族伟大复兴、全面小康和扶贫攻坚的历史使命。在信访工作领域,对各种矛盾纠纷以及信访事项妥善地加以化解处理,是党和政府总体使命的重要组成部分,是维护人民群众的合法权益和实体正义的必要途径,也是维护社会和谐稳定局面的重要内容。这些宏观与微观层面的工作,构成信访统筹客体的使命。

一、统筹客体概念的解读

信访群众对信访工作有两个期待:一是事要解决,二是顺应民心。信访统筹不是简单地把信访群众作为客体对象,统筹视角的客体使命,是以信访群众主体意愿为引领,以事的处理、矛盾化解为进程,改变过去那种单纯把盯人安抚作为工作目标的错误做法,实现客体的组织、结构、制度、机制、文化、功能等方面的革新与统合,满足人民群众意愿。

(一)从哲学范畴的客体看信访

1.客体的性质特征

相对主体而言,客体一般指外在事物,是主体的认识对象和活动对象。主体可感知或可想象到的任何事物都可以作为客体。由此,客体既包括客观存在并可以主观感知的事物(具体的如树木、房屋,抽象的如物价、自由),也包括思维开拓的事物(如神话人物)。简单来说,客体就是自己接触的但不属于自己本体的实体。马克思主义的实践论认为,主体是从事实践活动的人,客体是主体活动对象的总和,中间介质是把主体和客体联系起来的各种形式的工具、手段或方法。

主客体是相对而言的,当人民为主体时,党与一切组织都是为人民服务的客体。当党为统筹主体时,一切可调动的为人民服务的资源都可为客体。当然,成为客体是有条件的,不是所有主体之外之物都能成为客体,在没被使用和发挥作用之前,其只能是资源。资源可以生成机会而成为客体,但只有直接可按照主体意愿及方式去组织的资源才是客体。民生问题最能体现执政党为谁执政这一焦点问题。所谓民生,就是关乎民众的基本生存、生活状态,人民的基本发展机会、发展能力和权益保护的状况等。从主客体关系来看,执政党是民生问题行为的主体,为谁施政,谁就是客体,由此,人民群众既是主体也是客体,信访领域的主客体更是具有了特殊意义,这启示我们,信访问题的真正解决,根本上是党与人民群众主客体关系的处理。

2. 主客体关系的意义

主客体关系是自然生命意识出现后的存在,也是人为的定位。当人们在相互影响的事物环境里切入一点来描述具体的事物时,其主体与客体就相互作用了;当我们在埋头做事的时候,环境条件变化了,人的心境也随之变化了。正所谓时过境迁、心随境转。现实空间物质层面如此,虚拟空间、精神层面亦然。意识的自然的客体,是处于意识里的一切自然事物,地理环境、气候条件、物质基础等都是自然的客体存在形式。以主体存在的生命的意识对所有自然的客体的认识就是自然的全部内容。意识的社会的客体,是除却人之外存在的一切,以意识的人为主体对所有一切存在的客体的认识就是社会的全部内容。生命存在的世界的客体,是与存在的生命相关的所有,以生命为主体对所有与生命有关的事物就是世界的全部内容。生命的存在如此,信访领域何尝不是如此呢?

3. 信访客体统筹的需要

信访存在的世界的客体,是与信访事项有关的事与物,以信访人为主体对所有与信访有关的事物,就是信访领域的全部内容。人、事、物三类客体不能混为一谈,但它们之间并不是没有关联,其重点是,只有以事的解决为导向去工作才能以理服人,才是真正的以人为本。在这个过程中,统筹的意义在于强调统筹主体的作用,突出统筹主体依法执政中抓主要矛盾的敏锐性、行动力、组织力,考察的是领导干部在复杂局面中的办事能力、领导艺术和为人民服务的本领。把信访纳入法治化轨道,就是要保障合理合法诉求,只要是依照法律规定和程序,就能得到合理合法的结果;更是要考察领导干部依法办事、依法行政的能力。法治国家与法治信访,要求我们处理信访问题要做到于法有据、法理之中、道理之上、情理之内。

(二)从法律关系客体看信访

法律关系客体是一定利益的法律形式,为法律关系主体之间权利和义务所指向的对象。法律关系客体的范围和种类,随着社会生活的丰富有扩大和增多之势,可归纳为以下四类。

1. 客体之"物"

法律意义上的"物"是指法律关系主体支配的、在生产上和生活上所需要的客观实体。它可以是天然物,也可以是生产物;可以是活动物,也可以是非活动物。信访及其问题所涉及的"物",有必要厘清"物"的法律关系。因为引发信访的因素中,各种"物"的纠纷是最多的。任何事情都或多或少牵扯到利益矛盾,倘若利益关系不能理顺,利益分配就不能公平公开公正,在任何一个环节不能妥善处理,都可能成为引发信访的导火索。近年来,征地拆迁引发的信访量很高,其中主要是涉"物"的问题,但房屋拆迁、集体资产处置、村级换届选举干部经济问题、邻里纠纷宗族势力之争,甚至个人恩怨等一些复杂的因素也通过土地信访表现出来。要形成合理的征地拆迁补偿机制,就必须形成有效的民众诉求与利益表达机制。但是在具体操作过程中,被征地的民众缺少有效的渠道来表达自己的利益,即使有,也因不健全、不畅通而难以发挥出实际的效果,致使被征地农民不得不选择非正常的表达方式。可见,要引导被征地民众理性表达自己的利益,必须建立相应的利益表达机制,使他们能够通过正常途径引导来表达自己的合理诉求。对于政府来讲,也只有健全完善了有效的回应机制,才能将这些民众的诉求及时反映到决策层面,纳入政府的决策议程,启动相应的决策程序来对民众进行补偿。要调整当前的土地使用政策,必须以合理确定被征地民众利益损失为主要依据。征用民众土地的同时,要及时启动代价整合机制,对民众因此而可能产生的损失进行合理界定,也就是对民众所付出代价产生的减益值加以界定,这是问题的关键。减益值的确定是合理确定代偿的增益值的基础,必须全面、准确地将民众直接、间接、潜在、长远的损失统统考虑进去。在当前最具有可操作性的做法是,以农村土地确权为基础,并严格按市场规律办事,要将土地的价值评估与土地的区位、土地市场发育情况、建设用地的供求情况、社会经济发展水平等相关因素充分结合,来确定土地具体代偿的标准。当然,在价值确定的基础上,还要充分考虑农民对补偿方式的意愿表达,灵活运用就业、保障、转化等相关补偿方式,才能从根本上解决因征地拆迁引发的信访问题。

2. 客体之"人身"

"人身"作为法律关系承载的主体,在一定条件下又可成为法律关系客体。但作为活人的身体,不得视为法律上之"物"。作为权利人,不得利用自己的身体进行违法或有伤社会风化的违法活动。尽管"人身"权具有普遍性,是人类社会共同追求的价值目标,但是不可否认的是,"人身"权也不得滥用,任何组织、任何个人不可从事法律所不允许的行为。要严格依照相关法律对"人身"行使权利,不得超越法律授权的界限,严禁对他人"人身"非法强行行使权利①。甚至一则"村民守则"也会引起信访,让人始料未及。浙江台州小板桥村下发了一份"村民守则",规定:"无正当理由、未经村两委许可的上访行为,扣除粮食补偿款 1 年至 10 年,情节严重的,一切后果自负。"②对村民上

---

① 第十一届全国人大常委会第二十三次会议审议了《精神卫生法草案》、《居民身份证法修正案草案》、《关于检查劳动合同法实施情况的报告》等。在提交全国人大常委会审议的《精神卫生法草案》中,明确提出"被精神病"责任人可能被追究民事刑事责任。目前实践中突出的精神卫生问题之一是强制收治精神障碍患者程度缺失,个别地方发生的强制收治案例引起患者及其家属的强烈质疑,"被精神病"不时成为舆论热点。草案提出"被精神病"责任人可能被追究民事刑事责任。《信访条例》中对有关信访人与信访事项处理人的法律关系作了详细规定。在本研究的主体部分有论述。

② 杜婧:《从"村民守则"引发的对信访权权利属性的思考》,《法制与社会》2011 年第 14 期。

访进行限制,是否侵犯村民的法律权利?"村民守则"引发争议。《信访条例》明确规定了对信访权的保护,并有宪法依据;但所有具体的规定也必须遵守。比如信访人要逐级信访。为了保护公民合法权利,在明确信访权的权利属性之后,对具体程序具体环节作出详细规定。规范上访行为是否属于限制人身自由?这则"村民守则",提出了许多值得探讨的问题。在"人身"方面的依法以法办事,要慎之又慎,不能成为被人诟病的把柄。

另外,在"人身"方面如因法医鉴定活动引发的信访事项尤其要高度重视。法医鉴定结果关系到各方利益:当事人对死因鉴定不服而上访、对伤情鉴定不服而上访、对不同法医鉴定结果不同而上访、对鉴定结果未能及时告知而上访、对工作人员工作不到位而上访。其内容的多元性与复杂性、时间的持续性与阶段性,凸显信访客体与主体关系的特殊性。

3. 客体之"精神产品"

"精神产品"因为其非物质性,被西方学者称为"无体(形)物",我国法学界则称之为"智力成果"或"无体财产"。随着社会发展复杂性加强,也扩展了"精神产品"的内涵和外延。信访领域经常遇到"讨一个说法"、"争一口气"、"挽回面子"的状况。有为争夺高速公路事故处理权而信访的行政事务发生,也有如涉嫌抄袭、学术造假、商标侵权等知识产权纠纷引发的信访事项,也有部分利民、便民、惠民、涉农政策因缺乏连续性、关联性的非物质"公共服务政策和制度"导致利益差异而引发的信访。引发群众上访的情况还常包括:由于征地拆迁、安置补偿政策调整标准、幅度过大、界定不明显或操作性不强,导致同时征地群众享受不同待遇;一些原乡镇破产企业人员因社会保障政策的出台,要求提高待遇,一些政策政出多门、标准不一,甚至如高速公路征地补偿政策的一路一标准,造成个别地方高速公路和农村道路用地补偿费用差距大;等等。

4. 客体之"行为结果"

"行为结果"是主体的权利和义务所指向的对象。作为法律关系客体的行为结果,有其特定性,指义务人完成其行为所产生的能够满足权利人利益要求的结果。这种结果一般分为物化结果与非物化结果。在此意义上,作为法律关系客体的行为结果不完全等同于义务人的义务,但又与义务人履行义务的过程紧密相关。义务正是根据权利人对这一行为结果的要求而设定的。从党的群众工作务实性看，人民群众要的是结果。作为党的群众工作的具体对象，人民群众生活在社会各个领域，素质能力各不相同，他们的诉求多样化、多元化，每天要面对大量具体细微的实际问题。如果我们只崇尚空谈，摆花架子，不认认真真地从每个人的利益出发换位思考，解决具体实际问题，又怎么能够证明我们的群众路线是有效的？又如何去团结领导广大人民群众？群众信访是权利诉求，回应诉求则是党委政府的职责和义务。群众不仅看义务履行了没有，还要看履行得怎么样。回应不及时，或对结果不满意进而重复信访的占比很大，由此形成信访积案，使信访量持续高位运行。

"环境信访"是典型的行为结果问题。目前，全球的"环境信访"问题，除"绿色和平组织"这种国际非政府组织外，主要由"环境规划署"在联合国系统内通过激发、提倡、教育和促进全球资源的合理利用并推动全球环境的可持续发展来处理。在世界和平与发展主题下，各个国家都存在由发展与环境问题引发的信访事项。当前我国处于社会发展的特殊阶段，环境信访量逐年攀升，成为一种典型信访类型。如何更好地强化国家环境法制执行的基础性权能，并依法创新社会管理，加快推动公民社会组织的环境管理参与建设，是实践中防治环境污染、维护环境管理秩序和稳定的关键行动选择①。但是多年来，一些信访事项之所以在环保部门久拖未决，其中一个重要原因，就是本应按国家环保法规诉诸法律部门解决的问题，却因信访责任主体是政府、党政部门或招商引资来的开发商、企业而难以及时解决。经过40多年的改革与发展，我国的法律法规体系已日臻完善，目前已建立起由400多部法律、800多部行政法规、约8000部地方法规所组成的一个系统的、涵盖广泛的法律体系。很多改革与现行法律的调整应密切相关，这其中自然包括信访方面，尤其是《信访条例》实施细则的及时跟进与法律位阶的提升。

①　祁玲玲、孔卫拿、赵莹：《国家能力、公民组织与当代中国的环境信访——基于2003—2010年省际面板数据的实证分析》，《中国行政管理》2013年第7期。

二、信访统筹客体的内在关系

(一)信访统筹客体的构成

1. 信访统筹客体的定义

统筹客体对实践而言,是统筹实践的重要部分。一项任务,一个涉及面广、综合性强的专门化问题,一批机构、业务建设或区域建设,这一切均可视之为统筹客体。从整体必要性来讲,"统筹客体是由人、财、物、技术、信息及其有序、无序流动组成的复合体"①,表现为对组织结构、内容结构、知识结构和行为结构等关系的处理。因此,在横向上,信访统筹的客体,不仅包含了信访工作所要涉及的各种事项,也必须包含信访所要涉及的各个机构部门、体制机制、制度、信访人、各种任务项目、各种资源、技术与信息流;在纵向上,则包含着问题源、预兆、问题矛盾以及由此而形成的信访事项以及由信访而产生的次级问题等。

然而,在信访统筹主客体的转换问题上存在难点,即如何解释信访人本是现实主体地位,却因信访而变为环境与对象? 应该承认,信访是环境中矛盾的产物。信访并不是信访者自发产生的,而是信访者主动反映环境矛盾的结果。虽然不是先有信访者后有信访环境,但是有了信访者才有了信访业务和信访工作,才有了信访工作环境。信访与信访处理就构成统筹实践的基本矛盾。信访工作就是要解决信访产生的问题和信访过程中产生的问题。从这些错综复杂交织纠缠的关系中可以发现,信访人定位转换成为统筹客体的组成部分。而在统筹客体这种纵横交错的复合体中,相对稳定部分的客体组成,具有比较突出的系统特征和"管"(管理、管辖)的作用,占据主控位置与庞大体量的内容,这是行政信访系统范围要统筹的事务;相对不稳定部分的客体组成,具有比较突出的松散特征和"理"(料理、调理)的作用,占据边缘或者隐匿位置与分散个体的内容,这是在主要系统之外甚至是体制以外不可控、只可管理的事

① 刘天禄:《统筹学概论》,中国商业出版社 2004 年版,第 138 页。

务,有必要通过科学调理及时"吸纳"到体制之内,成为可管理与可统筹的内容。因此,目前国家十分重视各方舆情状态发展,其实也就是对客体的统筹。

2. 信访统筹客体的组成

信访统筹客体之于主体,具有一定的相对性,组成客体的各方面多来源于不断变化的"主体意图"和"环境条件",其组成有三种情况:一是复合结构网络,二是有主动与被动关系,三是有相对稳定和相对变化部分。相对稳定的部分,是指在信访工作中系统管辖、连续控制和可调理的部分。如信访工作需解决的主要事项、工作任务,信访工作中所涉及的工作机构、制度设计、人员安排、资源调配等。中国纵横交叉的信访工作体系、设计相对完备的信访部门、完善的信访工作机制、日渐丰富的信访工作制度、专业化的信访工作编制及人员等,都具有系统化特征,是对我国当前信访工作在组织体制上的具体抽象,突出对信访问题"管"的作用,是既可持续控制又可管理的部分,这些部分在客体中占有较大的比重。有个别事项会随着主体意志和环境条件的改变而随机添加或取消。这些变化依然受到整体的控制,尚处于可控制的准系统状态。

信访统筹治理所要面对的关键客体是相对变化部分,是那些组织联系比较松散、不可控制只可管辖的部分。从问题本身来看,由于社会始终处于变化发展的状态,社会利益关系也始终在发生变化,利益的调整难免会引起一些人的不满。或是由于利益集团形成导致群众的利益受损,或是由于社会飞速发展导致分配不公,或是因网络社会的信息传播的无序效应所导致社会心理失衡,或是因为政府行为的不当,这些因素都会导致大量信访问题的出现,始终处于利益调整变化的社会中必然会潜藏着诸多的隐性信访人,这是由社会发展的动态性所决定的,也是不可避免的。

3. 信访统筹客体的特征

信访领域的统筹客体与国家整体工作的关系有些微妙,信访形势与经济社会发展并不是正相关关系,但也不能简单界定为负相关关系。对客体而言,这二者之间应该是一种供需关系。信访统筹客体涉及的是外部对客体的供给与保障问题,外部供给的矛盾纠纷与怨愤越多,信访量就越大;外部供给的优质服务与和谐情绪越多,信访量就越小。当然也有一个主体的统筹能力问题,体现在信访量与接纳能力不相称方面。实际上无论是外部供给的可能状况还是客体实际接纳的需求状况,或是存在于二者之中的供求关系状况,大多因为环境条件的变化,越来越处于变动不居之中,从而增加了信访问题处理的难度。因此,对信访客体的统筹就显得越发必要。

传统的信访客体,往往只是信访工作对象,而日常的信访工作对象往往只是信访人与接访人的"人—人博弈"。统筹视角的客体,扩展和深化了内涵与外延,这意味着对信访客体概念的转换。从事前、事中和事后的全景视角对信访工作的客体进行重新审视,是对事物的本质进行更为全面、综合的认识。全景角度意味着必须将信访工作、社会矛盾与问题放在当前特定的人时空的三维视角进行统一,实现信访工作的相容性与社会主义事业发展取向的统一,并最终实现信访工作成功、优化与可持续性的增强。因此,从统筹的视角界定信访工作客体,是对信访工作的指向对象建构起一个整体的概念,而不是只认定发生信访事项之后的事物。当信访问题在萌芽、产生、解决过程中,信访统筹客体应综合运用各种手段、资源,调动一切可能调动的组织因素、人员因素等,通过体制建构、制度建设、机制完善,从根本上、整体上来处理复杂多变的信访事项。将整个信访工作系统从碎片化的建构转变为一种整体性的建构,表面上是对整个信访工作资源条件的统筹,事实上反映的是信访工作与社会主义发展事业取向的统筹。首先是将信访工作如何与密切党群关系、做好党的群众工作,以及如何实现党民同心的问题整合起来;进一步讲是如何将信访工作与构建和谐社会、执政为民、巩固党的执政地位的问题统筹起来;更进一步说信访工作的终极目标是实现小康社会、实现民族复兴,激发中华民族原有的活力、生命力,即与整个社会发展的终极目标的统筹。构建和谐信访,实现信访和谐所需要做的事情,都是统筹主体要支配作用的对象,因而均可视为统筹客体①。

(二)由信访客体向统筹客体转换的意义

1. 客体供需关系指明了信访问题的根源所在

信访客体组成及其状况归根结底取决于信访客体与外部的协调。如何使

---

① 朱国林等:《统筹学》,时事出版社 2010 年版,第 75 页。

社会更加和谐,避免过多的社会矛盾与纠纷进入信访领域,是信访统筹主体的责任。具有中国特色的信访工作经历了产生、发展和不断完善的艰辛复杂过程,在为社会发展和稳定发挥了巨大作用的同时,也应该看到,信访工作绝非万能灵药,也有力所不逮之处。我国正经历广泛而深刻的社会变革,社会结构、利益格局、社会组织形式、思想文化等方面持续发生着深刻变化,各类社会矛盾和问题相互交织并将长期存在。因此作为信访工作的客体对象,即各类社会矛盾和问题所反映出的各类表象,在现阶段表现出高度的涌现性、复杂性和无序状态,这意味着单纯的信访工作部门与工作者面对着一个高度流动不定的社会,却承担着社会矛盾集中收集、统合和应对的职能,甚至信访的职能在一些地方成为解决矛盾纠纷的"万金油","信访是个筐,什么都往里装"指的正是这种情形。然而,这不应成为学界质疑信访存在必要性的理由。

2. 信访统筹客体要处理的是矛盾关系

社会问题是个永恒的命题,是不以人的意志为转移的客观实在。社会问题激化到一定程度就会迫使群众个体通过不同路径反映到政府部门,成为我们必须面对的信访问题,成为我们必须要认真应对的信访事项。这些问题的复杂性、多元性单纯依靠司法是难以解决的,情、理、法兼容才是有效的解决之道。信访事项中有纵向的系统关系、横向的服务关系、侧向的主从关系、时序的先后关系,也有内在关系和外在关系,呈现出关系的立体性与关系紧密程度的差异性,需要统筹主体去拿捏,需要统筹客体去制约客观行为。因此,在国家层面的机构设置中既要有法律部门的存在,也需要老百姓能讲理、能容情的信访部门的存在,这是信访机构存在的客观前提。然而当前在现实中信访工作改革的大方向大框架并没有架构起来,其与行政体制、民主机制的关系并没有理顺,其权力与功能没有有效的定位,造成了"名不正则言不顺"的尴尬局面。因此,从整个信访的客体来看,工作体系、机构配置、人员安排、资源调配与复杂多元的信访问题之间隔着数条鸿沟,人、事、权不配套,"矛盾"一词不仅仅是借用。统筹中的"矛盾",正如虚实、曲直、阴阳、道形等,其两个概念互为表里,不可分割,形成"一体性"关系。处理这种关系,即是对客体的统筹。改革碎片化、问题应对被动化,以致迄今没有架通整个信访客体的客观性与整体性之间的桥梁。确切地说,整个信访系统的存在,客观上是基于其特殊的政治使命,主观上也必须实现主体的意愿和客体功能的整合。当前,信访统筹客体的基本使命,就是由碎片无序走向整体有序,满足主体意愿并为整体利益的实现提供稳定的环境。

3. 从信访工作部门看统筹客体的使命

信访部门在党委和政府机构序列中处在一个微妙且敏感的位置。省市以上信访局是党委政府合署办公的部门,往往由办公厅副秘书长兼职信访局长。因此,信访工作部门与信访工作者也是信访统筹的客体之一。他们来自不同的政府机关、民主机关、法律部门、社会中介机构等等,他们之间的横向关系由于制度体系、权力分配以及价值观差异等因素影响而具有典型的松散性特征。针对特定的信访事件,信访工作每一环之间由于工作任务要求的规范、价值信念的差别,会使整个信访问题的治理从微小的状态逐渐放大,呈现"蝴蝶效应"的结果。

从信访内部流转运行状态看。电影《我不是潘金莲》刻画了一个信访事件的起因:李雪莲为了房子而离婚,却不料假戏成真被丈夫抛弃,她试图通过法律手段证明离婚是假的,但失败了,导致心态失衡,选择了上访。仅从事件本身角度讲,李雪莲上访的动机与前提都是站不住脚的,乡法庭依法判案没有错,但这并没有打消李雪莲的上访念头,信理不信法的心理、向地方政府求诉的失败,使其走上了漫漫的进京上访路。信访考核的压力迫使地方政府对她严防死守,双方的不信任进一步加深,博弈陷入"囚徒困境"。再加上一些外来因素推动,使一个本没有任何正当上访理由的农村妇女对整个信访系统、政府系统产生了强大的非系统性冲击,致使诸多官员纷纷落马。纵观整个案子,政府层级体制、司法机关的政绩考量与个人利益等大量不确定性因素,构成了一个繁杂而难以掌控的馈入系统,看似可控的状态,最终走向不可控。由于整个案件走进死胡同,李雪莲始终较真每年必访,干部年年管控疲惫不堪,直到李雪莲丈夫的死,为整个案件画上句号。案件的了结,并不是整个信访系统有序控制的成功,恰是整个系统面对复杂多变的客体对象力不从心的最好例证,反映了我国当前高度抽象而又具体至微的信访工作系统只是单纯就问题而解决问题,忽视信访治理必然要面对大量变动不居的、性质不稳定的客体对象。统筹解决信访机构所属,改革完善信访工作机制,也是信访统筹客体的使命。

从外部环境条件来看。当前从中央到地方对社会浮现的大量公共性、社会性问题要作出一一的政策应对,但政策的科学性与系统性是相对的。例如当前许多信访积案的产生具有典型的政策诱发性,属于"自发式"信访问题。另外,当前国际形势的变化或者行业发展形势的变迁影响了许多人的利益,从执政党、政府到社会的宏观、中观以至微观层面都在进行重大变革。习近平同志提出"除了深化改革开放,别无他途"的铿锵话语,"改革开放只有进行时,没有完成时"①的坚定誓言,都表明深化改革不仅是现在式,更是将来式。改革具有两面性,会促进发展也会激发矛盾,这符合辩证法,具有"主观式"信访问题的典型特征,但这两种情况的产生均是不以人的意志为转移的,是整个社会环境变迁的结果,因此也具有不可控性。

综合以上两方面来看,信访要统筹的两类客体尽管有相对稳定与相对变化之分,但信访工作的最终指向是要保证两个部分都要具备"治理"及至"善治"的可控性。经过我国信访工作系统多年打造的相对稳定的部分,无论在体制机制、制度、人员安排、资源配置方面都比较完备。因系统具有内在可控性,又具备科学的治理经验,因而获得了充分、必要的管理控制权,保证了信访工作系统的稳定性。即使整个信访工作不得不面对大量的非线性的、松散的、具有游离倾向以及多种价值取向的不稳定性客体,但并不意味着相对变化的各元素是可以随意变化或变化无度的。只能说这种相对变化部分的元素不宜或难以严密、精确控制,而只能以适当方式加以引导,将其纳入增强客体活力、提高客体生命力水平的范畴中去适当保持。只有通过主体的有效、及时的确认和组织,根据整体价值取向从组织、体制、资源调配、心理矫正等各个渠道将客体任务构成可控的准系统状态,才能聚集客体中各单一事项的功能,发挥其综合效用价值。

(三)信访统筹客体的内在关系

在信访工作运行机制中,缺乏有效的平衡机制和动力机制是信访持续不

---

① 人民日报评论部:《不改革死路一条——写在邓小平同志诞辰110周年之一》,《人民日报》2014年8月19日。

断的深层病因。统筹治理信访问题，就要发挥整体组织的功能，实现整体的协调平衡，并建立一种动力机制，使各个主体在与环境相统一的同时都能自觉自动地去提高效率解决问题、推动社会的进步。构建强劲的动力机制与完善的平衡机制，并将两种机制最大限度地结合起来形成相互融合的完整的社会良性运行机制，这是国家统筹治理的要求，也是信访问题统筹治理的使命。

1. 以客体使命实现价值追求

信访客体的存在有其特殊的使命和价值，主要包括三个层次。一是着重于事要解决。解决信访事项既是整个信访工作体系的一项基本功能，也是对群众所关注的社会民生问题的一种必然回应。这正是信访工作系统存在的原初使命和价值所在。从调研的数据可知，全国每年县以上信访事项的受理总量约为1000万件，到国家信访局上访的也就50万件。从数据上可以看出，95%的问题在基层得到了妥善解决。2018年S省网上信访的老百姓满意率为95%，这个数字来自群众的真实评价，证明有95%的诉求得到了圆满解决。二是信访客体存在的关键是要从解决信访事项角度体现出政府执政的宗旨、能力和水平。解决信访问题需要政府结合党的执政理念，运用各种资源条件，建构科学合理的信访工作体系进行依法行政，将信访事业与社会主义和谐发展相统一，通过信访问题的解决来反映中国共产党为人民服务的根本宗旨，体现政府在社会治理方面的能力和水平。三是推动政府治理模式的转变。信访问题看似复杂，实际上反映了我国当前在国计民生等方面出现的现实问题，解决这些问题一方面考验各级党委政府的治理能力，另一方面也是积累治国理政经验的良好途径。党和政府通过发现问题的衍化规律正确地解决问题，达到为老百姓做实事、做正确的事的目标。在做正确的事的过程中，政府通过总结规律，创新治理思维，学会借助多元的社会力量，综合运用多种资源，逐步由单纯的行政管理向社会治理转变，最终实现政府治理变革的使命。

（1）联系群众、信息沟通成为新的重点难点

当前社会发展最突出的特征体现在信息化和"互联网+"中。人民群众对政府信息公开的要求越来越高，政府利用政务网络平台和网络新闻媒体发布信息、沟通民意、处理公共事件已经成为一门必修课。信访与信息技术相结合，构成了公民政治参与和政社互动、互通的新模式。但在技术平台便利的沟通方式

又可能因沟通双方只通过网上联系而产生新的隔阂。因此网上信访仍旧需要网下的实际功夫,网上问题要网下解决,网上联系要网下见面沟通。在新的历史条件下,如何打通网上—网下、虚拟—现实、时间—空间,保障联系群众、信息沟通的渠道,是党和政府面临的新课题以及信访工作新的重点与难点。

（2）监督功能与救济功能相互融合

信访工作在反腐和监督政府中发挥了重要作用,但信访部门并不是侦查办理违法违纪案件的主体,案件最终要由专门机关(检察院、公安机关、监察、纪检等)侦办。实际上,信访在反腐与监督政府方面的功能主要与政府的政策不行为、乱作为、慢作为有关,与当事人的权利救济诉求相联系,从而显示出综合性、衡平性特点。信访机构在受理申诉、查办或督办具体案件特别是不作为、历史积案、跨部门和跨地区的案件的过程中,通过发现违法违纪行为线索、纠正不良行政行为的方式,实现对行政执法、政府工作与政府官员的监督。与此类似,当代西方国家的监察专员制度设立之初旨在实现监督功能,但逐步向权利救济功能倾斜①。

（3）纠纷解决需求旺盛

不容否认的是,在涉及一些政策性、群体性、敏感性问题和弱势群体利益时,许多利益诉求往往不宜采用法律诉讼的处理方式,最佳的处理方式是相关行政主体在自己的权限范围内给予一揽子解决,从而形成一种行政性解决纠纷或救济机制。然而在一些研究者和法律界人士看来,这种类似行政救济与法治社会理念不符,要求废除信访的救济功能,将其转变为司法诉讼,比如有地方规定凡"属于诉讼、仲裁、行政复议等法定途径解决的"事项均不予受理。这种规定在实践中很显然会遇到许多"软钉子"。因此,信访制度改革和信访立法应合理配置资源,明确信访机构权限,提高其救济能力,加强案件督办,最终解决责任主体不作为等问题。

2. 以内在要求引领信访工作方向

（1）降低信访体量的迫切要求

从国家信访局公布的数据来看,全国的信访形势总体是平稳的,2016 年

---

① 范愉:《有关信访立法的思考》,《理论视野》2016 年第 8 期。

全国的信访量虽然较大但稳中有降。从数据中可以发现,信访反映集中的几类大问题正是人民群众权益最容易受到侵害的薄弱环节,其中所反映的矛盾也最为激烈和集中。这也是我国社会矛盾纠纷解决机制不健全、不公正的一种表现。因此,信访量的下降不能充分说明社会矛盾的缓和乃至我国人权保障的真实效果。要真正降低信访量,必须从源头治理抓起,既需要顶层设计与合理的政策、完善的法律制度,也需要基层信访机构工作流程的创新以及信访工作人员的素质提升。因此,这对整个信访客体的统筹提出更为深刻的要求,既要发挥好和进一步完善信访客体中相对稳定的部分,又必须进行创新,将各个层面的信访工作资源进行统一调配,对整个信访工作体系进行全盘的梳理和战略性建构,以增加其应对问题的能力。

(2)降低信访成本的必然要求

目前在信访工作中存在一种奇怪现象,即信访量总体在下降,而各地信访成本却在攀升,维稳的压力与投入也越来越大。信访量的下降表面上是登记数量的下降,实际上是有些地方政府迫于考核压力人为压制的结果,社会矛盾风险并没有因此降低,反而有了积压的风险,一旦爆发会带来更加严重的后果,从而造成人力、物力、财力的更大浪费。信访问题与信访事项必须解决,这是信访工作的底线,只宜疏而不能堵,堵塞的成本付出将会是一个无底洞。变堵为疏要求改变各级干部的政绩考核机制,即信访工作考核的一票否决机制,建立耐心倾听群众呼声的源头预防机制,以及平衡各地方利益的政策。与此同时,对干部的管理要因地制宜,统筹把握好速度、质量与效益三者的关系,统筹把握好改革、发展与稳定的关系,而不是单纯的"一刀切",或是"东风压倒西风"。

(3)化解信访严峻形势的内在要求

当前信访量的下降,一定程度上也是信访工作改革创新的结果。但群众因问题始终得不到解决导致放弃上访、放弃自我的自甘认命现象则更需要担忧与警醒,因为这种现象背后反映的是群众对党和政府以及某些不公平制度的失望。从公开的信息来看,各地仍然存在数量不低的老信访户多年上访,但其诉求问题迟迟得不到解决的情况。国家信访局开展的积案化解行动和各地开展的"大接访"活动,几乎都将解决长期上访问题作为核心内容。当然我们追求的信访工作问题要解决,也必须考问解决的质量与效果。这就要求从根本上去关注群众所关注的问题症结所在,找到病根才能下药。

我们必须冷静地认识到,信访形势总体平稳的背后所反映的问题仍然比较集中。群众反映的突出问题主要集中在民生领域,包括农村土地征用、城镇房屋拆迁及劳动和社会保障等方面①。因此要实现信访形势的根本好转,要"以信访问题解决为中心,把空泛言论引导到对群众利益及具体问题的直面和解决上,要把对信访事项的解决关口前移到对信访原因的查找和消除上,注重发挥信访信息的预警功能,变反馈为前馈;把教育、改变、完善的对象,对对方或群众转变为对党政自身的自省"②,从政策、决策、体制、组织系统上寻找原因,实现工作理念、价值体系、道德规范、行为方式等方面的提炼升华;强化"基层、基础、基本"信访工作标准建设;社会所有部门包括公共部门、企业、社会组织、中介组织、社会精英充分参与到信访问题的治理过程中去,寻求情、理、法三者有效结合,实现利益需求、价值理念、社会风俗等各个角度的综合平衡。

3. 以外部前提呼应主体需要

(1)保障公民的信访权利

信访制度作为我国独有的一项实现权利救济和民意表达制度,同时也是一种社会矛盾化解渠道。大量的矛盾为信访工作带来了巨大的压力,尽管从中央到地方各级政府做了大量的化解工作,但各种上访事件仍然是此起彼伏,"非法"、"闹访"、"缠访"现象也是"按下葫芦浮起瓢",信访工作尴尬困境亟须突破。为什么信访渠道的压力越来越大?在我国许多地方行政复议、法律仲裁等途径要么与信访混淆不清,要么作用有限,信访部门做了许多法律部门应该做的工作,"空转"现象严重,群众合理利益诉求得不到及时有效解决。国家信访局组织信访事项督导数据显示,信访有道理或者有部分道理的占总数八成以上,而无理的仅占一成多。无理缠访的困境、信访工作体系无序化的困境、官民利益冲突的困境正是当前信访客体没有坚持其为民请命、为民立命

---

① 参见《认真学习焦裕禄精神　笃行"三严三实"要求——扎实开展第二批党的群众路线教育实践活动学习读本》,人民出版社 2014 年版,第 72 页。

② 宋协娜:《信访问题关键在于统筹治理》,《社会科学报》2014 年 10 月 30 日。

的使命导向所致,正是因为没有从根本上对信访客体如何保障信访权利进行全盘整体的统筹规划,才导致我们现在信访成本居高不下、群众信访不信法的尴尬局面。要厘清情理法的关系,要使信访工作体系整合协调,必须坚持把保障信访人的基本权利作为根本前提。

(2)增强问题的回应性

面对复杂多变的信访问题,整个信访工作系统必须具有强大的适应性和回应性。但是当前的信访工作体系与结构整体化并未形成,各方面回应机制尚不健全,客观上造成对群众的诉求回应的迟缓情况。增强回应性,是保持信访工作活力的前提,这是由整个社会主义事业发展取向、巩固执政党的统治基础和维护群众权益等外在大环境所决定的。信访工作机构的总体事业取向是人民的利益至上,肩负"为党分忧、为民解难"的神圣职责,然而在工作中其权力和责任不对等,影响了职能作用的发挥,难以真正实现其最终事业取向。因此对于外部的信访诉求,信访工作机构必须能够正确地确定其系统的产出和目标,确保回应性与适应性这个基本前提能够从客体内部的力量与资源的整合中得到有效保障。

(3)畅通信访渠道

当前我国整个信访形势表现出多个特点:从"信"访到"人"访;从"个"访到"群"访;从"文"访到"武"访;从"初"访到"重"访;从"法"访到"政"访;从"少"访到"多"访;从"接"访到"截"访;从"包"访到"塞"访;从"人"访到"网"访;从"背地"访到"阳光"访。这些特点从侧面反映了当前我国信访渠道普遍存在的不畅通现象。"一早来上访,警卫把门挡,撕扯一上午,有理没处讲",老百姓向政府表达访求的渠道不通畅是当前制约信访工作水平提高的关键因素。目前许多地方采取各种措施如公开政府信息、设立信访接待日、推行领导下访制度、建立信访信息系统等来确保信访渠道更加畅通,往往效果不尽如人意。在中央提倡责任信访、法治信访、阳光信访的前提下,随着互联网技术和信息化的进程加快,网上信访以更加迅猛的方式发展起来。网上信访系统的建立充分体现了"多、快、好、省"的优势,由于能更广泛地畅通传统信访渠道,网上信访已经成为目前信访的主流渠道。但是网上信访并不保证一定能够达到"事要解决"的信访工作要求。信访问题背后往往牵扯复杂的利益背景,要彻底解决问题不仅要求信访渠道能快速汇集群众意见,更重要的是能将这些意见或问题在工作系统中实现有效推送,使各个相关部门能作出快速的反应或相应的联动,否则就无法集中各个方面的人财物来有效地应对现实问题。统筹信访客体,做到事事有着落,关键就是要将上下左右内外的信息渠道打通,这是其大前提。

4.以统筹协调客体内在关系

众所周知,我国《信访条例》有明确的办理信访的规定,各个地方也有信访地方性法规和政府规章,全国范围的信访制度体系是建全的,工作机制也是完备的,但长期以来,信访诉求的解决率一直不高。不可否认,各部门工作的执行力一直是被诟病的主要对象。但本书认为,信访统筹不足是诉求解决率始终很低的根源。整个社会主义事业总体发展取向是坚持和维护人民群众的利益,理顺党群关系,切实做到情为民所系、权为民所用、利为民所谋,这是处理一切人民内部矛盾问题的前提和基础。统筹信访客体,就是实现人、事、物、财等各方面的整合统筹,其最终指向是实现"人要回去、事要解决",其中关键是怎么样去做才是真的"做到了",什么样才算是真正"解决"。习近平总书记要求信访事项每件都要得到解决,确保人民满意。围绕"解决问题"这个核心,各级领导上下都要把工作着眼点放在"事要解决"上。从统筹客体角度看,正是通过信访事项一件件的落实,真正维护人民群众个体的实际利益,才能真正打动人心,融洽干群关系。落实这些事项需要统筹,需要对人、财、物的合理匹配,需要对各种资源的利用和开发,需要情、理、法的综合运用,需要中央与地方各行政层级的整体协调。因此信访统筹客体在总体构成上呈现出由不同层次的治理者、相互协调的部门机构、丰富多变的治理手段、不断优化的治理流程等所组成的疏密并存的立体网络的结构复合形态,这种网络结构在内在相容性上呈现的是整体协同关系。

三、信访统筹客体在实践活动中的作用

统筹客体的使命是满足主体意愿和需要。人对某种目标的渴求或欲望是个体行为的驱动力。根据马斯洛的需求层次理论,每个人的需求都有多个层次,而人在不同的时期对每个层次需求的满足迫切程度也不尽相同,最迫切的需求是激励人采取行动的主要原因和动力。实现各种层次的需要,须借助于各种行动的结果(目标),比如拥有一份好的职业等等。但要获取一份好的职业,个体往往需要借助于各种行动,如通过参加各类培训来提升自身的就业竞争力。概言之,当个体存在某种迫切需要,且该需要必须要自己"参加培训"才能直接或间接获得满足时,个体才有"参加再就业培训"的驱动力。

(一)维护群众利益是信访工作满足主体愿望的途径和要求

1. 适应社会主要矛盾新变化,建立信访工作的有序关系

党的十九大报告指出:"我国社会主要矛盾已经转化为人民日益增长的美好生活需要和不平衡不充分的发展之间的矛盾。"这为制定党和国家大政方针和长远战略提供了重要依据,也对信访工作提出了新的要求。在社会主要矛盾发生变化的情况下,如何反映社情民意、解决群众诉求、化解社会矛盾、促进和谐稳定,是我们当前面对的重大课题。新时代的信访工作,应当适应和把握社会主要矛盾新变化对信访工作的影响,及时研究新情况,解决新问题,不断增强信访工作的前瞻性、系统性和针对性。

(1)前瞻性地把握新时代信访工作新趋势

习近平新时代中国特色社会主义思想明确了中国共产党坚持以人民为中心的根本立场,以满足人民美好生活需要为国家的发展方向。人的需求是不断发展的,人民的需要也会随着时代的变化而发生新的变化。随着人们对衣食住行等基本物质需求的满足度逐步增强,基本物质需求已不再是人民生活需求的唯一目标,消费性需求、发展性需求、社会性需求都不断增强。我国正处在经济由高速增长转向高质量发展的新阶段,经济发展方式的转变必然引发更多的社会矛盾。从信访工作的角度看,由于人民群众对于法治、权利、公平、民主的要求不断增加,表达利益诉求的方式趋向多样化、直接化,利益涉及的领域更加广泛、深刻,社会矛盾从而呈现出突发性、深刻性、关联性的特征。加之受互联网信息技术的影响,利益诉求会在不同的领域、不同的群体之间进行转化,信访工作面临新的挑战和考验。新的情况要求信访干部必须坚持以

习近平新时代中国特色社会主义思想武装头脑,主动融入新时代、把握新要求,深入研究新情况、新趋势,不断增强工作的前瞻性,登高望远、未雨绸缪,真正做到"为党分忧、为民解难"的政治使命。

(2)系统性地把握新时代信访工作新特点

由于人民群众对美好生活的需要是多层次多样化的,但发展却是不平衡不充分的,因此二者之间呈现出了阶段性、复杂性与长期性特征,信访问题的演变同样呈现了类似特点。人民群众对党和政府执政能力和水平的要求不断提高,除了吃饱穿暖之外,住房、养老、医疗、教育、就业等民生指数发展方面的要求也越来越高,生态环境保护、基础设施建设、区域经济发展、法治公平公正等有关社会发展的长远大计也成为街头巷尾谈论的热点话题,人民群众对经济利益、政治权利、文化发展都有新的期待。面对人民群众的新期待,信访工作要始终把实现好、维护好、发展好最广大人民根本利益作为出发点和落脚点,在工作机制上,要从有利于反映群众访求、推动顶层设计、完善流程机制、加强科技应用等各个角度进行统筹推进,标本兼治,在抓信访事项解决的同时,抓好基层、基础与基本工作,按照便利性、规范性、法治化要求,建立信访工作系统的国家标准化体系,全面提高信访工作效能。

(3)针对性地把握新时代信访新问题

党的十九大报告中明确指出我们工作中还存在"不少困难和挑战"。在新时代历史背景下,这些困难和挑战更加具体,新情况、新问题会以不同的方式、不同的途径从信访渠道中反映出来。如在劳动保障领域,就业问题矛盾愈加突出,劳资关系问题愈加敏感,企业破产转型呈现常态化趋势,裁员、失业数量的增加导致更多的不安定因素,空气、水、土地污染暴露的问题也层出不穷,人与人之间"邻避现象"日益突出,网络借贷更是风险高发区域。这些新矛盾、新问题、新变化都对信访部门和信访工作者提出了巨大的挑战。这就要求信访部门和工作人员必须提升新知识的学习和组织能力,加强分析研判和调查研究,运用统筹思维、辩证思维、法治思维、创新思维来认识问题、破解难题、解决矛盾,增强信访工作的针对性和实效性,真正做到提升人民群众的获得感和幸福感。社会稳定发展,是党和政府与人民群众一致的根本愿望。因此必须重视信访在为社会稳定发展保驾护航独特政治使命中发挥的作用,既要不断加强人民对物质建设方面的"硬需要",也要更加注重文化、精神等方面的"软需要",提升信访机构和工作人员治理水平,树立新的发展理念,争取为人民提供和创造更好的教育、医疗卫生、社会保障、居住条件,在推动人与社会更好、更全面的进步中贡献力量。

2.适应新时代新要求,着重满足民众的民生需要

民生问题最能体现"执政党为谁执政"这一根本问题。做好信访工作,就要有将信访群众看作家人的理念,树立"鱼水相依"的感情观。但在信访实际工作中,信访统筹主体对客体的期望的实现,既要依据组成客体的各部分相对稳定部分的价值来确定,又要依据客体相对变化部分的价值来确定,确保信访统筹的主客体具有同一价值取向。通过多年的体系建构,我国信访工作体系、机构、流程等已经相对稳定,这些相对稳定的部分可以有效地应对我们当前一些既定的信访事项,与我们党、政府以及人民群众的期望目标的达成基本相对应。而随着社会的发展,信访事项的性质与内容在发展变化,意味着党与政府治理理念、人民群众的利益诉求会随之发生变化,必然要求信访工作的理念、人财物的安排作出相应的调整。然而,由于存在时间、空间和人群上的价值差异,在具体的实践中主体的期望与客体的整合、社会环境与客体之间的调整等对应匹配关系难以有效达成,并且时常处于变动不居的状态之中,致使主体期望和客体满足难以趋于一致。特别是政府对群众期望的变化在治理理念等方面准备不足,对党维护社会和谐的意愿与期望的真正含义理解不到位,导致基层政府为了息事宁人,出现了以"花钱买平安"的做法,这虽然暂时满足了上访人的愿望,但最终却造成了更大的浪费,甚至出现有人将上访作为威逼政府、发家致富手段的情况。因此,面对复杂多变的信访问题,其他客体部分也要作出相应的转变,以变应变,实现适时、适当的调整和转换,只有这样,客体结构的网络复合价值才具有积极意义。

(1)找准支点,搞清人民群众"信什么"

群众信"说"更信"做",对待群众,"说得多不如做得多"、"说得快不如做得快"、"说得好不如做得好"。只有取得群众信任,才能顺利开展工作。那么,如何才能取得群众的信任呢?首先要根据平时掌握的群众诉求,全面系统地考虑好应该为群众做什么;其次要细化路径设计,确保从操作层面可以落实

到位;然后要根据不同的对象,采取不同的方法,利用不同的渠道,把握不同的节奏,反复、耐心地跟群众"说",让群众有一个接收信息、消化信息、反馈信息、相信信息的认知过程。具体而言,从工作的逻辑上做到信守历史承诺,对历史负责;从工作的理念上做到站在法理的制高点,站在道义的制高点,站在标准的制高点;从工作的立足点上做到对群众将心比心、发自内心、一片爱心、无愧于心;在呼应群众诉求上做到全力惠民。信访系统要善于利用正面反馈信息,激励人民群众实现自组织活动,促进社会向有机团结的积极方向发展。

(2)聚焦痛点,搞清人民群众"怕什么"

不少群众直言,他们最怕生病,尤其怕生大病。普通群众家庭一旦有人生大病,容易出现"因病致贫"的情况,甚至陷入深度贫困境地。这些群众大多生活在"贫困线",甚至是挣扎在"生死线",客观上已经成为最弱势的群体,因病致贫已经成为群众生活中的痛点。针对人民群众的痛点,有些地方政府建立支出型深度贫困家庭救助机制,对深度贫困家庭救助工作提出了"病者"保医疗、保生活,"学者"保学业、促就业的目标要求,力求让深度贫困家庭生活有保障、精神有依托、家庭有希望,这无疑从根本上消除了因无钱医治而上访的隐患。在社会保障上,"按照兜底线、织密网、建机制的要求,全面建成覆盖全民、城乡统筹、权责清晰、保障适度、可持续的多层次社会保障体系"[①]。按照习近平总书记的要求,为回应人民的呼声,2018年5月中央全面深化改革委员会第二次会议通过了《企业职工基本养老保险基金中央调剂制度方案》、《关于加强和改进生活无着的流浪乞讨人员救助管理工作的意见》、《国务院办公厅关于改革完善医疗卫生行业综合监管制度的指导意见》等文件,从制度上解决了人民群众的后顾之忧。

(3)关注热点,搞清人民群众"怨什么"

党政机关中存在的不正之风和腐败现象,是群众感觉最直接、感受最强烈、埋怨最多甚至是怨恨最深的问题,也是信访中人民群众反映比较多的问题。这些现象虽然是极个别的、苗头性的,但如果不从源头上彻底治理,必会积累群众的不满情绪,影响党委政府形象。这就要求各级党委政府建立健全

---

① 《党的十九大报告辅导读本》,人民出版社2017年版,第343页。

问题的发现机制、查核机制、问责机制和长效机制,积极整治和查处侵害群众利益的不正之风和腐败问题,端正基层干部队伍风气,使人民群众真正有获得感、幸福感,实现群众与政府之间的理解与信任。

(4)抓住重点,搞清人民群众"盼什么"

习近平总书记指出:"人民对美好生活的向往,就是我们的奋斗目标。"①人民群众最大最多的盼望,就是过上美好的生活。就一个地方来讲,如果群众总体上都能过上美好的生活,那么基本就能从社会治理的源头上奠定社会和谐的基础。人民群众对美好生活的追求不是抽象的而是具体的,不是单一的而是多样的。群众对美好生活的追求包含对国家和自身等方面的向往:工作好、收入好、身体好、住房好、医疗好、教育好、环境好、保障好、秩序好等等,而且这种对美好生活的向往是日益增长的。各级政府要充分认识实现群众所盼所望的轻重缓急与任重道远,扎实办好民生实事,实现从源头上治理,提前做好服务,信访工作就会轻松起来。

(二)党委政府要为信访工作提供实际保障

对信访客体进行统筹就意味着要根据社会环境与条件,对客体任务进行匹配协调,适时适度地转换各部分功能价值,调配专业力量,否则难以实现期望目标。在信访客体中,相对稳定的各部分也就是既定事项,决定着其综合功能的发挥,同时也影响着主体期望实现的程度。实际状况显示,在不少地方,"把问题解决在基层,把矛盾化解在基层"的要求,并没有落到实处。基层工作需要党委政府给予环境优化、政策保障,需要创新工作思维与机制,调动相应的资源,针对特殊疑难信访事项作出相应调整,使这些问题能够得到及时解决。

1. 财力保障:从国家层面建立基本公共服务领域的制度保障

2018 年 2 月 8 日,国务院办公厅印发《基本公共服务领域中央与地方共同财政事权和支出责任划分改革方案》,明确 9 项基本公共服务保障的国家基础标准,其中城乡居民基本养老保险补助和城乡居民基本医疗保险补助均

---

① 《习近平谈治国理政》第一卷,外文出版社 2018 年版,第 4 页。

由中央与地方按比例分担。对内蒙古、广西、重庆等地的城乡居民基本养老保险补助,中央全部承担支出。该方案提出,坚持财政事权划分由中央决定,坚持保障标准合理适度,坚持差别化分担,坚持积极稳妥推进,力争到 2020 年,逐步建立起权责清晰、财力协调、标准合理、保障有力的基本公共服务制度体系和保障机制。方案将由中央与地方共同承担支出责任、涉及人民群众基本生活和发展需要的义务教育、学生资助、基本就业服务等基本公共服务事项,列入中央与地方共同财政事权范围。并制定基本公共服务保障国家基础标准。参照现行财政保障或中央补助标准,制定义务教育公用经费保障、免费提供教科书、中等职业教育国家助学金、城乡居民基本养老保险补助等 9 项基本公共服务保障的国家基础标准。该方案明确规定,城乡居民基本养老保险补助,中央确定的基础养老金标准部分,中央与地方按比例分担。中央对第一档和第二档承担全部支出责任,其他为 5∶5。对于养老保险,尤其是城乡居民养老保险,人社部相关司室负责人明确,政府的补助是法定的基金筹资来源,此次方案明确了对于部分省份的养老保险补助,中央全部承担支出责任,也增加了养老保险的"政府信誉担保"。相关负责人介绍,作为政府主办的社会保险金,政府是责无旁贷的。未来将不断深化财政补助城乡居民养老保险的办法,逐步提高城乡居民基础养老金标准①。

　　涉及信访事项的项目为信访项目,必须加强对信访项目的审计。目前信访项目审计的难点有七:一是信访项目大多数是经有关部门处理而群众不满意的老大难项目;二是信访项目的内容大多数是证据不足,而纪检、司法部门难以立案侦查的项目;三是信访项目的时间跨度一般都较长,时移势迁,难以澄清;四是产生重复信访、集体信访项目的企业大多数是管理混乱、会计资料不全、审计资料难找的企业单位;五是在企业改制过程中操作不够规范,改革方案、财务处理透明度不高,特别是破产企业职工要求惩办企业负责人的期望值很高,很难满足要求;六是经济承包、工程项目建设协议合同先天不足,造成事后的利益分配或经济责任难以界定;七是领导对审计机关工作职能、工作方

① 《国办印发〈基本公共服务领域中央与地方共同财政事权和支出责任划分改革方案〉》,《人民日报》2018 年 2 月 9 日。

式不甚了解,要求审计综合解决问题,难度很大。

为妥善解决社会纠纷、促进社会和谐、维护社会稳定,社会各界纷纷建议设立信访工作和社会救助专项基金。信访专项救助资金意即专门用于信访救助的资金,旨在解决信访事项当事人的实际生活困难。目前由于缺乏制度保障和体系支撑,加之维稳政治诉求的影响,使得在全国范围内建立制度化、规范化的信访救助基金制度变得刻不容缓。为此,需从救助对象、救助标准和基金管理三个方面予以发展和完善。建议在市、县级财政设立专门的信访基金,用于解决信访疑难案件所需的合理支出费用,包括解决历史遗留问题、重大突出矛盾化解、特困群众救助等经费开支。信访基金可采取"1+X"的模式,即以信访基金为主体,以贫困学生救助基金、民政救助基金、社会救助基金、残疾救助基金、劳动就业基金等其他各种基金为补充的模式。基金来源可由本级财政预算列支作为基数,实行滚动使用。按照财政预算一点、企业资助一点、社会捐助一点等方式筹措①,以保持信访基金的平衡和稳步增长。信访基金要实行严格管理,制定相关管理办法,对其使用确立严格的审批程序。定期对基金的管理和使用情况进行通报,对违规操作的责任人追究责任。

近年来,根据解决信访疑难问题的需要,各地已成功运用信访专项救助资金化解疑难信访件,在扶危济困、有效解决信访者生活困难的同时,加强了党和人民群众之间的血肉联系,化解了社会矛盾,减少了不和谐因素。通过政府干预的方式,能够有效调节社会利益,使信访者最关心、最直接的现实利益问题得到解决,使其正当的利益诉求得到维护。这在彰显人文关怀的同时也通过体制机制创新,使我们的制度安排更好地体现社会主义公平正义原则,从制度上更好地保障人民群众共享改革发展成果,实现好、维护好、发展好最广大人民根本利益②。2010年以来,辽宁抚顺市对45件特殊疑难信访事项进行了专项救助,使一些困扰信访工作的"骨头案"和"钉子案"能够在信访专项救助资金下得到彻底的解决。在信访困难群众的救助方面,还要使信访救助与民

---

① 《信访小基金 助建大和谐——湖北省松滋市建立信访基金破解信访难题》,《人民日报》2007年11月13日。

② 阮青主编:《中国特色社会主义理论体系建设40年》,人民出版社2018年版,第174页。

政救助联手①,多方筹集资金解决问题。另外,我们还要统筹好人的因素,拓展好信访工作的人力资源力量,强化信访队伍的建设。近年来,江西省吉安市积极创新信访工作,充分发挥第三方作用,建立专业调解平台、草根调解平台、评议监督平台,调动法律界、社会各界人士的作用,化解矛盾纠纷,起到了很好的效果②。

2. 督查保障:以统筹督查撬动破解信访难题

中共中央在改革问题上积极完善督察机制,充分发挥改革督查主体督察职能。有些国内学者建议成立隶属中央全面深化改革领导小组领导的监督体系(或强化中央深改办监督职能),其功能定位为"负责对改革方案设计、目标设定、政策出台、督察落实和效果反馈等整个改革运作环节进行全方位全流程全节点横向监督、检查、考核和评价"。为确保地方改革监督管理的相对独立性,建议由中央向各地派驻改革监督管理工作组。工作组是改革横向监督管理的基层组织,全权负责所进驻地区、单位、部门改革监督管理工作。在信访工作上的督查和督察可采取类似措施。国家信访局本着"统筹督查、规范督查、阳光督查、责任督查"的工作理念,自2013年以来,组织"中央信访督查组"(由多部委人员组成)统筹实地督查13批(现行模式督查是8批)。2015年,督查督办严格遵守逐级办理、分级督办的要求;2016年是信访积案难案督查统筹。2017年4月16日,国家信访局官网公布了对48个保障性住房领域信访事项的督查情况。这是中央信访督查组首次就保障性住房问题展开专项实地督查。

信访事项往往涉及多部法律、政策规定,要求信访工作人员具备专门的专业知识、工作经验来准确掌握法律规定与政策方向。在统筹实地督查中,应该邀请相关职能部门工作人员,以及该领域专家、学者参与,通过他们对政策法规的准确解读和把握,厘清督查信访事项办理是否依法依规,指出在执行政策法规方面存在的问题,树立督查权威。同时要结合统筹实地督查案例,剖析如

---

① 周广远:《多方筹资来帮忙　信访救助解民忧》,《河南日报》2017年10月9日。
② 胡唐云:《巧借第三方　信访破难题——吉安市引入第三方参与信访工作的经验做法》,《当代江西》2015年第8期。

何用好统筹实地督查,有效破解信访难题。自 2015 年以来,宿州市信访局借鉴国家信访局、省信访局统筹实地督查经验,先后组织 16 批次赴 5 个县区对 35 件重点信访事项进行实地督查,充分发挥统筹实地督查作用,有效推动 24 件重点信访事项化解,并对其他信访积案化解起到以点带面的示范效应。

为打造"阳光信访",使信访工作能够经得起考验,得到社会理解,在统筹实地督查中,应该邀请人大代表、政协委员、新闻媒体参加。社会力量参与监督能让信访事项背后存在的一些问题暴露显现出来,让信访事项处理过程更加公开透明,同时强化了基层依法行政的意识。信访人能够依据公开透明的处理过程达到对处理意见的理解,从而接受处理意见。信访工作要从小的细节入手,充分发挥社会监督力量的作用,真正促进基层组织依法、依规处理问题。同时在具体工作环节上强化规范,严格按照"五个规定动作",即约谈信访人、现场察看、查阅案卷、听取汇报、反馈意见的要求对信访事项办理的各个环节进行筛查把关,认真细致地找出信访事项办理不规范的症结,以规范促进公平、公正,保障信访人权益。

信访事项办理难,很大程度上是不能落实工作责任。针对进京重访案件、上级交办案件、"三跨三分离"案件,在统筹实地督查中,应该坚持一案双查,既查责任单位办理结果是否合法合规,又查相关责任人员尽职履责情况,通过责任追究推动压实工作责任。在查清事实的同时,还要对"花钱买平安"、"选择性执法"、"包案不实"等问题查清责任,严肃问责。2018 年 3 月,国家信访局会同住房和城乡建设部、自然资源部等组成 3 个督查组,分赴河南、湖北、广东 3 省对 14 件信访事项进行了实地督查,部分全国人大代表、全国政协委员和媒体记者作为督查组成员随同参与了督查。2018 年 5 月 1 日,国家信访局官方网站公开了一批信访事项的实地督查情况。此次公开的 13 件信访事项突出问题转向了拆迁补偿不到位、安置房久不开工、无法办理房产证等群众反映强烈的民生领域突出问题。此次督查在化解矛盾、促进社会和谐方面起到了积极作用。

3. 监督保障:以社会力量协同社会管理

社会力量参与化解社会矛盾是加强和创新社会管理的必然要求。在信访人自身利益诉求未得到解决的情况下,与政府之间难以进行直接有效的沟通,而第三方——社会组织的参与,即可构建政府—社会组织—信访人的信访化解机制。目前,地方政府在深化矛盾多元化解理念、创新社会共治方法、提升社会治理现代化水平等方面的基本经验是:调解在先、协同跟进、协作处理。如北京市建立了跨京津冀信访工作协作机制,围绕解决涉法涉诉突出问题、进京上访处置、"三跨三分离"信访问题等方面加强协调联动。北京市在社会矛盾预防化解方面建立信访"五大系统":"日常工作系统"——主要服务信访诉求人,注重传统信访问题处理的规范和法治;"排查督办系统"——主要针对重大信访事项,注重突出疑难、复杂信访事件的处理;"分流劝返系统"——主要针对非正常上访人员,是对国家信访局及外省市信访部门的配合和支持;"理论研究系统"——积极发挥信访智库功能;"非紧急救助系统"——积极缓解社会情绪,有效预防向信访矛盾的转化①。

　　近年来,福建省信访部门探索形成了社会力量参与信访工作的 10 种模式:律师参与模式,专业协会参与模式,行业协会参与模式,共建共享模式,"两代表一委员"参与模式,志愿者、社会工作者参与模式,"调"联动与调诉对接模式,"三联三访三助"模式,"一站式"纠纷解决模式和法律诊所调解模式②。

　　4. 基础保障:以必要的人财物支撑机制消解隐患

　　"枫桥经验"是毛泽东同志批示学习推广的,也是习近平总书记指示坚持发展的。新时代被赋予新的内涵与功效,为我们在新时代推进乡村治理体系建设向促进城镇、社区治理体系建设延伸提供了现实样板。创新乡村—城乡基层社会治理新模式,党建引领必不可少,群众主体必须突出,法治保障必须跟上。许多社会矛盾问题常常在基层表现得更为具体和直接。21 世纪以来,我国新农合、新农保、农村低保等制度在农村地区得到推广落实。但农村社会事业发展历史欠账太多,卫生、教育等领域公共资源在数量和质量上都与城市差距甚大,尤其农村居民养老社保服务及社会化服务体系建设、留守儿童上学和关怀等方面的软性制度目前还很不完善,大大削弱了农民的"获得感"。农

---

　　①　《北京:信访"五大系统"助力社会矛盾预防化解》,《北京日报》2017 年 8 月 4 日。
　　②　《福建创新矛盾化解机制　调动社会力量参与化解疑难信访问题》,2017 年 1 月 23 日,见 http://fjnews.fjsen.com/2017-01/23/content_19027469.htm。

村社会的稳定与良序,需要投入更多的人力、物力、财力与精力。在镇一级,经过多轮的"乡镇合并",现有乡镇管理规模普遍扩大,而乡镇政府编制遵循"只减不增"的原则,大的乡镇正式编制有70—80人(行政编加上事业编),小的乡镇只有40—50人,不仅公共服务均等化需要乡镇政府发挥作用,精准扶贫、移民搬迁、土地征用、基层党建、安全生产、综治维稳、美丽乡村等都需要乡镇政府最终"落实",并必须通过"考核验收"。于是,乡镇政府陷于"人少事多"的被动工作状态之中。集中表现为:一是"集中运动式治理",什么事最紧急、什么事考核最严格,乡镇政府就会全体出动"运动式"集中完成;二是"加班加点式工作","白加黑、五加二"忙于工作,这是乡镇干部的"常态","谁也不敢拿工作开玩笑,出了事就得下岗";三是"外聘人员式工作",乡镇编制有严格限制,而工作任务不断增加,"有财力"的乡镇,则在现有编制外"聘用"人员。如东部一个乡镇,行政编、事业编与聘用人员基本保持在1∶1∶1的比例,即有40个行政编、40个事业编,就有40多个外聘人员①。

从统筹整个信访客体来讲,在镇街乡村这一级人员、物力、财力存在严重的供给不足状况。基层的问题错综复杂,信访问题难以解决,皆发于基层的毫微之末,如果没有坚实的基层工作队伍,没有充实的物力财力保障,没有切实的政策优惠,信访难以从源头、兆头上得到有效治理。

5. 精神保障:以党建引领党组织构建动力机制

改革开放以来,"物的新农村"逐渐丰盛,但"人的新农村"并未随之兴盛。2014年底召开的中央农村工作会议作出了加强"人的新农村"建设的政策抉择,"人的新农村"建设作为引领性的新政策引起学术界高度关注。构建和谐的乡村秩序是"人的新农村"建设的基本目标,乡村秩序的稳定可持续必须仰赖乡村的内生性生成,靠外力干预生成的乡村秩序是难以持久的。内生的乡村秩序缘于乡村内部人与人之间的联系,这种联系因其性质、强度和广泛性,构成了联系中的人们的行动能力,为乡村社会提供了秩序基础。因此,构建和谐的乡村秩序关键在于强化乡村的社会关联②。但随着城镇化与外出务工,

---

① 周少来:《乡镇政府缘何容易陷入"形式主义泥潭"》,《人民论坛》2018年第1期。
② 李建兴:《乡村变革与乡贤治理的回归》,《浙江社会科学》2015年第7期。

乡村精英大量外流,空心村大量出现与乡村人际关系原子化,乡村内部人与人之间的联系日益稀薄,乡村居民的行动能力和秩序基础由此受到了极大冲击。推动村级党支部建设,发展村级集体经济,提升村民的村落归属感和社区荣誉感,恢复乡村建设生态,强化"人的新农村"建设的内生基础,是基层党委政府面临的重要课题。

农村基层党组织是集体经济发展的领导核心,是集体经济的直接领导者与责任人。近年来,烟台市不断强化党组织政治引领功能,大力推行党支部领办合作社,充分利用其联结群众、发展产业的优势,建立起村集体与群众利益共享、风险共担的共同体,有效助推全市村庄踏上脱贫致富"快车道"。基层党组织充分激发内生动力,切实发挥在脱贫攻坚中的战斗堡垒作用。党支部领办合作社,蹚出了一条"支部有作为、群众得实惠、集体有收益"的振兴之路。党的组织部门有责任选配优秀的村党支部班子,为集体经济的发展营造良好的氛围,创造更好的条件,通过"外培"、"内引"人才,为返乡创业者提供资金、政策方面支持,鼓励个人创业,将发展集体经济与鼓励创业相结合,盘活壮大农村经济,丰富农村经济形式,实现农村经济多样化发展,为集体产业发展提供有益补充。目前我国多省开创的省派干部驻村帮扶的扶贫模式,实现了信息共享、资源共享、集思广益,是又快又好找到适合某一农村地区发展产业的重要途径。党支部引领集体经济发展,主要的是选好配强"领头羊",创造良好有序的乡村环境,树立引进人才、改革制度、创新发展理念。这是新时代乡村振兴的必由之路。

第五章　信访统筹的环境

信访是在一定环境中进行的,环境状况和特性决定了信访的组织和发展。信访环境统筹的思路,是站在整体思维的高度,将信访环境作为一个生态系统来考察。统筹是依据主体与客体及其统一来涉及环境,没有必要也不可能涉及全部环境因素。因此这里的环境指在广义上一般意义的"大环境"。在此概念基础上,只有与客体内在相容性及事业取向匹配的必要关系和可能关系、与主体构成优良指导等具有明确针对性和可能性的关联关系,方为本书所界定的统筹环境。对环境进行有效甄别与科学利用,将是信访问题得以化解的重要方面。

对环境的统筹旨在分阶段把握利弊因素,促进和保障信访工作顺利开展。任何一级领导者在制定与实施某项决策时都需要全面、综合、统一筹划,尽可能将所有相关利弊因素都"统"进来。在有利的因素中,还要分析哪些是直接因素或间接因素,哪些是当前必须的因素或是后起作用的因素。除此以外还要考虑实现目标所必要的,但当前尚不具备还需要再创造的条件。要有"嚼着嘴里的、端着碗里的、盯着盘里的、想着锅里的、干着地里的、沟通市场的"一揽子目光,将利弊因素加以穷尽,并发挥所有积极因素,克服并抑制不利因素,以保证决策结论的客观性、实用性和有效性,避免"顾此失彼"。在统筹过程中,如果按照机会—资源—方式—意志来组织,信访者就是信访工作的机会或环境。机会产生资源,有机会就会带来资源。其中间接的可选择可组织的资源是相近环境,可以创造转化的资源是备用环境,统筹实践网络之外的是一般环境。

一、信访环境辨析

(一)"环境"范畴的内涵与外延

1. 环境

所谓环境,简言之,是指环绕所辖的区域,如"环境筑堡寨"①,也泛指"围绕着人类的外部世界"②。环境具有客观性,它是人类赖以生存和发展的社会和物质条件的综合体,并在理论上分为自然环境和社会环境两大研究领域。从认识论角度看,环境一般指围绕于主体与客体之外、能够对主客体产生影响的客观存在。任何事物都有其存在的环境,环境与主客体之间存在着相互促进或相互制约的复杂关系,如何有效利用环境的正面促进作用,有效控制其负面影响,一直是环境研究者关注的重点。

环境是一种不断变化的客观存在,即一种变量,一种社会发展与演变的社会物质基础和动态的人文条件,具有物质的和非物质的双重属性与特征。因而"它是自然的、社会的诸要素共生和与人类的社会活动紧密联系而结成的一定区域的综合体。由此,社会环境诸要素的演化趋势及特征、环境的质量和环境的功能、环境的效益与效应、环境的预测与环境管理,以及人们对环境影响的评价等等,是社会科学研究环境的重要理论视角,也是我们研究信访环境的重要理论视角"③。

2. 信访环境

信访环境的界定,在信访领域研究中一直没有明确的定义与范围划定,研究者更多地从实践角度对信访环境进行使用。在这里我们借用"环境"的概念,对"信访环境"这一概念进行界定,认为信访环境通指解决信访问题所面临的一切客观存在,这种客观存在是不断动态变化的。广义的信访环境,是指

---

① 《元史·余阙传》。

② 《辞海》,上海辞书出版社 2000 年版,第 1455 页。

③ 宋协娜:《执政环境研究的一个理论支撑——建立中国特色的环境政治学》,《理论前沿》2005 年第 8 期。

与信访问题的产生与解决有关的所有外部条件的总和,包括国际与国内的政治、经济、社会、文化等各个方面;狭义的信访环境,是指解决信访问题的具体环境,即在一定范围内与信访问题产生和解决的相关条件。

3. 统筹环境

信访统筹环境,是指运用统筹学的思路对信访环境进行界定,其中只涉及对信访的主体和客体产生影响的客观存在,具体包括人、时、空因素及其匹配关系。信访统筹环境是信访大环境中与信访的主客体有明显关系的部分,不涉及与其具有不明显关系的部分。

统筹学视角的环境,有不同于以往的特殊定义。统筹环境是实践环境,统筹是实践的载体,包含机会、文化、资源、趋势、容量等的统一。统筹环境是具备成功、优化、良性循环统一的机会/文化/资源,不单纯指成功的环境。环境中的文化要素包括历史传统、发展趋势、主流价值取向等。中国民众有"无讼"传统,有对中国共产党的信任,故而信访有着复杂的文化氛围,这也是统筹要考虑的环境。

对环境的统筹,可简称为环境统筹,一般以机会和资源为中心、以协作和竞争为依据。被统筹的环境,可简称为统筹环境,可分为三个层次:相近环境、备用环境、一般环境。相近环境主要指成功/方式/资源等,与方式直接联系;备用环境指优化(成功)/变革/机会等,与变革直接联系;一般环境指良性循环/创新发明/文化趋势等,与发明创新相联系。

"统筹环境"作为一个新理论命题,其统筹主体是党和政府。因此,宏观的统筹环境,是指一个国家的执政党掌握政权和运用权力的政治、经济、文化和社会诸要素整合而形成的外部条件与各种社会关系网络的总和。这是统筹的一般环境,它作为一种社会实际存在,既为信访活动和信访工作提供着多元的社会资源和集合这些资源的外部机会与可能性条件,又对执政党的执政理念、执政方略、执政体制、执政方式、执政手段的安排和选择产生着重要的影响和制约作用。

"统筹环境"可以解读为"统筹的环境"与"统筹—环境"。前者侧重的是描述统筹主体对信访活动的外部条件和现状的筹划,并具有客观性、发展性和变异性;后者着重于统筹主体(主观)与环境(客观)之间的结构关系。由于

"统筹"强调的是主观能动性及行为方式的选择问题,而"环境"强调的是客观存在问题或制约条件问题,因而"统筹—环境"的关系结构应是"统筹环境"研究的主要思路。"统筹—环境"表达的是一种社会性的关系结构,它可以从以下五个方面去理解:第一,"统筹—环境"命题的理论结构,客观上反映了人的主观能动性与社会结构之间的相互联系和相互制约的关系,即"能动性—结构"命题。第二,由前者使然,当人们强调事物发展的内因时,不能理解为人的主观能动性在任何条件下或任何状态中都能够随意改变或背离客观存在。第三,统筹必须坚持一切从实际出发,而这意味着领导者是在承认客观存在具有决定性作用的前提下,发挥其主观能动性的。第四,我们坚持实践检验一切,这意味着人们的主观能动性与环境相互作用的"结果",必须由新的实践来检验。第五,如何检验及其标准,一方面,统筹环境是否有利于信访活动和是否对群众信访提供着支持,是与领导者已有的统筹行为与方式相联系的;另一方面,领导者调整自己的统筹理念和统筹方略,既是创造新的统筹环境的过程,又是适应和尊重客观存在的表现。

(二)信访统筹环境组成部分

运用统筹思维考察信访问题,是将信访主体、客体以及环境等要素从政治高度进行审视。统筹是领导者的职责。领导者对环境的统筹与要统筹的环境是一个问题的两面。信访统筹是在与信访有关的环境中进行。从环境统筹寻找解决问题的路径,已超越一人一案的信访事项范围,因此,"人盯人"、"就事论事"、"头疼医头,脚疼医脚"的"个案解决",势必向整体性"政策性解决"转换。因此,探索统筹环境新思路,具有重大理论与实践意义。

1. 信访相近环境

相近环境,是与信访统筹主体和客体关系最为密切的部分,对于信访事项的解决有着直接的影响,是信访统筹主体能够利用的首要条件,一般包括信访组织机构的人、财、物以及相关的国家法律、法规、政策、制度,等等。这是信访问题处理的系统性、体系性的结构环境。目前我国一系列国家法律、法规、政策、制度的出台,已经在一定程度上优化了相近环境。其中,对涉法涉诉信访从信访中的剥离、"非访"不是信访而是治安问题的定位、党委政府对信访问题负主体责任的规定,都是极具革命性的制度优化。

2. 信访备用环境

备用环境,是与信访统筹主体与客体关系相对密切的部分,它是根据这个变化趋势而预做准备的,与当前活动状况具有某种承袭关系而又不为当前直接所用,其显著特点在于其预设性,"是当前可以预见到的,但又不为当前主客体直接需要的,只能与此后或者未来发展有一定关系"①。因此只能具有定向、定势作用。但这毕竟是当前可预见到而与未来发展直接对应的部分,因而要不失时机地给予定位、定态而将其部分以至全部转为未来相近环境的组成,比如及时进行发掘利用信访的智库作用。人民意见建议征集工作的开展,应该尽快进入信访工作的相近环境。同时,还应当将当前相近环境中不适应未来的某些组成排除出去,如信访问题中涉及贫困、需要通过救济才能解决的类型,要及时转给民政和人社厅,通过社会政策与救助以及国家的扶贫工程来解决。信访矛盾的纠纷类,则要靠基层组织与社会组织通过日常生活机制的设置,予以及时化解。

备用环境一般包括信访组织机构中预备的资金、人员等。投诉举报的信访事项,应该启动纪委与检察院等部门联合行动。因此,国家机构各个部分的生态状况,都对信访活动产生影响。解决信访问题,从备用环境入手优化,可能是一个更具可操作性的良策。各个部分加一把助力,信访领域就会减几分压力。

3. 信访一般环境

一般环境是统筹环境中规模最大的部分,是除了相近环境、备用环境之外的其他所有环境都属于一般环境。一般环境具体指大环境中与信访统筹主体和客体有着一定关联关系,又存在模糊性的部分。如国际国内的政治、经济格局、时代背景与执政环境等等。众所周知,自 20 世纪 80 年代初以来,中国共产党对时代主题的界定——"和平与发展",是我们理解和研究世界基本形势或人类社会发展大趋势、特征、环境的最重要的理论视角。一个新的时代的开启或一个新的历史时期的到来,标志着人类社会或一个国家在发展的时空结构上,具有新的延伸性(扩张性机遇)和嬗变性(积极演化和消极蜕变两种可

---

① 刘天禄:《统筹学概论》,中国商业出版社 2004 年版,第 79 页。

能的方向及趋势)。因而理解时代主题的转变,对于一个国家和执政党具有重要战略意义。人类自进入阶级社会以来,社会的基本矛盾就具有两个属性:斗争性和同一性。因而理解社会基本矛盾就存在着两个不同的视角选择,如马克思、列宁、毛泽东等侧重于基本矛盾的斗争性,强调"革命";邓小平因注意到"一球两制"的世界发展态势、格局和环境具有长期性而强调基本矛盾的同一性,并提出了"和平与发展"时代主题的新论断。中国通过改革开放实现了经济腾飞,重新建构了中国特色社会主义事业发展的环境和条件,走出了一条适合中国国情的中国特色社会主义道路。

《中共中央关于制定国民经济和社会发展第十三个五年规划的建议》中对我国当前所处的历史环境进行了清晰的界定:("十三五"时期)"我国发展仍处于可以大有作为的重要战略机遇期,也面临诸多矛盾叠加、风险隐患增多的严峻挑战"。未来五年国际金融危机深层次影响在相当长时期依然存在,外部环境不稳定不确定因素增多。国内环境的基本特征是,成就巨大、前景光明,"新常态下出现了明显的趋势性变化,中期存在一些不容忽视的风险挑战,国民经济将经历调整转型的考验。""社会事业发展和社会治理能力建设相对滞后。经济社会发展不协调问题仍然突出,基本公共服务供给不充分,社会保障体系有待继续完善,收入差距较大,消除贫困任务艰巨等问题突出。在社会结构和利益格局深刻变动、社会管理环境深刻变化的新背景下,社会矛盾和冲突易发多发,加强和创新社会治理、实现共享发展的紧迫性大大增强。此外,人们文明素质和社会文明程度有待提高,法治建设有待加强,领导干部思想作风和能力水平有待提高。"①这是对我国所处社会状况的客观认识,同样也是信访工作所面临的国内外环境。

4. 信访环境概说

一般来说,大环境就是所谓的执政环境。在实践过程中执政环境对于信访问题解决往往被忽略,因此执政环境中存在的有益于解决问题的因素,需要统筹主体去发现和挖掘。在现实筹划实践中,往往把一般环境排除在外。在没有充分条件的情况下,不可轻易地把一般环境超前对待。贸然把某些方面

---

① 陈和:《"十三五"时期我国发展环境的基本特征》,《光明日报》2015 年 11 月 18 日。

纳入备用环境以至相近环境,如对某些人的信访活动过分紧张,对有的组织性活动上升到相近环境变化去紧急处置,是十分有害的。但一些战略家和实践家也强调从一般环境中提取有益成分,为我所用,见微知著。一切局部环境及其相互演化,要依据其统计积聚状况相机对待。统筹环境之中的区分与转换,对整体事业发展具有举足轻重的作用。也正是如此,才有了信访形势在不同历史时期出现的阶段性特征。统筹主体要使得统筹环境在总体上为我所用,关键在于切实把握统筹环境内部区分的制约依据和相互转换条件。这些关键性的具有制约作用的部分,是统筹主体应该重视的重点所在。

环境本身是一定的时空结构和条件的综合体,因而党委政府对信访环境的统筹,在理论研究的界域有内外之分。"信访环境之外部环境",主要是从全球视角来观察环境问题,以此厘清在处理信访问题中面对的各种国际条件和环境因素;以此来思考全球性政治、经济、文化和社会因素对我们党加强执政环境建设的影响。中国共产党作为执政党,执政环境是一种社会存在,加强执政环境建设必须全方位地整合人类一切文明成果的资源,必须具备战略眼界与世界眼光。在本研究中,执政环境的优化,为信访统筹提供的是优化的中观环境。相对而言,我们着力的"信访环境之内部环境"研究,当属微观层面,是说领导者要统筹的信访环境,它并不是无所不包,而是与信访有关的有针对性的方面。对三种环境区分的意义在于,统筹主体要发挥主观能动性,主动去把握环境、创造环境、优化环境。

(三)信访统筹环境构成特点

1. 有形无形因素有机结合

信访统筹环境的组成中,除了常规的人、财、物等有形因素外,还特别强调时、空等无形因素,其中"时"主要指时间、时机、时差等,"空"主要指空间、地域、地点等①。在以往对信访问题的处理中,往往更加重视对人、财、物等有形因素的利用,而忽视或者较少对时、空等无形因素的利用。在统筹环境中,应该更讲求将主体、客体融入到当时的情境中去,甚至换位思考,体会感同身受,借助有形因素

---

① 刘天禄:《统筹学概论》,中国商业出版社 2004 年版,第 81 页。

与无形因素的综合力量,多视角、超时空、历史地看待问题,对长期集聚的疑难杂症层层剥离分解和妥善处理。

2. 内外环境变动不居

德国社会学家贝克在其名著《风险社会》中指出,在后工业化时代,人类正步入"风险社会"①。同时,我国则处于战略机遇期和矛盾凸显期的社会转型拐点。信访统筹环境的组成要素,无论是有形的人、财、物等,还是无形的时、空等,都难免处于动态变化之中。如人的思维意识的变化、资金随着时间发生的增减变化、交通与通信工具的现代化、时间与地点的快速变换等,都在信访活动中充分体现出来。任何一项组成要素的变化,皆可带来环境整体的变化,从而产生"蝴蝶效应"。统筹环境的组成,不是机械的累加罗列,而是千丝万缕地有机嵌合与勾连,这造成了信访统筹环境时刻处于动态变化中。"风险社会"一切因素的不确定,加剧了统筹难度,更彰显了统筹的必要性。

3. 统筹主体主动匹配环境

信访统筹环境是一种客观存在,但是如何选择环境要素并对其进行相应的匹配,需要统筹主体进行主观判断作出决定。信访统筹环境所包含的要素是多种多样且错综复杂的,并时刻处于动态变化中。以信访事项的解决为目标可能存在无数的环境要素匹配关系,但是对于目标的达成却只存在几种甚至一种最优匹配状态。对于这一种最优匹配状态,就需要统筹主体进行主观的选择和匹配。因此,要求政府加强"管"与"扶"力度,创造有利于发展的政策环境,提供发展的政治资源、经济资源、社会资源、人力资源等。加强党团组织基层建设,拓展政治参与的渠道;简化注册手续,放宽注册标准,降低准入门槛;健全税收优惠政策,适度减免办公费用,开通绿色通道;增强宣传引导,营造良好的社会舆论环境,形成正确认知和积极评价的社会群众基础;搭建人才队伍培养平台,提供人力资源保障;健全和落实评估考核指标;着力整体机制运作的高效率和持续性。

---

① 陈路、余磊:《地方政府化解社会冲突的路径选择——基于社会管理体制机制的创新》,《湖北经济学院学报》(人文社会科学版)2011 年第 9 期。

二、统筹环境的内在矛盾

一般认为,信访问题在我国是比较具体的涉及个人利益的事项,每个具体的信访事项涉及的具体环境都有所不同。但是信访本身就是环境和网络,而且是事业网和行业网的统一。信访统筹环境是机会和资源等要素具体构成的。对于信访者与统筹主体来说,只有适合机会的资源才是真资源,只有有资源对应的机会才是真机会,只有以合理的方式实现二者统一转化的机会和资源,才是有用有利有效的机会和资源。因此环境对于主体而言,其实质是机遇与挑战。把握环境变化内在矛盾与规律就是机遇与发展,反之就将成为挑战与危机。

(一)宏观层面的机遇与挑战

1. 纵向角度的宏观环境发展

环境的优化,可为满足主体意愿、实现客体任务提供基本格局。纵向角度来讲,宏观环境发展是一种时序前后发展关系,是一种历史趋势的动态过程,其统筹的重点是适应历史与现实潮流,把握时机与机遇,适时出台合理的政策与制度。进入 21 世纪后,党的第十六次全国代表大会提出"全面建设小康社会,开创中国特色社会主义事业新局面";党的第十七次全国代表大会提出"高举中国特色社会主义伟大旗帜,为夺取全面建设小康社会新胜利而奋斗";党的第十八次全国代表大会提出"坚定不移沿着中国特色社会主义道路前进,为全面建成小康社会而奋斗";党的第十九次全国代表大会提出"决胜全面建成小康社会,夺取新时代中国特色社会主义伟大胜利"。中国共产党的历次全国代表大会,站在继往开来、与时俱进的战略高度,分析了新时代、新形势、新环境,提出了新任务、新要求。党带领国家通过改革开放不断促进生产关系和生产力、上层建筑和经济基础相适应,既是整体优化和改善党的执政环境的战略任务,也是加强党的执政环境建设的基础性工作和重大机遇。生产关系和生产力、上层建筑和经济基础相适应,是中国特色社会主义事业可持续发展的前提条件与社会主义制度优越性体现的基础,也是社会主义制度通过自我完善区别于资本主义社会制度的重要特征。如图 11 所示,关于"信访与社会形势变化的关系"这一问题,91.2%的受访者认为信访一定程度上受到社会形势变化的影响。社会意识形态、大的国家方针战略的变化是信访制度变迁的根本要素。信访制度是我国政治制度的组成部分,必然会随国家政治经济形势的变化而变化,信访问题处理的政策与方式方法,也会随同国内大变革情势而调整和变化。

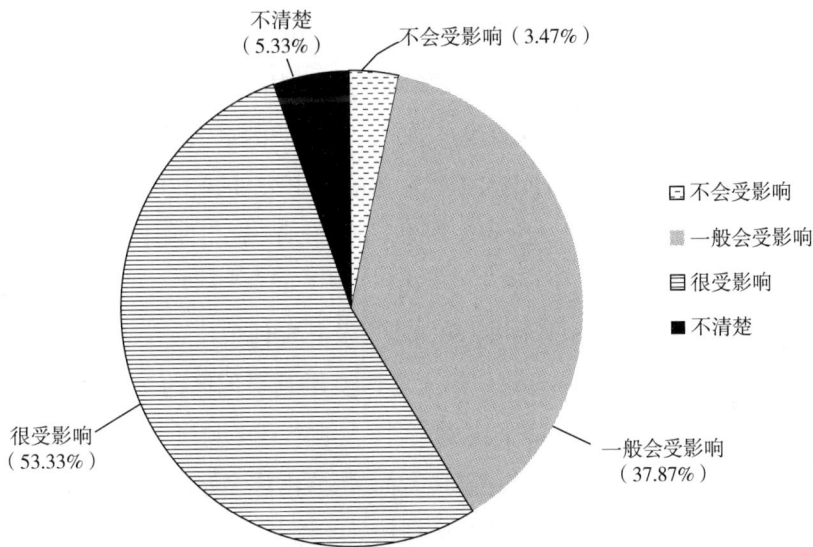

图 11　您认为信访与社会形势变化的关系

2. 横向角度的宏观环境发展

从横向角度讲,宏观环境是宏观层面的政治、经济、社会等大的领域。我国经济、政治、文化、社会以及生态文明五大建设领域的状况,为信访工作构建展开提供了基本格局。

经济发展:经济发展与民生改善直接关系到信访统筹环境的优化。在当前我国经济快速发展的背景下,党和政府越来越重视民生建设,国家和地方财政支出中关于民生建设的部分呈现逐年增长的趋势。党和政府在民生领域的大量资金投入,使得与百姓切身利益相关的领域得到了实实在在的物质支持与改善。但是伴随经济发展与经济转型而来的是新的利益矛盾冲突。当前我国的社会冲突集中体现在征地以及拆迁、环境污染、基层选举、公共服务、社会治安、官员腐败等方面,这些问题更加容易导致大范围的信访事件出现。

政治生态:在当前民主、法治、公正等观念和意识日益得到重视和普及的情况下,在人民群众物质生活水平得到极大提升的前提下,民众的政治参与热情不断高涨。党和政府充分认识到民众的这种政治参与需求,通过各种方式有意识地对民众进行正确引导,并借助新媒体技术的发展,开辟多种参政议政渠道,为民众的参政议政行为提供广阔的空间。

文化惠民:文化惠民是近年来党和政府为民、亲民、爱民政策在文化方面的集中体现,也是执政为民理念在文化上的具体反映。党的十七大提出的"文化惠民工程"是社会主义文化大发展、大繁荣的重大举措,也是一项惠及全国人民、普及大众文化的伟大工程。为响应中央号召,2018年4月,山东省委宣传部会同山东省财政厅、省文明办、省文化厅、省新闻出版广电局和省文物局联合下发《2018年山东省"文化惠民、服务群众"9件实事工作方案》,明确2018年"文化惠民、服务群众"9件实事及其责任单位①,取得了良好成效。"文化惠民工程",不仅在实践中极大地改变了基层地区的文化信息状况,为基层群众提供了丰富多样的文化形式,极大地丰富了基层群众的精神文化生活。全国各地在为民服务、文化惠民方面,探索出许多好的做法和经验。

社会政策:当前我国的经济社会结构处于深刻变革阶段,各项改革也处于深水区,社会贫富分化仍旧严重,社会矛盾丛生。面对这些矛盾状况,党和国家通过逐步建立和不断完善社会养老保障制度、城镇居民基本医疗保险制度、失业保险、生育保险、工伤保险以及最低生活保障制度、新型农村合作医疗制度等,为我国社会的稳定发展提供了重要保障。"党的十八大以来,社会治理取代社会管理正式成为我国社会建设的关键词与方法论,我国社会治理实践取得了一系列重大进展,展望未来,中国社会治理的新目标应定位于迈向与经济发展水平相匹配、与建设社会主义现代化强国要求相协调的共治、共建、共

---

① 《山东确定今年"文化惠民、服务群众"9件实事》,2018年4月28日,见 http://news.iqilu.com/shandong/yuanchuang/2018/0428/3900871.shtml。

享的社会治理格局,达致与全面依法治国相匹配、与国家治理现代化相适应的社会治理水平,使社会质量获得全面提升"①。

生态文明:党的十八大将生态文明作为实现全面建设小康社会的奋斗目标之一,与经济建设、政治建设、文化建设、社会建设一起,共同构筑成推动中国特色社会主义建设事业"五位一体"的总体布局。我国政府在实践中不断创新具有中国特色的生态文明建设模式,取得了良好成果,我国的生态环境和经济发展向着和谐共生的方向不断发展。2016 年,联合国环境规划署发布《绿水青山就是金山银山:中国生态文明战略与行动》报告,表明中国绿色发展为世界贡献了中国方案与重要借鉴。党的十八大以来,绿色发展理念融入生产生活,经济发展与生态改善实现良性互动,"美丽中国"成为中华民族追求的新目标。经过数年气势磅礴的伟大实践之后,尤其是中国特色社会主义进入了新时代的今天,我国生态文明建设在理论思考和实践举措上均有了重大创新。

信访统筹环境中宏观层面的这五大建设,是当前我国现代化建设的重要方面,是党和国家战略发展的重要内容,具有一定的稳定性,属于相对稳定的环境要素,对于信访问题的解决具有积极的促进作用,需要信访统筹主体深入把握理解。

(二)中观层面的机遇与挑战

信访统筹环境的中观层面,是横向沟通关系,从本质上看,具有互促互用特征,是可利用关系,具体是指信访统筹治理在我国政府治理与社会治理过程中所面临的环境。

1. 党的群众工作

信访工作是党的群众工作的重要组成部分。群众工作一直是党的一切工作的基础性工作。《关于创新群众工作方法解决信访突出问题的意见》中明确指出:"为深入贯彻落实党的十八大和十八届三中全会精神,推动信访工作

---

① 江必新:《以党的十九大精神为指导　加强和创新社会治理》,《国家行政学院学报》2018 年第 1 期。

制度改革,解决好人民群众最关心最直接最现实的利益问题,进一步密切党同人民群众的血肉联系,巩固和扩大党的群众路线教育实践活动成果,夯实党执政的群众基础,促进社会和谐稳定。"对于执政党而言,脱离群众是最大的危险,丧失民心是最可怕的危险。党委政府需要通过做好信访工作,解决群众困难,为民执政,同时建立一种民主与监督的有效机制,从依法行政、廉政建设、党群关系等多方面给予监督,发挥信访维护社会稳定和维护党的肌体健康的重要作用。

2. 和谐社会建设

信访工作是和谐社会建设的重要组成部分。和谐社会建设是党和政府进行社会建设的终极目标,而和谐状态的实现,其最基本要求就是化解矛盾,维持社会稳定,这与信访统筹治理的根本目标一致。信访发生于社会之中,是社会矛盾的激化和集中反映,必然构成了社会管理的重要内容。"放、管、服",还权于社会,也是当前我国服务型政府建设的重要方面。

3. 法治政府建设

信访统筹治理是政府治理的重要课题。政府的重要作用之一就是为公民提供公共产品与服务,而在当前贫富差距依然较大的状况下,利益矛盾与冲突成为信访事项发生的主要导火索,政府能否提供足够的公共物品与服务,适当弥补这种差距和不足,成为信访统筹治理的关键,也成为当前政府治理的重要课题。信访统筹治理在我国法制建设中的作用,首先表现为法律缺失领域的必要矛盾解决机制,其次表现为法制健全过程中民意表达的渠道和途径,最后表现为法律实施过程中的监督机制①。信访统筹环境中的中观层面内容具有一致性,其最终指向或者说最终目的就在于建立公平、正义的国家—社会—个人互动关系。因此,作为统筹环境中的要素,法治不仅具有相对的稳定性,而且属于有利的要素条件,对信访问题的解决具有积极的促进作用。

4. GDP 影响与信访总量

信访情况是一个地方发展状况的窗口。一般认为,新时期出现的信访是发展中的问题,要用发展来解决。但发展是否会削减信访量呢? 如图 12、图 13 所示,情

---

① 姜良纲、冯德慧:《信访制度与法治建设》,《中国司法》2009 年第 10 期。

况远非想象的那样,甚至有些地方恰恰相反,发展越快信访量可能会越高。

（件）

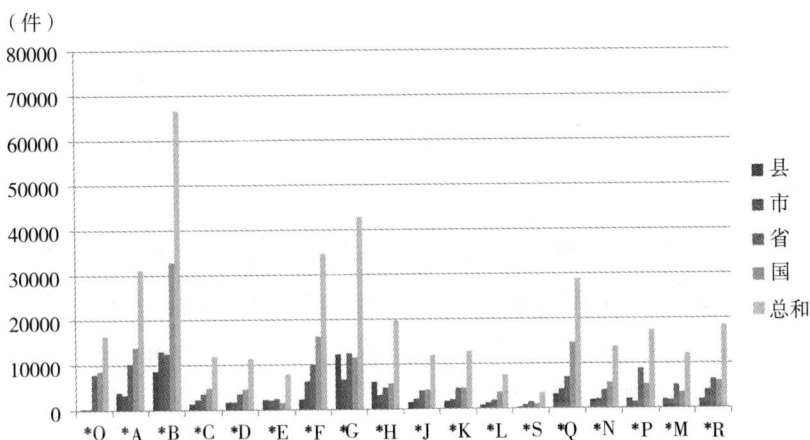

图 12   2017 年 S 省各地市国省市县四级信访总量的比较

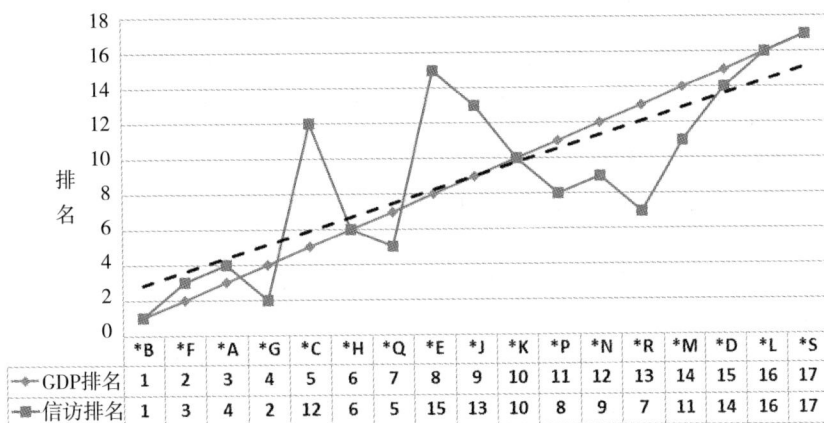

	*B	*F	*A	*G	*C	*H	*Q	*E	*J	*K	*P	*N	*R	*M	*D	*L	*S
GDP排名	1	2	3	4	5	6	7	8	9	10	11	12	13	14	15	16	17
信访排名	1	3	4	2	12	6	5	15	13	10	8	9	7	11	14	16	17

图 13   2017 年 S 省各地市 GDP 排名与信访排名比较

从 S 省各地市信访数据侧面反映了发展与信访之间的复杂关系。我们将近年 S 省各地市 GDP 排名情况与信访数据进行了比较后发现"发展快,信访来",发展速度与信访量在一定范围内似成正相关关系。通过对 2014—2017年 S 省 17 地市 GDP 排名分析,发现除了排第 11、12 位的 *N、*P,在 2017 年换位之外,其他排名基本未变。比较 2017 年 17 地市信访总量排名趋势与

GDP 排名,总体趋势基本一致,说明 GDP 增速在某种程度上与信访数量存在一定正相关关系。

图 13 中的黑色虚线为信访排名趋势。可以看出各地市信访排名围绕 GDP 排名上下浮动,二者有一定的相关性。然而数据并不表明 GDP 越高,信访量越大。从图 13 中可看出排名靠前和排名靠后的地市 GDP 与信访量排名情况基本上一致,中间部分的个别地市也呈现这种规律。这为我们进一步分析、找出除 GDP 总量外影响信访数量的原因提供了样板。其掩盖在 GDP 数量下面的如经济政治文化的发展状况,人民群众的法治意识、公民意识、权利意识觉醒等因素都表明,信访作为具有中国特色的值得深入研究的课题,不能单纯以经济思维或政治思维简单对待。

从信访看 GDP,也应意识到其中机遇与挑战并存。

GDP 总量与信访总量比较,仅仅是研究和观察的其中一个视角。在主客体之外的诸多环境因素之中,许多因素都与信访存在着千丝万缕的联系,可以从许多角度进行深入研究。到底有哪些因素促使了信访的发生,又有哪些因素制约了信访的发生? 在信访事件处理过程中,是哪些因素产生了催化抑或转化作用? 其数量、力量与质量怎样等等,诸如此类的问题都有待于研究者们去深入探讨。这其中的困难在于真实数据的获取、样本框的建立以及扎实的契入研究,而这些都在挑战研究者们的科学精神与责任担当。

(三)微观层面的机遇与挑战

微观层面是纵向系统关系,与统筹主体客体有着共同事业取向,本质上是稳定的可控关系。信访统筹环境的微观层面,是指具体的信访事项所面临的客观、具体环境。

1. 民生问题的利益矛盾

信访统筹治理以解决群众利益矛盾为根本目标。当前我国正处在"经济体制深刻变革,社会结构深刻变动,利益格局深刻调整,思想观念深刻变化"[1]

---

① 李新华:《社会转型背景下信访工作创新路径选择》,《决策探索》(下半月)2012 年第 5 期。

的社会变革时期。变革时期的经济社会发展使人民群众矛盾纠纷更加复杂化。本书调研发现，民生问题是信访事项中涉及的主要内容。如因住房分配或房产争夺而引发的信访事项，绝大多数都不是因一般的市场交易行为引发的纠纷，而多是因政府拆迁、拆违行为引起。此外，一些有关老年人赡养纠纷的信访事项也不少见。作为特殊群体的民生问题，对于当事人来说更为重要，当事人本身即存在特殊的困难所以需要特别救助，这是民生问题在体制机制内的直接反映。这些问题主要有：农民、外来人员在城市的生活及遭遇市场风险后的相关救济保障问题；精神疾病、心理障碍患者的安置救助问题；刑释解教人员的安置救助问题等。如一例（公房）租赁权变动纠纷的当事人即属刑满释放人员，单靠自身能力难以解决基本生活问题，因此非常依赖于有关部门的安置救助。因此，仅从缘由看，几乎所有信访事项都与民生问题有着这样或那样的紧密关联。

2. 社会支持网络的效应

信访离不开社会支持网络，这是因为信访也是网络。有网络就有互动和自组织，必然会有规律可循。系统在可控中，往往不关注规律，甚至掩盖了规律以致错过规律有效期发生颠覆性失误。在信息化的网络中，大网络就是小网络的环境，主体客体环境都是网络。统筹在多元互动中的格式是：复杂＝网络＝机会＋资源，各因素反复无序转换。在系统的规制中，系统是阻止这种转换的。而在科学统筹中，则促进这种选择、组织、控制、利用之间的转换，从而使得社会与组织以及人产生活力与动力。

人是社会关系的总和。社会关系呈现网络特征，"个人在与他人和周围环境不断互动中形成的，能藉以获得各种资源的社会网络，这个关系网是个人在社会化过程中形成的，并且在这个网络的支持下维持原有的信念，同时还获得客观帮助，主观支持、服务和新的社会机会等"[1]。社会支持网络作为中性机制，在一些条件下提供的支持会对事态发展产生消极作用。同时这种网络还有一种无形的机制即心理连锁效应。换句话说，信访和信访问题本身并不可

---

① 邱观建、安治民：《我国残疾人社会支持网络的运作逻辑与建构》，《武汉理工大学学报》（社会科学版）2014 年第 4 期。

怕,真正可怕的是信访问题处理不当对社会信任与情绪造成的消极影响。

3. 信访系统的立体协同

信访统筹治理中主体间存在较强的立体协同性。信访问题的治理是行政系统整体性协同的结果,必须统筹梳理行政系统内部各部门的职能,要注重对科层组织横向、纵向及至全面实行绩效管理,整合行政系统内各主体及相关力量,形成信访问题有效解决机制和统筹治理模式。信访渠道构建与畅通是信访工作中的重要环节和关键环节。平台建设、信访大厅服务设施、工作人员设施配备等方面在目前的信访领域已经基本健全,硬件建设在全国范围内都基本达标。目前更亟须发展的是软件建设与硬件的匹配和配套协调,深入探索能够"植入人心"的创新技术和方法,创造信访工作人员与信访者直接接触的软环境要素。

信访统筹环境中的微观层面要素与信访问题解决之间关系最为直接,这一部分内容同样也最为复杂和多变,存在抑制与促进两种作用的情况。这就需要统筹主体进行积极的转换,将其中的抑制作用转换为促进作用。在当前的信访工作实践中,无论是群众矛盾解决、社会支持网络、统筹主体间的相互协同性,还是信访渠道的建设、信访类型的转化、信访大厅的建设、信访工作人员设施的配备,都在向着积极方向转化。例如信访类型由求决民生型向建议参政型的转化,对信访问题的解决具有积极的促进作用。但是我们也应该看到,转化需要过程,在这一过程中,转化的抑制作用是不可忽视、需要时刻警惕的。例如信访大厅的建设,如果建设得阴暗狭小,或者故意建设一些低矮的窗口(如《人民的名义》中"丁义珍式窗口"),人为地阻碍信访群众的信访诉求表达,就无法充分体现党和政府对信访群众的重视和关心以及亲民爱民、彻底解决信访问题的诚心和意志,反而带来极大的抑制和负面作用。另外,仅仅把工作局限在环境改善,在表面和形式上下过多功夫而不去触及实质,常会适得其反,甚或前功尽弃。

三、发挥信访统筹环境的现实作用

信访统筹环境在实践中的作用,表现为三种状态:促进、制约、固化。信访统筹环境中制约客体的因素主要有纵向种属关系(可控)、横向联通关系(互促互补,但不可控)以及时序关系(单向适应,也不可控),这三种关系一般同时存在。宏观环境具有指导作用、中观环境具有规范作用、微观环境具有组织作用等。统筹环境,就是有效发挥各种环境的作用。各种环境的制约作用,是信访统筹必须要面对和解决的,这要求信访统筹主体积极分析环境制约因素,并适时地进行妥善处置。过去统筹环境一直被认为是一个顶层设计问题,就是从立法的高度,规范和优化信访活动环境。信访统筹环境中的因素是多样的和不断变化的,其中相对稳定的关系网络能够为信访问题的解决提供有力的支持。如相关法律法规的出台,就从法治的角度为信访问题的解决提供了稳定性的促进作用。从利用的角度来讲,这三种状态中纵向种属关系的制约因素是通常可以控制的,横向联通关系的制约因素是可以利用的,时序关系的制约因素只能是可适应的。

(一)优化制度环境,发挥党的领导和制度优势

信访工作作为一项涉及民主参与、权利救济、纠纷解决、社会治理的"综合性、系统性工作,需要紧紧依靠党的领导和社会主义制度优势,完善信访工作机制,统筹运用各方资源力量,综合运用各种方法手段,形成综合治理工作格局"①。

1. 党委和政府要统筹有关部门资源形成联动协同状态

信访问题作为社会矛盾的综合反映,成因复杂多样,往往涉及党政多个部门。进入信息时代之后信访问题的跨界性、关联性凸显。正如世界存在的普遍混乱现象,"混乱不是用来消除的,而是可利用的创新资源,混乱的本质是其他方向的秩序,只不过你没有理解那个秩序。总有一些秩序在我们视野之外,你没理解它所以觉得是混乱。有自己独特秩序的混乱,其实你根本消除不了,只能善加利用"②。信访领域貌似"混乱",其实它存在一定规律性,这种自组织不为我们所察,其根本原因是站位与立场问题。站在维护群众利益的

---

① 王淑静:《孟建柱在第八次全国信访工作会议上强调　坚持党的群众路线　依法维护群众合法权益　杨晶郭声琨出席会议》,《中国应急管理》2017年第7期。

② [英]蒂姆·哈福德:《混乱　如何成为失控时代的掌控者》,侯奕茜译,中信出版集团2018年版,"推荐序"。

立场和出发点,主要领导及其机关在处理问题时,就会把群众思维融入互联网思维,与群众一起增强团队精神、协作意识。问题的根本解决,最终还是要依靠群众自身。同时,要求统筹协调有关部门资源力量,形成联动协作、综合施策的局面。加强信访联席会议制度的综合协调、组织推动、督导落实职能,真正发挥党委总揽全局、协调各方的领导优势和政府组织动员职能部门各负其责、齐抓共管的工作优势,建机制、搭平台、联治联调联动;落实职能部门源头预防和解决问题的责任,谁产生问题、谁化解矛盾,属于哪个部门职责范围内的问题、哪个部门就要负起责任,绝不能推诿、敷衍、拖延。不仅如此,基于社会主要矛盾新变化新情况,党委在社会救助、社会保障、公共文化服务设施建设等民生领域的方方面面,都有着现实的统筹兼顾作用,应该加强优化制度与政策环境的力度,在经济民生解决之后或同时,更加关注文化民生。

2.党委和政府要统筹专门队伍和社会力量形成共治局面

在更广的范围内统筹资源,以开放性架构吸纳社会力量,构建共治共享格局,是推进国家治理体系和治理能力现代化的内在要求。在新形势下,面对复杂多样的信访问题,既需要加强信访干部队伍建设以激发内在活力,也需要运用好市场化、社会化机制来释放社会共治的巨大能量。要主动适应新形势新任务的需要,努力建设一支善做群众工作的高素质信访工作队伍,不断提高运用新知识、新技术破解信访工作难题的能力水平。运用好市场、公益、慈善等途径健全社会力量参与机制,邀请"两代表一委员"、法学法律工作者以及老党员、老干部、老劳模等社会力量参与化解信访矛盾纠纷。全面实行律师、心理咨询师、社会工作师等专业力量参与信访工作,提高信访工作专业化水平。

3.党委和政府要承担主体责任担当到位

党委政府以及部门的主要负责同志要当好第一责任人,切实履行好促一方发展、保一方平安的政治责任,及时研究和协调解决重大问题,建立完善有责要担当、失责必追究的信访工作责任体系,督促各有关部门、单位履行职责、做好工作,为做好新形势下信访工作提供坚强保证①。小

---

① 王淑静:《孟建柱在第八次全国信访工作会议上强调 坚持党的群众路线 依法维护群众合法权益 杨晶郭声琨出席会议》,《中国应急管理》2017年第7期。

智治事,大智治制。从某种意义上来讲,制度安排应嵌入特定的制度场域和环境。全球化和逆全球化进程的加速带来了具有高度复杂性的现代社会结构和技术,这种复杂性导致制度数量和制度密度增加,形成"规则衍生规则"。与此同时,孤立的制度难以为继,制度系统化和制度系统的复杂化愈发凸显。美国科技史学家梅尔文·柯兰兹伯格认为,"科技是配套产生的,而这个套或大或小"①,制度单元组合集成了制度群,而这个制度群本身会被嵌套进更大的制度系统中去。因此一项制度的效率不仅取决于合理的自身安排,还取决于与其他制度的互动与耦合模式。首先,在构建逻辑上应采取从顶层制度着手,打造全球各力量主体能舒适其中的秩序屋顶,增强宏观协调与统筹安排功能。值得注意的是,顶层设计的秩序屋顶并非率先展现以通过法律约束力的方式建成的具有全球权威或强制执行力的国际机制,而是先根据议题的各自需要形成有特色的共识制度,再进一步谋求机制载体的转型。目前信访系统已经纳入政法系统。而在具体操作层面,信访问题背后所反映的社会利益、社会文化、历史背景等错综复杂,其治理也空前艰巨。调研显示:如图 14 所示,对于"信访问题发生在基层,就应该在基层解决"这一问题,并没有成为社会各界的共识,而是存有很大的疑问。这个问题也应该引起高度重视,认真思考"基层信访为何不能在基层解决?"

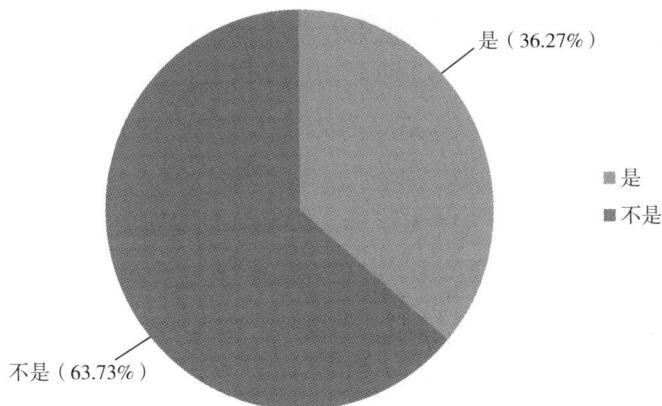

图 14　您是否认为信访问题发生在基层,就应该在基层解决

---

①　[美]梅尔文·柯兰兹伯格:《技术与历史:柯兰兹伯格定义》,陈瑾译,社会科学出版社1991 年版,第 193 页。

(二)优化法治环境,规范信访活动

1. 信访活动法治化日趋活跃

加强社会主义法治建设是解决当前我国社会问题的重要措施。信访作为当前社会矛盾的集中体现,尤其需要建立起系统完备的法律体系,达到规范信访活动并最终解决信访问题的作用。法治信访,更需要对所有信访行为进行有序规范。自国家政务院在 1951 年下发《关于处理人民来信和接见人民工作的决定》,国务院于 2005 年对《信访条例》进行修订,我国加快了的信访立法步伐。2014 年,中共中央办公厅、国务院办公厅发布《关于创新群众工作方法解决信访突出问题的意见》《关于依法处理涉法涉诉信访问题的意见》,各地相继出台了一些较为系统的地方立法。2017 年 8 月,国家信访局会同国务院法制办推行依法分类处理信访诉求工作,并在此基础之上制定出台了《依法分类处理信访诉求工作规则》,目的是促使群众诉求能够依法得到及时解决。2015 年出台了《中共中央国务院关于进一步加强新时期信访工作的意见》。按照 2015 年山东省颁布的《山东省信访条例》第二十五条规定,"信访人提出信访事项,一般应当通过网络信访平台或者采用电子邮件、书信、传真等书面形式",同时,在第二十六条规定"对以走访形式跨越本级和上一级国家机关提出的信访事项,上级国家机关不予受理",第二十七条规定"多人采用走访形式提出共同的信访事项的,应当推选代表,代表人数不得超过五人。没有推选代表的,国家机关可以不予接谈"。从这个意义上讲,实际进行走访的只是少数。2016 年,习近平总书记就做好信访工作、妥善处理信访突出问题的批示强调,"要综合施策,下大气力处理好信访突出问题,把群众合理合法的利益诉求解决好"[①]。国家信访局也积极制定下发文件,进一步强化属地责任,推动信访事项及时就地解决,引导信访群众依法逐级走访。

2. 信访法治环境得到优化

信访立法的目的在于规范信访活动,将信访纳入到合法化的轨道之中。

[①] 张璁:《新时代信访工作踏上新征程——访国务院副秘书长、国家信访局局长舒晓琴》,《人民日报》2018 年 4 月 30 日。

2005年以后的十年间,信访秩序有所好转,信访总量有所下降。但是同时也要看到,当前我国整体法治进程尚处在探索阶段,立法程度整体不足,因此信访立法的问题不能操之过急,应该在进一步夯实国家法治建设基础的平台上加大经验的总结、科学的论证等一系列的基础性工作,在推进信访工作的同时,加快立法的步伐。另外,近几年连续出台的各项法律法规都对信访活动的法律责任作了明确规定。解决信访科学立法问题,要在贯彻党的十九大精神的基础上,始终秉持以法治思维为引领,着力提高干部队伍法治素养,厘清信访事项受理范围,全面落实诉讼与信访分离制度;甄别投诉请求,深入推进依法分类处理信访诉求;双向规范信访工作和信访秩序,推进信访环境和谐有序。

(三)优化社会环境,把握社会主要矛盾变化新特点

目前的信访工作基本态势是处于不平衡状态。这种系统的不平衡状态,是指客观形势随着时代发展而变化的情况下,信访工作自身没有随之作出相应调整。这就要求信访工作部门不断进行新的工作探索;随着信访事项类型的变化,也需要信访人积极谋求利益的维护和诉求的实现。只有把握发展规律,适应群众新需求,才能趋向平衡态。

1.信访工作要把握新动向新规律

党的十九大报告对我国社会主要矛盾的变化进行了重点论述。社会主要矛盾的变化,意味着一切工作的中心都要根据主要矛盾来变化,服从服务于中心转换要求。目前不管是学术界还是在实际工作中,信访与社会矛盾之间的关系已经形成共识。信访和社会矛盾的新变化是"四个转变":一是受损方式由直接侵害向间接侵害转变;二是维权目的由维护权益向牟取利益转变;三是表达方式由线性表达向隐性不满转变;四是行为选择由缠访闹访向极端行为转变。信访与社会矛盾的新诉求出现了四个"越来越":一是信访诉求越来越与经济发展的速度规模模式质量有关;二是信访诉求越来越与公共政策的出台有关;三是信访诉求越来越与社会保障不完善有关;四是信访诉求越来越与环境问题有关。信访与社会矛盾的新特点是"二难":一是信访手段通过高新技术实现,政府有效介入的难度增大;二是重大活动期间,非正常上访、择机上访难以掌控。在当前所处的新时代新形势下,人民思想观念发生了深刻变化,社会主要矛盾转化为人民日益增长的美好生活需要和不平衡不充分的发展之间的矛盾,这种矛盾通过各式各样的渠道表达出来,而信访工作作为处理矛盾的重要渠道,面临着深刻的挑战和机遇。老问题新矛盾在新的历史时期中交织纠缠、不断变化。新时代新形势下如何确立信访工作创新的路径选择,已成为各级党委政府必须高度重视的政治课题①。

2. 信访干部要提高新本领新水平

新时代新情况新要求,对信访工作者提出了更高的要求。"信访部门和广大信访干部必须加强分析研判和调查研究,坚持用辩证思维把握形势,用法治思维引领保障,用创新思维破解难题,聚焦问题,精准发力,不断增强信访工作的针对性和实效性,帮助解决群众的合理诉求,不断提升群众的获得感和幸福感"②。统筹推进多元化纠纷解决机制建设,形成共同预防化解社会矛盾的新格局。调解处于预防化解矛盾的最前沿,是维护社会和谐稳定的第一道防线。要研究新型矛盾纠纷规律特点,建立更多行业性、专业性调解组织,及时有效化解征地拆迁、劳动争议、医疗卫生等领域矛盾纠纷。广泛推行微信调解、网上调解、电视调解等方式,加快建设类案检索、调解结果预判等信息系统,引导当事人对调解结果形成合理预期,提高调解质量和效率。诉讼、行政复议、仲裁是解决矛盾纠纷的权威性机制。要推动完善诉讼、行政复议、仲裁制度,使其更便捷、更高效,满足人民群众低成本、高效率解决纠纷的需求。推广跨域立案诉讼服务等做法,善于运用"互联网+服务"模式,推出更多便民利民措施,让人民群众打官司更方便、更舒心。

3. 信访扶贫要对准新要求新重点

信访作为群众表达诉求的重要窗口所反映的问题往往来自社会弱势群体,矛盾相对集中在企业改制、社会及劳动保障、"三农"问题、环境保护等基本的民生领域。统筹精准扶贫,要求稳定扶持弱势群体,信访领域也需要精准扶贫。信访人往往就是贫困人口和弱势群体。城市拆迁改造、农村土地征用、

---

① 李新华:《社会转型背景下信访工作创新路径选择》,《决策探索》(下半月)2012 年第 5 期。

② 许忠建:《信访工作要跟进社会主要矛盾新变化》,《湖南日报》2017 年 12 月 28 日。

城镇化以及城乡一体化建设过程中不免产生一些副作用,人为"制造"出很多信访领域的贫困人口和家庭。贫困状况主要集中在农村农民及农民工群体。党和政府应该关注弱势群体中的信访群众,尤其是在农村生产和生活方式发生深刻变革的情况下,农村劳动力在比较迁移城镇的成本和收益的基础上,更倾向于选择融入城镇。只有当城镇的收入、福利待遇等超过农村时,农村劳动力才会选择持续向城镇迁移,而农村劳动力能否真正融入城镇,也关系到城镇化的持续健康发展。在当前各地的实践中,福建省新型城镇化的发展给我们提供了可以参考的宝贵经验。福建泉州在"推进流动人口居住证制度改革的基础上,推动人口管理模式由户籍管理向实有人口管理转变"①。在建立居住证制度的基础上积极开展医疗、教育、就业等一系列社会政策,实现进城农民的基本社会保障问题。这些公共服务需要巨额资金投入,全部由政府财政支出显然力不从心,因此要通过整合资源、搭建融资平台等方式,引入风投、创投等机构,建立主体多元的城镇投融资体系。

普里戈金曾说:"非平衡是有序之源。"这里的"有序"即指开放系统中一种稳定的序。信访作为一种"目的性"行为,其系统的有序性通常指信访系统工作的目的性。信访领域的各个要素在一定条件下相互关联、共同构成信访系统,信访系统中的各要素的独立活动及相互关联又促进信访系统向有序稳定结构发展。信访要素中信访人的活动对于有序性信访系统的形成具有决定性意义。因此,信访系统的有序性追求的是信访工作目标向群众内在发展需求的自我规定性不断靠拢,以求达到信访工作的宗旨实现及其实现的方式方法受人民群众内在发展需求的自规定性所制约。

(四)统筹整体环境,整合相关资源

由房地产商违规开发引发的信访矛盾,在整个信访矛盾中占了相当大的比例,其中有许多是较为激烈的群体性矛盾,其特点主要表现为:牵涉人数多、涉及范围广、耗费精力大、化解时间长,需要多个部门联合推进化解。针对此

---

① 伍长南:《福建积极稳妥推进新型城镇化发展的建议》,《中共福建省委党校学报》2013年第10期。

种案件的解决,要充分利用统筹环境的外部促进作用。

环境对于信访统筹治理的显著作用的发挥,关键在于环境要素间的有效配置,通过对环境中的"人、时、空因素及其相互匹配关系,构成了纵横交织的网络状态,从而保证客体对环境的有效利用"①。

1. 明确主体需要与客体任务

在"目标管理"中,目标的确定是任务完成的第一步,并且是最为关键的一步。信访统筹治理中,明确主体需求与客体任务是完成对环境要素进行匹配的第一步,其中主体需求是指对信访进行统筹治理的过程中,统筹主体需要达到的统筹效果,为达到统筹效果所需要的环境要素,以及这些环境要素之间如何进行组合等等;而客体任务是指实现对信访的统筹治理。当然,治理的程度有着高低与好坏的差异。主体需求是一项主观行为,既然是主观行为,那么也就面临着变化的可能,而如何变化则与客体任务密不可分,即主体需求与客体任务在整个统筹治理中会随着信访化解这一终极目标进行调整,实现最终的增益价值。

2. 对环境进行有效甄别与转换

信访统筹环境中要素的多样性以及动态性,决定了统筹主体在对环境要素加以利用时要注意进行准确甄别,具体包括区分与转换两个部分:首先,区分是指对环境中的要素进行"亲疏远近"的区分,分辨出对客体任务完成具有直接影响、间接影响或没有影响的要素等等;其次,转换是指为达到环境对客体任务的促进作用,将环境中的间接影响要素或者不产生影响的部分转化成直接影响要素,从而将其抑制作用转化成促进作用。信访统筹治理中,信访问题的形成往往涉及多个方面的要素,包括事由、当事人以及涉事部门等。如信访事项中的"三跨三分离"状况,就是典型的涉及多地市、多部门的信访事项。这类事件的处理难点在于主体责任落实不清,其成功化解的关键就在于确定责任主体并依此对多个部门进行协调,将环境的抑制作用转化为促进作用。

3. 对核心要素进行有机匹配

从严格意义上来讲,统筹环境是由统筹主体来进行构建,即"统筹环境是

---

① 刘天禄:《统筹学概论》,中国商业出版社 2004 年版,第 81 页。

为了适应实践的需要,由人的主体作用将各相关条件聚合成有用的'波动体'"①。在信访的统筹治理中,统筹主体根据客体的需要进行环境要素的有机匹配:首先,这种有机匹配是以统筹的最终效果为标准,即匹配的结果必须使环境的抑制作用降到最小、促进作用提升到最大,进而达到最佳信访治理效果;其次,准确恰当选择时机,时机在整个环境要素中是最为关键也是最难把握的要素,时机选择合适则"事半功倍",选择不合适则"事倍功半",这极大地考验统筹主体的能力与智慧。近年来,群众的环保意识越来越强,越来越关注各项工程建设对环境的影响,全国多地因为大型工业项目可能存在环境污染隐患,而引起群众的强烈抵制,大规模聚集抗议活动时有发生。而作为责任主体之一的环保部门,在事件发生的"第一时间"通过政务外网、领导微博、部门微信、新闻发布会等渠道和形式,及时对外发布相关事件处理信息,随时回应公众的质疑和猜测,对问题的解决起到了积极作用。从中可以看出,时机("第一时间")与渠道("微博、微信、外网")的适当匹配,能有效助攻事件的解决,而这也成为许多事件及时处理的成功经验。

---

① 朱国林等:《统筹学》,时事出版社 2010 年版,第 83 页。

第六章　信访统筹的核心依据

任何事情的发生和发展都有三要素：人、时间和空间。任何工作与事业的推进也都有人、时间、空空问题。信访统筹的核心主体是党政主要领导干部。领导干部把握发展大局，利用一切机会，转化社会主要矛盾的核心依据，就是在时间、空间和人群方面寻求协调统一，形成和谐局面。

统筹的核心依据是人的实践性以及载体的客观性。统筹之所以可以进行，离不开人的社会实践。对实践活动的统筹，归根结底都是通过时间和空间关系的转换，并通过人的利益协调来实现这种转换的。随着时空关系的转化和发展，人的利益就得以维护或取得发展。因此，人、时间、空间，成为统筹的核心要素。只有对人、时间、空间三大核心要素进行协调统一，才能发挥统筹作用。

信访领域的人、时间、空间统筹，是坐等来人来访，还是提前息访、主动下访？是强化问题责任担当，还是控制信访人行动？如何在时间空间转换中协调各群体利益关系？信访事项的处理与信访形势好转，无论是对人群的利用，还是对时间、空间的利用，其成败关键在于协调。其中既有人的群体、时间和空间各自内部的协调，也有人群、时间和空间的总体协调问题。这种协调是以人群为主体，以时间为"轴线"，以空间为"链环"而构成的有机衔接、相互影响、促进与制约的关系，经过统一筹划，促进整体良性循环，聚合多方优势，趋向发展和成功。

一、"人时空"及其统一的理论

（一）"人时空"的统筹学诠释

自从地球上"处女地"消失之后，人的生存空间相对受到局限，时间也成为一种商业产品,谁能抢先一步、抓住时机,就占据竞争优势。人、时间、空间的定义和作用,随着时代进步得到不断的丰富和强化。矛盾问题的人时空统筹,更是迫不及待。信息化发展,还要求我们在解决问题时,需要考虑多方面和不同维度的因素,不能够直观和平面化地、线性地处理问题,而要通篇考虑,顾及全局,正确处理。主要体现在人、时间、空间以及三者的辩证统一关系。因此,就信访而言,无论信访涉及的是思想问题还是政策抑或流程问题,都不能单将具体信访事项独立于综合环境之外,而要充分考虑信访的核心要件与核心要素——人、时间、空间以及三者的辩证统一。"人"从来都是第一要素。

1. 统筹实践的统一体要素

在统筹实践中,我们将构成统一体的因素,包括人、时间、空间的匹配状况,称为"载体"。统筹载体应具有协调性。所谓"协调性",是指统一体内的各要素间关系和谐、运行统一的特性。在统筹实践中,就统一体而言,并不是所有人都能意识到,也不是随处可以见到,而是在对所管辖的事物构成的一个能表达实在内容的理性抽象,并在实践中反映其存在的社会价值。凡用统筹兼顾的方法认识和解决问题都离不开对人、时间和空间的综合考虑,必须顾及尔后和长远。在时间安排上要注意长期、中期和短期的结合,注意时机价值和效用价值的结合。通常情况下,中长期行为多侧重于事业的整体进展状况,短期行为则多侧重于事业的具体展开状况;时机多表现在循环转换中,效应多表达为功效的增益。凡此种种都是用时间加以协调的。在一个时段内,依据实践活动的客观规律且在相关资源具备的情况下,可以采用平行流水作业,也可以交错穿插进行,使有限的时间发挥最大的效益价值。而这一切都是以时间为载体加以筹划的。空间是客观存在的,既有点、面、体之分,又有富、源、广、狭之别,还有层次和价值上的差异。所谓"因地制宜",就是指对空间价值的有效利用。

2. 统筹实践遵从统一发展方向

时间的本质是不可逆或方向性。陈枫教授对统筹语义的时间进行研究,认为时间的向度有时点、周期、时序、时差、节奏、时机等6个方面。信访中所指之"时",既包括触发单个信访事件的发生、发展之关键"时间点",也包括单个信访事件结束后信访主体生存与发展的关键"时间点"。同时,"时"更是涵盖了整个信访问题解决的所有"时间段",且根据单个信访事件的具体特点,"时"不是封闭概念、绝对概念,它还具有向前和向后的延展性。

"凡事预则立,不预则废"。统筹时间,就是要求统筹主体,根据事情发展的周期、时序、时差、节奏、时机、时效,超前预见、预判,在定政策、做决策、"上项目"、搞改革之前,掌握"时"的先机,先行对可能引发的社会不稳定因素分析、评估和预测,超前制定化解方案或应对措施,防范风险、化解危机,把握有利时机,伺机而发,趁机而动,顺势而为,适可而止。

统筹实践以时间作为核心,所以它要遵循时间的规定即不可逆规律。宇宙随时间膨胀,总熵随时间增加,人类随时间变老,不会因克隆出新的肌体就返老还童了。炒熟的菜不可能再还原成原生菜。信访事项发生了,也就启动了一个机制,从时间上看,这个过程是不可逆的,物理原因是事物内的自组织和外部的曲面波动的共同作用,心理原因也是事情过程——时间在心里占据了空间,造成了影响,日积月累加强了影响的深度。事情发展的不可逆性,如滔滔江水东流去,一去不复返,这个时间的规定,就成为统筹第一规定。

"第一时间",是个非常重要的节点。其实,在信访实务上,"第一时间"有多个维度:第一时间报告、第一时间记录、第一时间指挥调度、第一时间总结评估。有部门概括出"八个第一时间":党政"一把手"要第一时间靠前指挥,第一时间控制现场局势,第一时间疏散围观人员,第一时间做好涉及人员工作,第一时间加强情报信息工作,第一时间处置过激行为,第一时间处置好第一现场,第一时间加强舆情监测控制和引导。第一时间、第一现场、首接责任制的统一,强调的是初信初访的"第一时间",不能及时化解,就错失良机了。

时间的不可逆规定是一切事物的根本的发展方向,它从多个方面规定了事物共同的发展方向。时间,使信访问题妥善处理的发展方向成为"有序"关系和"相容"关系的条件,信访统筹可把各种不确定因素纳入到一个有序的前提下,规范信访秩序,畅通信访渠道,在不可逆的有序的过程中,信访多方主体才可以沟通协商,统筹对象各方面才可以相容。这种相容就是整体统一的可能性,没有相容就没有整体。信访统筹首先研究的是整体关系的相容以及可能性,而不是外在的具体措施的可行性。是以相容性为条件,还是以相关性为条件,这是统筹科学与系统方法的根本区别之一。

3. 统筹实践的空间相对性

空间的本质是相对性。统筹学视角的"空间"概念不仅如此,除了相对性以外,还有主从、差异、形、转化、多样等多个向度。空间是物质的基本联系。它是有形和无形的统一。如果没有无形的部分,则是实心的,是没有空间的。锅炉如果没中空就是铁疙瘩,玻璃杯如果没中空就是玻璃块。但纯粹的无形又何来空?无边无际的无形,也不是空间,所以在有形之间才会有空间。有形是空间的部分。房子是有形的,但它的内部又有无形的部分。所以"空间是有形和无形的统一"。这样就可以正确地认识空间:任何事物或凡是存在的都是空间的一种形式。在原子核内部还有空间。电子与原子核之间的距离比例比地球到太阳还大。在此基础上,才可以理解空间的六个元素。在方法论中所谓的"一分为二"就是指空间的分切。

信访统筹的"空间",即为信访事件发生发展之空间,包括有形空间和无形空间。广义地讲"空间",相对而言比较抽象,指信访事项发生发展的大背景,即我们常说的"大形势",涵盖了国家范围甚至更大范围的政治、经济、文化发展的诸多因素,是信访统筹不可忽视的重要因素。狭义的"空间"比较具体,即触发信访事件发生的原生事件的空间环境、信访活动空间以及信访的主体客体的生活、生存空间等。网络的出现使得虚拟空间成为不可忽视的空间形式,虽然其空间具有虚拟性,但其影响力、效力有时超越现实空间。实际上,网络空间也是现实的组成部分。网络的即时、全时、交互、匿名特点,高科技产生的"虚拟现实",使得信息"可传播空间"遍及世界各个角落,媒体事件的影响力呈倍增效应,更是直指人心。"人心"空间,是目前世界上公认最难以把握的部分。信访统筹恰恰就是以此为统筹使命的。

人、时、空三者共同构成了触发信访事项的"原生事件"本身的以及信访事件的立体环境,甚至涵盖信访主体、客体、生存环境。如前所述,人时空各要素之间彼此息息相关,统一于一个整体之中。在解决信访问题时,应充分考虑到诸多要素的相互作用及其合力,以统筹的思维认识整体环境、理解相关关系。

　　实践过程的不可逆发展,即依据时间的不可逆规定发展,是有序的和连续的。但是时间的不可逆和连续要有针对性和要求性,即针对事物的可变性和要求事物的相对性。整体中有各种的相容关系。相容中包含相关关系和相干关系以及其他更多的东西。这些关系都是相对的,不是任意的,是在发展中按照不可逆的要求和连续的要求不断变化位置、条件、形式等等,即是空间的变化。空间的变化在六个相对方面呈现。

　　空间及其相对性的规定是整体发展的基础,从而是统筹的可行性条件。事物之间无限的联系是无限的中间环节过渡、无限变化的形式、无限交递的层次、无限的互相作用、无限的发展可能、无限的变化途径等等,即无限发展的整体都是以相对性为条件。一切在这个整体的网中发展,都是相对应的、对称的、对等的。

　　人们看到世间的千变万化,实质上都是生活空间中的形式变化,是相对性的变化。相对性即空间形式的相对性,是人实践的基础,人们的实践活动都是针对和利用对象的相对性,施加一定作用,使之按自己的期望和要求发生改变的。这种相对性就成为实践的可行性条件。统筹是根据实践空间的各种相对关系,按照不可逆连续的过程来统一筹划,即按相容的可能性来筹划操作的可行性。这就如同中医和西医的差别。中医治病用药,不仅考虑药效的针对性,而且考虑不同季节乃至一天内不同时辰、不同经络的药力,不仅考虑药的有效性,更注重病情的可接纳性,从而更多考虑治疗的有序性和相容性。这些都要求从时间和空间的相对性来统筹,在时间的规定下,讲求相对性条件。由于事物内的无限的相对性,使得人们对它的利用有着无限的拓展空间,空间就成为人们的统筹对象。

　　4.统筹实践的民心重建

　　政治学或公法上以及社会学的“人”,都有特殊的规定。基于自然出生而依法在民事上享有权利和承担义务的个体公民,在民事法律地位上和自然人同义。根据法律规范享有权利和承担义务的自然人,与“法人”对称。“社会人”是在社会学中指具有自然和社会双重属性的完整意义上的人,与“经济人”相对。通过社会化,使自然人在适应社会环境、参与社会生活、学习社会规范、履行社会角色的过程中,逐渐认识自我,并获得社会的认可,取得社会成员的资格。

"人"的统筹学特征是:组织、思想、技能、学习、创造、利益等 6 个向度。第一,人的根本是自主性。这是人与一切动物的区别。动物只能适应环境变化,随食物源转移,不具有自主性。人要认识世界、改造世界、改造自己。这是自主。人的自主性体现在思想性。思想包括意识、意志和思维。第二,人能意识:我是谁、我要如何度过一生等。人在改造主观和客观的时候有强的意志力。人通过思维认识事物的特点和规律、利用事物的规律。第三,实践性。思想源于实践,思想为了实践,实践承载人的本质特点。第四,组织性。没有孤立的个人,每个人都在诸多组织中存在。组织关系和组织规则以及分工决定人的行为。第五,创造性。人生的意义和价值在于创造及成果成效。第六,文化。有组织就有文化,有创造就有文化。统筹学认为,具备这六个特点,是为"人"。

信访统筹研究所指之"人",即所有与信访事项相关的人群,是具有需求特征和思维特征的个体和群体,与其他学科的"人"相比,统筹学中的"人",可以产生"需求效应"和"思维效应",因为需求总是被利益(国家利益、集体利益、个体利益)驱动,由此就会被适应、被利用、被控制,这也正是人群的价值所在。统筹实践的"人"是充满需求欲望的人。实际上,一个没有需求欲望的人群,比有强烈需求欲望的群体更可怕;没有信访,比有信访更可怕。人群对物质、精神以及综合状况的思维同样受利益驱动和制约,并因思维活动成果产生的作用和结果而呈现"思维效应"。

到底如何统筹"人"呢? 统筹作为动词,人的创造作用和组织作用即统筹作用,使可能性和可行性成为统筹的可成性,使有用与有效结合起来。人的创造作用和组织作用所反映出来的有用性和有效性的结合,体现着"度"的关系。从而"度"成为统筹的重要根据。统筹科学方法不是直接追求最大化和极值,而是追求合理与适度。这也是统筹科学与系统方法的重要区别。

对统筹者而言,其应该看到,人的意识和意志反映了认识和价值取向以及心理状态,是知识、方法和信息的组织的表现,统筹者的创造作用和组织作用,受到自身与对象的意识和意志的指导。统筹者对自身与对象的知识、方法和信息的组织,是把统一方向和相对性结合,必然是按自身的需要进行创造性的组织活动,同时又必须顾及对象的需要。因而统筹者对于空间相对性的利用,一方面按时间方向,一方面按人的需要,一方面按空间形式条件的相对性进行组织。这就是"事要解决"的空间。有人把信访工作与信访人的关系定义为"博弈",假设是个人为个人的考虑,这里不同的是,统筹者必须考虑所有人的需要。统筹对象的整体是以人、时、空及其统一关系作为框架和坐标的,统筹者通过创造活动和组织活动,控制、限制和利用各种空间形式条件的相对性,使它们相容并有序安排,实现不可逆的统一发展。

为了保证准确和真实,辩证法与认识论要求我们客观地看待事物,排除人的主观因素。然而这只是相对客观。认识任何对象的客观相对性,如果不用主观的工具去确定,就无法对对象进行认识和判断。但是这种主观选择又不是任意的、随机的,而是有"预设"的。统筹,既以人、时、空及其统一作为对象整体的框架和坐标,又以人、时、空及其统一组织作为自己的核心方法,还以人、时、空的统一关系作为对象的本质,这就使"统筹内生于对象",而适应于各种变化和发展。由于统筹方法是内生于对象的,就使得统筹方法成为克服唯心主义、主观主义、经验主义、教条主义的方法工具,使得人们认识客观世界和改造客观世界的正确性和有效性大大提升。

(二)"人时空"的信访工作定义

统筹视域的人、时、空是核心依据和载体,因为人的一切实践活动归根结底都是转换时间和空间的关系,并通过人的利益的协调来实现转换。因此,统筹就是筹划如何协调利益来转换时间和空间的关系,如成功、空间与良性循环、时间的转换,相容、空间与事业、时间的转换,可利用、空间与可适应、时间的转换等等。在这些转换中,各种利益关系,或者说通过协调各种利益,来转换时空关系。这是信访问题统筹治理的新思路。

1. 信访工作"人时空"的界定

信访统筹意义上的"人",是与信访活动相关的人,包括信访责任方、信访相关事宜的有关部门领导及工作人员;也包括服务对象"来信来访者"或"受访者";同时包括信访事件发生发展的"参与者"、"旁观者"及协助处理信访事件的"相关者";当然更包括触发单个信访事件的情感意义上的"受害者";等等。如何定位自身的全面价值,又如何把自身积极意义与价值发挥出来,同时关注他人的全面价值和需求,把不同人群、不同层次的需求差异结合起来考虑,是统筹学关于"人"的特殊规定。如此,统筹视角的人的特殊复杂性告诉了我们,对"信访人"企图"花钱""摆平"的错误。

　　在信访统筹中,随着时空关系的转化和发展,人的利益也在不断发生着变化、发展。可以利用可适应、可控、可利用、可管理的因素及其转换,促使人、时、空三者和谐统一,从而达到既定目标,达成问题解决的充分和有效。信访领域中的时间与空间,由于信访问题产生、信访人的作用及信访事项的提起,就是构成信访活动最具客观性与稳定性的制约要素,也是信访活动的组成内容与载体。载体,是主体有效活动的立足空间,承载了信访主体及其实践活动的实际价值和生命力水平。被管理对象中的一切,没有比人时空统一状况更贴近客观的,也没有一个可以脱离人时空的统一状况而独立存在的。所以,人时空统一,是整个统筹活动和实践活动的核心。对领导干部而言,在管辖范围内,在执政时间内,任何人产生信访事项,都要负起领导者的责任,以统筹观念来思考,信访统筹也必然要把人时空统一作为核心依据来考虑,不可片面,只顾一点、一时、一事,甚至某部分人的利益。为官一任,所有的建功立业,都要在人时空统一的框架内才有可能把力量凝聚为一个整体。这个道理不难懂,实践起来却是异常艰难,因为关键问题在于,何时、何地、用何物,或者何时、何地、由何人,来支配、筹划与使用何种资源,是问题的重点、要点与难点。

　　2. 信访工作"人时空"相统一的要求

　　习近平总书记曾指出:"是否做到'有信必复,有访必答'就行了呢? 我看,还不行。"①他明确强调,各级领导干部要主动沉下去,到信访矛盾突出的地方接待群众,到信访工作比较薄弱的地方现场办公,推动工作重心下移。《信访条例》有"及时、就地解决"的要求,信访工作思路也具有鲜明的时间、空间特性。在一个特定的时段,一群特定的人,针对一些不特定的问题,作出了

---

　　①　习近平:《摆脱贫困》,福建人民出版社 1992 年版,第 45 页。

一种特定的回应。这种"回应"的特点,就是"通过下访解决上访,通过上访督促下访",具体要求有"六个第一"。

(1)"第一信号"聚焦重点,把群众事情放在心上

时间是统筹的首要因素。没有"时间"的过渡,统筹就失去了意义。在信访统筹中如何寻找时间、把握时间是解决信访问题的方法论中比较重要的环节。统筹不是系统,没有既定的模式,因此在信访统筹中,实际上是解决观念和方法的问题。对于时间统筹的问题中首先需要了解在统筹学中的时间即为时点、时序、时差、时机、转折、周期。时间在空间中过渡,没有过渡就没有时间。因为"时间是一种既不能创造也不能储存的稀有资源,人们只能考虑对其利用。而时间的不可倒流和不会停滞的特性,使人们对时间的利用也只限于在不违背时间特性前提下对时间整体及其各个侧面价值的充分揭示和统筹安排方式的创新。因此对于统筹核心依据的时间,主要是价值利用问题和安排方式问题"。

(2)"第一关口"排查预测,矛盾信息及早掌握

在信访统筹中,要注重"时间关键点"以及"时间价值"利用。在经济社会发展中,党委政府作为信访统筹的主体,必须既重视抓经济效益,也注重抓社会效益。如果对群众反映的问题、提出的意见不引起足够重视,甚至对群众上访"征兆"置若罔闻,不及时采取纠错措施,就是把群众"逼"上上访之路。尤其是对于一些可能带来"政绩"却违民意、失民心的事情,领导干部要公开征询、评估、纠偏。在一些已启动的项目中,也要随时、及时关注群众反映,做好应激处理,在引发群体性信访行为之前做好适时修正、"止损"与安抚。对群众反映的问题处理要及时、到位,防止工作方法简单粗暴,甚至不闻不问,小事拖大、大事拖"炸"。针对目前办事机构存在行政流程烦琐,行政效率低下,办事推诿扯皮、拖沓等机关痼疾,2011年3月,山东省曲阜市探索构建"马上就办"。"为进一步放大'马上就办办公室'品牌效应,加快由管理型政府到服务型政府的转变,根据市委、市政府的部署要求,'马上就办一线通'服务热线(0537-4412345)于2012年3月22日正式开通运行。数据显示,截至2016年11月中旬,'马上就办一线通'共受理群众来电56497件,投诉求助类电话45760件、咨询类电话8603件、批评建议类电话1363件,办结率为98.38%,

群众满意率为 99.14%。"①这一事例有力地说明,"马上就办"对"时"的利用和把握,缩短的是人心的距离。

(3)"第一时间"研判预警,风险隐患严加管控

时间差异还体现在信访问题处理的时机问题。根据统筹原理,把信访问题的解决关口前移,在信访预警情况出现时就及时采取相应措施,把处理问题的精力放在引发信访产生的原生事件上,查找原因,并积极作为、尽力安抚,可以有效避免具体信访问题的深化恶化发展,变信访工作滞后性、待反馈的劣势为基于信访预警系统的前瞻性和可控性。一起信访事件的发生,特别是越级访的发生,有什么样的发展过程呢? 如果一位村民认为自身利益受到了侵害,首先他会找村干部反映,寻求帮助,如果得不到解决或者解决得不满意,他会一次或者多次到所在的乡镇街道县市寻求解决,最后当上述层级都无法给其满意的答复,往往会发生越级上访。在这个过程中这位村民主观认为自身利益受到侵害就是隐患,一级级、一次次的反映问题而没有得到满意的结果就是越级访苗头,最后越级访的苗头堆积得多了,就真地发生了越级上访。各级信访部门扎实做好初信初访工作,及时就地解决问题,提高初信初访化解能力,才能把矛盾控制在可控状态。

近年来各级信访部门高度重视信访隐患排查化解和初信初访工作,采取了诸多有效的措施。如有的地方设立民生服务热线,对发生在群众身边的小矛盾、小问题,坚持第一时间受理、第一时间解决;有的地方在村居实行网格化管理、一村一律师等推动村民矛盾纠纷及时就地化解;还有的地方党政领导干部坚持定期深入基层一线,变群众上访为带案下访,变被动接访为主动约访等等。这些做法都能发掘第一手资料,及时掌握群众所思所想所盼,并有效地开展工作,变被动为主动。"祸之作,不作于作之日,亦必有所由兆。"②任何信访矛盾都不是凭空产生的,都有一个渐变的过程。抓信访工作要坚持从细小问题入手,以"小中见大"的敏锐眼光和"见微知著"的警觉意识,善于从各种征兆中发现苗头,从苗头中排除隐患。

① 《曲阜探索网上群众路线新模式　马上就办一线通已处理近 6 万来电》,2016 年 11 月 30 日,见 http://news.iqilu.com/shandong/yuanchuang/2016/1130/3198684.shtml。

② (宋)苏洵:《管仲论》。

（4）"第一反应"早作处理，以群众困难解决为终点

根据统筹学原理，时间点或者说时间的关键节点对问题的解决有重要的意义，而关键时间点不是孤立存在的、不是绝对的，它具有向前和向后延伸的属性。在信访统筹中，如前所述，预防和预警对于信访问题的解决至关重要，将问题化解于萌芽状态远比发展到不可收拾再处理要有效果得多。在观念意识里，信访统筹的主要服务对象应该意识到，作为关键点的"起点"实际是在事前，在事情"未发之时"，而在处理具体信访问题时，更为有利的关键点往往是主动下访的时刻。同样，在意识领域，作为信访主要服务对象的领导干部应该意识到，作为关键点的"终点"实际上是个宽泛的概念，它应该意味着上访者实现真正意义上的生存与发展，但在具体操作层面，"终点"实际上只是信访人具体问题的解决、具体诉求满足的时刻。信访问题的解决要充分注意时间价值的利用，做到马上办、快速办、督促办。蒲江县认真总结习近平总书记在蒲江下访、接访形成的宝贵经验，形成了"简单信访马上办，一般信访快速办，疑难信访督促办"的工作机制，在第一时间一次性解决群众反映问题。"简单信访马上办，是指对简单信访事项，经过现场讲明政策给予答复，当场说明问题，引导其通过相应法定途径解决。一般信访快速办，是指一般性初次信访事项，在十个工作日内办结，并且责任单位出具的答复意见要经单位业务分管领导和信访分管领导共同审核，对审核中发现的问题，严肃问责。疑难信访监督办，是指对疑难复杂信访事项整合社会资源，凝聚大众智慧，合力攻坚化解。为化解疑难复杂信访问题，蒲江县部署开展了'百名领导督百案'活动，组织各级领导亲自包案，督促限期化解。开展'千名干部进社区'活动，将全县429个村（社区）派出指导团队，指导基层化解矛盾纠纷。"① 这里还有一个"快办"与"慎办"的关系。统筹的重点是，在节奏上要处理好快与慎的关系。快办，就是要以抓苗头为导向，早发现、早谋划、早介入，认真办理好群众的第一次来信来访，第一次来电投诉，第一次网上留言，严格落实首办责任制，力争在第一时间、第一地点、第一环节解决好群众的合理诉求，做到事事有交

① 蒲江县纪委监委：《蒲江县：百名纪检监察干部带头严格落实组织生活制度》，2018年3月8日，见 http://www.ljcd.gov.cn/show-15-52937-1.html。

代,件件有着落,坚决杜绝因工作不到位、责任不落实、处理不及时形成重信重访,防止小事拖大、大事拖难,旧案未结、新案又添,确保矛盾不积累、不上行。慎办,就是要认识到个别疑难信访事项,由于时间跨度长,解决难度大、困难多,不能急于求成,必须做好应对复杂性、反复性、艰巨性的准备,尤其是受政策限制、暂时无法解决的少数历史遗留问题,短时间内不宜结案的,要按步骤、按规定有序解决。

（5）"第一现场"早到位,与群众共患难

在信访统筹中,空间的概念包括但不仅限于有形空间(形象空间)。在现代生活中,越来越多的重大问题的解决,实际上往往是心理空间的问题,因此,空间统筹的范畴也会涉及有形空间以外的空间概念。比如概念空间、心理空间、虚拟空间等等。信访统筹中也需要一个"概念空间",对信访问题的处理与解决有一个基本的思想指导。有效的思想引导往往可以使实践目标性、靶向性更强。空间是广阔的,可以循环往复地反复利用,但是人的认识是有限的,具体信访工作的范围也是有限的,因此可以被利用的空间价值也是有限的。作为信访统筹的主体要依据信访工作的具体需要来认识空间、选择空间、利用空间。因此在信访统筹中,作为核心要件的空间,主要是空间选择和空间对待问题。在信访统筹中,问题处理的第一现场,作为信访统筹服务对象领导干部应与群众同在,以免引起群众不满,造成不良后果。

在问题解决中,化解难题要沉到一线,解决问题要马上就办,变"上访为下访"。对能就地解决的问题要及时在一线解决,把基层信访矛盾妥善化解在属地或事发地;对难以解决的问题,上报上一层级主管部门,按照"谁主管、谁负责"的原则,落实责任。信访问题的反馈也要走进一线。信访件办结后,及时向举报人反馈结果,并做好解释工作,彻底解决问题,对重要的实名举报件,及时采取电话问询、实地回访等方式,逐一回访。针对在办理信访过程中推诿扯皮、拖延慢办等现象和对信访问题处理不当造成重复信访的组织和个人,进行批评指正,纠正基层干部得过且过的心态。

（6）"第一感觉"心相通,与群众共担当

人本主义心理学家罗杰斯认为,"共情"指的是体验别人内心世界的能力。心理咨询师借助求助者的言行，深入对方内心去体验他的情感、思维，以便更好地理解问题的实质，从而帮助对方并获得反馈。同理，党员干部要更好地服务群众，也需要有"共情"能力。"想民之所想，急民之所急，办民之所需，干民之所盼"是党员干部为人民服务的具体表现和必备素质。而能否做到这一点，关键在于从群众立场出发，与群众建立"共情"，站在群众的立场、群众的角度，以群众的思维，视百姓家为己家，论百姓事为己事，谈百姓话为己话。当党员干部与百姓"共情"，"丁义珍式窗口"①、"奇葩证明"②、"门难进、脸难看、事难办"的现象将不再出现。党员干部要自觉培养"共情"能力，时常思考"群众需要的是什么"，与群众交流时，要感受对方的内心世界，设身处地理解对方，用"共情"消除隔离感，以服务之心换民心。

作为信访统筹者，各级领导及相关工作人员，要转变工作态度和方法。掌握统筹方法的目的是解决问题，但初衷却是如何更好地为人民服务。这就要求统一思想认识，有换位思考的能力，把"管理者"的身份转换为"服务者"。倾听群众诉求究竟是什么，是否合理合法，能否有效解决。另外，由于上访人知识水平、表达能力等参差不齐，诉求的表达未必能够准确、清晰，所以，处理问题还要掌握最初的原始情况，设身处地地为民着想，不能"葫芦僧断糊涂案"。要摆正自己的立场，始终站在人民群众的利益基础上，本着为民解忧，不仅解决"事"，更要本着处理好上访人生存与发展的原则开展信访工作。另外，从信访人的角度出发考虑问题，本着方便群众原则，使信访渠道畅通，防止越级上访重复上访，也是信访统筹需要解决的问题。

与群众共情不是简单之举。多年来，我国信访工作经验中积累了一些好的工作方法可以借鉴。处理信访问题我们要主动求变，变被动协调为主动上门协调，变坐在机关里为下到基层去，为问题的解决赢得先机。与群众共情，

---

① 指电视剧《人民的名义》中前区委书记丁义珍设计的光明区信访局窗口。该窗口低矮、没有椅子，来访群众只能弯腰低头和窗口里面的工作人员讲话。

② 在2015年5月6日国务院常务会议上，李克强总理曾对"你妈是你妈"的奇葩证明表示："这怎么证明呢？简直是天大的笑话！"专家认为，奇葩证明根本症结在于行政部门、办事机构搞官僚主义，是权力滥用的表现。

从作为管理者的强势到与民共商的平等关系。变对立为利益共同体。尤其是在处理基层信访问题时,更应当注意与群众的关系问题。从实际出发,将工作重点重心下移,接访中心延伸到乡(镇)街道、社区,建在群众家门口,方便群众就近信访。一切方便群众。

二、信访工作统筹的"人时空"问题

信访统筹的对象是对应、对等、对称的,即主观的与主观的放在一起,抽象的与抽象的放在一起。我们目前存在的问题是,人与事混在一起,应对事的措施,却对着人去了。似乎把信访人的思想工作做好了,问题就解决了。信访系统工作人员对应信访人,信访事项责任方与职能部门对应信访事项,这是必须区分的。属地原则,就是对称原则的要求。否则对象就是扭曲的,这是普遍存在的问题。

(一)信访工作统筹中的时间问题

时间价值正在不断被揭示,如表4所示。李克强总理在谈对已出台政策措施落实情况时提出"两个一公里":要打通"最先一公里",就是要打破万事开头难的规律,实现破局效应;而政策举措遭遇的"最后一公里",也往往是阻力最大的地方,如果不集中力量加以突破,难免会让百姓产生望洋兴叹的失望感觉。信访工作亦如此,初信初访的"最先一公里"如果不能及时打通,"最后一公里",也往往成为阻力最大的地方。时间价值要全面对待、全面利用,否则就难以无后患地把问题处理妥当。

"拖",在人时空三者关系中,最开始主要是指时间上的不协调,没有在第一时间解决问题,但实际上,在"时间"因素从有利变成不利因素时,就已经严重影响了空间和人这两个要素。时间变了,空间自然也在流转着变化着,而人的状态和心理更是快速地发生着变化。"拖",看似只是回避问题,获得了短暂的安逸,但最终无论是接访一方还是上访人都会付出沉重的代价。"拖",是对信访人生命价值的忽视。

　　许多信访事项卡在了"最后一公里"①,正常信访事项处理中应付、安抚甚至被"踢球",机制在空转,信访事项被拖成了积案,解决问题被拖成了高成本,政府部门被拖坏了形象。习近平总书记多次强调,要抓落实。抓落实,对信访工作尤为重要。解决问题是信访工作的核心,如果对信访问题的处理意见、措施只停留在纸面上,如果各涉事单位在解决过程中遇到一点困难就绕着走,不可能解决问题。

表 4　信访与时间价值利用

分类 / 内容 / 层次	释　义	信访人的时间价值利用	信访工作的时间价值利用
时差价值	做在前面,留有余地	信访人先提出变被动为主动	上访←下访 处置应急←关口前移
生命价值	全局成败的关键时间(最看重的时间)	时间就是生命,重视长期信访对生命的浪费	尚未有对生命价值的重视措施
几率价值	对某件事发生可能性的把握与处理	信访人在关键时间节点、时段、时刻的上访(非访)	"非正常上访"的处理,一直未有突破,是最费神费力的信访工作
效率价值	单位时间内的利用价值	求决效率不佳,长年专业,成本奇高	积案与重复访的大量存在。效率问题最大
循环价值	单位时间的增值,时间的循环利用	信访人一旦信访,很易成为"专业户",信访工作对信访信息也未形成循环价值	久拖不决成积案。积案即难实现良性循环
时效价值	过程中的某些时间的效果与影响不同	事情处理得越早越快越好	初信初访处理最关键

————————

　　① "最后一公里"(微信号:MqMsMx),是由新疆互联网信息办公室开通的官方微信公众平台,是为了全面配合新疆维吾尔自治区党委的决定和部署,为"访民情惠民生聚民心"活动而设立的官方微信账号。该平台目的是促进和服务于新疆的科学发展、民族团结、宗教和谐、长治久安,实现"社会稳定和长治久安"。"最后一公里"上线以来,引起国内外媒体和社会高度关注,成为传播新疆声音和讨论新疆议题的公共话语重要平台。"最后一公里"(Last Kilometer),在英美也常被称为 Last Mile(最后一英里/最后一公里),原意指完成长途跋涉的最后一段里程,被引申为完成一件事情的最后的而且是关键性的步骤(通常还说明此步骤充满困难)。

内容分类 / 层次	释　义	信访人的时间价值利用	信访工作的时间价值利用
时段价值	重要时段的有效措施产生的积极效应	日常矛盾的提前化解、日常第一时间的应对、应急处置的有效措施	第一时间采取有力措施,事半功倍
适时搭接价值	对重要时数投入时间长短的度量把握	征求民意、风险评估、民主协商、律师咨询、心理疏导、社会救助同时进行	措施要突破单一方法、单渠道投入,"组合拳"
超前应变价值	对时间与资源投入适当的预制预案	社会稳定与民生产品提供及民权保障的全过程,前瞻性分析,抓住机会、早介入	防患于未然的实务工作;使信访成为信任之访、和谐之访

说明:自创表。信访工作对统筹理论的应用。

(二)信访工作统筹中的空间问题

处理好现实与虚拟空间的关系。信访统筹中的无形空间,无疑是形成了对问题解决不利的对立化的心理空间,这种对立空间一旦形成很难消弭。有时有形空间的转换可以影响无形空间。比如说,现在许多地市的信访工作都在改善,其中比较可喜的变化就是信访空间的下移,领导以及信访工作者变被动为主动,下基层、下社群,从群众中来到群众中去,有形空间的变化极大地改变了信访者同接访者的对立关系,使彼此的心理空间缩小了,极大地促进了信访问题的转化与解决。

合适的空间对于信访问题的解决以及上访人的心理抚慰都具有重要的作用。但是,我们往往在处理问题时,会忽略这一重要因素。比如说,上访难曾经是比较突出的问题,近几年已经有所转变。但是"人难见、脸难看、事难办"的情况还是屡屡发生,比如说办一件事情要跑很多部门,比如说信访接访容纳量有限等问题。《人民的名义》接访大厅的"整人"空间设置,在管理与被管理的思维模式下,信访人承受着来自原生事件和当下行为的双重屈辱,难平其心。

大量信访积案的存在,说明没有处理好人群、时间与空间的问题,信访量上行,信访结构的"倒三角"态势,都证明这一点。目前,全国都建立了宽敞明亮的信访服务大厅,空间面积很大,服务环境大大优化。应该警惕的是,网上信访的实行,在虚拟空间畅宽了信访渠道,却没有了信访工作者面对面的悉心宽慰和解说,网来网去不见人,现实空间拉大了与信访群众的心理空间,应引起高度重视,把线上线下的服务结合起来,使得网上信访的虚拟空间现实起来。

处理好系统内网格空间关系。"众所周知的网格化管理,是将城市管理辖区,按照一定的标准划分成为单元网格,通过对单元网格的部件和事件巡查,建立一种监督和处置互相分离的形式,以网格化管理、社会化服务为方向的基层综合服务管理平台。"①较为完善的网格化管理主要是人、地、事、物、组织五大要素。基层运行中典型模式多多,主要有辽阳白塔区"一会一本一单"运作模式②;河南漯河"一格四员"运作模式③;唐山市路南区"三全七化"网格体系;宁夏石嘴山大武口区"4+6"运作模式;舟山市"网格化管理、组团式服务"信息管理平台;常德市武陵区社会治理网格化模式;枣庄市市中区网格化社会管理工作模式④;等等。实践证明,信访工作网格化管理虽有成效,却并未掌控全局。其追求的系统治理、依法治理、综合治理、源头治理,是在辖区固定空间范围内设置的,网格系统中的各个部分是绝对划分的,网格中的人是管理者与被管理者,网格服务形式掩盖着管理与控制的实质,群众看到的服务,感觉不到真诚。

---

① 康培培、韩冰曦:《网格化党建统领社区治理创新》,《人民论坛》2015 年第 1 期。

② 《辽阳:"平安白塔"建设围着群众转》,2013 年 10 月 16 日,见 http://liaoning.nen.com.cn/system/2013/10/16/011024133.shtml。

③ 《漯河"一格四员"破解社会管理难题》,2011 年 11 月 5 日,见 http://legal.people.com.cn/h/2011/1105/c226563-105061678.html。

④ 实地调研发现:枣庄市市中区网格化社会管理工作平台由指挥中心、网格信息、专题专栏、社情民意调查等 13 个模块构成,全面整合社会管理服务六大要素:人、地、物、事、情、组织,通过系统搜集、整合、分析、汇总相关数据和诉求,对每一网格实施动态、全方位管理,同时根据网格划分,对网格内的居民进行多元化、精细化、个性化服务。主要有社情民意处理、督导考核测评、共驻共享共建三大功能,三大功能互为依托、有机结合,实现了办理社情民意、管理网格员、考核相关单位以及整合综治相关业务系统的功能。从而"社情民意在网格中掌握、社会矛盾在网格中化解、民生事业在网格中落实、干部作风在网格中转变、党群关系在网格中密切、群众满意度在网格中提升"。

（三）信访工作统筹中的"人"问题

信访是群众除法律以外的又一种解决问题的办法，是一种直接的利益表达形式。但由于信访有关信息一般要经过信访办公室工作人员的筛选，然后递交有关领导、有关机关，所以从这个意义上来讲，又是一种间接的利益表达方式。信访统筹中的"人"，既包括信访人，也包括处理信访问题的领导人员及工作人员。存在的问题，恰恰就是把信访问题当面子问题，直接对着"人"下功夫。普遍认识是，信访工作涉及的都是一些具体的实际问题，关系着信访人的切身利益，关系着企业乃至社会的稳定，只有坚持把情、理、法结合起来做工作，才能收到理想的效果。

1. 讲"情理"，"以情感人"

信访部门要带着感情做信访工作。基层信访工作人员应有的认识是：对待上访人的态度，既是开展工作的基本前提，也是信访工作人员社会责任的具体体现，还是岗位工作的基本道德规范。然而，有些信访工作者对这个问题的认识并不是很清醒，特别是遇到比较棘手的问题时，情况就复杂起来，使得信访问题变得更加复杂。因此，信访工作人员的态度对问题的解决就起着至关重要的作用。带着深厚的感情做工作，就能把上访人激动的情绪稳定下来，有利于相互之间的沟通，弄清事情的来龙去脉，为解决问题提供坚实的基础；就能赢得上访人的信任，有利于有针对性地做好解释工作，使提出的解决方案能够为上访人所接受。

2. 讲"道理"，"以理服人"

绝对正确的事情和绝对错误的事情都是不存在的。在当前各种矛盾交织在一起的情况下开展工作，其难度更大。这意味着对于信访工作人员来说，要学会运用群众的语言，入情入理地讲道理，因此提高说理能力是一项必要的业务素质。但同时也要讲原则，以法律法规为尺度和红线，依理依法讲清是非。即便是再复杂的问题，也有是非曲直和可依傍的基本分辨原则，在说理时，不能在是非问题上"和稀泥"，切不可靠糊弄一时去敷衍了事，那种靠耍小聪明平息问题的做法只能把事情越搞越复杂，要善于抓住问题的焦点和关键。"不识庐山真面目，只缘身在此山中"。信访工作人员要学会当信访人的倾诉对象,不要轻易打断,要边听边站在第三方的角度综合各方面的情况分析其合理性,以及不准确、不全面的地方,待把各方面的情况都摸透后,在心里对整件事情的原委和是非曲直有一个基本判断。唯此,才能为下一步的说理打下基础。切不可不听完整情况,就主观臆断、自以为是地下结论、作评价。掌握好情况,才能把握问题的主要矛盾和矛盾的主要方面,让当事双方都认识到自己的问题。但处理具体问题不能简单粗暴地不分是非曲直地各打二十大板,要把责任分清,把困难讲明,以利于当事双方从实际出发适当降低期望值。

3. 讲"法理",以法管人

信访工作要善于借助法规的力量做工作。上访问题的最终解决还得依靠政策和法规,判断信访涉事双方是非曲直的标准只能是政策法规,离开政策法规开展信访工作是一种愚蠢的做法。信访工作人员要加强政策法规的学习,遇到问题要首先想到政策法规是怎样规定的,当事双方的矛盾焦点是因为与政策法规的哪些方面相矛盾所至,不能想当然、凭感觉、按习惯,更不能以主观爱好偏袒任何一方。对一些涉及许多政策法规的复杂问题,要加强相关法规内容的学习,弄清不同政策法规的时效和适用范围,把相关的规定综合起来运用于具体的问题之中,切不可单凭某一条具体的规定就作出结论,那样的话问题仍然不可能得到解决。要把当事人有悖于政策法规的行为、可能导致的后果向当事双方讲清楚,把对方不按规定行为后的救助途径讲清楚,以充分发挥政策法规的威慑力,促进问题的最后解决。

4. 统筹关怀"人"的生存与发展

信访统筹是解决信访问题的方法论,对开展信访工作具有指导意义。以往信访工作的开展,主要围绕解决具体问题,这固然没错,但从统筹的角度,这是远远不够的。作为方法论,信访统筹的主要目标实际上是致力于解决"人"的问题。信访统筹对象以及信访人、相关人都是"人时空"三者中的"人",无论是群体、个体的人,他们的需求都应得到充分重视。统筹学中人时空的统一,最终也是落脚在满足"人"的需求。那么何谓解决"人"的问题,要看到人是生物性、生理性、心理性、社会性的人,人有不同层次的生存与发展要求。只有信访人的生存与发展问题得到解决和保障,才能在真正意义上解决上访问题。只有培养高素质的信访工作队伍,才能在真正意义上做好群众工作。

三、信访统筹的"人时空"统一路径

人时空的统一,也就是我们所说的"天时、地利、人和"的理想状态。这不是天然存在的,因此统筹学便利用可转化的因素,人为营造便于解决和处理问题的统一状态。现实生活中信访问题的发生和处理不当,正是由于没有形成人时空统一的状态。因此,领导干部既要有对人时空的认识,又要能够把握和控制并利用条件转化人时空的可利用价值。

(一)领导干部要善于开发空间价值

《统筹学概论》曾把空间价值区分为布局价值、层次价值、流程价值、流水价值、取向价值、机动价值(一般属于输入向输出转化方面存在的价值)以及地域价值、地段价值、地点价值、扩展价值、通径价值、地差价值、互补价值、适应价值(一般属于输入方面输出方面存在的价值)等[1],这样的划分很有启发意义。信访统筹中的空间价值,与之同出一脉但更为复杂与具体,虽然不可简单引用,但使我们认识到对空间价值的合理利用是解决信访问题的重要条件。

1.利用空间的布局价值

在具体操作层面,对于原生事件第一现场和次信访场所,空间的选择性较低,主要是空间对待问题,对空间价值中的可控因素和可控方面加以利用,对空间价值中的不可控因素和方面进行适时转化,以达成能够适宜解决问题的气氛和空间环境。而对于主要信访场所,空间的选择主动性较强,但是也兼有可控性和不可控性,作为信访主体要解决的主要是具有可控性的空间问题以及不可控空间的可控因素。比如集中性的接访活动空间如信访大厅、信访接待室空间的选择性较强,作为信访主体对其设计具有主动权。此类空间,既要兼具布局价值、层次价值、流程价值、流水价值、取向价值、机动价值的功能性,又要有情感性才能更好地发挥空间价值。比如,信访空间要有明确的功能划

---

[1] 刘天禄:《统筹学概论》,中国商业出版社2004年版,第79页。

分,最基本的接待区、等待区、填表复印等资料准备区要布局合理,一目了然;流程要清晰明确,导示牌、人工导流要发挥作用,流程化服务要落实到空间中,合理利用空间的流程价值。布局价值与流程价值是需要相互配合发挥作用的。

　　2. 利用空间的层次价值

　　根据统筹空间的理论,信访统筹也有不同的空间层次。不同空间解决不同问题,具有不同的价值和意义。"属地管理、分级负责"是办理信访事项的重要原则,这要求我们在办理信访事项时要按照信访人的属地和信访事项的发生地,把信访事项转送或者交办地方或责任单位。信访事项属于哪一地区、哪一级,就交由哪一地区、哪一级处理解决,务求使信访事项件件落到实处。"属地管理、分级负责"原则,明确了信访事项的处理当以问题发生地的各级党委政府为主,并且要在信访事项发生地或信访人所在地的各级党委政府的统一领导下,通过协调、督促各个相关责任单位依法、及时、就地解决信访问题。而不能把信访问题和矛盾上移。

　　"属地管理、分级负责"原则强调信访事项属地管理的优先原则,但对跨地区、跨行业、跨部门的信访事项,如果问题属地政府解决不了,也可以由上一级政府进行干预,协助解决。问题属地的党委政府不能无故将矛盾推给信访人的户口所在地政府或者直接推给上级政府。这实际上也是对信访空间关系进行了规范。除银行、地税等垂直管理的部门或系统外,在处理信访事项时,首先要确定信访问题发生地,也就是说该由哪级政府负责就由哪级负责,如此才能强化各级政府统筹负责的意识,压实地方政府在处理跨地区、跨行业、跨部门和越级信访工作中的主导作用。

　　"谁主管、谁负责"原则是明确信访事项归哪一级政府负责之后,要求党委政府工作部门承担起具体责任,包括受理、办理信访事项,解决信访问题的责任。在处理信访事项中,党委政府各个部门之间的责任划分,应当以各部门的法定职责为依据,分工合作,在各自的职责范围内对其他职能部门的相关业务有指导和监督的责任。关于信访事项的受理、办理,各工作部门应按照信访问题的性质,属于哪个部门职责范围内的,就由哪个部门来承担具体办理的责任,层层签信访工作责任书,认真落实领导责任制,要求各级各部门"一把手"

做到不把矛盾推给政府和社会。

　　这种规定和要求,在实际操作中有些理想化,因为信访事项并非孤立的单纯"物",每个事项都是带刺"麻团",尤其是"三跨三分离"信访事项的大量存在,就预示系统思维下的网格管理和行政辖区属地管理复杂问题必然走入困境。但如何解决"三跨三分离"信访事项,如何在空间层次上统筹好,各地尚在积极探索出路。

　　3. 利用空间的差异价值

　　从高高在上到深入基层走进社区,这是信访统筹开拓创新工作方法的有效途径,同时也是信访工作空间的转化和下移。这样的实例不胜枚举,在此不作赘述。

　　创新信访网格化管理,利用空间差异值可以构筑基层稳定的经纬网。首先要创新模式,科学设置网格功能,明确架构功能。网格化社会管理模式的框架体系分为四个层级,即区、街道、社区、网格,不同空间具有差异价值。信访工作的网格化管理,就是将网格定位为社情民意收集网、矛盾纠纷调处网、社会治安防范网、突发事件应急处置网、行为规范示范网、重点人员管控网等六网交织的社会稳定经纬网。把化解矛盾、事后跟踪均纳入网络化管理中,对空间的把握越扎实就越能真正实现管理的精细化。其次要根据空间特点情况合理设置网格。根据完整性、便利性、均衡性、差异性的原则,保持现有的社区区划不变,依托庭院、楼栋、巷道的分割,按照一定户数划分。将城区所辖化成多个网格,并设置专门人员对网格区域内的情况进行管理,利用网格管理人地熟、人熟、情况熟的特点,确保每个网格情况摸得清、管得着、控得了、稳得住。从空间上看,责任到人,信访问题及时解决在网格,一是敞开门,广泛接访实行领导包案负责;二是在网格内巡逻走访,严格落实,首接负责到底;三是"回头看",防止反复,严格落实"案结、事了、人和";四是在网格建立三员制度,把问题解决在小、快、早。网格化社会管理模式,在利用空间差异价值方面卓有成效。

　　4. 拓展空间的主从价值

　　主从空间拓展,就是体现以人为本的空间设计,以实现人文关怀为主旨。以群众为本、让群众"宾至如归",让群众说话的地方体现尊严。接访大厅除接访窗口外,接访中心还应设等候大厅、调处室、巡回法庭、法律援助室、信访代理室、心理疏导室、医务室等功能性用房。在服务方面,除了卫生间,最好还能有方便群众的存包间、吸烟室、直饮水处、残疾人专用通道等。在这样的空间中,有主有次,从属与次要地位的服务型空间对主要的信访空间也会起到良好缓和作用。基层干部尝试绘制民情地图,从而精准掌握每户居民或村民家庭信息。建立民情信息,能够形成覆盖全域的民情地图网络管理系统。民情地图不仅可以记录风土人情,摸底社区情况,还能为解决群众诉求矛盾纠纷等提供依据和基础,这有利于搭建源头防控综合治理的基础信息网,并逐步形成基层矛盾纠纷排查化解的新的工作格局与方法①。对于问题较多的空间区域重点维护管理,有利于尽早发现基层矛盾纠纷的苗头和隐患,才能在问题激化之前,采取有效措施防患于未然。另外,突出平安细胞,将矛盾纠纷排查化解全部融入平安细胞工程,以"讲政策、知民情、解民忧、促和谐"为重点,完善平安细胞吸附机制,有助于协调解决群众合理诉求,方便及时就地解决群众问题,并有效减少越级访的发生。

5. 信访空间从有形到无形的拓展及转化

新时代新矛盾新特点,要求站在群众立场服务群众的理念,应用现代科技,拓展服务空间,加大推进"互联网+信访"建设力度,真正做到高效服务。在现代社会,群众表达信访诉求的渠道也进一步拓宽,集中体现在手机信访平台和微信公众号的开通。利用现代技术解决民众问题是现代信访的必由之路,网上信访不受时间和空间的限制,足不出户,群众就可以表达诉求和意愿,与传统信访方式相比,这无疑更为高效,大大节约了时间成本和经济成本。以目前的信访总量来看,网上信访已成为群众信访确定无疑的主渠道。网上信访无论是办理过程、办理方式、办理结果都是公开透明的,信访群众不仅可以实时收到系统的短信提醒,也可以随时查询办理过程与结果,还可以作出是否满意的评价,这让群众吃下"定心丸",避免了往返奔波之苦。

2015 年 11 月,山东省委办公厅、省政府办公厅下发文件,要求"市县(区)

---

① 曹惠君:《自贡大安:三级干部用脚步绘制"民情地图"》,2018 年 4 月 11 日,见 ht-tp://www.sc.chinanews.com.cn/bwbd/2018-04-11/82827.html。

都要建立网上受理平台,整合网上信访资源";"有条件的信访接待场所要设立网上信访自助服务区,安装信访自助服务系统";"有条件的村(社区)也要配备相应设施,引导和帮助群众通过互联网提出信访诉求,使网上信访成为群众信访的主渠道"。但是,现实中能否保证群众都有上网条件与技术能力?达到想用、可用、能用、会用、都用呢?看来还有很长的路要走。应当肯定的是,此乃大势所趋,信息时代必须开发拓展网络空间,建立民情在线系统大数据平台。网上收集、研判、交办、督办、评价、反馈多位一体的工作机制,有利于了解社情民意。第一时间解决初信初访,及时跟进解决疑难复杂事项。其中攻坚解决群众诉求,务求做到事事有回音,件件有着落。可以实行分片整合集成网络总枢纽,搭建民情大平台,分类研判精准把握风向标,上下联动打造办理快车道。

用发展的思维化解难题,留有余地,这是信访空间统筹的要害。由于网上信访优势日趋显现,群众由上访向上网转变。通过有效机制,使网上信访事项得到有效处理,才能实现件件有着落、事事有回音的目标要求。微信的发展,使网上信访方便群众的优势更加凸显,信访入口前端前移到了群众的口袋里。建立手机短信诉求平台,使信访工作的触角得到了充分延伸,信访入口不受时间空间的限制,信访成本低且双向互动性强,信访部门工作人员收到信息后可直接与信访人电话联系沟通,掌握信访人动态及时化解矛盾,当信访人收到短信回复时可再次回复短信对办理结果表达意见。通过这种方式,使服务群体更加广泛,社会各界群众的权益得到充分保障和尊重。

(二)领导干部要善于开发时间价值

根据统筹学原理,时间价值大致包含"时差价值、生命价值、几率价值、效率价值、循环价值、时段价值、时效价值、适时搭接价值、超前应变价值"9种①。在信访统筹中,根据具体情况的不同,领导干部对时间价值的利用,应该遵循既有规律,体现多重价值匹配利用和时间利用的非线性、多维度等特点。

1.利用时间的时段价值

信访实际工作中,各地都设立了信访工作网格化机制。从时间上看,设

① 刘天禄:《统筹学概论》,中国商业出版社 2004 年版,第 79 页。

置网格,构建信息网,保证第一时间收集信息。建立机制,形成信息流,保证第一时间共享信息。信访事项受理中心实施"云管理",保证第一时间处理信息。信访统筹依据主客体和环境的整体需要,决定对时间各个价值侧面的利用,由于时间各个侧面的价值在信访问题解决上的作用是不充分的,因而,信访统筹偏重于对于时间各个侧面价值的匹配利用。例如,为均衡时间价值,在信访问题的解决具体实践中,往往不会面面俱到使涉及的所有时间的侧面价值高峰值发挥作用,相反,为达到既定效果,审慎地解决问题,会刻意回避某些时间侧面的价值。比如说在有可能引发信访问题的原生事件发生时,信访主体要发挥时间的超前应变价值,处理问题有前瞻性,将有可能的信访问题解决在萌发阶段。接访时为避免群体性事件,将同一问题的接访时间作出调整,以时间单位划分,使信访人群分散为多个组(《信访条例》规定 5 人以下),既能有效听取意见建议,同时还避免了群体心理的负面影响。

河南省卢氏县在信访工作实践中探索推行了"三集中一周清"工作法,将矛盾排查、化解工作流程规范化、工作任务细化分解到一周内的三个时间节点,推动矛盾纠纷得到及时就地化解,取得良好效果。周一,集中排查,集中研究化解。排查出未解决的矛盾纠纷、上周未化解的矛盾纠纷、上级交办未办结的信访事项等。在具体工作中,坚持条块结合、上下联动、调防并重的方法,开展矛盾纠纷排查。"条块结合",即一方面由乡镇围绕业务工作开展排查,另一方面由包村干部队伍分包行政村开展排查,实现纵到底、横到边,上下联动及充分发挥乡镇村干部和信访三大员作用,采取拉网式排查汇总。对排查出的矛盾纠纷,由相关部门和人员汇总梳理,利用每周一乡镇党政班子例会,逐个分析研究解决方案,对一般性问题交由信访协调员按程序办理,对于办理难度较大的实行领导包案并成立工作组相关部门共同参与办理。周三,集中接访集中会商督办。周五,集中回访,一周自查总结。对一周集中排查集中督办的矛盾问题,由包村村干部通过电话短信约访、走访等形式回访当事人,掌握思想动态,建立回访档案,分类跟踪,做好后续工作。对问题解决满意的结案销案,对不满意的实行评查,查明原因继续落实包案化解责任。在周五集中回访的基础上,进行一周自查总结,通过自查总结一周工作,找出工作中存在的问题,落实相应的工作措施。将自查出的未完成工作及以前积累下来的问题,列入下一周的工作,继续实行一周清。一周一考评,一周一通报,年终总评①。

2. 利用时间效率价值

利用时间效率价值,可以提高信访问题处理效率,分级分类处理,加快办理速度,提高信访工作效能和群众满意度。分级,是按解决的难易程度,将信访问题分为简易问题、一般问题、疑难问题。分类,是按问题的不同性质,将信访问题分别引导到相应的特定渠道处理。信访信息系统的应用为分级分类办理群众诉求提供了有利条件。"简单信访马上办,一般信访快速办,疑难信访监督办"工作机制,提高了信访工作效率和群众满意度②。处理信访问题的速度越快,群众的满意度就越高,超过一定时间以后,即使问题解决了,群众也可能不满意。办理程序简化,从接待受理环节开始就坚持尽快解决问题,而不是一味地走程序。事实上,乡镇街道受理的信访问题,大多是村内事务、利益纠纷、困难救助、政策咨询方面的,能够通过简易程序得到及时就地解决。"民情夜市"是深入推进依法逐级走访探索出的一条村级预防化解矛盾纠纷工作的新路子。群众在"民情夜市"上通过对近期村"两委"班子工作开展情况、解决问题情况、便民服务情况、民生实事落实情况等民主测评,监督村"两委"班子工作,实现村民内部自我管理,推进工作落实。

据新华网报道,2013年国家标准委发布了政府热线服务规范规定,要求政府热线受理采取每周7天、每天24小时工作日;电话受理时应在15秒之内接听,连续24小时内呼叫,接通率应大于等于95%;短信及其他媒体受理时,响应时间应不超过3分钟;服务对象要求个人信息保密的应对工单进行保密处理③。这些都是利用时间效率价值的有益尝试。

---

① 《河南三门峡卢氏筑牢信访维稳第一防线》,2015年4月21日,见http://www.xysxf.gov.cn/contents/86/6662.html。

② 王慧敏、方敏:《干部多下访 群众少上访》,《人民日报》2017年8月2日。

③ 李代祥:《让政府热线"热"起来,服务才能落到实处》,2016年12月23日,见http://www.xinhuanet.com/politics/2016-12/23/c_1120178844.htm。

3. 信访系统主渠道对时间价值的利用情况(以 S 省为例)

(1)及时受理情况

虽然在如何更好更快为民服务方面,地方政府与有关部门在千方百计寻求良方也卓有成效,但我们应该看到主要渠道方面依然存在不足与问题,应该明了实际情况。就信访部门的工作事项而言,及时受理、按期办理是重要工作和指标。为此,我们专门调查了有关数据,通过数据分析,目前群众信访基本可以做到及时受理。但受理与办理有法定期限①,对时间的把握,则出现很多值得研究的环节。从信访形式看,"来访"的受理与办理普遍较差,"来信"次之,"网上信访"的受理与办理情况最好。

如图 15、图 16 所示,S 省 2017 年 1—12 月在信访部门与责任单位"已到受理期限"的信访事项中,网上及时受理率为 99.79%∶98.34%;来信及时受理率为 99.52%∶93.45%;来访及时受理率为 99.17%∶92.08%。数据显示:除了"未到受理期限"的信访事项以外,信访部门的受理率高于责任单位受理率;网信、来信与来访三种渠道的及时受理情况差异性明显,在基层也存在区域性差异;网上信访在及时受理方面具有明显优势;我们在把握时间价值方面还有很大的发展空间,尤其对群众来访的"及时"处理有待于提高。

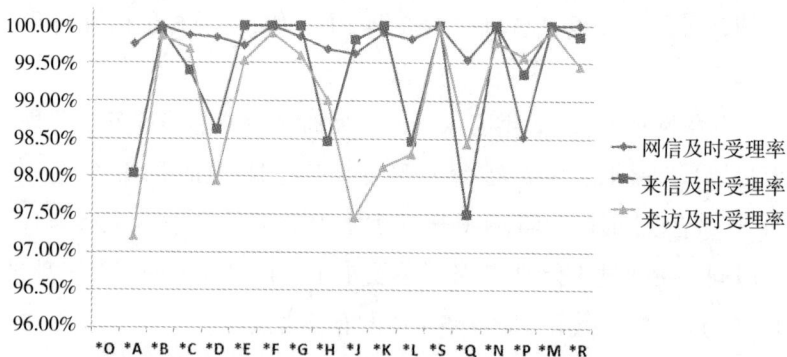

图 15　2017 年 S 省各地市信访事项信访部门及时受理率

① 受理期限规定。《信访条例》第三十三条规定:"信访事项应当自受理之日起 60 日内办结;情况复杂的,经本行政机关负责人批准,可以适当延长办理期限,但延长期限不得超过 30 日,并告知信访人延期理由。法律、行政法规另有规定的,从其规定。"

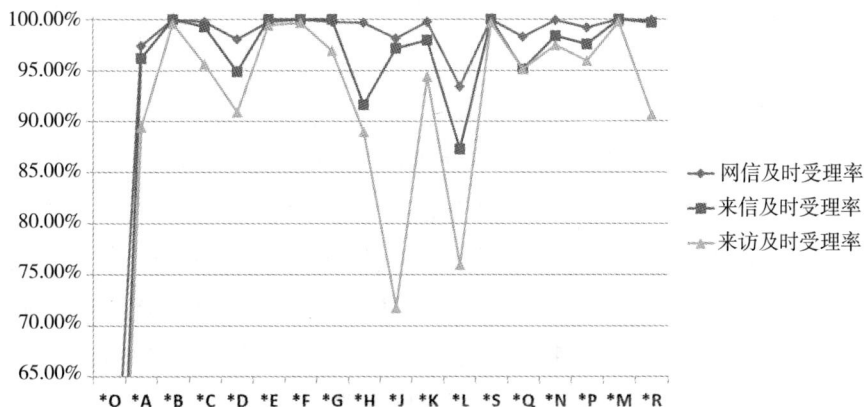

图 16　2017 年 S 省各地市信访事项责任单位及时受理率

（2）按期办理情况

在及时受理的信访事项中，已到办理期限信件为 117142 件，按时办理数为 115314 件，及时办理率为 98.44%。来信按期办理率为 94.10%，来访按期办理率为 92.19%，如图 17 所示。相比较而言，来信办理比来访办理率高，一方面说明通过计算机网络办理的便捷高效；另一方面也说明，来访涉及信访事项难度之大。

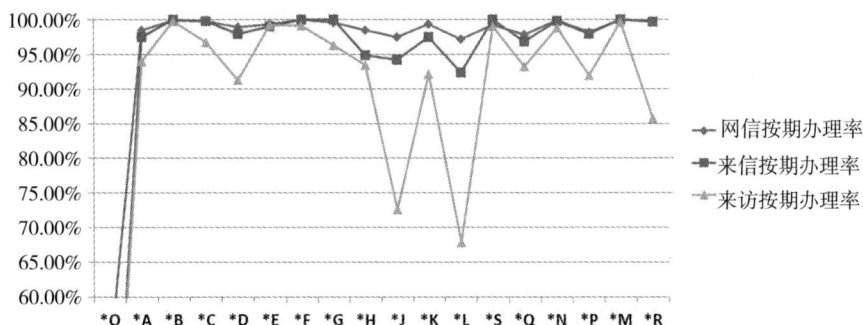

图 17　2017 年 S 省各地市信访事项按期办理率

（三）领导干部要善于开发人群价值

1. 开发信访人群体价值

（1）把握信访人群的不同价值需求

总体上看，人的需求是不同的又是不断发展的。进入新时代，对人民需要实际进行综合研判，是新时代中国共产党要完成的重大使命。群体具有不同于一般个体的心理特征，这在法国著名社会心理学家、群体心理学创始人勒庞的《乌合之众》中有充分描写。信访人群非一般群体更不可视为乌合之众，他们具有相当的组织性与特殊需求特性。信访行为的产生主要是思想的形成，即上访意愿的引导，他们的意愿诉求应该给予高度重视。党委政府对信访人群的需求和意愿进行统筹，必须基于对信访人群整体认识和需求的个性化分析，对意愿的各个价值侧面加以把握，才能更好地解决其生存意愿向发展转化的问题。

意愿统筹首先要理解产生意愿的人群。人群的显著特点在于它可以产生需求效应和思维效应。其中需求效应，几乎无例外地受着整体利益、局部利益和个体利益的综合驱动，并且表现为对外部作用的状况。比如信访人群的诉求，其诉求可能是基于整体利益也可能是由于个人利益受损。从统筹学的角度来看，人群之所以可以被适应、被利用、被控制，正是由于人群具有需求效应，一个对外部毫无需求的人群，也就无所谓人群价值及其利用问题，就不会发生需求效应。

思维效应是人群对于物质和精神及其综合状况的思维活动成果所产生的作用。他同样受利益驱动和制约，但其实质是对经验知识认知的组织加工所获得的结果。因而意愿统筹中人群的需求价值和思维价值综合表现为意向价值和实现价值。有的信访问题难以解决，正是由于不了解信访人群的意愿、诉求的价值，是一个组合体系。统筹者要对这些价值进行细分和分类管理，不了解、不认识、不重视，就会找不到重点、抓不住要害，顾此失彼。

（2）统筹意愿主体的意向价值

在信访统筹中，意向价值是信访主客体对对象活动及其结果的可能性倾向，实现价值是信访主客体目标实现的作用状况。其中意向价值包括难以改变的部分和可以改变的部分。普遍认为约定俗成的观念，影响面较大，形成历史较悠久,并且仍能符合当代当地需求的风格以及习惯性思想意识都是难以改变的意向。因此在意愿统筹中,对于这部分意向价值适宜采取主动适应和积极利用,是一种适应价值。虽然适应价值是不容易改变的观念意向,但是在实际应用中,可以被纳入可管理范围,对其进行合理利用,其作用也会是比较稳定的。对于意向价值中的可以改变的部分,是需要区别情况分别对待的一种价值,同时也是可以有所作为的价值,因而可视之为机动价值。

实现价值包括已具备的现成的和可能的两部分。现成的实现价值可以直接利用。而可能的实现价值却不是直接可用的,需要促进其生长,才能鲜明起来,这种价值往往具有巨大的机会潜力,同时又隐含巨大的风险。这样实现价值又具体区分为现用价值和备用价值两个方面。现用价值,虽然是可利用的比较明确地体现,但是有一个处于其生命周期哪个阶段的问题,相应的也有一个适应强度大小和适应周期长短的问题。因此,对于现用价值,重要的是对其现用定位和现用定向的匹配决断。备用价值往往是处于其生命周期的生长阶段,因而往往具有巨大的潜在价值。

信访群体的意向方面的适应价值和机动价值,实现方面的现用价值和备用价值,是人群的基本价值,信访统筹对象的一切利用和成效状况归根结底受这些基本价值利用状况的制约,其中使用价值和效用价值属于保守型或生存型的价值,而机动价值和备用价值属于开发型或发展型的价值。意愿统筹是对人群价值的利用,有其自身的特点。意愿统筹是从解决信访人群的生存与发展问题的整体需求来开展人群价值利用的,注重这种利用对实现信访主客体生存与发展统一性问题的影响,不利者给予排斥对待或促其转化,有利者给予吸收对待并加以维持。意愿统筹的人群利用,是把对象的生存需要和发展需要结合起来加以考虑的,意愿统筹对人群的四种价值都应给予十分的重视,而不宜短视,仅局限于生存方面的需要来对待人群价值的利用。

虽然在了解信访统筹时为了深化认识,将人时空作为独立方面分别探讨,但是在现实中,人时空是不能单独起作用的。没有人的活动,时间、空间的统筹没有意义,人时空不可分割。我们应把"人时空"看作统一体、实践活动的核心。在这个统一体中,时间因素是具有流动特性的,而空间则是相对固定的,人要通过对时间的把握去获取相对的空间。统筹科学认为,时间差异是人时空统一的第一要素,空间差异则是人时空统一的第二要素,人群是人时空统一的第三要素。因为人群本身的存在是以时空为基本形式和载体的,而人群本身的价值也是因为时空的不同而有所区别的。但是,只有在人的作用下,时空的价值才可能表现出来。人群可以通过对时空的选择,揭示时空的价值并加以利用。所以,人群在三者之中又是起主导作用的。只要改变了人群状况,也就可以带动时空利用状况的改变。在此,统筹者对人的统筹,是服务到位。通过人,才能把信访矛盾预防在时空的网格内。

2. 善于开发信访工作人群价值

任何一个组织和机构,如果信息不畅,指挥不灵,上下不通,一切就会处在被动之中。因此,信访相关工作的主要负责人应该具备敏锐的政治嗅觉和洞察力,在"第一时间"了解事关全局的重要信息,在"第一时间"掌控重大信息,在"第一时间"报告并处理重大信息。对涉及群众利益人数较多、矛盾激烈、事关全局的信访信息,党委政府的主要领导应该在"第一时间"知悉和掌控。但是往往在大规模集体上访中,却因失去了"第一时间"而不能掌控全局,因此难以理顺群众的情绪,不能解决问题。基层职能部门应该在"第一时间"把重大信息迅速报上去,不隐瞒、不拖延、不遗漏,不能在下面揉来揉去,靠侥幸过日子。这种事说到底就是某些同志的错误思想在作怪,怕报上去丢面子,怕领导怪罪没本事,结果是丢了更大的面子、惹了更大的乱子之后,还是要面对问题。我们的干部应该成为群众的主心骨,把好事办在群众心坎上。要在深化干部下访活动中,大力实施亲民、爱民、惠民工程,变群众上访为干部下访,变被动接访为主动走访,变出事后解决为事前预防。地方政府现在已经非常重视通过主动服务,改善民生工作、减少矛盾。"江苏省南京市栖霞区街道干部为网格社工,街道干部全部走出办公室,以网格为单位服务群众。对每一个走访对象登记造册,掌握辖区居民和驻街单位的基本情况和需求,历时半年共走访居民217227户,52550人。驻街单位1597家,从就学、就医、低保等七个方面,帮助群众解决实际困难问题762件,投入资金和实际实物价值350万元。"①

---

① 笪颖:《南京江北新区泰山街道"五着眼"探索网格化"慧治"新路径》,2018年6月28日,见 http://jsnews.jschina.com.cn/shms/201806/t20180628_1715303.shtml。

信访是社会问题的"晴雨表"。信访干部要善于透过现象看本质,发现信访问题背后的群众心态、社会趋势、深层次原因。从中央到地方出台的政策产生了什么问题或者需要出台什么政策解决什么问题,在群众的信访活动中都会有直观反映。作为领导干部要善于运用信访信息系统和现代统计技术手段进行数据分析,及时发现区域内带有普遍性、趋势性的问题,准确捕捉群众诉求的新变化和新特点,及时向上级反映施政过程中存在的问题,提出改进工作、完善政策的建议。

3.提升领导干部自身的统筹能力

统筹能力包括组织能力、整合能力、筹划能力。组织能力表现为知识组织能力、智识组织能力。张维为认为,能够"组织起来"是中国的比较优势①。中国基本国情是人多、地广、资源少、治理难。地广,意味着治理难度大;人多,意味着人均资源少。人多、地广、资源少、治理难,四者结合在一起,构成了中国的基本国情。不了解这一点,就无法理解中华文明的治国传统。组织起来靠党和国家的力量。自组织靠的是社会自身免疫力和群众的自我管理。组织与自组织的结合,才能消除隔阂,确立秩序,加强团结,增强力量。"组织起来"实际上是指确立基本秩序和规范,不仅仅是指通过政府组织起民众,而是指任何一种可以形成规范和秩序的作为。它既可以是政府的,也可以是非政府的。对于中国这样的超级大国而言,建立秩序和规范是第一位的,没有秩序和规范,社会就无组织可言。今天党和政府要做的也是维护和完善已经建立起来的秩序,特别是政治和社会秩序,才能在国际竞争日益加剧的当今世界始终立于不败之地。

信访问题的发生既有其历时性特征,也具有共时性特征,是与特定的人时空因素联系在一起的,与特定的社会主体之间的利益联系在一起。对问题的治理,无论是对时间维度的考量,还是对地域空间的利用,或者对于相关人群利益关系的调整,都必须善于运用辩证思维谋划,统筹兼顾、协调联动,形成既面向现实需求又兼顾长远发展的人时空统一体。

就时间而言,社会矛盾问题演变为"上访"事项,是矛盾深化积累的结果,

---

① 张维为:《能够"组织起来"是中国的比较优势》,《光明日报》2014年10月27日。

其背后必须潜藏着各种历史因素,这都需要全面梳理与统筹把握,才能找到问题的根源与突破口。同时,信访问题的治理有暂时与长久之分,是求暂时之计还是图长久之功,价值选择上就大有不同,利益导向上也大有不同,结果差异也就很大。

就空间而言,往往社会矛盾问题背后反映了各相关利益者的利益空间和对地域空间资源的诉求,在短时间内将这些利益关系快速有效地搭接起来并做到相互兼顾,需要将局部利益与整体利益、地方利益与中央利益结合起来,讲求行政区域之间的统筹协调、讲求行政层级之间的统筹协调。而对于治理主体来讲,对于如果仅按照当前的信访考核机制,将信访问题的治理一级一级下压,基层信访治理的压力急剧增大。按责权利匹配起来的基层政府社会治理的能量也会快速耗尽,需要上级、中央政策的支持,需要周围行政区域的能量的补给。

至于信访问题所涉及的人群,无论是作为治理主体的党和政府,还是作为治理对象的个体、群体,都必须在承认相互利益的基础上将公平、公正以及持续发展的理念作为指导各自行动的准则。因此,从严格意义上讲,信访问题的治理是人时空大协调的问题。

我们之所以主张在社会实践活动中以"统筹"思想为主导,旨在提醒各级领导者把所要完成的事业,以需求为牵动,以目标(或单项或多项)为指向,从全局上通盘筹划,集中全力抓好重点,同时尽最大可能搜寻相关的利弊因素,权衡分析,趋利避害,最终目的是以较少的人、财、物和时间的耗费,寻求最佳的效益。实践中有许多事例都可以说明这一点。如果单从时间出发,片面地追求高速度、抢进度,不顾人、财、物的条件,难以达成理想目标。同样,只夸大人的作用,忽视时间、空间和其他物质条件,理想目标也会落空。因而,兼顾人时空的统筹观念,在我们成就事业、服务社会、决策规划时都具有极其重要的作用。

第七章　信访统筹的内在关系

　　2017年7月20日,习近平总书记对信访工作作出重要指示,要求"各级党委、政府和领导干部要坚持把信访工作作为了解民情、集中民智、维护民利、凝聚民心的一项重要工作,千方百计为群众排忧解难"①。在任何时候任何情况下,与人民同呼吸共命运的立场不能变,全心全意为人民服务的宗旨不能忘,群众是真正英雄的历史唯物主义观点不能丢,始终坚持立党为公、执政为民②。全面深化改革,将"促进社会公平正义、增进人民福祉"作为出发点和落脚点,才是我们的最终价值取向。信访是一项承载了我党执政理想的本土化、内生性的政治制度,在国家治理体系中居于基础性地位。当前,在极其复杂的政治社会生态下,信访所呈现的乃是整个制度体系的治理焦虑,它对社会矛盾的巨大冲量在产生制度化减缓作用的同时,也承受着社会治理低效、失灵所带来的压力。应对困境,须对信访原初的设计理念进行重温和反思,尤其是在信访的政治、法治、治理等原则中形成新的共识③。应该承认,有信访才有信访工作。本章将从信访与国家体制、信访人与信访工作的相关关系来探讨其内在依据。

---

　　① 《习近平谈治国理政》第二卷,外文出版社2017年版,第287页。
　　② 《习近平谈治国理政》第二卷,外文出版社2017年版,第367页。
　　③ 刘正强:《国"访"焦虑的政治化解——对信访制度回归政治本位的一个论证》,《经济社会体制比较》2016年第5期。

195

一、信访"事业"定位指向执政目的

（一）信访"事业取向"的统筹学界定

1. 信访"事业取向"的定性

人民立场是中国共产党人的根本政治立场。人民因"信"而"访"，因"需"而"求"，信访与民生息息相关。当信访工作成为一项独立任务时，则具有事业取向，这是信访工作系统存在的理由和依据，也是与党委政府及其部门能够组成并融为一体的必要前提。其中"共通"之处是事业取向的"为民"性。统筹的中心应该是"事业、主要矛盾和利益的统一"。党的十九大报告中讲了中国特色社会主义事业、中国人民利益、美好愿望和不平衡不充分的主要矛盾等共同统一的中心。主要矛盾中既含有事业，也含有利益；同样，利益中也含有事业和主要矛盾；事业中含有利益和主要矛盾，三者交织重叠。由此确认，信访不仅是一种工作（党的群众工作的一部分、和谐社会建设的基础性工作等），更是一种事业，一种人民的事业，一种为人民服务的事业。鉴于统筹的内在依据是从对方而言的，而信访活动的被管理对象是信访主客体，信访统筹的被管理对象除了信访主客体还增加了环境，因此可以认为，只要是有利于信访主客体加环境的行为与因素，只要是具有"共通"、"为民"的特征和表现，就是具有相同的事业取向。

人以类聚，物以群分。共同的价值目标与理想信仰，具有同一的事业取向，为党委政府各个部门发挥积极作用提供了必要性依据与展开空间。信访作为事业的定性，具有重大理论和实践意义。在我们各个部门来看，事业取向是统一的，都是为人民服务，西方国家机构在形式上也提倡服务政府，差异在于是为"公民"服务还是为"人民"服务。本质差异则在于其目的与手段是否统一。我们的一切都是为了人民。我们的初衷，是为人民的根本利益而奋斗。另一方面，核心价值需要在现实中体现出来，如果没有这些实体、实业部门具体工作的体现，为人民服务就成"空中楼阁"。因此，党委政府各个部门，在事业取向的共通特点，可以用不同的方式来体现，都有自身的法定职责定位和业务范围,都要用不同的业务方式为人民服务。

2. 信访"共通"的事业取向与定位

(1)信访作为人民信访是信任之访

信访是人民信访、信任之访。习近平总书记指出:"各级领导必须放下架子,打掉官气,主动上门,把信访工作做到基层,把党的关怀和政府的济助送进普通群众的家庭。"①在《之江新语》中写道:"变群众上访为领导主动下访,是我们党的优良传统和作风,是每个领导干部应尽的责任和义务。各级领导干部,都是人民的勤务员。我们的责任,就是向人民负责,为群众解难。"②习近平总书记"以民为本"的民生理念,为信访工作是人民之信访指明了方向。开展信访工作的目的,绝不仅仅是为了解决纠纷,而是要怀有对人民群众的深厚感情,积极回应人民群众的问题和诉求。这是因为,信访群众无论提出怎样的诉求和建议,皆源于人民对党和政府的依赖和信任。这种一致性,是我们的党和政府最可宝贵的执政资本与执政基础。当事人信访的脚步不停,人民信访工作就不能停,做好人民信访工作体现着党和人民的血肉联系与责任担当。人民的立场是中国共产党的根本政治立场。党的十九大报告主题明确、内涵丰富,"人民性"是整个报告最为鲜明的特征,"人民"一词出现200多次,"民生"一词出现了近20次,整个报告贯穿着以人民为中心的发展指向。

(2)信访工作是党政领导的工作和领导行为

群众信访的对象是党委、政府及其领导人,尤其重视主要领导人。由此说信访工作是送上门的群众工作。这种群众工作,带有重要的政治功能。当前,在党的领导下,信访工作秉持以"服务人民群众"为核心的价值导向,注重对社会矛盾的即时协调与解决,以纠纷的解决实现权利救济、化解社会矛盾为主要社会功能。在信访工作机构系统、信访工作体制机制、信访工作战略、信访工作管理的过程和效果等各方面,党和政府都会根据事业价值取向统筹整合信访工作的组织功能和社会功能,使行政系统内各治理主体保持活性协同,实现信访工作与群众工作、社会工作的统筹协调,以达到群众利益综合平衡与社

---

① 习近平:《摆脱贫困》,福建人民出版社1992年版,第45页。
② 习近平:《之江新语》,浙江人民出版社2007年版,第78页。

会发展总体优化的目标。信访制度发挥社会减压作用,民众可以通过信访活动充分表达自己的困难和诉求,这也能在一定程度上化解矛盾、解决纠纷。但是,我们也必须清醒地认识到,信访制度所解决的民众的部分问题,只是缓和却并不能从根源上解决矛盾。信访部门要成为更加有效、稳定的"社会安全阀",必须要通过多种方式,及时释放社会矛盾张力,维护社会结构弹性,促使信访主体通过信访进行压力的释放,使其保持在合理限度内,并且不能满足于解决眼前的、表面的矛盾冲突,而是要持续致力于化解潜在性的冲突,防范矛盾冲突被突然"引爆",甚至演变为对政府与民众的激烈对抗,切实维护社会和谐稳定。

在长期的革命战争年代,社会主义革命与建设乃至改革开放以来亦如此,我们党最主要的群众工作方式之一,就是依靠与动员群众。主要通过两种途径。第一种途径就是倾听。就是用虚心接受和倾听的态度,引导信访主体诉说,充分了解其面临的困难和遇到的问题,把握信访事件产生的背景、原因、过程和现存状态。第二个途径就是承诺。就是引导信访主体认识到解决问题的可能,憧憬美好未来,从而发挥解决问题的正能量。我们党在多年的革命斗争中所总结出的群众路线工作经验说明,人民群众是执政之基、力量之源,是我们党必须依靠的对象。没有人民群众的支持,我们党将面临极大的政治风险,这是关系生死存亡的重大问题。

(3)信访机构作为国家机构的组成部分是人民事业的重要部分

民心是最大的政治,稳定是发展的基石。因此,事关群众切身利益、事关社会和谐稳定的信访工作,是国家事业不可或缺的重要组成部分。2016年4月21日,习近平总书记就信访工作作出重要指示指出,"当前群众通过信访渠道反映出来的信访突出问题,既有新动向,也有老难题,但都事关群众切身利益,事关社会和谐稳定。各地各部门要高度重视,强化责任担当,综合运用法律、政策、经济、行政等手段和教育、调解、疏导等办法,把群众合理合法的利益诉求解决好。"[①]党的十八大以来,我们党不断强化对于"以人民为中心"、

---

① 《习近平就信访工作作出重要指示强调　下大气力把信访突出问题处理好　把群众合理合法的利益诉求解决好》,《人民日报》2016年4月22日。

"确保人的全面发展"的原则落地,党的十八届五中全会通过的《中共中央关于制定国民经济和社会发展第十三个五年规划的建议》指出:"必须坚持以人民为中心的发展思想,把增进人民福祉、促进人的全面发展作为发展的出发点和落脚点"①。党的十九大报告中,"坚持以人民为中心"进一步被定位为新时代中国特色社会主义思想在具体实践工作中的基本方略,明确回答了发展为了谁、依靠谁的问题,落实"以人民为中心"的发展思想,要把它体现在政治、经济、文化、社会、生态等方面的各项制度和政策中去②。

(4)信访工作作为协商民主过程是人民当家作主的体现

信访问题或者说这一现象的出现本身说明,人民群众感到权益受到了侵害,必须通过上级政府、领导等官方来"主持正义"和援助,才能"平反昭雪"。多数上访者渴望有人倾听自己的"冤情",从本质上说,这其实是在渴求一种民主平等和公共协商。因此,我们可否换个角度,将信访问题作为一个"协商民主"的问题来对待和解决。协商民主主要是指"在政治共同体中,自由与平等的公民,通过公共协商而赋予立法、决策以正当性,实现理性立法、参与政治和公民自治的理想"③。从这个角度上说,信访便可以理解为中国民众参与政治的一种独特方式。美国斯坦福大学教授 Fishkin 运用一种被称为"协商民意测验"的方法来解决社会重大公共问题,这是一种"基于信息对等和充分协商基础上的民意调查,它旨在克服传统民意调查的诸多局限性。通常组织者会通过随机抽样产生参与者,然后将他们召集起来共同参与 1 至 3 天的协商论坛"④。针对由地方重大公共问题导致的信访事项,我们也可以尝试运用这一方法。基层协商民主的探索目前尚处于起步阶段。以浙江省为例,该省市场经济比较活跃,民营经济、草根经济先发,公民的民主意识觉醒较早,基层协商民主实践十分丰富、鲜活和生动。1999 年,浙江省温岭市就创设了被国内外专家学者称为"21 世纪中国农村基层民主政治建设的一道新曙光"的"民主

---

① 中共中央文献研究室编:《十八大以来重要文献选编》(中),中央文献出版社 2016 年版,第 789 页。
② 参见《党的十九大报告辅导读本》,人民出版社 2017 年版,第 340 页。
③ 廖奕:《信访改革不妨走"协商民主"路》,《民主与法制时报》2013 年 1 月 28 日。
④ 廖奕:《信访改革不妨走"协商民主"路》,《民主与法制时报》2013 年 1 月 28 日。

恳谈会",甚至吸引了国外专家学者和政府部门工作人员前去考察,获得了"最有话语权的村民"、"泥土上长出来的民主"的赞誉①。事实上,浙江省的其他很多市县也都在积极探索基层协商民主的实践形式,从武义县的村务监督,到义乌市的工会维权创新,以及乐清等地的工资协商制度等,形成了各具特色、百花争妍的良好格局,其中不少获得了中国地方政府创新奖或其他全国性的奖项,引起了中央领导的关注,一些全国性的相关现场会也相继在浙江各地召开。从农村社区治理的信访实践看,"自治下沉"和"协商治理"的信访工作方式成为基层民主治理的改革创新亮点,为新形势下提高基层组织化找到了突破口,为提升党员干部的群众工作能力找到了新途径,对国家治理能力现代化在基层中的生动实践起到了很好的助推作用。

(二)信访事业取向的组织构成

1. 信访事业取向的组织体系

"体制是指社会互动的组织体系和结构形式,包括特定社会互动的组织结构、责权划分、运行方式和管理规定等。"②根据国务院《信访条例》的规定,各级政府设立了信访机构。由于历史原因及现实需要,党委、人大、政协等组织分别设立的信访机构与企事业单位设置的信访机构,共同构成了我国信访体制。其基本特点是,行政信访是最为核心的子系统;政府信访机构与政府工作部门内设信访机构的关系相对松散;行政信访机构之间比较清晰地体现了一纵一横彼此交叉的非结构化网格管理系统。

从纵向看,根据 2005 年《信访条例》第六条之规定,中央和地方除政府专职信访机构以外,县级以上人民政府工作部门也根据实际需要,设置了信访机构③。上至部分重要的中央部委,下至部分乡镇政府,也根据实际工作需要,设置了负责信访工作的机构或配备了专职的信访工作人员。这些专职信访工

---

① 李恩侠、郭倩、赵芬:《发展基层协商民主　完善基层社会治理》,《山西社会主义学院学报》2016 年第 2 期。

② 赵理文:《制度、体制、机制的区分及其对改革开放的方法论意义》,《中共中央党校学报》2009 年第 5 期。

③ 参见张宗林、郑广淼主编:《信访与法治》,人民出版社 2014 年版,第 29 页。

作机构的设置模式虽不尽相同,但最为普遍的是实行党政合设、共同管理,而党委主管的更多等模式。

从横向看,根据《信访条例》的规定和行业、系统的实际工作需要,设立专门信访工作机构,并配备了专职人员。信访工作组织机构作为非结构化的网络体系,不同系统的信访工作机构之间的关系以及党政信访机构与人大信访机构之间的关系,其结构都较为松散,通常只是有一些业务方面的联系,并不存在权责对应关系或上下级领导关系。

纵横以及多部门协调,是信访部门解决信访事项的重要途径。在具体的实践过程中也发展出许多行之有效的多部门协调机制,在调查中我们看到联合接访联席会议,一线工作日,多元矛盾纠纷解决,领导干部介入信访事项等多部门解决信访事项的办法。尽管如此,基层信访部门在处理信访事项时还是面临某些多部门协调的困难,许多原本属于涉法涉诉的事项也难以导入法律途径,信访部门不得不处理。多部门协调存在的困难,涉法涉诉事项难以导入司法途径,背后反映的是中国社会转型时期必然会面临的诸多社会矛盾,也关涉信访部门相对模糊的职能定位。基层信访一线的工作人员,是做好信访工作、促使信访事项得到顺利解决的体制性保证,他们的素质如何非常重要。在调查中,一线的信访干部表示,基层信访工作人员要求具备较高的工作能力,他们也表示信访工作是天下第一难事,长期处于高危和长时间的工作状态,每天吸收大量的负面情绪,津贴保障相对不足,职业流动机会偏少。这些情况,使得工作人员不愿从事信访,领导干部不愿意主管信访,降低了信访工作人员作为国家公务人员在社会上的地位。信访工作人员的工作、生活条件,与转型时期信访部门所承担的繁重任务和重要职能是极不相称的,需要相应的人事制度改革来完善其处境,提高其待遇和社会地位。

2. 信访制度的治理功能

在2018年4月18日召开的"第三届全国信访制度理论与实践研讨会"上,北京市信访办副主任、中国法学会行政法学研究会信访法治化专业委员会主任委员、北京市信访矛盾分析研究中心创办人张宗林认为,信访制度是国家治理体系的重要反馈机制,它有三个支撑点:第一,它的负正效应,负反馈正效应,从信访这个窗口反馈出来的是负面的,但要达到的作用是正面的;第二,它对政府的法治建设具有隐性的推力作用;第三,刚性的依赖。我们回过头来看,大量重要政策的制定,乃至国家机构改革,包括这次国家机构改革成立的退役军人事务部,都和大量的上访、信访有密切关系。

信访制度作为中国特色的辅助政治制度,是中国共产党在革命和建设时期形成的,从全国范围来看,信访制度的形成和发展可以划分为三个阶段:创立和探索阶段(1951—1978 年),恢复和发展阶段(1978—2007 年),统合和重塑阶段(2007 年至今)①。制度功能是把握制度属性的重要切入点。从功能看,信访制度经历了从"社会动员"机制向"社会治理"机制的变迁。直至改革开放之前,信访工作的基本价值取向是解决个人政治问题、动员人民群众参与国家主导的政治斗争。改革开放后,信访工作的价值取向有所调整,政治动员与社会治理两种维度并存,并且随着时代的变化,政治动员功能不断弱化,社会治理功能不断强化,解决纠纷、实现救济成为当前信访工作的主要功能。相对而言,信访权利主体提出的信访事项和利益诉求也发生着新的变化,体现为政治参与和利益诉求两种维度并存。目前普遍认同的是信访制度发挥了权利监督、纠纷解决、政治参与、信息传递等实然功能。因此,在现阶段,把信访工作的价值与信访权利主体的利益进行统筹,把握其内在张力,把握信访工作中的情、理、法,应当成为新时期信访工作的重要组成部分。

当前,在党和政府领导下,信访工作以"服务人民群众"为核心价值导向,注重对社会矛盾的即时协调与解决,以纠纷的解决实现权利救济、化解社会矛盾为主要社会功能。在信访工作机构系统、信访工作体制机制、信访工作战略、信访工作管理的过程和效果等各方面,党和政府都会根据事业价值取向统筹整合信访工作的组织功能和社会功能,使行政系统内各治理主体保持活性协同,实现信访工作与群众工作、社会工作的统筹协调,以达到群众利益综合平衡与社会发展总体优化的目标。我们要清醒地认识到,信访制度可以解决民众的部分问题,但不能靠信访制度去解决社会发展过程中的矛盾。信访部门更有效地成为"社会安全阀",必须要通过信访工作及时释放社会张力,保持社会结构的弹性。

---

① 吴镝鸣主编:《当代中国信访与社会建设》,中国民主法制出版社 2013 年版,第 324 页。

从顶层设计角度审视信访制度面临的现实困境,我们对信访制度的分析研究应当结合国家的制度背景,并纳入国家制度设置的整体顶层设计。首先是明确信访制度在国家整体制度设置中扮演的角色,才能把握信访制度与相关制度的功能特点,以求制度发展完善的治本之策。目前信访制度发挥着多元的功能是公民表达利益诉求、监督公权力、政治参与、实现权利救济的法定渠道。基于依法治国的需求,应将信访制度纳入我国整个政治体系和法律制度框架中考量,在未来的发展中,信访制度应进一步凸显公权力监督功能和补充法治的功能。

3. 信访工作的结构性改革

党的十八大以来,习近平总书记对信访工作全局定盘把脉,让信访制度在新治理思维下继续焕发勃勃生机,突出表现为引导信访战线从内外部、宏微观等方向校准用力,厘清信访工作与其他领域工作、信访部门与其他部门的结构性关系,明晰信访在国家治理体系中的角色和定位,信访工作在党和国家事业中发挥的作用得以凸显,中国特色社会主义信访制度的框架结构越发完善。

(1)信访职能本位结构:群众工作、公共服务管理、社会治理三者的统一

第一,做群众工作是信访事业之魂。党中央就信访工作的职能定位作过多次明确,信访工作本质上是群众工作,是党和政府密切联系群众的桥梁和纽带,也是推动解决群众反映的实际问题的重要渠道。信访工作作为了解民情、集中民智、维护民利、凝聚民心的一项重要工作,解决信访问题的过程就是践行党的群众路线、做好群众工作的过程。信访工作的核心要求,在于为民性和群众性。第二,公共服务管理是信访工作的主要表现形式。当下,群众反映信访事项更多地表现为利益诉求。在全面依法治国、全面深化改革的背景下,信访法治化建设加速推进,绝大多数群众信访诉求都可以通过信访及其他法定途径来解决。信访事项办理的过程,主要表现为行政、司法等公共部门严格、规范、公正、文明办事和执法,向信访群众提供专业化、个性化服务,依法依规解决群众合理诉求。公共服务管理已然成为信访工作的主要方式。第三,社会治理是基本支撑。信访成为中国特色社会治理体系不可或缺的组成部分。做信访工作,必须在党的领导下,统筹政府、市场、社会等力量,提高工作系统化、科学化、法治化水平,才能达到好的效果,推动实现社会共治善治。基于

此,信访工作拥有党的群众工作者、公共服务管理者、社会治理组织参与者三重身份,关键是把党的群众路线贯穿信访工作整个过程,把工作做到群众心坎上,依法维护群众合法权益,防止弱化做群众思想政治工作的倾向。

作为人民的政府、人民的公仆,群众的心是买不来的,群众诉求是买不断的。要坚决反对将积案化解、领导包案简单化,为息诉息访"花钱买平安"。只有既依法按政策,又带着对群众的责任和感情,在解决群众合法合理诉求的同时,做好疏导教育工作,提高群众的思想觉悟,增强群众的法治观念,才能"维护民利"、"凝聚民心"、"保障民利"。各级党委政府要发扬我党善做群众工作的优良传统,保护和调动信访干部的积极性、能动性,循循善诱、有理有利有节地做群众工作,增强信访工作对群众的亲和力、感召力,提高解决信访问题的能力和实效。在具体办理信防事项中,既给信访干部充分做群众工作的空间,又严格按制度和程序办事,将个人的自由裁量权压缩到最小,防止侵害群众利益的情况发生;善于利用法律、经济、协商、听证等多种手段,借助社会专业力量做好信访工作,最大限度实现好、维护好、发展好群众利益。

(2)信访工作改革的路径结构:依法分类、划清边界,厘清信访诉求处理的法定途径

以国家信访局出台《依法分类处理信访诉求工作规则》为主要标志,依法分类处理信访诉求成为这几年信访工作制度改革的一个重要抓手和突破口,实实在在深化了人们对信访本位的认识,有力推进了信访法治化建设,也推进了责任政府、服务型政府、回应型政府建设。目前,民政部、人社部、国土部、卫健委等37个中央部委,已公布了"依法分类处理信访诉求清单"。清单给出了信访人想反映信访问题的相应途径。存在的主要问题:一是各部委对诉讼、具体行政行为、信访等法定途径的适用标准不完全一致,不利于树立法治的权威性。二是各部委清单呈现方式各异,有些清单内容过于复杂专业,不利于群众特别是文化水平不高的群众按图索骥。三是各部委清单既有针对本部门本单位的,也有针对本系统本领域的,对信访群众的指引性、实用性不强。针对以上问题,应该结合贯彻落实《依法分类处理信访诉求工作规则》,在实践运用中对分类清单进行修订完善,统一各部委对相同法定途径的适用标准和清单体例格式,进一步划清信访与其他法定途径的边界,推进分类处理全覆盖和

规范化、精确化。针对公安机关、司法行政机关行政与司法职能交叉的难点，严格确定相关信访事项的性质和类型，准确分流导入，依法按程序办理。在厘清信访与诉讼、具体行政行为之间受理范围的基础上，明确内部申诉、行政监察、纪律检查等其他法定途径的受理范围，加强受理衔接，最大可能向信访人提供权利救济保障。为增强清单的指引性，可结合"放、管、服"改革中中央、省、市、县四级政府部门的"职能清单"，探索建立四级信访诉求分类处理清单，以方便群众更快捷、准确地查询到投诉的层级和部门，推动阳光信访、责任信访、法治信防真正落地。

(3)信访工作愈益常规化、日常化，分解、转化并融入党委政府各个部门之中

信访诉求分类处理清单越精细，各相关主体的责任就越明晰，就越容易监督和考核。清单化推动精细化，精细化推动责任落实，确保各类信访诉求在法治轨道上得到及时妥善解决。信访工作制度改革，需在调整自身内部结构、优化与外部关系结构中持续推进和深化，构建符合中国制度和国情的信访制度体系，做到有所为有所不为，坚守信访的主责、主业和本位，同时发挥协调统筹相关各方的积极作用，将彰显信访在党和国家事业全局和治理体系中的地位与作用。

二、信访"相容性"指向利益关系

(一)信访"相容性"的含义

1."相容性"在工作关系上的反映

所谓"相容性"，是指构成统一体的结构价值间具有相融合、不排斥、共存于一体的特性。相容性一般来讲表达的是事物之间的并存、亲和、协调、配伍等关系。化工专业的相容性(Compatibility)，是指共混物各部分彼此相互容纳，形成宏观均匀材料的能力。不同聚合物按相容的程度可划分为完全相容、部分相容和不相容。统筹学所谓的"相容性"，是指构成统一体的结构价值间具有相融合、不排斥、共存于一体的特性。信访工作虽总是针对问题而来的，

其功效却是有利于党和人民整体事业的,工作中的各主体目标是一致的,关系是相容性的、相关的,不是相斥性的。从信访统筹看,信访活动中要处理的关系很多,其中尤其要注意信访的可控关系、可利用关系、可适应关系。只有对这三类关系进行综合作用,并结合其在价值统筹上的深化作用,去充分揭示和匹配利用①,才能明确信访工作体系的价值取向,走出信访工作整合困境,对信访工作职能定性、定位作出正确选择。

2."相容性"在信访活动中的体现

从理论上看,信访工作系统作为国家政治制度统一整体的一部分,其价值相容性是其存在与运行的内在依据,这是从根本上对信访整体及其各个局部、各个方面、各类关系起现实性制约作用的。信访工作如果仅仅作为"送上门来的"群众工作,只是受理、处理信访事项,是种"被动性信访"。习近平总书记说:"我们提倡各级领导带任务、带问题深入基层,解剖麻雀。通过深入基层,提高领导机关的办事效率,有利于把问题解决在源头,把矛盾消弭在萌发状态;同时,要积极做好群众的宣传、发动和思想教育工作,改进各级领导的工作作风,使党的方针、政策真正落到实处。"②从群众工作视角看,所有的信访事项皆具相容性特征,群众信访是因信而访,又是因难而访,都是对客观现实性的一种反映。因此,信访应该积极融入我党与政府及其部门的各项工作之中。

信访相容性有内部相容与外部相容之分。内部相容表现为"体系"认同,如信访制度与法律法规的自洽,信访过程的有序、信访渠道的畅通、信访事项与信访程序的内在相容性,等等;外部相容,表现为"体制"认同,分为多个不同层次,如信访与国家体制整体的相容,信访与党委政府中心工作的相容,信访权利与信访制度的相容,等等。从实际情况看,自新中国成立以来,毛泽东、刘少奇、周恩来都直接处理过人民来信和来访,党和政府对信访的态度,总体是初衷不变。但从相容的程度以及形式来看,由初期的内部相容关系,转变为外部相容关系。在总体外部相容中,又表现为只允许输入端相容、输出端控制

---

① 刘天禄:《统筹学概论》,中国商业出版社 2004 年版,第 120 页。
② 习近平:《摆脱贫困》,福建人民出版社 1992 年版,第 46 页。

性相容的态势。也就是说,信访制度作为政治制度体系的组成部分,在特定的历史条件下,其与政治、经济、文化乃至国家政治生态紧密相连。相容的形式和内容,也是与一定时间、空间、环境条件相联系的。这种情况,任何国家概莫能外。

(二)信访"相容性"的意义

1.信访相容的价值

相容的价值在于,为统一体提供存在的合理性、必要性与可能性。信访工作与党的群众工作、和谐社会基础性工作构成统一体,各成分之间具有相容性和稳定性。只要是相容的,无论是可控关系、可利用关系,还是可适应关系,统一体的各部分结构和各种关系都应当被纳入可管辖范畴进行全面的协调和统筹。从统筹学的角度看,信访工作的事业取向是其对应的价值取向和对策取向相统一的结果。因此,研究信访工作网络体系价值取向的相容性,就是要通过对信访工作的统筹研究,使得信访工作内部各方面的事业取向即价值取向更贴近信访工作环境中对应信访事业发展状况的各部分关系,确保它们在信访工作统筹中发挥更好的整体作用,以确保信访工作的和谐可持续发展。在信访工作中注重走群众路线,这既是融合了我们党群众路线的思想精髓,又吸纳了现代国家治理的新型方式和理念,充分彰显了执政党统筹全局解决信访问题的决心。许多信访局更名为"群众工作部",将信访工作进一步吸纳到体制中,有利于重构政治权力体系,督促政府重视信访问题。

微观地看,工作相容性源于系统的开放性。从信访系统看,其最基本的子系统是信访内容、信访工作者和信访人。首先,信访内容具有开放性。信访内容直接地受诉求要求、诉求形式与回应能力等的影响,同时还间接地受人的思想教育、社会的环境条件、经济发展实力等因素的影响。信访内容的开放性,表现为信访人力求更开放地扩散诉求信息,信访人不断地与其影响因素进行物质、能量与信息的交换,由此,信访内容成为信访事项一个动态的子系统。其次,对于信访工作者而言,采用开放性管理与服务,是相对于封闭性而言的,信访工作不是信访系统本身的事情,对信访事项的妥善处理,也不是信访系统可以一家所为的。封闭性管理是线性思维,是在自己系统内打转转,一个信访事项要求一个解决思路，信访系统人手再多也难以为继，而开放性思维则可以是同一问题多种思路、不同问题不同思路，让信访工作成为党和政府共同的事情，成为党的群众工作，成为和谐社会建设的基础性工作，成为多主体参与的系统工程，呈现更多的物质、能量与信息的交换，从而体现信访工作的开放性、生成性、自主性，生成更丰富多彩的信息。再次，对于信访人而言，信访人具有受法律保护的言论自由和建议权，其行为也具有开放性。开放性，是形成自组织有序发展的重要条件。信访工作应该利用其积极因素，形成正反馈、保护正反馈，纠正信访事项产生的负面影响，使之形成动态良性循环。

2. 信访相容的条件

不管信访群众有何种诉求和建议，皆源于对党和政府的依赖和信任，是因信而访。这种一致性，是党和政府最可宝贵的执政资本与基础。信访相容性是有条件的。信访群众的信访行为尽管对党和政府表达的是爱之深责之切，但信访必须是不反党、反政府、反社会，这是作为国家机器正常运转的必要条件。因此，必须以共存条件及其变化积累来对待信访的相容性问题。随着社会发展，相容关系变化到今天，对信访的输入端也进行了分类管理，实现了部分相容。在输出端的相容则取决于信访对环境的影响大小，以社会环境以及体制能够接纳和消化为度。在信访量大的情况下，信访相容性降至最低，处于被治理状态。应该看到，信访的实质是"民众与公共权力机关及其领导者交往、进行利益表达的一种方式"[①]，是在政治生活中普遍存在的，而非中国特有的现象；"信访"是国家实现社会管理的需要，处理"信访"工作是国家的一项社会管理职能。

王浦劬教授认为："信访制度的基础可以归纳为国家和政府需求、社会和公民需求这两个相互辩证联系的基本方面。从执政党和政府需求的角度来看，建立和运行信访制度的政治出发点，是为了党和政府应人民利益要求有效地治理社会。从社会和公民需求的角度来看，行政信访制度存在和运行的根本出发点，在于公民的民生需求，在特殊历史条件下，这一需求还会发展为公民私人权利救济的民生需求。就其相互联系来看，既相互矛盾又相互统一。

---

① 黄灵辉、聂军：《当代中国信访性质新论》，《湖北文理学院学报》2014 年第 12 期。

矛盾性体现为国家治理的公共性与社会成员要求的私人性之间的矛盾、国家实现需求的权力性与公民实现要求的权利性之间的矛盾。统一性则在于,国家治理权力的公共性,是通过公正合理实现社会成员权利的私人性而体现的;而公民权利的私人性,则是通过要求国家权力遵循治理规则的公共性而实现的。在此,国家与社会呈现相互依赖、相互印证、相互转变、相互即是的同一性关系。这种辩证关系,奠定、造就和巩固了我国行政信访制度的结构性复合基础。"①现实中的"信访"行为具有未经整合或弥散化、功能尚未分化的特征;而从文件和法规文本来看,当前"信访"主要被赋予了"利益表达"尤其是"行政救济"的内涵,某种程度上反映了信访机构功能日渐专门化、信访工作日渐规范化的趋势,也反映了信访制度在理想与现实之间的两难困境②。治理的原则即以统一体——国家社会发展和事业大局为重。只要单个信访事项不对社会稳定造成不良影响,不对社会安全产生威胁,即可作为人民内部矛盾来处理,可以用人民内部矛盾的方式来化解矛盾。

国之命在人心。在崇尚法治、强力反腐的大背景下,信访工作尤其强调群众的满意度评估,而要满足信访人诉求愿望、解决信访人怨气,就必须创造条件,让人民批评和监督政府。由此就产生了一个问题,那就是重程序、轻实质的问题。在整体过程、程序上,增加了公文表格的数量和走程序的时间,由此要耗费大量的人力、物力、财力、精力,由此产生了整体的职业倦怠以及烦躁、抵触的心理。尤其在信访领域,每天要面对如此之多的负面情绪和少数人的缠闹,在基层信访领域里的,这种情绪是在积聚隐性不满,最终也可能演化为影响信访相容性的因素。因此,对相容性的寻求和判定,只能是一种综合性的结果。

3. 信访相容的理解

相容性是个立体匹配的复杂概念。在国家与信访的相容性问题上,需要做不同角度的揭示和判定,不可局限于某一方面或者某个事情乃至某个时段。应该承认,信访发展演变轨迹,与国家整体发展形势是一种立体匹配状态,有

---

① 王浦劬:《以治理民主实现社会民生——我国行政信访制度政治属性解读》,《北京大学学报》(哲学社会科学版)2011年第6期。

② 叶笑云、丁秉:《"信访"意涵探析》,《中共宁波市委党校学报》2013年第1期。

着极为密切的复杂关系,不可以偏概全,而应具体问题具体分析。不同历史时期,有不同的大局要求,也就有着不同的政策及其制度体现,这种匹配是具有客观必然性的。有人认为,信访诞生于革命年代,其最初的基本功能导向和制度安排都是以服务革命需要为根本。在特殊的历史背景下,这种导向和安排对于政权初建的巩固具有重要意义。但随着政权的稳定,特别是在由革命政权向现代化国家政权转型的新形势下,社会关系日趋复杂,社会冲突日益凸显,原有的革命伦理的理论逻辑不仅不能适应社会治理方面的变革,还制约着信访制度的现代化转型。因此,必须对信访制度及其理论逻辑基础进行思考与反思,并对信访制度进行系统性的变革①。

相容性在管理对象组成上具有广延性与开放性。处理信访事项,要把信访看成一个具有广延性的、开放性的系统,要利用一切可以利用的条件、机会、成分、组织,综治维稳,化解矛盾,增进团结。也就是说,信访的广延、开放系统包括了党委、政府、纪委、检察院,也包括律师、心理学家、志愿者、工会组织、社区自治组织、基础党组织等等,甚至信访人及每个"隐性的信访人"。

(三)信访"相容性"对应的关系

国家机构、职能部门掌握着大量的社会资源或社会资本,信访问题的治理需要利用各主体间的合作与集体行动,统筹各社会主体参与信访治理是有效政府治理的重要表征。不断创新基层(社区)自治机制,构建具有中国特色的社会治理新型模式,使信访工作在与政治体制和基本国情相协调的基础上,加强与地方政府行政职能和时空、环境的有机联系,实现政府社会治理模式的变革,建设以人为本、服务为先的和谐社会,促进党群关系更加和谐稳定,构建党和政府与社会公众多元主体间的平等协商、同构共赢的管理服务模式。

1.“可控”关系的相容性:信访工作系统与国家机构、职能部门

信访工作主体与客体的价值利益统筹、信访工作与人大信访工作的价值利益统筹、信访工作系统与基层自治组织的价值利益统筹是信访工作网络体

---

① 于建嵘:《革命伦理与信访制度现代转型的困境》,《学术交流》2016 年第 11 期。

系的可控关系。

（1）信访工作主体与客体的价值利益统筹

从信访工作的整体角度看,信访主体应为行使信访权利、提出信访事项的诉求主体,即信访群众（信访人）,与之相对应的客体则是层级设置的信访工作相关部门和具体的信访工作者。从我国传统群众工作模式的功能结构来看,基层群众是我国社会的基础性主体,是国家和社会生活的主宰和主体要素,党和国家领导人及各级党政领导干部作为"关键少数",在统筹主体中是主导性主体,具有先进性、权威性、导向性和服务性等特征,通过对广大群众的政治领导、思想领导和组织领导行使其职能。由此看来,信访主体之间的关系实质上是党和政府与人民群众之间的关系,信访主体的关系定位,实质上就是党和政府与人民群众关系的定位,信访工作主体与客体的利益统筹实质上就是党和政府与人民群众的利益统筹。从整体上确立信访群众社会主体地位、信访权利与利益诉求的主体地位,才能确立以信访群众为主体的信访运行新机制,使信访工作的主体与客体之间具有相容性,成为有利于保持内部稳定的可利用关系。

（2）信访工作与"人大信访"工作的价值利益统筹

通过人大常委会和人大代表反映问题的人民来信来访称为"人大信访"。"人大信访"工作是人大常委会密切联系群众的桥梁和纽带,是了解民情、倾听民声的重要窗口,也是实施法律监督和工作监督的有效阵地。人大代表"连接两端,一头是国家机关,一头是人民群众"。因此,应不断完善人大工作,充分发挥人大代表在国家与人民之间的联系作用。这就要求人大代表保持与原选区选民或者选举单位的密切联系,经常听取选民意见,及时反映他们的意见和要求,回答原选区和选举单位对代表工作和代表活动的询问。人大代表个人解决不了的问题,可转交给常委会,由常委会代表公民出面约见官员,答复代表和选民,遇到重大或疑难问题,人大代表或者常委会还可以交人民代表大会解决。所以,全国各级人大代表在积极听取群众意见、建议或提供咨询,与信访工作中调解群众信访纠纷、督办信访问题,推动信访事项矛盾纠纷化解方面是一致的,这不仅有助于人大代表权力意识、责任意识的增强,也有助于降低群众信访成本、缓解国家司法资源紧张。

（3）信访工作系统与基层自治组织的价值利益统筹

党政信访机构与基层自治组织的联系形式是多种多样的。基层自治组织普遍与民众的接触比较直接，因此在基层信访工作中发挥着重要作用。地方政府可以在基层自治组织建立信访接待点，吸纳基层自治组织骨干力量协助办理信访事项。此外，针对特定信访事项，地方政府部门还可以采取"委托办理"，由基层自治组织办理相关信访事项，并向信访部门汇报办理结果。地方政府还可以通过县、乡信访机构向基层自治组织派驻信访信息员，及时搜集信访信息、汇报重要情况。应该承认，信访问题一直被认为是无法进入司法解决渠道的"法治剩余问题"，不仅考验着基层治理能力和信访工作者的能力，也考验着最基层的民众自组织能力。作为"任何责任"都无法"推卸"的基层治理单位，乡镇政府要把各式各样的任务和工程落实到乡村社会，"上面千条线、下面一根针"。经过我们在全国各地不下百个乡镇政府的实地调研发现，目前乡镇政府的基本运行状况和治理方式呈现出"疲于应付的忙乱状态"①。信访制度及其背后的行政体制在面对社会矛盾问题时，采取的是与法院完全不同的矛盾化解原则和机制，即：将无法进入司法解决渠道的法治剩余问题纳入行政治理范畴，由地方政府来回应矛盾、化解纠纷，促进行政组织资源优化配置，完成社会治理目标任务。信访制度具备矛盾承接与行政体制激活双重功能，在基层治理中扮演重要角色②。另一方面，又勉为其难，做不到《信访条例》要求的"及时、就地化解"，也满足不了群众"事要解决"的利益诉求，道义不相容、责权不匹配。

2."可利用"关系的相容性：信访工作系统与社会维稳系统机制

信访工作系统与社会维稳系统机制是信访工作网络体系的可利用关系。依据《信访条例》第四十七、二十、十八条规定，信访人不能进行聚集上访、择机上访、到敏感单位上访或缠访闹访等非正常上访行为。但是如果出现上述情况，应当怎样处理以及由哪些部门处理，应当详细明确管理机构或部门，相

---

① 周少来：《乡镇政府缘何容易陷入"形式主义泥潭"》，《人民论坛》2018 年第 1 期。
② 桂华：《论法治剩余的行政吸纳——关于"外嫁女"上访的体制解释》，《开放时代》2017 年第 2 期。

关制度、机制或对信访部门相关权力的规定,应该更具可操作性,通过相关的接纳、教育、管控等工作机制,使社会各方力量都能参与到疑难问题化解的工作过程中去。如何避免出现"上访",可利用的工作机制很多,如,建立健全社会风险评估相关制度,在原有的"谁决策谁评估"的制度基础上,明确由专门工作机构代表人民群众进行第三方监管,对涉及民生的重大行政事项进行监督,及时纠正偏差和错误;建立矛盾纠纷评议终结机制,在评议终结过程中引入社会力量,并持续完善人民调解、行政调解、司法调解,共同形成"大调解"格局;完善社会公共服务机制,建立健全基层(社区)服务和管理网络,构建新型基层(社区)管理和服务体制;动员组织群众力量,推动群众在自我管理、自我约束的基础上参与社会矛盾和冲突纠纷的化解。同时,建议信访机构与民政部门联合协同,推动建立社会救助机制,对生活困难的信访人,依法进行社会救助,对有严重精神类疾病的上访人,依法进行大病救助[1];建立心理干预机制,对有心理疾病或心理创伤的信访人,要积极开展心理治疗和心理干预,帮助他们疏导不良情绪,杜绝危险心理倾向;建立健全社区群众自我教育引导机制,帮助信访人正确认识、处理各方利益关系,确立比较适当的心理预期;建立健全社会力量参与机制,吸纳社会志愿者、心理咨询师、律师等组成社会工作者队伍参与信访工作,为信访人提供相应的专业服务。信访部门应加强与社会保障部门的衔接,对涉及社会保障、社会保险事项的信访人,引导到相应的部门或帮助他们了解相关渠道。

3."可适应"关系的相容性:社会组织、企业间的价值利益统筹

信访部门与社会组织、社会精英和企业之间的价值利益统筹是信访工作网络体系的可适应关系。社会组织、社会精英和企业等都掌握着大量的社会资源或社会资本,信访问题的治理需要以上各主体间的合作与集体行动,统筹各社会主体参与信访治理是有效政府治理的重要表征。构建中国特色的社会治理模式,使信访工作与基本国情、政治体制、县级政府行政职能和行政的时空条件与环境有机联系,有助于推动政府"治道"变革,推动党和政府管理社会、治理国家的现代化进程,在党与群众、政府与社会多元主体之间建立相互

---

[1]　陈柏峰:《信访制度的功能及其法治化改革》,《中外法学》2016年第5期。

尊重、平等协商、合作互动、同构共赢的关系模式。

社会组织是相对于政府、市场之外的第三部门，是建立在国家—市场—社会这一制度框架之中的社会自治领域。例如，青年社会组织是社会组织的重要组成部分，是指主要参与主体为青年或服务对象为青少年的社会组织①，青年社会组织的发展现状一般可以通过对其专业化、职业化、项目化水平的考察来呈现②。新时期，青年社会组织的发展应该坚持"以政社分开为前提，以政府职能转变为基础，以政府购买服务为纽带"的指导原则，弱化政府对青年社会组织的管控，强化青年社会组织的自主性，借助市场力量，激发青年社会组织开拓新项目、提升服务水平的潜能，初步形成"社会"、"政府"、"市场"三方力量协同发展的格局③。统筹企业信访的主体是企业领导人。以现在"一岗双责"的要求，两个一把手都应该负责，但是具体工作还是应该由书记主抓。目前某些国有企业改制中的下岗职工信访问题依然比较严重。"农民工"讨薪的信访活动，更是成为全国层面的重点、热点和焦点问题。

其实，信访群众工作与信访法治化之间也有价值利益统筹问题。如果单纯从法治的角度处理问题，那么就要按照法律规则和法律程序依法办事，保障当事人合法权益，对不合法诉求可以直接驳回，对按照程序终结的事项可以不再受理。而信访工作作为党和政府群众工作的一部分，对信访工作与信访法治化之间的价值利益统筹要求更高。现实生活中，不少信访人针对人民法院立案受理、开庭审理或强制执行的案件进行上访，要求维持、撤销或变更人民法院裁判结果，这无疑是对司法权威的巨大挑战。因此，信访制度是作为一种类似于司法制度、行政救济制度的纠纷解决机制进入法治体系，从形式法治和程序正义的视角看来，以信访群众为主体的信访纠纷解决机制存在很多弊端，有种观点强调取消信访，或信访法治化，出台《信访法》。但信访工作是对民众诉求的主动回应，具有明显的调和性，是缓和社会矛盾、消除社会对立、维护

---

① 郑长忠：《走向政党主导的多元合作：中国公民社会的生成逻辑——基于对中国共青团与青年社会组织关系的考察》，《中国青年研究》2010年第8期。

② 柳拯、黄胜伟、刘东升：《中国社会工作本土化发展现状与前景》，《广东工业大学学报》（社会科学版）2012年第4期。

③ 方国平：《新型政社关系的重构——上海市的探索与实践》，《中国行政管理》2010年第4期。

社会稳定的途径,有其存在的现实合理性。

三、信访利益关系的整合

目前信访系统普遍的各自愿景和要求是,合力打造"法治信访"、"责任信访"、"和谐信访"。提出建立全国信访工作统一适用的工作规范,明确信访工作价值、信访工作规范化程序、信访工作职能范围、信访事项受理范围、信访工作责权分配制度等,明确信访制度与其他救济制度如诉讼和行政复议等之间的关系,制定符合实际操作的程序,打造"法治信访"。同时,以提升群众满意度为抓手,积极开展社会稳定风险评估工作,各级各部门各司其职、各负其责,构建职能对接互补、条块有机结合的社会稳定风险评估机制,打造"责任信访"。重视对网络平台功能的打造和网上信访制度的完善,升级和完善信访机构的官方门户网站,构建起人民群众学习了解信访政策、依法反映信访诉求的网上平台,合力打造"和谐信访"。具体应该整合的利益关系可概括为三大类 11 个要点。

(一)信访利益关系的矛盾重点

1.信访工作主体与客体利益关系矛盾

(1)需求与供给形成反差,本领恐慌遇上职责错位

一方面,我国国力增强,人民生活水平显著提高,追求美好生活的愿望也日益强烈,尤其是超越基本物质需求的消费性需求、发展性需求、社会性需求在不断增多,这些都与利益关系有关;另一方面,我国的信访机构设置名称繁多且数量庞杂,但却未形成一个统一协调的工作机制。从领导体制方面看,国家、各省以及各市县的信访部门,都存在着体制不统一的问题。整个信访工作并不是一个完整、系统的机构体系,缺乏上级对下级的工作指导;党政机关与政府相关部门分别设置信访机构,且机构之间的工作职能缺乏沟通与协调,造成信息不能共享,大量信访资源被闲置,直接导致信访事项被多级重复受理,或者出现相互推诿的现象。尽管各级信访机构责任重大,但职能、权力不协

调,工作指导和信息共享缺失。近年来,信访工作的权责错位现象更加凸显。一方面,信访部门无法从职能安排上掌握解决矛盾冲突的实质性的公共权力和公共资源,而信访事项解决又往往依靠十分具体的司法行为或行政性行为;另一方面,社会公众常常把信访部门当成责任主体认为信访部门具备直接解决问题的能力,这就使信访工作长期处于权责错位的尴尬境地。新修订的《信访条例》赋予了县级以上信访工作机构三项新的职权,即完善政策、改进工作、给予行政处分建议的职权,简称"三项建议权"。"三项建议权"是信访工作机构强化职能、树立威信的重要手段和措施。但是,信访工作机构一般只具有程序性权力,不能直接作出行政决定或行政行为,只能协调和督促权力机关依法处理,督促信访事项得到依法妥善解决。而且,如果信访部门在工作实践中较多地行使"三项建议权",还往往会影响信访部门与其他职能工作部门的融洽关系,甚至可能造成信访工作无法得到职能部门支持的无奈窘况。此外,信访部门对《信访条例》中明确禁止的违法信访行为缺乏法制化的或其他有效的遏制手段,工作常常陷于被动和风险中。

现存的一纵一横交叉非结构化的信访管理体系,虽有其优越性,但在实际操作中也存在诸多弊端。从横向上看,信访部门负责接收和处理社会从各个阶层、各个领域反馈过来的信访信息,然后经由信访部门向政府相关职能机构进行转交。这是一个时空转移的过程,即接收信息的部门将信息转移向处理解决的政府职能机构。而政府职能机构设置和权力结构的复杂性往往会影响沟通的时效性,降低沟通质量。因此,复杂的机构设置降低了信息处理效率,并可能会因信息在转移过程中出现偏差、处理不当等,而引发针对政治体系的压力。

从纵向上看,信访尚未真正形成结构化、体系化的管理系统。政府领导下的"属地管理、分级负责,谁主管、谁负责"原则,这就是说哪个地区、哪个部门出了问题,就由哪个地区、哪个部门自己解决。这就造成信访机构之间的隶属关系缺乏规范,上一级信访机构对下一级或同级别各部门信访机构的管理、指导、约束都十分松散,欠缺管制协调。并且按照属地、分级管理原则,逐级反映到上级主管部门的问题,最终还是要回到原地区、原部门自行处理,这就相当于让政府和相关部门既当运动员又当裁判员,其结果可想而知。行政机关工作人员将信访人呈交的上访或检举、揭发材料以及相关情况外泄是违法行为，但在现实中，上访材料尤其是检举揭发信被转回到原行政机关的现象屡见不鲜，信访人被跨省"截访"、打击报复的现象也并不少见，这也直接导致了信访人越级上访、集体上访、重复上访等现象的发生。

（2）主体诉求变化与回应迟缓

随着时代的发展和我国经济发展与对外交流的不断加强，尤其是在当今的社会转型时期，信访权利主体即人民群众的政治参与意识、维护自身权益的意识在不断加强和提升。与此同时，我国多年来重经济建设轻社会建设和管理的负面效应逐步显现，社会结构、社会地位和收入的两极分化日益加大，引发了大量的社会矛盾，这也使得信访工作面临着越来越多的新问题，出现了许多新的特点和新的变化。多年前，信访人请求解决的大多与个人的特殊情况、特殊问题相关，一般为当事人自身的相关利益和诉求，属于个体信访行为，社会影响力有限。但近年来，信访事项更多地牵涉到一些深层次的社会问题，比如改革发展过程中群体利益的矛盾激化，信访主体往往是一个特殊的群体或阶层，信访事项牵涉的往往是群体利益。因此，信访事项的处理过程和处理结果很容易引起类似群体的关注，其影响力广泛而巨大。且由于交通便利，以及信访人长期形成的来访比来信更直接、更容易促使信访问题更快得到解决的思想误区，使得近年来群众来访的比例大增，而来信的比例逐降。作为信访回应主体的信访机构，工作人员短缺，甚至在部分地区，信访机构人员都是从其他单位临时抽调拼凑起来的，效率低下、应对乏力的情况无法避免。

（3）信访高位运行与被动应对

近年来，为破解信访工作困局，从中央到地方，出台了很多应对举措，在一定程度上缓解了信访工作所面临的困境。但是，信访途径依然是人民群众在诉讼救济之外优先选择的权利救济渠道，导致信访事项总量长期居高不下，"上访"、"访非"数量居高不下，已终结信访事项的回流"重访"现象出现。与信访高位运行形成鲜明对比的是信访工作凸显的被动应对。很多地方政府将信访工作与维稳绑定考核评价，抱着"稳定压倒一切"的思想，想方设法安抚上访当事人、平息上访。同时，由于司法救济、行政复议、行政调解、劳动人事仲裁、社会组织调解等多元化矛盾化解机制的缺失，致使信访工作成为社会各级各类矛盾反馈的首要和主要渠道,难上加难。

2.信访工作价值与利益关系的矛盾

(1)信访制度权力与责任不匹配

由于信访部门的"门槛"较低,任何个人如有无法解决的问题,都可到信访部门反映、提出诉求,笔者曾经遇到因为总找不到结婚"对象"而来访。很多群众把信访部门当成能够直接解决问题的主体责任部门。但实际上,信访部门并不具备相应的职能权力。在实际工作中,由于信访部门组织体系不完善、不独立,权力与责任不匹配,信访部门本身还受到本级以及上级党政机关的制约,在调查、监管、批转等工作中困难重重。在面对信访事项时,只能采取走走程序、尽力安抚等明哲保身的方法;或是采取避重就轻、拖延塞责的策略。这种职、责、权不统一的"责任重、权力轻"状态,把信访工作的权威与价值消磨殆尽。应该承认,现行信访制度在责权设计上"头重脚轻",是导致信访工作陷于困境的制度性根源。

(2)信访工作付出与考核制度不对称

在部分地方,"信访量"被当作反映社会稳定程度的数据,即信访量越大,就说明社会矛盾冲突越严重,甚至说明党群干群关系越紧张。与此相应的是,信访制度成为一种刚性的责任制度,各地普遍实行领导责任制和责任追究制。这虽能在一定程度上明确职责,推动问题解决,但也会产生一些负面效应。追责制使得党委政府部门强化了对越级上访、集体上访等非法上访行为进行有效"封堵"的责任追究,却往往忽略了对维护群众利益、化解利益纠纷进行有效"疏导"方面的考核,这也是信访工作出现价值偏离的主要原因。有些地方政府则抱有息事宁人的思想,"花钱买平安",无原则地妥协,希望信访人在获得额外补偿后偃旗息鼓,不再给政府"找麻烦"。但这两种极端方式却往往适得其反,越级上访、缠访、闹访的现象更加突出。在目前政府体系内部运行的众多"检查考核",根本走不进"人民群众"之中,这是各种"形式主义调研"和"形式主义考核"之所以长期存在并在"体制内盛行"的社会性体制根源①。"看似新表现,实则老问题",绝非高喊"一两句口号"所能遏制,更非开展"一

---

① 周少来:《乡镇政府缘何容易陷入"形式主义泥潭"》,《人民论坛》2018年第1期。

两次运动"所能根除的。

（3）信访工作程序规范化要求与实际的不稳定性

信访工作依据《信访条例》规定的程序性规则开展工作。这信访工作程序常会受到党政机关内部工作制度、工作程序的影响。与法律诉讼、行政复议等相比较，信访工作程序的不稳定性主要体现在：一是信访事项处理程序不够公开透明。信访工作主要采取与信访人交谈听取其口头表述或阅读信访人提供的书面材料，在办理过程中一般不让信访人与事项处理当事人见面。处理结果一般也只有信访人、当事人和负责受理的信访工作人员知晓，整个处理程序不够公开透明，容易引发信访人的猜疑，降低了信访工作的公信力。二是涉及行政机关的信访事项，尤其是行政行为引发的群众信访，结果往往很难令信访人满意。三是信访处理结果不具有代表性、权威性，处置结果评价缺乏明确标准，不同当事人提起的信访事项，其处理结果可能截然不同。因此，信访处理结果很可能轻易就被新的信访行为推翻，这也导致了重信重访现象的存在。信访工作法治权威尚待确立。

"阳光、责任、法治"，如今已成信访工作制度改革深入人心的名片。党的十八大以来，以习近平同志为核心的党中央高度重视信访工作。中央的信访联席会议机制，对于信访焦点、难点性问题及群体性突发事件的协调和化解发挥了重要作用，从中央到地方各级都应使联席会议工作常态化、规范化，使信访部门法治权威和话语权较低、协调职能部门能力不足的劣势尽快得到改善。

（二）信访利益关系的机制性完善

1. 依法分类处理，科学细化清单

2017 年 8 月，以国家信访局出台《依法分类处理信访诉求工作规则》为主要标志，依法分类处理信访诉求成为这几年信访工作制度改革的一个重要抓手和突破口，实实在在深化了人们对信访本位的认识，有力推进了信访法治化建设，也推进了责任型政府、服务型政府、回应型政府建设。2015 年 1 月，国家信访局会同国务院法制办研究形成了《分类处理信访投诉请求的主要法定途径及相关法律依据》，提供给 37 个国家部委作为梳理分类处理清单的重要参考。在各个部门开列问题清单之后，信访部门突出的责任是：对历史遗留问题、政策调整产生的问题、没有明确的法律法规规定难以确定法定途径的问题等,信访途径发挥"兜底作用";疑难复杂信访问题的协调推动解决;通过督查督办督促推动相关地方和部门积极履行职责,保障群众信访投诉请求得到及时就地解决。

当然,在实际操作运用中对分类清单要进行修订完善,统一各部委对相同法定途径的适用标准和清单体例格式,进一步划清信访与其他法定途径的边界,推进分类处理全覆盖和规范化、精确化。目标是在厘清信访与诉讼、具体行政行为之间受理范围的基础上,明确内部申诉、行政监察、纪律检查等其他法定途径的受理范围,加强受理衔接,向信访人最大可能地提供权利救济保障。为增强清单的指引性,可结合"放管服"改革中中央、省、市、县四级政府部门的职能清单,探索建立四级信访诉求分类处理清单,以方便群众更快捷、准确地查询到投诉的层级和部门,推动阳光信访、责任信访、法治信访真正落地。信访诉求分类处理清单越精细,各相关主体的责任就越明晰,就越容易监督和考核。清单化推动精细化,精细化推动责任落实,确保各类信访诉求在法治化轨道上得到及时妥善解决。信访工作制度改革,需在调整自身内部结构、优化与外部关系结构中持续推进和深化,有所为、有所不为,坚守信访的主责、主业和本位,同时发挥协调统筹相关各方的积极作用。

2. 强化信访监督,转化信访救济

我国传统的信访工作长期以来侧重于单纯的行政救济。在将依法治国作为治国理政总体框架重要方面的大背景下,我国的信访工作也必须适应新形势、迎接新挑战,切实推动由单纯的行政救济向行政与司法救济相结合,再向以司法救济为主转变的进程。可从以下方面作出改进:一是进一步理顺信访诉讼和行政复议等社会矛盾纠纷解决机制之间的关系,逐步建立起协调互补的、系统性的、能够更有效化解社会矛盾的纠纷解决机制;二是信访部门应当在接访工作中注重普法宣传和司法救济引导,帮助上访人理性表达利益诉求,促进信访事项在司法途径中有效解决①。因此,很有必要在信访工作中增加培训学习的设置,成立开放性的信访学校,公开正面宣传、引导有信访意向之

---

① 吴镝鸣主编:《当代中国信访与社会建设》,中国民主法制出版社2013年版,第146页。

人正常信访,也包括对信访工作人员的规范化培训。

在延续信访工作传统、满足群众和社会需求的基础上,吸收借鉴其他国家设立"申诉监察专员制度"的做法和经验,建立信访行政申诉救济机制。将信访的行政监督职能贯穿于行政调解、行政复议和行政裁决全过程,赋予信访监督与救济的综合性职能和权限。信访机构可以根据情况启动独立的监督督办程序,这就使得信访处理可以具有一定法律效力,可做到对信访事项的"案结事了"。"2013 年以来,国家信访局先后分 13 批次、派出 64 个督查组、抽调 643 人次、赴 30 个省份及新疆生产建设兵团,对信访事项进行实地督查,有力地推动解决了一批突出信访问题,维护了群众的合法权益,增强了信访工作的权威性和公信力。同时,通过以上率下、示范引领,带动地方信访部门层层抓督查,形成全国信访系统上下联动、齐心协力抓信访督查的良好局面。"[①]

3.科学配置机构,常规—专业相区分

(1)改变信访机构大而散的机构设置,把信访资源的科学整合、信访制度的协同创新与政府的机构、制度改革结合起来,建立科学的社会矛盾处理机制

在完善我国现行政治体制的基础上,改变在党政、立法、司法等系统分别专设信访工作机构的做法,尝试将其合并设立党政统一的信访机构,划归由纪检监察机关统一管理,承担信访工作职能,处理信访事项,成为专业的工作部门,其他各个系统和部门的信访工作,只是常规工作的一个内容,要趋于淡化,纳入日常工作范畴处理。

(2)加强信访机构之间的联系与协作,克服各自为政、相互推诿的现象

这种纵横结构是两种不同结构构成:纵向的"树结构"、横向的"网结构"。对纵向的关系协调,要有领导统筹的力度和强度:一要强化问责制,进行自下而上的逐一排查和问责。二要强化核查制,以信访事项解决度为考核的主要指标进行自上而下的核查。在对横向关系协调中,要引入横向比较与部门竞争,可以"第三方评价"为主线,建立起类似中央信访联席会议制度的地方信访联席会议制度,联合人大、政府和司法机关以及信访部门共同参与研究信访

[①]　张璁:《十八大以来信访综述:法治化解决"信访不信法"》,《人民日报》2017 年 7 月 18 日。

工作,听取意见建议,交流工作信息,把握工作动态,优化工作对接,督促信访事项处理落实。

(3)统筹职能部门联合督查,形成强大合力

充分发挥信访工作联席会议的沟通协调作用,进一步加强同各成员单位尤其是信访问题多发、信访矛盾突出领域的职能部门联络对接,扩大实施统筹职能部门联合督查工作机制。针对涉及多部门多领域、政策性专业性较强的疑难复杂信访事项的督查工作,要按照实际需要,组建由相关职能部门业务骨干参加的督查组,开展联合实地督查。通过整合督查职权、力量和资源,发挥各自优势,形成强大合力,推动实现督查工作专业化、精准化、高效化。此外,随着信息技术的快速发展和广泛应用,互联网技术的应用为信访机构之间加强联系与协作创造了技术条件。各信访机构之间可以通过现代网络信息技术协调工作、共享信息、交流经验,实现信访资源共享。由此形成一种"树内网外"的"完全网络"配置。总之,应不断完善信访体制,实现常规性与专门信访机构权限的科学配置,赋予专门信访机构在各级行政系统中相对独立的权限和地位,使其具备调查权、处理权和督办权,推动信访事项尽快得到圆满妥善的解决。

4.完善终结制度,改革运作程序

推进信访终结制是最重要的改革措施之一。首先,信访终结或称信访事项终结,应作为一个单独的法律概念或专门的术语、具体的法律属性和意义,在信访法律规范中予以明确。其次,规定信访终结的条件和范围以及确立信访终结的具体程序和操作流程。再次,将信访人信访权用尽等方面的权利清晰界定,这样做旨在为制度设计提供依据,设定信访人的权利保障和明确信访权用尽。信访终结制度核心价值体现在程序正义之上。

从制度上健全信访终结的配套措施,目前比较有效的方式,主要是听证和公示两项重要的程序制度的完善。将信访制度与其他制度相接轨,共同发挥作用、形成合力,尤其是信访终结的后续管理工作,是决定信访法律上终结与事实上终结难题的关键。做好信访事项终结之后的工作,将已经受理立案的所有信访事项纳入网络动态管理,一经作出终结结论,各级信访机构都不再重复受理该相关事项,坚持"三不原则":不受理、不转办、不统计。

配合全国信访信息系统的建设,通过建立信访终结制,在发挥信访制度独特优势的同时,适当弱化信访的权利救济功能乃至最终完全纳入法治体系,和诉讼、复议形成良性互动,以降低群众对信访的预期,使其回归理性正道。同时,完善信访工作目标管理考核机制,使之更加科学化。要对信访部门、各地政府和相关部门为上访群众解决问题的数量和质量进行综合的考量,注重提升对信访事项处理中的疏导工作力度,确保真正把信访工作的目的落在保障人民群众利益这个落脚点上。

(三)信访利益关系的党群工作统一

1.基层党建引领,统筹党建资源

新时代新要求,信访统筹要发挥党的组织优势。信访工作者要把党的群众路线贯穿于信访工作的始终,发扬基层党组织密切联系群众的优良工作作风,增强群众意识,从思想观念上解决好对人民群众的感情问题和态度问题,在"解决问题"上下功夫,不断提高信访工作者综合运用政策宣讲、纠纷调节、教育、协商等方法的能力,尽最大努力满足群众合理诉求、解决矛盾纠纷,有效减少社会矛盾。对于"您认为是否党和政府只要坚持群众路线就会做好信访工作"的提问,如图18所示,大多数人还是认为群众工作对信访工作具有统领作用。

实践中,全国各地都在统筹党建资源。"重庆,上海,浙江舟山、台州等地也在探索统筹党建资源的方式,在社区党建、城乡党建、区域党建等多个领域突破传统单位党建格局、拓展党的社会工作新的空间,逐步构建起网格化管理、组团式服务、城乡一体、区域一体等党建新方式。这些实践与探索证明,建立城乡统筹的党建新格局已经成为当前党建社会化培育的主要环节与重要载体。"①信访工作应结合健全县、镇、村三级便民服务体系、政务便民服务大厅、政府部门职能的整合,变分散办公为集中办公,按照不同职责各负其责,帮助信访权利主体低成本解决信访事项,让信访事项在信访制度运转的庞大"金

---

① 沈建红:《城乡统筹党建新格局:基层党建社会化培育及其现实意义》,《浙江学刊》2010年第1期。

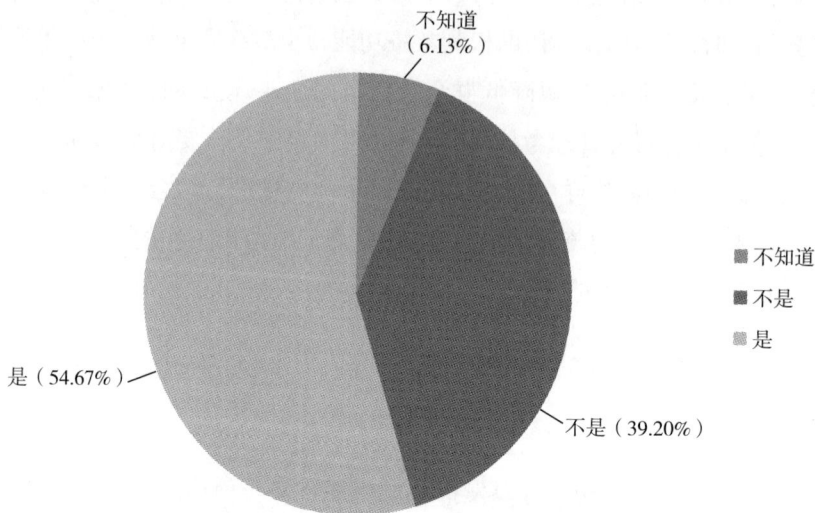

不知道
（6.13%）

不知道
不是
是

是（54.67%）

不是（39.20%）

图18　您认为是否党和政府只要坚持群众路线就会做好信访工作

字塔"体系中,将主要矛盾纠纷第一时间解决在塔底(即县、镇、村),逐步形成群众诉求专人受理、集中办理、限时办结、及时反馈的社会管理服务新模式①。同时,构建党内关爱长效机制,也是新时代基层党建的新课题。"破解党员关爱机制的现实难题,以资源整合为路径,按照'统筹兼顾'的根本方法,逐步建立起统筹城乡党员关爱、统筹党内结对帮扶、统筹党员关爱内容、统筹党员关爱平台、统筹党员关爱基金的机制"②。

2.领导干部下访,摸清社情民意

传统信访工作模式是等待群众上访,具有明显的被动性③。领导干部"下访"得越多,信访群众"上访"得自然就越少了。各级领导干部在面对信访问题时,应积极进行换位思考,站在当事人的角度看待问题,设身处地感受群众的心态,真正理解群众的利益诉求,以实实在在的工作成效服务于民,为民排忧解难。领导干部要着力提升新形势下做群众工作的能力,通过创新"党建

---

① 欧阳赢、陈海军:《"五个一"机制服务群众》,《人民信访》2013年第6期。

② 邵建光:《"五个统筹"构建党员关爱长效机制——以南京市建邺区创新党员关爱机制的实践为研究对象》,《中共南京市委党校学报》2008年第6期。

③ 吴镝鸣主编:《当代中国信访与社会建设》,中国民主法制出版社2013年版,第146页。

引领、网格融合、以村为主"等做法,充分依靠和发动基层干部群众,持续用力抓好源头性、基础性工作,及时就地解决信访问题。一要把工作重心放在基层、放在当地,加大领导干部接访下访和包案力度,集中力量攻坚,切实把问题解决在基层、把人员吸附在当地,决不能平时不接访不下访,出了事把精力放在途中堵访、进京截访上。二要落实党委政府的信访工作责任。尤其要落实领导干部接访下访制度,加大领导干部接访频次。作为县级信访局长,要积极争取县委县政府的重视支持,压实乡镇党委政府的责任,引导党委政府领导真重视、会重视、常重视信访工作。三要依法及时就地解决群众合理诉求。及时就不会积累,就地就不会上行。及时发现、手里有账、心中有数,将工作做到前头;要充分发挥联席会议作用,统筹好政法、公安、民政等基层力量,形成工作合力。

3. 整合信息资源,咨政决策施政

传统的信访工作往往仅限于接访、转信,对于信访信息资源的使用也仅限于信访工作流程,信访事项办结之后,大量的信访信息资源便被束之高阁。实际上,信访部门手中掌握的是大量反映经济社会发展过程中社会热点难点问题的第一手资料,这些信访资料是非常重要的信息载体。信访部门应当充分利用这些信息资源,进行深入系统的科学研究,实现信访资源利用最大化。应在对信访信息资源开展科学、细致研究的基础上,找出具有普遍性、规律性的问题,见微知著,有的放矢,有针对性地为政府制定实施政策提供建设性的意见或建议,为经济社会的和谐可持续发展提供咨询帮助,成为政府决策和施政的"智囊团"。

4. 人民建议征集,回归信访本位

人民建议征集是党的群众路线的重要运用和体现,也是公众有序参政的重要途径。据统计,根据 2013 年上半年的数据,上海市信访办受理的意见建议类信访事项占全部信访事项的 18% 左右,上海市人大信访办受理的意见建议类信访事项占全部信访事项的 8% 左右①。目前实践中的各级各部门较为

① 林荫茂:《人大加强人民建议征集工作若干问题思考》,《上海人大月刊》2013 年第12 期。

忽视意见建议类信访、忽视信访工作的参政议政功能、忽视政策完善。对人民建议征集工作,在理念认识、工作机制和制度建设方面都存在一定欠缺。随着国家三大诉讼程序的建立和完善,权利救济类信访问题的解决被纳入司法救济途径和行政救济途径,信访制度应更着重发挥听取民意、汇集民智的作用,回归其原本价值功能。健全和完善人民建议征集制度的对策,要在工作重心上突出一个"征"字,紧贴中心、紧扣民生,主动征集群众金点子,诚恳纳言,真正把群众所思所想、所盼所需,及时反映到党委决策层;机制保障上强化一个"实"字,来信有回复、上下有联动、评先有奖励。

5.信访工作关系,实为党群关系

从信访工作与群众工作的关系看,信访工作看似是政府的工作,但与党的群众工作互为表里。不能用静止的眼光看待党群关系,必须以社会发展状况为基本依据。从历史上看,我们党与人民群众建构了深厚的血肉联系与鱼水之情,这从根本上保证了我们革命和建设事业从胜利走向辉煌。在新时期新时代新情况下,我们党创新联系群众的工作方式,信访工作就是一条很好的渠道。应该看到,在工作内容上,信访工作与群众工作不可能完全区分开来,往往是相互兼容的。在工作形式上,信访工作要服务好群众工作。信访工作是经常性的服务型的群众工作,是群众工作的一种主要形式。借助于信访工作这个平台做好群众的思想政治和动员工作,具有针对性、及时性、科学性、合理性和有效性等特点。信访工作部门及其工作人员,是以公开的身份做群众来信来访的接待工作,往往是"自报家门",这与要求各级党组织和人民政府各部门做好属下的群众思想政治宣传教育工作是一致的[①]。从形式上看,改革开放前的群众工作主要靠"启发思想、宣传鼓动、强化灌输、政治觉悟",改革开放后的方法需要创新,需要更有效的、更有针对性的方法加以补充,必须在如何解决群众诉求、维护群众利益上下功夫。信访工作弥补了原初群众工作仅做宣教启发的不足,通过思想动员和利益诉求调整与满足更能彰显巨大的威力。因此信访工作更加具体而实在,更加具有靶向性,更加具有个别针对性,

---

① 吴家庆、刘厚见:《论用群众工作统揽信访工作》,《湖南师范大学社会科学学报》2014年第2期。

这与改革开放后利益具体化、分散化、多样化的发展现实有关联。因此,在工作作用上,信访工作就是群众工作。从信访工作与社会工作的关系看,做好信访工作与群众工作必须创新工作方法,以提高信访工作的实效和水平。信访工作、群众工作必须借助社会力量来推进,党委政府与社会专业人士的合作共治是必然的选择。信访工作、群众工作、社会工作与维稳工作虽然分属不同的部门,但其目标指向基本是一致的,任何一项工作都离不开其他工作的支持,内在的复合性要求这四项工作的部门要相互沟通有无,实现党委、政府、社会共同治理。

第八章　信访统筹的价值归旨

　　新时代全面深化改革总的目标导向是实现国家治理体系和治理能力现代化，其中尤其不能偏离实现社会公平正义的目标，进而在改革实践中真正践行社会主义核心价值观。在信访领域中的要求就是，信访问题治理能力现代化的方向必须以社会主义核心价值观为统领。不可仅将信访工作作为一种职业岗位来对待，而应视其为一种人民的事业。"职业"与"事业"的不同要求及其相融性，提出了"要立体地看问题"、全面认识信访与信访工作的时代课题。如何立体性考察信访，本书认为，应从成功、优化和良性循环三方面相统一，考察信访工作是否促进社会整体事业发展。单纯讲成功，不讲实效，结果将得不偿失；若只讲效率而不顾及成败，难免前功尽弃；只顾眼前成功与优化，而不顾往后的可持续良性循环，最终也将陷入困顿。所以，惟以成功为本、优化为标、良性循环为势，三者兼顾并相统一，才是信访统筹之价值归旨。

一、信访事业"成功"的标准

　　职业有分工，岗位有职责，工作有任务，事业有追求。全心全意为人民服务是中国共产党的根本宗旨，牢记人民对美好生活的向往是其奋斗目标。"信访工作的首义，在于时刻把自己看成人民中的一员，把心贴近人民"①，"以人民为中心"，凸显了信访工作的事业特性。

---

① 习近平：《摆脱贫困》，福建人民出版社 1992 年版，第 45 页。

追求高标准、取得事业的成功，是每位领导者的期望。2014 年 3 月 18 日，习近平总书记在河南省兰考县委常委扩大会议上指出："标准决定质量，有什么样的标准就有什么样的质量，只有高标准才有高质量。"①标准考验能力。对成功与否要树立高标准、及时评估，判定原定的目标实现程度，判定最终结果的效用价值，确定需要调整的运作方式和薄弱环节，以保持生存与发展之势。

（一）信访事业"成功"的不同理解

刘少奇同志指出："共产主义事业是人类历史上空前伟大而艰难的事业。"②从事业的角度出发，应如何定位信访事业的成功与否呢？信访负载着丰富的社会、政治和文化价值，在社会功能上具有明显的公共性特征，为我们从事业视角解读信访提供了正当性依据。当前，信访工作作为群众工作与基础性工作，是一项涉及经济社会发展方方面面的系统工程，它的事业取向是组成各部分、各关系融为一体的必要前提。如果信访事业被管理对象及其组成没有相互匹配的事业取向，那么，其外部作用就难以保持一致，即难以形成环境所需的整体价值而丧失自身作为统一体存在于世的必要。信访事业取向就是以人民满意为宗旨。

信访事业的"成功"，可以有五个层次，一是信访工作转型，二是政府善治、依法行政，三是政党民主执政，四是社会有机团结，五是促进群众自组织。信访问题解决的程度，既是群众工作的进步标尺，也是全国和整体局面好转的程度。信访人的"成功"，通常有五个层次，一是事要解决，二是要恢复正常秩序，三是融入社会网络，四是抚平心灵创伤，五是有发展动力。信访工作的"成功"，也有五个层次，一是案结事了，二是便民服务，三是依法行政，四是赢得民心，五是功能转化提升。信访工作成为衡量党的群众工作的尺度、社会和谐发展的指标，其中的共赢、互验，已成共识。信访部门有党的群众工作者、公共服务管理者、社会治理的重要组织参与者的三重身份。做好新形势下的信访工作，关键是把党的群众路线贯穿信访工作全过程，进一步把信访工作做到

---

① 习近平：《做焦裕禄式的县委书记》，中央文献出版社 2015 年版，第 36 页。
② 《刘少奇选集》（上卷），人民出版社 1981 年版，第 121 页。

群众心坎上,依法维护群众合法权益。既要杜绝漠视群众诉求、侵害群众利益的行为,也要防止弱化做群众思想政治工作的倾向。

(二)信访事业成功与否的常规面向

毋庸置疑,成功是统筹者的主观企求。然而实践中的"事与愿违"、"事倍功半"现象时常发生。有时确定的优化目标和方案在实践中也不一定能够实现。在古今中外的发展史上,有不少成功的案例,也有许多失败的记录。究其成败原因,无不与主导者对主客观条件的判断正误有关。成功者,除对情况判断准确、决策正确、手段得当、措施有力之外,很重要的一条就是在正确分析环境中准确抓住了成功的机遇;而失败者,则在决策制定和实施过程中忽视突变情况,或错误估计客观复杂情况,应对措施不力。要成就一番事业,必须同步重视内部有利条件和外界因素所产生的变量和条件,从主客观吻合的"切入点"入手,加以施展。主事者只有在决策制定和实施过程中,把一切可能料到的威胁和可能出现的风险,都纳入成功的统一筹划之中,利用机会的超常作用消除威胁、力避失败,才能走向成功。古人云,"应天时者创基业",指的就是处理好机遇与成功的关系。众所周知,信访制度作为一项具有中国特色的政治制度,发挥着反映社情民意、维护社会稳定的重要功能。作为送上门来的群众工作,信访工作要通过解决信访群众的问题,来体现自身的价值。群众工作具有较强的原则性,社会属性和价值取向也相对确定,并不以个人意志为转移;信访工作是一种实务工作,作为实务有较强的专业性,有相对可变的社会属性和业务取向,是主观能动作用的产物。那么,信访问题统筹治理要达到的目标、目的、信访量大小、社会稳定与否、信访事项解决与否、有无信访发生,都是评价标准。

1. 信访维权,牵动维稳的敏感神经

通过信访反映民意,提出意见、建议和投诉是正常的社会现象,但当信访数量激增到超出政府有关部门与信访部门的处理能力后,尤其是人群聚集到党委和政府部门或者重要公共场所"上访"以至于成为社会稳定的威胁时,就形成了所谓的"信访问题"①。从调研情况看,目前仍存在以信访量为主要指

---

① 宋协娜、周念群:《略论信访问题预警系统建设》,《理论学刊》2007 年第 2 期。

标的考核办法,通过对非正常进京上访数量的统计来考核地方政府。这种将信访量与该地区稳定与否挂钩,稳定压倒一切的态势,迫使地方党委政府不得不围追堵截上访群众,而不去客观面对信访问题。信访问题将社会稳定情况直接呈现,信访量变化让各级领导精神高度紧张。信访监测预警、预控和突发事件应急处理系统的逐步建立,极大可能将问题化解于无形,维持社会安定。信访信息收集和运用、信访系统整合、信访制度运行和协调,是对信访问题处置和化解的前提。

　　从信访数量和总量来看,以S省为例来说明。2017年,S省的登记信访量在国、省、市、县四级情况,如图19所示,经过层层解决,国—省级信访机构依然还有大量信访事项,从这个数据可以看出,从县—市—省—国,数量在升级,呈现的"上"访之势,说明我国信访的现实状况不容乐观,说明基层(市、县)化解成效不明显,说明基层和地方缺乏政策手段难以解决问题。"轻讼"传统的人们为什么形成"上"访态势?值得深思。70%的信访量在国省级,一方面说明"上"面更有吸引力,似乎更利于信访事项的解决;从另一方面看,或者也说明市县基层在解决问题方面没有达到理想状态。由此也凸显中央顶层设计及出台政策的必要性与紧迫性。

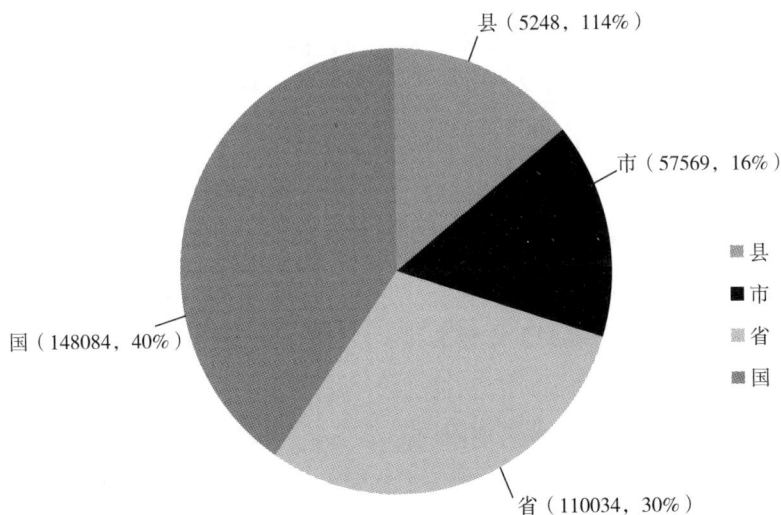

县(5248,114%)

市(57569,16%)

国(148084,40%)

省(110034,30%)

县
市
省
国

图19　2017年S省国省市县四级信访总量

按照统筹学理论，一切管理活动无例外地都是建功立业活动。信访工作的成效是建功，群众工作的成效是立业。建功立业就是信访工作与群众工作关系处理的统一成效反映。信访工作决定性地体现出群众工作的需要，但群众工作不仅仅存在于信访工作之中。信访部门作为党委和政府工作部门，其职能不仅仅是信访事项本身，还有社会性事业的体现，作为不同层级的信访部门，还有其他各项事业的体现。而群众工作也不仅体现在信访工作中，还体现在各行各业之中，这表明信访工作和群众工作的关系，是你中有我、我中有你又相互区别的关系。信访工作的主干事业是疏导民愤、倾听民声、了解民意。立业反映主干事业取向的实现状况，体现为统一体发展的主体需要；建功反映各项事业取向的综合实现状况，主要体现为统一体生存的需要。由此可见，信访工作建功立业，必须同时包括统一体生存与发展的需要。

事实证明，压低信访量从来不能真正解决信访问题。信访问题的出现从主观原因上讲，是因为我们想问题没有站在人民的立场上。从信访工作角度理解，就是解决群众的合理合法诉求。应建立以信访问题解决程度为主要指标的核查制度；灵活运用抽样督办、重点核查、定期回访等形式，来检验地方党委政府问题化解能力，如此便可将工作重点转到解决信访问题上。

2. 事要解决，怎么"解"怎么"决"

信访事项办理中，追求"案结事了"，这就是讲有关行政机关对信访事项按照法律程序和规定办结，群众不要就同一事项重复信访。但在实际工作中，案"结"却没"解"，"解"却不能"结"，还存在"案结事不了"、"案不结事不了"等问题。同时，无信访的意愿、"零信访"的口号也应取消。一味压低信访量甚至零信访不能真正解决信访问题，只会造成党群关系恶化，社会矛盾加剧。

"案结事不了"、"案不结事不了"等问题产生的原因很多。客观地看，在办理信访事项的结果上，缺少工作标准和手段，将办结、解决和化解混为一谈。办结是指当事人到政府部门办事，在符合法律法规及有关规定、手续齐全的前提下，根据政务服务承诺，在承诺期限内办结当事人提出的有关事项；解决是处理问题，使有结果；化解是消解问题，并教导人内心晓悟。化解是不仅有处理结果，而且要做到"三到位一处理"，让信访人不再重复信访。办结的角度是从政府部门讲的，注重程序问题，标准侧重条例规定；化解、解决是从信访人角度讲的,注重实际问题,标准侧重"三到位一处理"。如果讲我们日常的工作是办结信访事项,那么,化解信访积案攻坚就是让老百姓满意,表现在信访人不再就同一信访事项继续信访。新时期,习近平总书记提要求、教方法,强调信访事项的办理要做到"三到位一处理",为我们指明了方向,提出了要求。党的十八届四中全会决定强调要"把信访纳入法治化轨道,保障合理合法诉求依照法律规定和程序就能得到合理合法的结果"①,这些要求的本质体现了人民立场。

3. 信访事项参与评价与满意度

《信访事项办理群众满意度评价工作办法》(以下简称《办法》),自 2015年 1 月 1 日起实施。首次将群众满意度评价纳入信访工作考核。"群众满意度评价,是指信访人对各级人民政府信访工作机构和有权处理机关办理信访事项工作情况作出的评价。满意度评价的范围是通过全国网上信访信息系统第一次登记受理的信访事项。""国家信访局对纳入评价范围的来信、来访事项,采取短信、邮寄、告知等方式向信访人提供查询码,信访人凭查询码登录国家信访局门户网站查询评价。国家投诉受理办公室登记受理的、应当纳入评价范围的网上信访事项,信访人通过注册账户登录国家信访局门户网站查询、评价。信访人在通过互联网对信访事项办理结果进行评价时,可在'满意'、'基本满意'、'不满意'选项中三选一,还可在留言栏中填写意见。群众满意度评价工作要体现主体责任,坚持谁初次办理、谁负责公开、谁接受评价的原则。"《办法》规定:"国家信访局登记受理的信访事项,分级转送、交办时限一般为:国家信访局 5 日、省级信访工作机构 3 日、市(地)级信访工作机构 3 日、县级信访工作机构 4 日。"②这意味着,国家信访局登记受理的信访事项转送、交办至县级有权处理机关的期限,一般最长不超过 15 天。这项工作的情况如何?本书以 S 省为例,通过对 S 省信访数据的分析,我们发现:

---

① 《中共中央关于全面推进依法治国若干重大问题的决定》,人民出版社 2014 年版,第29—30 页。

② 《信访事项办理群众满意度评价工作办法》(国信发〔2014〕16 号),2014 年 12 月 18 日,见 http://www.gjxfj.gov.cn/gjxfj/xxgk/ywgz/wsxfgz/webinfo/2014/12/1541448758329054.htm。

从纳入评价的数量看①：如图 20 所示，在国家级、省级、地市级、县级信访机构登记信访事项纳入评价总量中，省级数量多达 30473 件，说明省这一级满意度评价工作做得好，对信访民众的宣传和沟通到位。市县基层信访机构还需加大宣传力度，多与信访群众沟通，将满意度评价工作推进落实。

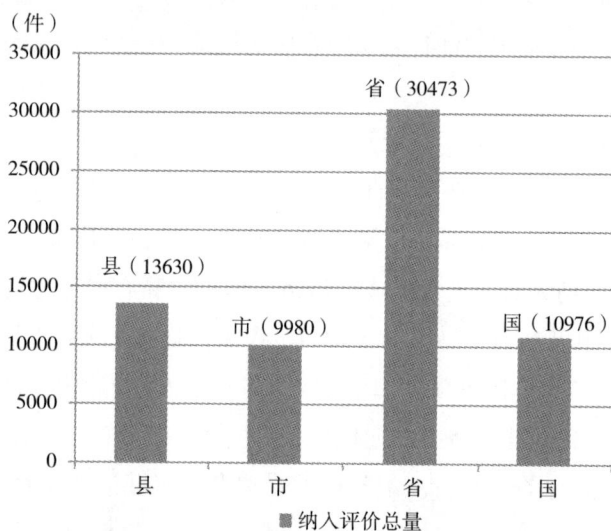

图20　2017 年 S 省四级信访机构登记信访事项纳入评价总量

如图 21 所示，省级纳入评价量极大，占总数的 47%，说明群众参与基础好，信访群众对满意度评价有一定的了解，省级信访工作人员有关群众满意度评价工作做得好，省级的政务公开透明度高。

从信访群众的参评率与满意率看：通过对 2017 年 S 省国省市县四级信访机构登记信访事项满意度数据分析发现，对信访部门的评价情况如图 22、图23、图 24 所示：（1）参评率低于满意率。只有不到一半的信访事项参与评价。（2）总体参评率低，参评后的满意率高，说明比较满意的或者很不满意的才参

①　纳入评价范围的界定：国家信访局自 2015 年 1 月 1 日起实施的《信访事项办理群众满意度评价工作办法》规定，按照"诉访分离"和"法定途径优先"原则，对属于各级人民代表大会以及县级以上各级人民代表大会常务委员会、人民法院、人民检察院职权范围内的信访事项，已经或者依法应当通过诉讼、仲裁、行政复议等法定途径解决的信访事项，以及其他依法不宜公开的信访事项，不纳入满意度评价范围。

国（10976，17%）　　　　　县（13630，21%）

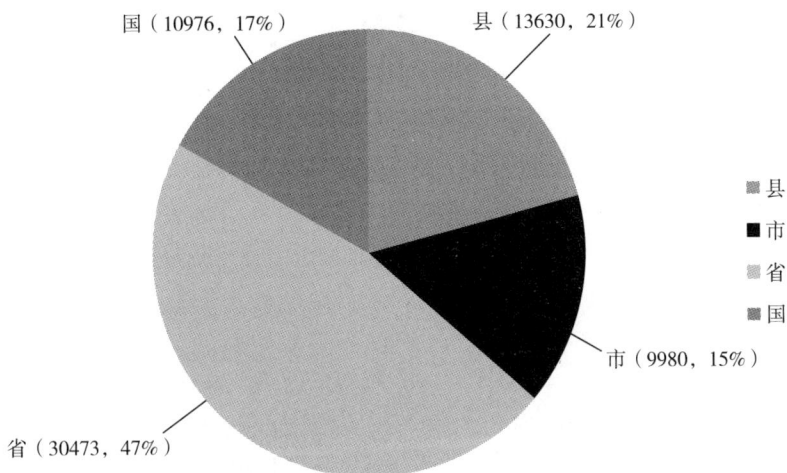

- ▨ 县
- ■ 市
- ▤ 省
- ▥ 国

市（9980，15%）

省（30473，47%）

图 21　2017 年 S 省四级信访机构登记信访事项纳入评价总量

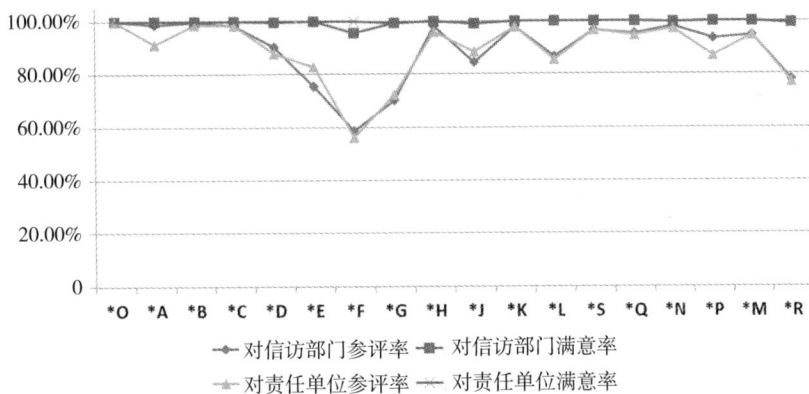

*O *A *B *C *D *E *F *G *H *J *K *L *S *Q *N *P *M *R

→ 对信访部门参评率　■ 对信访部门满意率
▲ 对责任单位参评率　— 对责任单位满意率

图 22　2017 年 S 省县级登记信访事项参评率与满意率

评。（3）参评率—满意率与国省市县四级信访机构级别成反比，级别越高，参评率—满意率越低，说明信访事项越到高级部门，满意度越差，可见及时就地化解矛盾最重要。

从信访群众对信访部门与责任单位的评价看：（1）对信访部门与对责任单位的评价情况相当，对信访部门的评价稍差于责任单位。（2）参与率较低，

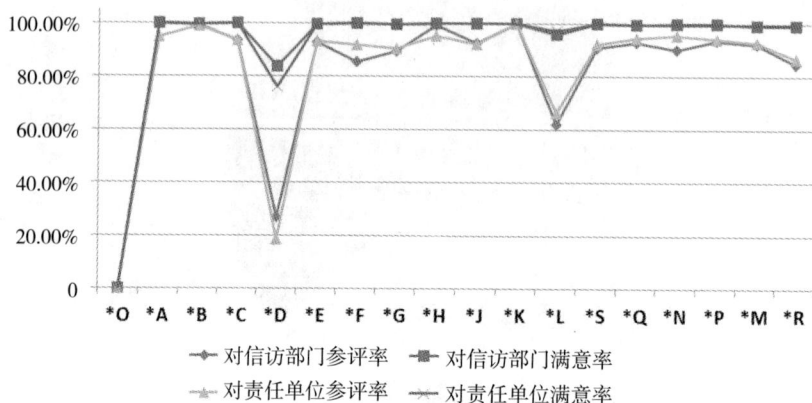

图 23　2017 年 S 省市级登记信访事项参评率与满意率

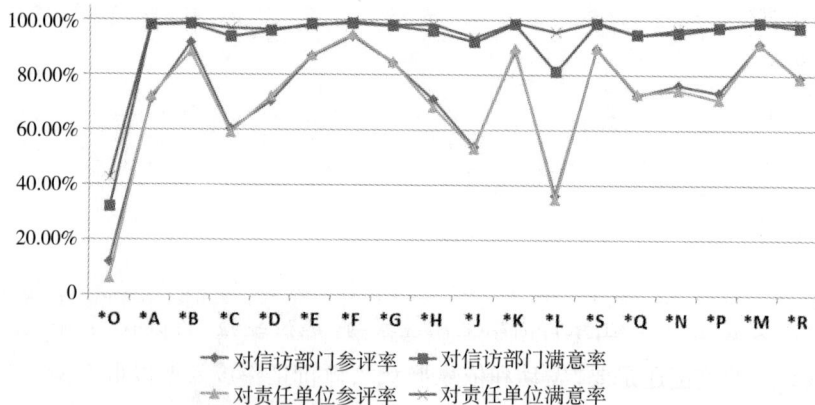

图 24　2017 年 S 省省级登记信访事项参评率与满意率

说明有相当部分信访群众不愿意参与评价,可以间接说明对信访事项处理不满意的程度,越往上级信访,越是难以满意。(3)市县级信访机构的满意率较高,说明只要能够及时受理和处理信访事项,群众就会比较容易感到满意。(4)省级以上对信访局评价差于责任单位,意味着信访事项越往上就附带更多的因素了,包括积怨情绪,信访部门或许已成"次生问题"的来源。(5)责任单位低参评率、高满意率说明：职能部门在政府"放、管、服"改革中受理手续与办理程序，改善服务态度、作风建设卓有成效；地方和政府之间工作极不平衡，差异性突出；领导对网上信访重视不够，监管不力。

(三)"成功"的不同层次要求

1. 以群众满意为标准做好信访工作

信访事业的目的是让人民幸福满意。在革命战争年代，我党急群众之所急解决问题得到拥护。尽管当时所做的很多是平常小事，如扫地挑水、喂猪养鸡或田间作业。但必须承认，正是这些细微的努力，使党的政策、方针赢得了坚定的支持和巨大的政治回报。今天把信访工作的成效交给群众来评判，把群众满意率作为检验信访工作的首要标准，也是赢得群众信任的必须。自2012 年开始，浙江省嵊州市引入"第三方"参与信访工作机制，通过"左邻右舍评是非"工作法，就地化解矛盾纠纷，摸索出了一条及时有效解决基层信访问题的新路子。"左邻右舍评是非"工作法让群众广泛参与进来，形成舆论压力，促使当事双方尽快解决矛盾纠纷。而作为"第三方"的群众，通过评是非主动参与人民调解，增强了主人翁意识，促进了社会和谐①。山东省建立完善了《关于健全推动科学发展促进社会和谐考核监督体系的意见》，把"信访事项办理群众满意率"作为对地方党委政府科学发展综合考核的重要内容。省信访局修订完善信访工作目标管理考核办法，把信访事项按期办理率、群众满意率作为主要考评指标，作为评先树优的重要依据，推动信访工作由考核数量向考核质量转变②。山东省信访工作经验与"枫桥经验"告诉我们，解决群众矛盾纠纷的关键还是要"发动和依靠群众"，评价工作成效要以群众满意为工作标准。

2. 以人民为中心化解社会矛盾

当前，信访诉求集中于民生领域，让发展成果普惠人民群众，以民生促和谐，以和谐促稳定，这是化解社会矛盾的治本之策。坚持以人民为中心、以增

---

① 嵊州市信访局：《左邻右舍评是非》，《人民信访》2013 年第 12 期。
② 《山东省委常委包案解决信访突出问题》，《人民信访》2013 年第 8 期。

进群众福祉为落脚点,实现人民有话有人听、人民有理有法讲、人民有难有人担、人民有事有地办,这样才能从源头化解社会矛盾。"人心安定,社会才能稳定。"①对涉及维权的维稳问题,首先要把群众的合理诉求解决好。应该辩证地看待利益诉求与稳定的关系,"有利益的表达才有相对的利益均衡,有相对的利益均衡才有长久的社会稳定。事实表明,诸多矛盾冲突事件背后,往往是利益表达机制的缺失。从这个角度看,维权就是维稳,维权才能维稳。尽可能多地倾听社会各方面的声音,兑现社会公众的表达权,对于维稳大有好处。"②实践反复证明,紧抓民生之本、解决民生之急、排除民生之忧,是维护社会和谐稳定的治本之策。为维稳而维稳,不解决群众利益问题,是本末倒置。

3. 以人民为中心处理发展与民生关系

信访事业发展到今天,解决群众反映的实际问题始终是其核心。改善民生是发展的目的,发展的根本动力是人民群众,而人民群众参与社会建设的积极性需要以看得见的物质利益来刺激和调动。离开保障群众权益谈发展,结果只能是空谈;脱离发展单纯地抓稳定,难以实现真正的稳定。当前很多矛盾的产生是因为发展不科学,很多矛盾无法化解是由于发展不充分。习近平总书记在中共中央党校2010年秋季开学典礼上重提了邓小平同志讲过的一段话:领导干部"一怕党,二怕群众,三怕民主党派,总是好一些"③。这里所说的"怕",应当就是指领导干部要时时刻刻想着群众,要时时处处置于人民群众的监督之下。真正地为群众着想、为群众办事、站在广大人民群众的立场上去考虑问题;当人民群众的利益和发展决策出现矛盾时应把群众利益放在首位,使发展与民生相互协调、相互促进;把牺牲民生作为发展的条件,那是本末倒置;少搞一些面子工作,解决好人民群众就业、医疗、养老、教育等基本生产生活问题,提高他们生活水平;建立制度化的群众表达不满的渠道,使其成为最好的监督干部用权的渠道。

---

① 中共中央文献研究室编:《习近平关于全面建成小康社会论述摘编》,中央文献出版社2016年版,第139页。

② 《执政者要在众声喧哗中倾听"沉没的声音"》,《领导文萃》2011年第8期。

③ 《邓小平文选》第一卷,人民出版社1994年版,第271页。

二、信访事业"优化"的标准

优化通常体现为好中求优、组织合理,包括目标优化、措施优化和方案优化等。领导者在制定与实施决策中,无不在这几个方面的匹配上下功夫。即使通过最优化技术处理,得出最优化目标也只是良好愿望,优化必须是包括得力措施在内的最佳方案和实现目标的有利条件。

(一)领导者优化的合理性困境与局限

1. 优化与市场经济对政府革新的时代要求

信访工作改革取决于改革所处的环境,因此了解改革的理念非常重要,这关系到改革的成败。历史上信访的演变,都是时代的产物,从时间这个维度上会很好地了解信访产生的原因。改革开放以来,一个非常重要的时代背景就是市场经济,我们必须从这个实际出发。市场取向解决方法的合法性已经确认,几乎不存在应用上的问题。市场经济的思维模式也已经形成。在经济发展当中,问题的实质是利益分配。持续的信访高位运行让我们不得不反思,信访问题究竟是政治问题还是经济问题?抑或是社会问题或者是综合问题呢?究竟用什么方法看待和处理信访问题,才是最妥当的?

除了时代问题对政府改革产生至关重要的影响之外,第二个因素就是国家的设置,这种背景因素是非常重要的。事实证明,如果要使政府更有效地运转,真正需要的可能就是要废除种种的控制措施,允许管理者善尽管理职责。我国政府现在是两条腿走路,一方面在加强制度化管理,强调法制化、标准化、规范化的建设取向;另一方面,也是在某些方面放权解制,目的是实现政府职能的转变,更有效地做正确的事情。从根本上说,就是在发挥市场调节作用基础上,强调更好发挥政府作用,着力解决好不平衡不充分的发展问题,更好满足人民日益增长的美好生活需要,不断促进人的全面发展和全体人民共同富裕。稀缺,是生活中普遍存在的事实,它制约了人们的行为,虽然在经济学理论中,稀缺一直是中心议题,但 20 世纪 90 年代以来,它逐渐成为政治经济学以及各个学科所关注的重要问题。究其原因,部分是经济转轨,部分是社会转型,意味着政府有效运转还要转变职能,开源节流,更要有效且合理配置资源。现在我国政府倡导的"放、管、服",就是在探索适宜的治理模式并对现有治理方式进行转化性革新。无论如何,市场经济对政府改革及信访工作所产生的影响,不可回避。

2. 优化与发展的资源——成本约束

发展是第一要务。科学的决策无一不是对多种方案权衡优化的结果。最优化目标和最优化方案也只有通过权衡,才能判定目标的价值和方案的可行程度。因此决策中的权衡,是选择最优化目标和最优化方案的基本手段。实践中,权衡中求优化是一个方面,选取的优化目标、措施和方案还要讲究其使用价值取向的同一。同时,在确定期望目标、制定措施和方案中,要兼顾主次,以备应对意外情况的变化,确保优选的措施和方案真正落到实处。权衡利弊就是对主客观条件的实用价值和多个实施方案进行比较,衡量其好坏、判别其优劣、分析其利弊。就实践价值来讲,目标只是在一定时期或某一阶段或某一方面的期望标志,并不是实践价值的全部标志。因为优化只涉及对主客观条件利用的程度和利用水平,并不能解决对主客观条件可用与否和利用的程度,只有通过比较权衡才能看出期望目标和实施方案优化的程度。因此,要使优化具有实用意义,权衡是十分必要的。实践表明,权衡中求优化包括权衡利弊、分析优劣、顾及成败等方面,其表现为聚集有利条件、集中自身优势和成功要素,克服不利条件,排除自身劣势,作出最优化决策。

3. 优化与协调——相关关系平衡

信访部门担负着大量人民内部矛盾的疏导和化解工作。改革开放以来,国家对经济和社会生活的行政控制逐渐宽松,而新的社会管理模式尚未健全,各种差异凸显,人民内部矛盾和关系失衡,一些群众行为失范,使得人民内部矛盾公开化。少数基层干部工作方法简单、作风粗暴,容易引起群众的愤怒和对立,使矛盾激化。所谓"触点增多,燃点降低",就是这种状况的形象写照。人民内部矛盾呈现出广泛性、复杂性、差异性、多样性,不同社会阶层和不同经济成分之间,同一个社会阶层和同一种经济成分内部,都不可避免地存在着各种矛盾。官僚主义、形式主义以及少数领导干部以权谋私、权钱交易、腐化堕落等,使得干群矛盾成为人民内部矛盾的一个集中点。思想上的矛盾,触及价值观、人生观,乃至民主观、人权观等方方面面;经济上的矛盾,深入到生产要素参与分配的层次等等,多以信访形式出现,表达方式更加尖锐。当前,群体性事件多发,已成为人民内部矛盾的突出表现。差异、矛盾、失衡,伴随着世界和社会的变化发展,人民内部矛盾同样也将贯穿于整个社会主义发展的各个阶段,并与信访现象相互交织,相互影响。然而,正如恩格斯所言:"一切差异都在中间阶段融合,一切对立都经过中间环节而互相转移"①。"中间阶段"、"中间环节"极为重要,要做的工作很多,其中的信访工作就是——在人民群众还对政府抱有希望之时,对政府行为、利益关系的协调、平衡与优化。解决人民群众反映的问题,化解人民内部矛盾。

(二)领导者优化的理念困惑

1. 全面协调是工作的普遍性问题

目前世界各国政府的革新主张和主要发达国家的政府改革实践,预示未来政府治理模式有各种不同的选择趋向②。我们把我国政府改革与治理模式结合起来推进信访的事业发展,可以抽象出的能够影响信访理念的因素与普遍性的问题及解决方案也是有许多可能。工作优化是一个永无止境的过程。各国往往都在寻找一个具有完善协调功能和免疫能力的政府,然而这些问题的永无休止的特点,不应该妨碍我们对它们进行严肃的思考。对于中国共产党的领导而言,科学统筹是新时代领导的新要求,协调成为一个基本的日渐重要的问题。在信访工作优化中,协调的重要性也日渐显现。

2. 领导者的日常工作就是分析问题、解决问题的过程

领导者的日常工作实际上就是分析问题、解决问题的过程,与信访问题的处理一样,都存在一个发现、改正错误的过程。事实上,错误在所难免,重要的是如何对待这些错误。党委和政府在千方百计促进发展,所以他们的理念与政治文化与使命宗旨相联系,代表着人民群众的根本利益。但是党委和政府

---

① 《马克思恩格斯文集》第9卷,人民出版社2009年版,第471页。

② [美]B.盖伊·彼得斯:《政府未来的治理模式》,吴爱明、夏宏图译,中国人民大学出版社2013年版,第92—105页。

通常被期望不能出错,至少公众是这么认为的。公共部门被期待要关注民众的权利,而不能只是关心经济事务。信访内容以及形式的复杂已经说明党委政府难免出错。公众和政治家常认为在执行过程中问题凸显,并因此而谴责官僚体制存在的弊端,但实际上问题出现在过程的更早期。所以如何发现、减少和改正错误,对政府来讲就显得格外重要。这也是我们国家庞大的信访工作体系存在的原因。

这里存在的一个问题就是如何判定出错或者错误?标准如何确定?实践是检验真理的唯一标准,人民群众满意不满意、答应不答应是一种标准。老百姓对政府有怎样的评价?公共舆论对政府有怎样的评价?这个评价的标准是什么?协商民主与公共参与的优点,在于强调让公众参与政策过程的所有阶段,而不仅仅是在政府政策执行后抱怨或提供有关政策执行方式的反馈信息这种消极的态度,能使错误在出现以前就可以得到纠正,所以现在党政领导在决策时将不得不征求各方意见建议、接受一些新颖的想法,当然事实常常并非如此①。最令人困扰的不仅如此,而是无论如何努力都难以达到预期的满意。多项社会调查表明,民众普遍认为党政干部是改革开放以来受益最多的群体。假设群众普遍存在相对被剥夺感,那么政府民生工程的推进,就很难有效提升民众的生活满意度或幸福感。因此,应该有充分的思想准备,政府的民生工作面临着多元化、多层次、高标准社会性需求不断变换提高的挑战。

3. 领导部门与工作人员出错是在所难免的

从根本上看,出错是在所难免的,只要是人做的事,出错就难以避免。为避免有关改正错误的探讨过于消极,我们应该更多地从矫正消极面,转而肯定其积极的方面。一直以来,信访饱受诟病,信访工作人员不堪重负。有学者也研究并倡导正确认识信访,信访制度已经在诸多方面发挥了正向作用。我们不应局限于避免问题出现,更应该向正面引导方向去努力。在信访领域,为了避免错误,应该尽量地将关口前移,从把事解决向做多少好事这个方面去努

---

① 唐秋伟:《探寻合作的社会治理模式——基于民主治理现实困境的思考》,《社会科学家》2011 年第 7 期。

力。不是考核信访部门究竟是解决了多少信访问题,而是要考核领导干部做了多少民生好事。

信访制度的载体是信访工作部门以及工作队伍。信访问题的根源在于有这样一个制度的存在,所以有取消派认为应该取消信访制度,解除信访工作机构。还有观点认为,是因为信访工作人员的业务素质参差不齐,专业人员训练不足,优秀人才缺乏,知识素养、伦理道德缺乏提升,总之对于信访工作系统的人员缺乏好评。事实上,拥有丰富的制定和执行政策经验的公务人员是不可或缺的,因为他们是组织价值和组织记忆的宝库。更多的社会组织和人员参与到信访工作系统当中来,使得信访系统工作人员更加专业化。由他们制定政策,进行督导和把握政策实施的方向,更有利于信访问题的处理和矛盾的化解。

目前看来,关于信访、信访制度以及信访工作存在什么问题、是否应该存续,学者和实际工作者都提出了不同的看法,当前问题在于如何使信访更好地发挥作用。对这些观点和做法梳理后,我们发现,当领导干部提出信访这个概念的时候,和信访人说信访这个概念的时候,虽是同一术语,却被作为同一个问题的不同表示方式。此类差异在理论层面尚可区分,但在现实当中就会造成混乱。信访所涉及的根本差异,是在地方政府错在何处以及应该如何处理等方面。因为如果承认了信访的正当性,就承认了有人犯错。在理念被转化成促使政策有效运作的计划和机制之前,相关理论探讨对政府实质性影响比较少,两者间的对立并不明显。但是当哲学性质的理念转变成具体的行动方案时,常常会被遗忘的矛盾看起来不再那么明显,由此就从根本上掩盖了矛盾的严重性。

(三)领导者优化的具体技术层面问题

1. 对信访需求的具体化与量化指标——用数量表明工作进度、程度

信访工作指标建设有利于标准化理念的贯彻,对于把握信访工作的进度和程度、提高《信访条例》贯彻程度的把控有重要意义。信访工作指标建设旨在建构一个符合标准化理念的对信访需要的具体化与量化指标的信访体系。以后的信访参与者,无论是政府还是民众,都将从一种全新的体系中更好地把

握工作进度和程度。

信访工作标准化是为实现信访工作目标管理和考核量化评价做的基础性工作。美国管理学家德鲁克早在 1954 年就提出"目标管理"这一概念及"目标管理和自我控制"的主张①。"目标管理"在我国首先是一些工商企业在运用,称为"方针目标管理"②。我国党政机关目标管理,是在国有大中型企业推行目标管理责任制取得明显成效的基础上由少数省市试行后在全国展开的。1983 年由冶金部首先应用目标管理方法于信访工作并取得成功。信访工作目标管理进行得比较好的是武汉市,在 1986 年开始实行,已经形成一套行之有效的运行机制。江苏省自 1989 年起实施信访工作目标管理,使信访工作由此登上全国领奖台。目标,是目的和标准的统一。目前信访部门的主要问题是目标和标准都模糊。实施信访工作标准化建设是提高工作效率,对信访工作进度和程度的具体化与量化,降低行政成本,实现由传统信访向现代信访转型的重要环节,有利于提高基层信访依法行政的执行力和工作效率,形成跨领域、跨行业、跨部门的统一法定行为,避免利益割据,构建信息化支持下的现代法治信访。信访工作目标管理是运用目标管理理论的基本原理,由各级党委、政府的信访工作领导小组或信访部门对所辖地区和部门的信访工作,通过目标确立、执行、评价达标、考核等过程,实现自我控制的一种管理方法。信访工作目标管理由管理者、管理对象、管理内容三个基本要素构成,管理内容部分就是上述信访工作标准化建设部分所要做的工作。这些工作为科学管理和考核提供了全面、科学、合理的基础工作和内容保证。

多年来,我们的信访工作在缺乏科学标准的情况下运行,信访工作考核最受人诟病。信访考核制度不科学,纵容甚至促进了一些无理上访户集体上访、越级上访、缠访、闹访,而地方政府又为了追求所谓"零信访"政绩,截访、堵访等严重破坏信访制度的现象时有发生,从而使信访工作陷入恶性循环的怪圈。为了加强信访工作,各级都制定了严格的考核办法,有的甚至是"一票否决"。而这些考核办法无一例外均是实行量化考核,即以"信访件

---

① 姜朝辉:《谈彼得·德鲁克的目标管理和自我控制》,《时代金融》2006 年第 9 期。
② 高晓莉:《浅谈方针目标管理》,《经济师》1997 年第 6 期。

的发生数量"作为考核评分的基本标准①。这种做法衍生出很多次生问题，次生问题甚至比信访本身更为严重地损害了党委政府形象，使社会问题趋于复杂化。

2. 对信访事项公开公示——群众评议、第三方评议、舆论监督

信访评价是个重要话题。从内部看，有信访工作部门的自我评价；从外部看，包括信访人及第三方评价。内部评价涉及自身角色认知与定位、价值取向与工作动力。但不管自我评价如何，纵然是发扬了"三千精神"（千辛万苦、千方百计、千难万险）为人民服务，终究要以群众满意为准则。跳出信访看信访、跳出信访干信访，积极探索信访事项的公开公示，形成群众评议、第三方、舆论公开的"从源头做、全过程做、靠大家做"的信访事业，实现好、维护好群众利益，是最重要的群众工作。

（1）信访群众对信访事项处理的评议

目前对信访部门事项群众评议的办法，就是对纳入评价范围的信访事项，信访人借助于互联网可以及时了解办理的情况，并可以对办理结果进行实时评价。而对于办理后群众评价为不满意的，属地信访部门就要做到调查跟踪，了解不满意的原因及处理是否得当。处理不当的给予及时纠正，工作人员工作有问题的，要予以批评教育；如工作人员处理得当，是群众自身认识上存在误区或是诉求不尽合理的，则要求对其加强政策解释和疏导沟通工作，最大限度地争取群众的理解和支持。同时，各级信访部门对于信访突出问题加大了督查督办力度，采取重点督导、专项督导等方式，切实保障群众合法权益。群众信访工作评价活动，目前运行尚存在一些技术和能力困难，此类困难和问题尚好克服，但评价的主观感性与随性问题，却使得评议主体的客观公正性难以保证。

---

① 温州地区信访工作目标管理考核实行的量化考核办法：总分为 120 分，90 分以上为合格，100 分以上为优秀，凡市、县、区辖区内有出现赴京、赴省或来市非正常上访的则以人数为单位进行累进扣分，若上访人携带危险物品，或出现服毒、下跪等恶劣行为的还要加扣分。全年若实现零进京、来市非正常上访的则进行加分。年终考核不合格者，市委、市政府予以通报批评，当地党政领导要向市委、市政府作书面检查，且考核结果要与单位评优评先、干部任职使用直接挂钩。考核为末位的则实行信访工作的"一票否决"。

（2）第三方对信访事项以及处理的评议

为避免单方面评议的偏差，引入相对中立的"第三方评议"似乎更有公正性。"第三方"在社会治理不同类型公共冲突中已经发挥了很大作用，如"劳资冲突中的自下而上的劳工权益维护组织的利益维护；社区冲突中业主委员会的维权运动和组织化拓展；拆迁冲突中基层自治组织的参与模式；邻避冲突中的社会组织公益维护"[①]。信访领域的第三方是独立于信访人和信访事项有权处理机关之外的社会力量，是由社会组建评议组对信访事项的办理进行居中、公开评议。从2013年起，四川省巴中、绵阳、泸州等市州就开始探索利用第三方力量，评议组以第三方为主体组建，主要由各领域专家、学者以及社会各阶层的群众代表组成。评议的主要是"群众不满意信访事项"。凡是书记、市长信箱中群众评价"不满意"而办理部门又感到"委屈"的信访事项，办理部门可以通过第三方评价来进行评议。

（3）社会舆论监督

社会舆论和"媒体是信访工作的助推器"[②]。舆论公开信访工作制度改革、法治化建设的成效，解决突出问题、维护群众合法权益的典型经验和基层信访工作、群众工作的创新经验，使得社会公众对信访工作有了新的认识，有利于信访秩序好转。舆论对信访突发事件与社会的相互沟通，也是解疑释惑工作。信访工作通过舆论监督，对因决策不当、不作为、乱作为，损害群众利益事件的曝光，对缠访、闹访违法行为的曝光，倒逼信访部门和相关责任部门做好工作，更好地回应社会关切，增强信访工作的亲和力、吸引力、感染力，将更大地释放信访工作正能量。我们要最大限度地发挥舆论监督作用，密切党和政府与群众的联系，使群众真正感受到信访意愿表达渠道的畅通和地方行政机关解决问题的高效率，通过这种相互沟通机制，营造出良好的舆论生态环境。

3.设定民生清单、精准扶贫救助，对公共服务目标落实到特定人群

"天下顺治在民富，天下和静在民乐，天下兴行在民趋于正。"[③]用发展的眼

---

① 赵伯艳：《社会组织在公共冲突治理中的作用研究》，人民出版社2012年版，第136—159页。

② 梁士斌：《加强舆论监督提升信访公信力》，《法制日报》2016年1月29日。

③ （明）王廷相：《慎言·御民篇》。

光、思路和办法来看待社会进程中的困难和问题,一般认为大多数矛盾的解决都要依靠发展,民生问题的解决更要依赖发展。我们要强化求发展的意识、谋发展的智慧和抓发展的举措,坚持生存与发展并重,安民与富民共进,进一步改善人民群众特别是低收入群体的生活状况,激发人民群众干事创业的激情。

(1)办好实事解民忧

深入开展"解民忧、送温暖"系列活动,每年把较大部分财政支出用于民生,全面提升群众生活质量。在社会保障方面,按照"广覆盖、保基本、有弹性、可持续"的原则,建立与经济社会发展水平相适应的新型农村基本养老保险制度。在公共医疗保障方面,建立"政府领导、资金统筹、管办分离、保险参与、定额包销、略有结余"的新型合作医疗保险制度。建立居民重大疾病救助体系,对七种大病导致生活困难的家庭实施救助,防止了因病致困、因病返贫。在社会救助方面,建立最低生活保障自然增长机制。深入实施千户帮扶济困、残疾人安居、独居老人养老等工程。

(2)创造条件帮民富

坚持把促进居民就业作为民生之本,制定出台一系列促进创业和扩大就业的政策措施。坚持把促进社区集体增收作为改善民生的重要保障,深入推进"一村一策"富民强村工程和"双强"工程。对发展条件较好的社区,采取建设租赁厂房、盘活闲置资源、实施旧村改造、发展特色产业等方式,增强社区自我造血功能。对经济发展条件有限、集体增收能力较弱的社区,实行财政转移支付,当年固定性收入不能弥补基本经费和民生支出的,缺口由区、街道分别按60%、40%比例支付,保障社会群众基本生活,保持社会和谐稳定。

三、信访事业发展的整体要求

(一)实现信访事业人财物的合理匹配

1."匹配"是"大统筹"的手段

(1)信访事业发展与党的总体要求相统一

党的十八届三中全会明确提出,改革信访工作制度,实行网上受理信访制度,健全及时就地解决群众合理诉求机制;把涉法涉诉信访纳入法治轨道解决,建立涉法涉诉信访依法终结制度。党的十八届三中、四中全会强调,把信访纳入法治化轨道,保障合理合法诉求依照法律规定和程序就能得到合理合法的结果。中办国办相继印发了《关于创新群众工作方法解决信访突出问题的意见》、《关于依法处理涉法涉诉信访问题的意见》、《信访工作责任制实施办法》、《关于进一步加强信访法治化建设的意见》。这些是新时代信访工作的根本遵循和基本依据。

(2)信访事业发展要与社会发展目标、政府民生目标相协调

《2018年政府工作报告》中强调,要"创新信访工作方式,依法及时解决群众合理诉求",需要关注的是,这项工作是在"提高保障和改善民生水平。要在发展基础上多办利民实事、多解民生难事,兜牢民生底线,不断提升人民群众的获得感、幸福感、安全感","打造共建共治共享社会治理格局"的目标下提出的,由此可见,认真研究信访工作形式和方法,积极推进工作方式创新,是深化信访工作制度改革和改进政府工作的需要;不仅对依法及时解决群众合理诉求有着重要作用,而且对于改善民生和提高社会治理水平有着重要意义。目前各级信访局管理模式不尽相同,无论管理隶属如何,按照"三定方案",理论上看职能定位是明确的,但在实际工作中,无论是直接涉及信访的信访人、信访干部、有权处理的行政机关干部,还是社会不同阶层、界别、身份的人,对于信访应管不应管的方面是什么,认识是不统一的。

(3)信访事业发展要从现实状况改善做起

在决策筹划中,对于主体组成、客体事项和内、外部条件等,都要进行横向关联的界定、匹配组合与利益协调。因为主体组成有主从、高低之分,客体事项有主次、多少之别,对内外部条件的利用也有主次、优劣之差。所以,对所有横向的关系一旦进行有效的匹配协调,并实现内部结构相容与价值取向一致后,就能提高决策的科学性和实效性。应该看到,有些信访内设机构职能的不匹配问题还是很明显的。所设部门没有出现"1+1>2",反而出现新的无序甚至混乱,职能重叠交叉、"政出多门",一个信访事项分由多个部门负责的现象依然存在。具体操作层面也需要加强匹配。从系统信息录入方面看,现状是国家信访信息系统有办信、来访、投诉和督查四个登记部门,对应四个不同的

登记界面,各部门对信息录入要求不同,包括登记要素、办理要素和上传材料要求。导致的问题是,同一信访事项重复登记,系统中同一信访人同一信访事项有不同的信访编号,关联工作碎片化,信访"信息孤岛"现象突出,不利于数据分析。从方式的改进上看,可以不改变录入端口,统一登记界面,统一受理办理规程,统一以身份证为基础,一人一号、一人多事项建立子目录;建立强制性录入规则;构建信息录入模板体系。由此在操作上即可实现大匹配大统筹。

2. 协调联动、齐抓共管

信访事业涉及的部门多、行业多、政策多,信访部门不能"包打天下",这就需要有关方面的协调联动、合力攻坚。要整合动员各种资源、力量形成大排查、大接访、大调解、大化解的信访事业合力,构建起齐抓共管的信访事业大格局,形成信访事业自觉做、大家做、随时做的良好局面。各级党委政府严格落实信访工作第一责任,总揽信访工作全局,充分调动各方力量。实行领导干部接访下访制度,党政主要负责同志带头下访,并将疑难案件作为领导干部接访下访的工作重点,将复杂案件交由党政领导同志接待处理。

充分发挥信访联席会议机制作用,信访联席办坚持每季度调度一次信访工作情况,对于一些带有共性或政策性强的问题,及时联合有关部门研究办法措施,积极向党委政府提出工作建议。强化信访督查工作,成立督导组派驻所辖的区域,督导组组长由有关部门领导干部担任,对重点信访事项每周至少实地督导一次。督导坚持做到"四个亲自":亲自接待信访人、亲自研究化解方案、亲自牵头协商会办、亲自落实工作措施。同时,对督导工作实行双向问责制,对督导工作不力,问题迟迟得不到化解的,政府分别约谈有关责任单位负责同志和督导组长,并纳入对责任单位的信访事业考核。

在实践中要实现发展和整体利益、群众利益的有机统一。要教育引导群众正确处理个人利益和集体利益、局部利益和整体利益、当前利益和长远利益的关系,不能把群众上访当作影响社会稳定的不良因素。坚持群众立场,要求我们在信访工作中始终站在人民群众的立场上说话办事,而不是站在个人、少数人立场上说话办事;确定涉及群众利益的重大决策和工作目标时,应全面考虑并统筹好不同群众的利益和群众的承受能力,群众反映强烈的问题及时妥善处置,侵害群众利益的行为坚决制止。

在解决实际问题的同时,更重要的是做好宣传和思想工作。针对不同社会群体、不同信访人的思想问题,要用不同的方法去解决。对想通过信访谋求法律、政策以外的更多个人利益的群体,要教育他们勤劳致富,识大体、顾大局,不忘社会责任;对在深化改革、加快发展中利益受损的群体,要引导他们正视改革发展产生的利益变化;对诉求合理,但问题又暂时难以解决的群众,要积极解释赢得理解;对心怀不满,具有潜在过激行为的极少数人,要找出问题症结,化解过激行为于无形。总之,要把群众工作的普遍性要求与处理不同群体性问题的个性化需要有机结合起来,提高做好新形势下信访工作的能力和水平。

(二)实现信访事业情理法的统筹兼顾

1. "兼顾"是"大统筹"的要义

目前,人们往往存在一种认识倾向,就是希望信访具有某种单一、确定性质与作用,似乎信访问题源于此,如此即可解决所有问题。正如任何事物都具有某种复杂性一样,与人有关的信访问题,更是一项复杂工程,我们要注意的是,在信访问题上,更重要的是如何去统筹兼顾、协调各方,而不是人为地把复杂问题简单化处理。在新的历史时期,信访制度的性质主要体现在以下四个方面:一是信访是一项民主权利;二是信访兼具救济性和监督性;三是信访具有行政性和党性;四是信访具有民主性。信访问题统筹治理的目的,是要体现其性质的相对确定性,事业取向的定性与定位,引导信访人转变观念、信访部门转变职能,在转化中走向信访的良性循环。

统筹思维强调的是统筹意识。统筹意识的视角,要看到信访性质的内在复合性、信访内容的价值兼容性、信访载体的协调性、信访工作的整体统一性。我们的着眼点不是去硬性区分、划割信访功能与作用。硬性区分的效果不一定可以巩固,如诉访分离,涉法涉诉的分类处理固然必要,但这只是治标。把握中国特色信访的基本特征与根本属性,进行统一筹划,才是治本之策。统筹,是在矛盾中进行的,是对信访内在矛盾复杂性的适当处理与转化。在这里,不是消灭矛盾,"事要解决",也不是单纯地消灭信访事项,它全面涉及信访工作建功立业的所有基本方面:载体及其完整性和统一性,根据及其完整性和统一性,价值动力的完整性和统一性,载体、根据、动力三者的统一性和组合性。所以,信访问题统筹治理,是要把维持或形成"统一性"作为先决条件来对待,把它置于主导地位。信访群众的民怨、民意、民生、民事,就是党和政府的工作重点。信访工作融入中心工作之中统一筹划部署,与以人民的名义、人民的利益为中心统一筹划部署相统一,才是统筹意识的强化和真正实现。

总之,对于信访事业的和谐发展而言,成功是方向,优化是条件,良性循环则是基础。这三种外在不同的价值侧面,构成了以"成功为本、优化为标、循环为势"的整体价值形态。统筹有别于其他筹划理论,就在于注重对成功、优化与良性循环的统一。但就三者价值的统一上,仍既要保持各自侧重点,又要相互匹配和利用。在信访事业正常发展的情况下,决策的重点是良性循环发展,筹划的重点是优化,实施的重点是成功。因此,要实现成功、优化和良性循环的完全统一,还需要在信访事业整体价值上对可控、可利用和可适应三类关系加以不断地筹划匹配、兼顾利用。

2. 同心共情做好党的事业

各项事业的扎实推进,离不开与群众情感上的贴合,以满腔真诚换来群众的信任,尽可能地维护群众的合法权益。体现在点点滴滴,在接访场所为来访群众提供桌椅、热水、老花镜、雨伞、急救箱等便民设施,让来访群众得到家人般的尊重和照顾。要求参与接访的领导干部和信访工作人员做到"五个一",即"一张笑脸相迎,一把椅子相让,一杯热水相递,一句暖语相问,一声再见相送",耐心倾听来访群众诉求,运用群众语言沟通交流,讲解法律、疏导清晰。首先要树立正确的权力观。第一要明确权力就是责任、干部就是公仆、领导就是服务的权利意识。第二要密切与群众的血肉联系。摆正位置、端正思想,尽心尽力解决群众的问题。第三要具备深厚的群众感情。

3. 依靠社会力量释法析理

信访工作不能以没有政策而推脱群众诉求,更不能将改革发展与保障群众权益对立起来。抓好信访事项"释法析理"环节,既是理清事情缘由的重要步骤,也是为群众释疑解惑的关键所在。有效的做法有:一是设立信访工作专家库,推行疑难事项"专家会诊"机制。各地做法不同,一般是从政法、人社、住建、国土、经信等多所单位各选拔1名政治素质高、业务能力强、工作经验丰富、精通政策法规的领导干部,共同组成信访工作专家团。也有的地方,是由纯粹的"第三方"构成专家团。专家团由信访局统一协调组织,参与疑难复杂问题的分析研判,从不同角度提供法律政策和专业技术支持,确保信访问题处理意见的合法性、科学性、合理性。二是广泛选拔群众工作"能人",推行"能人化访"机制。由于信访矛盾情况复杂,且化解效果往往与工作人员个人威信和影响力直接相关。立足"基层的事基层人办",从办事处党员干部、人大代表、政协委员、支部书记中,挑选出一批有威信、有热情、有基层工作经验的"能人",作为草根"第三方"力量,协助信访问题化解。综合运用"能人"熟悉社情民意、与群众贴得更近、说话办事更易于群众接受的独特优势,灵活多样地帮助做群众工作,取得了很好的实际工作效果。

(三)造就信访工作整体良性循环之势

信访工作大局如何形成良性循环呢？要造就良性循环之势,就要把一切可能意料的危险和一切可能需要的发展,均纳入统一筹划范畴,这就需要明确威胁和发展,由于这种威胁都是对应于循环状况来说的,那么这里的威胁只能是发展的威胁,这里的发展是有威胁的发展,并且只能是在循环状态下起作用的,所以要明确威胁和发展,就要明确良性循环的依据,就要对循环本身的一般情况有一个基本的认识。循环是涉及统一体和它所依附的事业之间关系状况的主要标志,反映着统一体生存发展和事业成就之间的统一性趋势。如果统筹对象缺乏循环考虑,可建功但不能立业,可乘势而不能见业绩,所以循环是统一体运作不可缺少的标志。郑杭生先生的"运行学派"认为,社会运行有良性与恶性之分。但循环与运行有不同的情况,除了在性质上有良恶之分,在程度上还有强弱之别,在时空上有"限"、"度"之异。统筹的责任就是要厘清和把握循环,生长的基本要素,见微知著,精心安排,明确各种循环相互转换的限度,并通过其交汇带,加以适量控制,以实现统筹期望。

1."共协调"对大循环的意义

从总体看,信访方面的循环有两个大的层次,一个是从信访人看,每一个信访事项都是一个循环,要良性循环必须研究它的制约因素;另一个循环,就是信访人与信访工作的良性循环。只有信访工作的循环是良性的,方可说明国家整体的循环就是良性的。信访活动的轨迹犹如一个"圈"——"信访圈"，其各部分各层次都是良性循环，才能造就整体的良性循环。统筹的责任就是使得微循环、中循环和宏循环三个层面的循环都处于良性，由此造就国家整体的良性循环。

就信访事项这个"信访圈"而言，如同"蝴蝶效应"引发"社会飓风"一样，是发散又聚合并快速旋转上升的，会在过程中裹挟更多因素，对社会造成一定范围的扫荡式影响，可能带来政策性的群体性信访，应激状态的群体性事件，造成久久难平的社会伤害与心理创伤。众多信访事项造成的大"信访圈"，是对信访领域诸系统循环运行机制的构成要素和关系活动轨迹的抽象。这是对刘天禄《统筹学概论》中"圈"与"圈变"理论的应用。多个信访事项形成多个"信访圈"，集由"破窗效应"，酿出社会"飓风眼"。"信访圈"中的信访人及其家庭、亲朋好友被影响；其他的信访人也会互动。因此，信访系统就是在这样大量"信访圈"形成的环环相扣的"大圈网络"，是真正的"风险飓风"。预防和管理这个"飓风"，必须明确信访领域相应循环系统在统一体中的作用、地位和范畴边界。

由于信访统筹所涉及的体系是一个统一体，是刚柔并济、纵横交错的网络型关系，因而循环问题随处可见，加之信访统筹所及的统一体的成分和边界是开放型的，并没有作出是否可控的限定。而信访环境更处于大开放状态，这样在统筹对象中，不仅可有局部作用于整体的微循环，局部和局部之间的中循环，还有整体与整体之间的宏循环，更有统筹对象与大环境之间的宏—宏循环。所以作为"信访圈"网络，不仅要考虑上述循环的种种不同而形成不同的圈，更要针对具体的圈，切实兼顾相对稳定的基本边界，应对环境的伸缩边界，并加以恰当转换对待，使其对信访循环的作用更有效、更可靠，所以"信访圈"是信访循环系统中最基本的要素，如何使得诸要素价值匹配环境是篇大文章。

2. 适时适度引导信访良性循环

所有对信访循环有作用的元素，可称为"圈上"元素。在"圈上"活动的、对"圈"内外施加影响的作用元素，往往对内外环境条件变化很敏感。如在信访机制、信访政策、信访制度限定的信访工作者作为"圈上"元素，他们依法按政策处理信访事项，这些功能作用是在行使信访工作岗位职责，如果制度、政策变化,信访工作者处理信访问题的要求与方式就会变化,"信访圈"就会相应发生变化。不同法规与政策的实施,会产生或消除"圈上"元素。环境变化也可为培植新的"圈上"元素创造条件。所以,信访"圈上"元素包括这个"圈上"的所有相关元素,信访机制、信访政策、信访制度、信访工作者、信访人,整个信访系统之间存在某种性质和程度上的纵横立体网络关系,"圈上"某一元素的变化,就会带来其他元素的变化。统筹,就要明确各个信访元素关系,在此基础上明确每个"圈上"元素的最新变化,以利于随机处置。

近年来,国家信访局以阳光信访、法治信访和责任信访为着力点,多措并举,形成了一套"组合拳",也是在力求形成一种良性循环之势。所做主要工作的逻辑演进次序是:因为信访总量高位运行,而且在"上行",因此,首先,要"分流"。实行访诉分离和依法分类处理信访诉求,引导群众依法表达诉求,规范信访工作在法治轨道上运行。其次,要适度。减少群众"走访",开辟新的信访渠道,实行网上受理信访制度,开通微信公众号、手机客户端等新的投诉渠道,建成国家信访信息系统,搭建集投诉、办理、查询、跟踪、监督、评价于一体的网上信访业务工作平台;由于依然存在大量越级上访的情况,因此实行强化初信初访办理制度,推行信访事项简易办理,建立以及时受理率、按期办理率和群众满意率为核心的考核评价导向,推动工作重心放在源头预防与及时处理上;实行依法逐级走访制度,不受理越级访,推动形成"群众依法就地访,部门依法及时办"的良好态势;实行统筹实地督查制度,规范督查工作规则,完善信访督查工作机制,提升督查工作实效;实行阳光信访新模式,将信访事项办理过程、方式和结果在网上公开,健全信访人满意度评价机制,邀请全国人大代表、政协委员和媒体记者全程参与督查,让人民群众成为信访工作的裁判员、监督员;实行点对点通报制度,改变重排名、轻化解的情况,树立正确工作导向。最后,要协调。所有的"信访圈"上元素都在考虑之列,处理好各个相关关系。信访工作良性循环中的协调,包括与党和国家总体布局、战略布局的协调,与人民群众需求愿望满足程度的协调,与改革开放及发展变革的步骤、节奏、速度的协调,与民主、党的领导与人民当家作主相统一,等等。

目前的信访形势是积案化解有成效,但存量削减的同时,新的增量又进行了填补;老问题解决了,新矛盾又凸显;新政策出台解开了老疙瘩,又引发新纠纷。信访工作系统励精图治，变革突破，力图走出困境，寻求好的发展。现在是通过调动各方面积极性，已经循环起来。但"信访圈"循环强度起伏变化，循环状态不稳定。

正确认识"信访圈变"，旨在通过调整信访工作职能，通过协商民主、风险评估、意见建议征集，政府的依法行政与社会矛盾化解，促进"信访圈变"的性质和趋势向良性发展。这是一个需要长期努力的过程。目前可以做到的是，做好信访常规工作，让各个信访事项成为"消变圈"；出台相关法规政策，让某类信访事项成为"消变圈"。正如大自然这个生态圈，由 12 个月 24 个节气 4 个季节循序交替展开，其中反映的是自然规律给予我们深刻的启发。正所谓"道法自然"。信访工作也要找到、找准、把握其"圈变"规律，才能在发展变化中顺势而为、适时而为、择机而动、适得其所。

3. 以事业取向为依据

信访事业取向与党和人民事业的一致性，决定了信访的评判或状况，服从服务于国家与民族事业整体、总体、大局。因此，信访循环究竟是良性还是恶性的，终以其事业取向而定。为了得到良性循环的趋向，有时候会采取某种对策性措施，如对信访的分类治理，涉法涉诉信访从信访系统剥离出去，有利于规范信访秩序，推进信访工作的法制化进程，也有利于信访事项处理。这些工作成效是共同协调的结果。

共同协调就是综合施策，促进"信访圈变"与事业取向的价值匹配，消除不适应、不协调的症状、症候、焦点等，解除产生信访问题的原因。在信访领域内在协调方面，依法、按政策与法理情相统一，就会减少"连锁反应"以及有关症状的"集中反应"。所以，良性循环在于排除发展威胁并切实控制发展局面。威胁和发展只有存在于循环要素及其相互关系之中才能发挥作用。良性循环的有效把握，只存在于两种对立循环状态并存的时间段之中。对威胁和发展的识别，只能在"信访圈变"和事业取向的匹配状态中展开。依次按事业取向是否适应环境、变化趋势是否与事业取向匹配、变化是否停止或变化是否需要等情况来寻求威胁和发展所在。检视并处理"连锁反应"前兆，才能避免各症状的"集中反应"，也才能具体识别循环匹配状况。所以，排除发展威胁不是消灭信访，不是"零信访"、"无信访"就是成功，不是信访群众参与率和满意度高就是优化,简单量化和单一指标都不足以说明问题,重要的是看信访在个人与国家发展上是否发挥了正向作用,是否实现了工作价值,这其中包含着丰富而深刻的内容。

党的统筹,关键是成功为本、优化为标、良性循环为势。信访的成功、优化、良性循环与国家事业统一在一起,其实践价值的有效确立才具有切实意义。成功是统一体的成功,优化也是统一体的优化,良性循环更是统一体整体的循环。信访统筹意义在于,对实践效用的显著差异加以揭示,着眼于管理面临的可控、可利用、可适应三类关系,着力于可控关系及其集合在价值统一上的深化作用,把着眼点与着力点有机结合起来,实现三个价值侧面有主有从的匹配利用,这正是价值统一的基本依据。换言之,信访"窗口"、"信访圈变"显示的,正是党的统筹实践成效。

第九章　信访统筹的积案化解

　　信访积案,主要是从时间上划分的信访问题。化解信访事项,以时间为主轴展开,也是信访工作的创新之举。从发生学角度看,长期以来,人们普遍认为,回应信访的第一主体应是国家,这一认知实有某些误解。社会是自组织的,大量矛盾与问题及纠纷实际上已自行消化了,并没有形成信访。凡是在基层可以解决的问题,应该都已经解决和处理。信访是进入到组织规范的化解,需要国家解决的都是政策性、法规性大问题。从化解机制讲,国家是纠纷解决方式的最后选择,因其选择的无奈性和情感的伤感性及结局的不可变更性,使得其保有对社会和谐之篱笆进行"最后修补"的属性①。信访制度设置的目的,是统筹协调国家机关与人民群众、管理部门与被管理层的关系,起着平衡社会与国家间信息回应和交换的功能②。信访工作所解难题,多是棘手的利益问题,"不仅是相当一部分群众的难解之痛,也是一些政府部门挥之不去的心病"③。从化解难易程度上说,"积案"作为难中之难,其实质是因为时间的不可逆造成的。尽管其反映的突出问题往往是其他信访问题产生的重要根源,目前存在"非访"老户、越级访、重复访、集体访等问题,都是难在"时间问题",尽管已经投入大量人力、物力、财力,还不回那个"时间"的情景。"积案",从另一个侧面说明时间、空间与人的统一有多么的重要。因此,所有积

---

　　① 范忠信:《纠纷解决是和谐社会的第一要义——关于全方位解纷模式的初步思考》,《湖北大学学报》(哲学社会科学版)2008 年第 6 期。

　　② 张娟:《信访治理的法理思考》,《新疆师范大学学报》(哲学社会科学版)2009 年第 1 期。

　　③ 赵蓓蓓:《让信访问题化解在基层》,《人民日报》2005 年 4 月 22 日。

案皆非统筹研究、统筹分析、统筹协调不可。加大对"积案"的研究，不仅是工作的"去库存"之需，更是体制的"增质提效"之要。

一、积案化解现状

（一）基本界定

1. 积案与信访积案

积案是已由有关部门受理，但因故未在规定时限内完结的事项。

信访积案是积案在信访领域的表现。作为工作术语，信访积案指处理难度非常大、时间跨度比较长、案情十分复杂、在规定时限未决的信访事项。关于信访积案概念的提出，1957 年 5 月 31 日第一次全国信访工作会议中提到，清理积案有两个方面，一个是没有专办的积案，另一个是转出去没有结果的积案。2009 年，国家信访局《关于开展"信访积案化解年"活动的指导意见》，首次将"信访积案"概念写入文件。2016 年，国家信访局《关于开展化解信访积案集中攻坚的通知》中，对信访积案描述为：信访积案是在《信访条例》规定时限内没有化解的信访事项。

从信访实际和具体理解上来说，所谓的信访积案，具备三个要素：一是信访事项本身的不变性。信访事项从发生到形成积案没有发生本质变化，信访人整体诉求无实质改变。二是事项本身未得到根本解决，信访事项发生后没有做到习近平总书记要求的"三个到位、一个处理"①，信访人仍进行信访活动。三是时间跨度长，从信访人首次提出信访诉求后一年内没有得到有关部门的合理答复或者处理意见。根据《信访条例》规定的法定办理期限：信访事项应该自受理日起 60 日内办结，情况复杂的可以延长到 90 日。如果信访人不服书面处理意见的，可在 30 日内申请原办理机关的上级机关进行复查，复查机关应在 30 日内提出复查意见。假如信访人对复查机关的复查意见不服，

① "三个到位、一个处理"是习近平总书记在浙江工作时对信访工作提出的要求。"三个到位"指诉求合理的解决到位、诉求不合理的思想教育到位、生活困难的帮扶救助到位；"一个处理"指行为违法的依法处理。

又在30日内向复查的上级机关申请复核,收到复核的机关应在30日内提出复核意见①。此时的信访事项,就具备了时间存续长、案情内容杂、解决难的积案特性。实务中的积案,实际上复杂得很。具备后两个要件,却往往不满足第一要件,因为信访事项总会随着时间的推移发生变化,时间越久,诉求越是复杂。时间统筹,是信访积案化解的关键。

2. 信访事项与信访积案

信访积案与信访事项有不同的边界和范围。信访事项是对信访事件的统称,既包括普通的信访事件,也包括信访积案。从处理过程来说,包括正在处理的、不予受理的、积案未结的、已经完结的;从难易程度来说,包括普通信访事项、涉及面广的案件、"钉子案"、"无头案"等。因此,积案是信访事项的一种,信访事项未必成为积案。存续时间长,比普通信访事项时间跨度大,案情较复杂,化解难度大的信访事项即为积案。

3. 化解与处理和解决

"化解"即溶化消解之意。《易经》中指解除、消除灾厄,或解除不利因素等。在现代汉语中一般作为动词使用,为解除、消除之意,比如化解危机。"渊惧吏士不从教令,乃躬驰骛,自往化解,仅乃止之。"②从信访工作角度解读,化解指的是合理、妥善处理和解决信访事项中的问题。从过程来看,既包括信访部门对具体信访事项的直接处理,也包括把信访事项按照有关程序移交有关职权部门,并对事项的处理进行指导、协调、督促的行为。从结果上说,不仅仅是信访事项有处理结果和依法依规进行,更重要的是处理结果能够让信访人认同、满意、信服。因此,化解矛盾并不简单。现阶段,我国矛盾纠纷解决机制存在狭隘化问题,有些地方在设立纠纷解决机制的第一出发点是如何避免事态扩大,"消灭纠纷"成为机制设计的标准,这也是形成积案的重要原因。

化解,注重得当妥善处理。唐代韩愈《黄家贼事宜状》说:"处理得宜,自然永无侵叛之事。"毛泽东在《改造我们的学习》中指出:"任何一个部门的工

---

① 《信访条例》,2005年5月1日起施行。
② 《三国志》裴松之注引《魏书》。

作，都必须先有情况的了解，然后才会有好的处理。"①所以，信访问题解决，更重要的是化解矛盾，妥善处理，而不是绝对地"解决问题"。"解决问题"既是在问题空间中进行搜索，以便使问题的初始状态达到目标状态的思维过程，也是个体对问题情境的适当的反应过程②。信访问题通常包含着诸多不确定性、怀疑或困难。它之所以成为问题，就因为涉及了这些内容，并且缺乏有所作为的机制和对问题作出正确解决的动力。事实告诉我们，信访问题的解决，更多的应该把它看作是一个心理过程，是由一定的情景引起的，按照一定的目标，应用各种认知活动、技能等，经过一系列的思维操作，使问题得以解决的过程。而我们在处理信访问题过程中，往往忽略了心理学意义的"解决问题"。尽管在技术上力求科学，坚持分类施策，综合运用法律、政策、司法、行政、救助等办法以及协调、调解、疏导、听证、评议等手段，依法依规回应群众诉求、解决信访问题，但依然存在积案问题，这就说明问题不是那么简单。所以，化解的过程极为重要。

信访事项提前化解，指的是在信访事项发生之前，或者信访事项向坏的方面演变之前，有关部门和单位及时介入进行处理。事中化解，指的是信访事项发生之中，或者信访事项影响变大过程中，有关部门按程序介入调查处理。事后化解，指的是信访事项发生之后，或者信访事项影响扩大之后，有关部门被动介入处理。从信访事项化解体现的执政理念看，事前化解体现出有关部门积极作为、执政为民的管理理念，通过及时有效的介入信访事项，解决群众问题。事中化解体现出有关部门按部就班、依规行事的管理理念，按照有关程序解决信访问题。事后化解体现出消极被动的管理理念，问题出现后才会解决。为了体现法律的威严性和覆盖范围，过去很多时候过度追求法律的完美性，在一些法律制定上存在时间推迟和延后的情况，这在一定程度上使得很多纠纷矛盾的解决长期处于无法可依处境。在司法上，有时为了追求个案的"尽善尽美"，片面强调"因地制宜"，在一些地方出现了以牺牲法律原则来"了结"个案的情况。这些问题的存在，严重损害了法律的权威性。从长远来看，这样的

---

① 《毛泽东选集》第三卷，人民出版社1991年版，第802页。
② ［英］凯特·姬南：《解决问题》，杨宇光译，海天出版社1998年版。

方式不但不能有效解决矛盾、化解纠纷，而且会带来更大、更深远的负面影响。

（二）演进过程

恩格斯曾说："国家是承认：这个社会陷入了不可解决的自我矛盾，分裂为不可调和的对立面而又无力摆脱这些对立面。而为了使这些对立面，这些经济利益互相冲突的阶级，不致在无谓的斗争中把自己和社会消灭，就需要有一种表面上凌驾于社会之上的力量，这种力量应当缓和冲突，把冲突保持在'秩序'的范围以内；这种从社会中产生但又自居于社会之上并且日益同社会相异化的力量，就是国家。"①国家调节的是"对立面"间的阶级矛盾。社会调节的除了阶级间的"敌我"矛盾外，另一种形式是人民内部矛盾，信访问题及其矛盾是人民内部矛盾在信访领域的表现。信访积案矛盾性质的内意性特征，指明了信访积案化解工作，是有关部门针对积案进行具体研究、商讨解决、协调处理的工作，以期达到化解的目的。"据国家信访局公布，截至2016年9月，根据全国各地排查的结果，上报的信访积案7.4万余件，已结案化解的占到92.3%；对于国家信访局交办给各地方的信访积案共有876件，已结案化解的积案占到96.2%；排查'三跨三分离'积案654件，已结案化解的占到86.4%"②。总体看，信访积案有个历史演进过程，初期从数量激增、难以解决到后期的有效控制、逐步解决，经历了以下几个阶段。

1. 突击治理阶段（2008年以前）

1957年第一次全国信访工作会议中提到：清理积案，可以临时抽调一些工作人员，对积案进行突击解决。清理积案要先摸底，然后采取排队的方式处理；在这个时间段上，面对激增的信访量，国家机关统一对影响较大的信访事项和积案进行专门治理，当然这种治理多为被动反应，方法上多为突击式。

2. 专项治理阶段（2008—2012年）

2008年1月30日，《关于集中开展重信重访问题专项治理工作的实施意见》发布，这个意见是由"中央处理信访突出问题及群体性事件联席会议"下

① 《马克思恩格斯选集》第4卷，人民出版社1995年版，第170页。
② 《国家信访局部署化解信访积案　结案化解率超九成》，2016年10月17日，见 http://legal.people.com.cn/n1/2016/1017/c42510-28783799.html。

发,规格不低。之后,全国掀起了为期半年的集中治理活动,取得了良好效果;2009 年 3 月 17 日,"中央处理信访突出问题及群体性事件联席会议"印发《关于开展"信访积案化解年"活动的指导意见》,明确规定各个地方以季度为单位向联席办汇报信访积案化解活动进展情况,这次集中整治持续一年。2011年,国家信访局颁布《国家信访局关于信访积案清理交办的实施办法(实行)》,为了保证实施效果,在 2011 年 4 月专门召开专项部署会议。在这个阶段,信访事项的化解是自上而下统一决策部署,针对特殊问题和专项问题在有关部门内部进行集中治理。这种"专项整治"的模式对阶段性解决积案具有很好的效果。

3. 系统治理阶段(2013—2015 年)

为了系统治理信访积案,按照群众路线教育实践活动和干部作风建设的需要,国家机关全面进行了信访积案系统化解工作。这个阶段,各个地方能够主动查摆问题、发现问题、解决问题,以化解系统性信访积案为目的进行治理。这个阶段全国的信访积案化解主动性增强,而且方式方法具有重复利用性和全局影响性,系统解决了很多存在已久的信访积案。

4. 依法治理阶段(2016 年至今)

2016 年 2 月,国家信访局印发《关于开展化解信访积案集中攻坚的通知》,明确提出信访积案化解的原则、方法和目标,通知要求各地要建立化解信访积案的工作机制。自此,严格以《信访条例》为依据,以"阳光信访"、"法治信访"为原则,运用法治化思维解决积案,信访积案化解工作逐步规范化,走入了法治化轨道。这个阶段,积案处理不以单纯地解决和办结为目的,而是以有效化解为目标。对于交办超期未办结、办结后群众继续信访、群众对处理结果评价不满意的重点问题进行化解,对"三跨三分离"①问题进行集中协调化解。同时,强调积案化解遵循信访工作分级负责、协调联动、台账管理的基本原则,各地依据"谁的责任、谁排查、谁化解"的原则,依法依规化解信访积案。

---

① 《国家信访局协调"三跨三分离"信访事项工作规范》(国信办发〔2013〕29 号):"三跨三分离"指跨地区、跨部门、跨行业和人事分离、人户分离、人事户分离的信访事项。该文件生效日期为 2013 年 12 月 31 日。

2017年,国家信访局以开展"责任落实年"活动为抓手,深化信访工作制度改革和信访法治化建设,着力加强源头预防、解决信访突出问题、化解信访积案和风险研判。扎实开展积案化解"回头看",加大日常网上督查力度,实地督查重点信访事项,带动各地层层开展督查工作,化解信访积案2.26万件。2018年全国信访局长会议提出,以信访矛盾化解攻坚作为主动对标中央部署、贯彻落实中央要求的主攻方向,全力以赴、尽锐出战,下大气力解决信访突出问题,化解重大风险隐患,切实维护社会大局持续稳定。国家信访局印发《信访工作"四大攻坚"活动实施方案》,着力信访重点领域、重点群体、重点问题、重点人员,打好化解攻坚战,推动化解信访矛盾和问题。

二、积案产生探源

(一)积案特点

信访积案与普通的信访事项有所不同,它所呈现出的形式、要求、存续时间、影响范围等方面,比普通信访事项更具特殊性。尽管信访积案的诉求内容、群体构成、形成原因等复杂多样,但仍然具有一些共同特征。

1. 形式复杂多样

积案的信访人都是多次的反复信访,对于信访规则和处理机制十分熟悉,通常会根据时机、地点、人员等不同进行信访,不仅采用写信、喊口号、挂横幅等传统手段,更多的是在重要会议期间、重要办公地点、上级视察考察时进行活动。有时为了达到自己的要求,信访人经常采用围堵会议场地或者机关单位门口,拦截道路和有关领导车辆等方式。信访积案表现的重要特征就是重复访和越级访。为了获取自身利益最大程度的满足,信访者采取反复信访的方式一而再,再而三地向信访部门和有关单位施加压力。

2. 诉求奇高多变

信访积案的处理过程中,信访人逐步地熟悉了信访运行机制和地方政府的心理,很多信访人开始与地方政府进行博弈,对于解决问题的方案反复不定,今天同意,明天可能又不同意,很多信访人的合理合法诉求基本得到解决,但他们却仍然不满意。更有甚者,随着时间的变化,信访人的利益诉求内容又有所增加,标准又有所提高。

3.化解了结艰难

信访积案大多是有过解决方案的,甚至有相当数量的积案都有过"结案"。地方政府也曾多方尝试解决问题和矛盾,但由于种种原因导致矛盾没有完全化解。这就致使积案存在时间跨度长、问题复杂、牵扯面广的问题,有的积案是几年甚至是几十年前的事情,有的是好多问题交织在一起,有的是涉及部门众多,很难再次协调。这些因素客观上导致了积案解决难度很大。特别是随着时间的推移和发展,积案涉及问题的历史环境、法律环境、政策环境等发生了重大变化,时过境迁,这也给积案化解带来困难。再加上积案信访者多次信访后,许多人心理失衡,产生了强烈的对立情绪,在和有关部门沟通解决矛盾中极不配合,更有甚者无理取闹,这也无形中加大了积案化解的难度。

4.影响深、远、广、大

很多没有得到及时解决的信访积案会存在涉及范围广、牵扯人员多、解决难度较大的问题。这些积案往往成为当地发展与稳定的隐患。如果处理不好,容易诱发很大的社会问题和社会矛盾,成为影响稳定和发展的重要因素。影响范围广、影响力大是信访积案的重要特点。

(二)积案成因分析

积案,凸显时间统筹的重要性。统筹,要求担当负责、积极作为。积案化解,最能够彰显执政能力与治理水平。化解信访积案是当前信访工作减存量的攻坚战。信访积案在全国各地不同程度的存在是较为普遍的情况。积案多寡是衡量一个单位一个地区工作成效的"晴雨表",是领导干部执政能力的标志。调查显示,造成信访积案的原因错综复杂,这也就意味着信访积案不可能通过单一手段,一下子就能得到各方满意的解决办法。

信访积案是信访事项、社会矛盾、利益诉求、信访主体在时间、空间与难度上堆积累加的集中体现,综合分析近些年的信访积案,它的产生如图25所示,多与事件的历史因素、当时政策制定因素、群众观念因素、党员干部作风因素、信访运行机制因素等密切相关。美国著名哲学家、社会学家舒茨认为,对于行

体制改革遗留 ████████████████ 59.47%

法制不健全、执法不到位 ██████████████████████ 77.60%

工作边界不清楚 ████████████████ 59.20%

政策不完善 ██████████████████ 66.67%

0　　20.00%　　40.00%　　60.00%　　80.00%　　100.00%

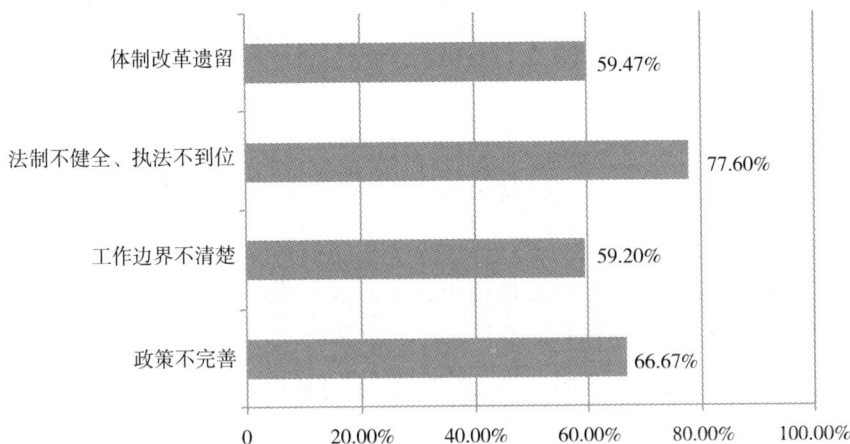

图 25　信访积案的形成原因是什么

动的分析,既要分析意义,也要分析行动发生的具体情境,同时还要关注行动主体的生平情境。根据舒茨的社会行动理论,对信访积案存在的宏观情境、微观情境、信访利益相关方情境进行以下分析。

1. 积案的宏观社会情境

总体上看,信访形势与宏观经济环境息息相关。一是客观上信访量、信访内容与经济社会发展环境发展的阶段性特征相一致;二是通过调查所反映出的人们的主观感受也相一致。就是说,随着经济体制的深刻变革、社会结构的深刻变动、利益格局的深刻调整和思想观念的深刻变化,信访工作所面临的形势也日益复杂。信访工作作为党和政府联系群众的桥梁、倾听群众呼声的窗口,如何发挥其体察群众疾苦的重要作用,是当前信访工作的首要问题。目前信访工作的难点和重点在于对社会弱势群体的利益保护,与社会多元价值观冲突、民众利益理性表达的便捷性相互交织,积案化解与引导存在着困难。

从理性程度看,德国著名社会学家马克斯·韦伯将理性分为实质理性和形式理性。中国社会追求实质理性的特点对于信访者的行为影响颇深。由于几千年的封建思想影响,再加上"小农经济"在封建社会的根深蒂固,信访者对于形式公正的关注较少,更多关注的是实质公平,特别在意自己的利益是否得到有效的补偿和满足,反而不太在意诉求解决是否符合形式公平,是否符合法律和制度规范。内心上的过度追求实质利益和个人利益与有关部门为了维护形式正义和公平不能完全满足要求相冲突,导致信访事项长久得不到解决。

从契约精神看,中国社会的形成过程受伦理道德的影响深远,影响中国几千年的儒家文化就是典型代表,儒家文化的影响更多的是影响人们的思想,即便封建君主把它作为正统思想极力推行,它也不具备理性契约的条件。中国社会是宗族宗法关系,是伦理道德约束自下而上形成的社会关系。信访积案化解过程中,有些政府本已作出具体解决方案,但是却出现了信访人多次同意然后又反悔的情况,诉求不断变更,没有表现出对契约的追求和信任。

从"官本位"思想看,信访人通过信访方式表达诉求的逻辑是"官本位"。什么事情都应该找政府,政府能解决一切问题,甚至有些问题已经通过司法途径解决了,法院和相关机构已经作出了判决和仲裁,但是当事人却仍到信访机构反映问题、反复信访。群众对"党是领导一切的"有片面认识,认为党委政府具有绝对至高无上的权力,通过"向上反映"必能有效解决诉求。于是部分信访人对基层给的信访处理意见不认同、不签字、不同意,执拗地坚持只有得到更高领导和上级机关的过问和批示,事情才能作罢,根本不考虑现在方案是否合理,再加上"哭闹的孩子多吃奶"现象,部分信访人采用一些极端的方式表达诉求,反而会引起有关部门重视,信访人也会相对提高自己的信访诉求,造成恶性循环,形成信访积案。

2. 积案的微观社会情境

目前,我国的信访工作体系基本建立健全,但信访诉求的解决率却偏低,据有关部门统计,解决比率大约为2‰[1],从"十一五"期间北京市的重信重访率[2]可以看出,信访事项执行不力导致解决率偏低。很多地方出现信访积案是由于处理信访事项执行不到位引起的,这种执行的不到位体现在:一是拖延,二是推诿,三是做表面工作,敷衍打发,形成积案。信访行为发生的具体情境和微观制度设计对于信访人的行为产生很大影响。

① 赵凌:《富有中国特色的信访制度 仅千分之二的解决概率》,《南方周末》2004年11月4日。

② 王浦劬、龚宏龄:《行政信访的公共政策功能分析》,《政治学研究》2012年第2期。

（1）信访政策制定的系统性问题

通过对信访政策进行梳理，我们不难发现，信访解决政策制定仍缺乏全局的系统性。信访问题的发生很大程度上与信访缺乏制度规范和制度规范不系统密切相关①。一方面，涉及信访人权益的政策不系统导致信访积案产生。如乡村教师、民办教师、农村电影放映员、赤脚医生信访问题；再如房屋拆迁补偿问题，按时间顺序有 1984 年、1992 年、1998 年三个节点，造成补偿标准不一，相关利益方面会有攀比，造成信访。另一方面，化解信访事项的政策依据不系统导致信访积案产生。有些解决信访事项的政策在特定的历史时期确有效果，但却没有总体和长久考虑后续发展影响。不同领域和不同部门解决信访问题的政策相互牵制，对于一些信访事项需要不同部门联合管理的，就会出现难以协调、无法处理的情况。找不到切实的政策依据，就会导致普通信访事项升级为信访积案。

（2）信访相关法律法规覆盖问题

我国对于信访相关的法律法规的规范性建设作出了很多努力，出台了系列相关法律文件，但法阶较低。《中华人民共和国治安管理处罚法》《中华人民共和国游行示威法》《信访条例》等相关规定，对信访人的不理智行为、违法行为作了应当处罚规定，但对信访行为中相对缓和、没有过激行为，却重复访、集体访、纠缠访、越级访等问题没有作出明确规定，致使非法行为界定、取证、处理相对困难。

（3）信访积案涉及主体的权利义务对等问题

国务院《信访条例》第四条规定："信访工作应当在各级人民政府领导下，坚持属地管理、分级负责，谁主管、谁负责，依法、及时、就地解决问题与疏导教育相结合的原则。"②信访问题解决的责任主体和管理机关是基层政府。在权力分配上，很多权力上移，基层政府权限相对薄弱，"高责任、低权力"成为解决很多信访问题的制约因素。基层政府这种权—责不对等现象，制约了信访问题的有效解决。对信访人也存在权利—义务法律规定不对等现象。我国

---

① 陈志杰：《我国信访制度的特性、成因及对策》，《法制与社会》2007 年第 7 期。
② 《信访条例》自 2005 年 5 月 1 日起施行。

《宪法》第四十一条第一款规定:"中华人民共和国公民……对于任何国家机关和国家工作人员的违法失职行为,有向有关国家机关提出申诉、控告或者检举的权利。"法律条文规定,举报控告也是群众的法定义务。对于群众反映的问题,国家有关部门应当受理,任何组织和个人不得压制和打击报复。从信访人义务角度来看,信访人应履行的义务主要有两项:一是信访人实施信访行为中应实事求是,如实控告、举报、申诉;二是信访人不得借控告、举报、申诉之名对他人进行诬告陷害①。信访人义务法律方面的规定偏少、偏弱,实际限制性作用有限,而且对于信访人义务的设定和规范不是一部法律所能达到的。

3. 积案的利益主体情境

作为一个信访积案的存在,最初的信访过程中一般是个体的信访人面对的是接访者。一个人当决定去信访、上访时,也绝非一时冲动,背后必然有着种种迫不得已的原因。而信访工作者作为专职工作职责所在,也理应会竭尽全力为群众排忧解难,但事实上效果并不好,依然形成大量积案。在信访积案的形成和处理过程中,部分地方政府和党员干部对信访问题认识不到位,对重要性了解不多,解决积案形成思维定式,认为信访积案无解。部分信访工作人员的素质问题,在很大程度上成为当前信访事件增多的重要原因②。党员干部存在的问题主要有:一是责任认识有偏差。很多地方"新人不管老事"的思想盛行。还有部分党员干部以"政策上没有依据"、"没有权利解决"、"这事涉及面广,不好解决"为借口搪塞群众。积案一般会涉及多个部门、多个人员,并不是一个部门能解决的,责任追究不在一个部门。二是有畏难情绪。认为信访积案形成这么多年,现在要想解决必定困难重重,其他人在任期内没有解决的事,在自己任期内没有解决是正常现象。三是对解决问题认识不到位。有些党员干部认为群众反映的事情多为无理要求,采用"挂着"的方式。单纯强调"属事"、"属地"问题,尤其对于"三跨三分离"信访事项,没有及时有效地发现问题并致力于解决问题。四是缺乏全局意识。认为结案就是签字盖章,忽视群众心理变化、思想不稳,"当时解决了,后来变样了",本已解决的问

---

① 李效安:《控告、举报、申诉权利义务须对等》,《检察日报》2006年9月20日。

② 郑文靖:《信访制度与信访实践再思考——着眼和谐社会的政策回应渠道建设》,《理论探索》2006年第5期。

题重新出现,群众不信任政府,小事项变成积案。

信访积案涉及的信访人多为中老年人,据《新闻周刊》的一份调查显示,"信访者中 82% 是 40 岁以上的中老年人"[1]。这个年龄的信访者有共同的特点:生活压力大,经历丰富,多为不识字者或者小学文化居多[2],文化层次偏低,思维僵化顽固,认死理。老年人信访主要涉及退休金、养老金、医疗、赡养、房产优待政策等方面,大都与老年人家庭和个人生活密切相关,从信访分布地区看,经济发达的华东地区和中南地区较多。造成老年人信访的主要原因是退休政策不完善,社会保障制度碎片化以及老年人权益保障机制不健全。

三、积案化解路径

(一)积案化解的基本原则

党的十九大报告要求我们紧紧围绕新时代新使命强化宗旨意识,全力做好了解民情、集中民智、维护民利、凝聚民心的工作,用我们的辛苦指数提升群众的幸福指数,不断厚植党执政的群众基础。要积极适应社会主要矛盾的新变化,深入研究社情民意的新情况、新动向,信访矛盾的新特点、新规律,进一步深入推进信访工作制度改革,不断增强工作的前瞻性、系统性、规律性,更好地履行信访工作职责。

1.以民为中心原则

习近平同志在担任福建宁德地委书记的时候说:"信访工作的首义,在于时刻把自己看成人民中的一员,把心贴近人民。"[3]"变群众上访为领导主动下访,是我们党的优良传统和作风,是每个领导干部应尽的责任和义务。各级领导干部,都是人民的勤务员。我们的责任,就是向人民负责,为群众解难。"[4]这些话直指信访工作的原则:以人民为中心。信访干部要牢记全心全意为人

---

① 祝翠霞:《北京东庄:即将消逝的上访村》,《新闻周刊》2002 年第 5 期。
② 蒋冰晶:《重复信访行动研究》,知识产权出版社 2012 年版,第 60 页。
③ 习近平:《摆脱贫困》,福建人民出版社 1992 年版,第 45 页。
④ 习近平:《之江新语》,浙江人民出版社 2007 年版,第 78 页。

民服务的宗旨,树立正确的群众观念,急群众之所急,解群众之所难,一切从人民群众利益出发,真心实意地为群众解决信访问题。化解信访积案,县一级要"咬定青山不放松",不断"回头看","清仓见底去库存"。对"骨头案"、"钉子案"、"无头案",要通过开展专项行动、组建工作专班、领导包案、多部门联合督查等方式,集中资源和力量持续推动化解;对已有处理结果,但没有落实到位的,要通过倒排工作进度、明确时间节点、定期回访信访人等方式,压实责任单位的责任;对新发现的信访积案要在信息系统内及时准确标识,导入积案化解工作流程,不能搞"体外循环"。

2. 依法按政策原则

我们要依法按政策做好信访工作,其中的"法",是指 2005 年的《信访条例》等一系列法律法规。2007 年 3 月,中共中央、国务院《关于进一步加强新时期信访工作的意见》第五条也明确规定,要求在制定政策时要统筹兼顾各方面的利益,要坚持科学决策、民主决策、依法决策,综合考虑改革的力度、发展的速度、社会可以承受的程度,要充分听取各方面的意见。习近平总书记曾对信访工作作出重要指示,要求"切实依法及时就地解决群众合理诉求,注重源头预防,夯实基层基础,加强法治建设,健全化解机制,不断增强工作的前瞻性、系统性、针对性,真正把解决信访问题的过程作为践行党的群众路线、做好群众工作的过程"[1]。习近平总书记强调解决信访问题的重要原则是法治。党的十八届四中全会提出,"强化法律途径在维护群众权益,化解社会矛盾中的权威地位,引导和支持人们理性表达诉求,依法维护权益","把信访纳入法治化轨道,保障合理合法诉求依照法律规定和程序就能得到合理合法的结果"[2]。《信访条例》第十四条第二款规定:"对依法应当通过诉讼、仲裁、行政复议等法定途径解决的投诉请求,信访人应当依照有关法律、行政法规规定的程序向有关机关提出。"

信访工作政策已具有较为充分的依据和法律基础。坚持依法按政策解决

---

① 习近平:《千方百计为群众排忧解难 不断开创信访工作新局面》,《人民日报》2017 年 7 月 20 日。

② 《中共中央关于全面推进依法治国若干重大问题的决定》(2014 年 10 月 23 日中国共产党第十八届中央委员会第四次全体会议通过),《人民日报》2014 年 10 月 29 日。

信访问题要做到：一是在政策的制定中要统筹兼顾各方面的利益；二是坚持解决群众合理诉求；三是着力解决信访突出问题；四是在解决实际问题中与加强思想政治工作结合起来。法治思维和法治方式是化解信访积案的重要原则。用法治的方式理清信访的管理边界，明确信访主体的责任，确定信访处理的规则，这既是信访积案化解的题中之义，也是全面依法治国的要求。从实行诉访分离制度，到积极引导信访人依法依规逐级信访，再到信访工作中实行首办责任制，再到逐步建立信访诉求分类清单等，积案化解已经进入法治化轨道。党的十八大以来，为进一步规范"三跨三分离"信访问题协调工作，国家信访局出台了工作规范，明确国家信访局负责协调涉及省际和中直单位，且经过省级层面沟通对接未能达成一致意见的信访事项。协调重点是明确解决信访事项的责任主体并跟踪落实。"三跨三分离"信访问题主要发生在县一级。一要做好基础工作，掌握底数，针对个案分析案情、完善案卷、研究工作方案，真正做到底数清、情况明、措施准；二要主动作为，要加强涉事与涉地双方的沟通对接，不等、不靠、不推、不拖，通过"走出去"、"请进来"，协商沟通解决问题；三要积极汇报，对有的需要提交上一级协调处理的问题，要做好汇报，要负责任地汇报前期工作情况，提出处理建议，为下一步工作打好基础。

3. 法理情融通原则

2014年1月7日，习近平同志在中央政法工作会议上明确指出，党委政法委要带头在宪法和法律范围内活动，善于运用法治思维处理好法理情的关系，实现法律效果与社会效果的统一①。在执法、司法活动中，有时会陷入所谓"合理不合法"、"合法不合情"、"合情不合法"等矛盾境地。解决这个问题，有赖于正确理解法理情的内涵，善于用法治思维处理好法理情的关系。在群众中的排列顺序，是一情二理三法；而在法治国家要求中，法理情才是认可的顺序。毫无疑问，社会主义法治的核心要义中，"法"始终是排序于逻辑规则第一位的判断标准。"在司法审判中既秉持'法理情'逻辑规则，深透理解把握立法的精神和价值，坚持严格司法、依法裁判，确保准确认定事实和正确

---

① 参见肖巍、顾钰民主编：《当代中国马克思主义研究报告（2013—2014）》，人民出版社2015年版，第86页。

适用法律,又能将个案置于常情、常理、常识之中综合考量,用法律的约束力和社会的正义观来共同校正裁判方向和尺度,努力以司法为民、公正司法的具体实践向社会传递公平正义的温度。"[1]

法理情的融通基于法理与情理同时具有合理性、正当性和普适性,即使是情理撞击司法亦可带来"耦合效应",并在社会管理创新、矛盾纠纷处理、和谐社会创建等多个场域实现效益增量,以此提升司法认同感和公信力。在信访工作实务中,法、理、情的融通也是应有的基本状态。基层工作中总结和创新出"诉、访、助"三者相互分离又相互衔接的工作机制,"诉、访、助"是一种工作手段。诉前援助,以"助"引导"诉";诉后援助,以"助"促息诉罢访,信访代理作为服务机制的创新,变群众跑腿为代理员跑腿。追求的是法、理、情三者的和谐统一,目的是解决信访工作中相互推诿扯皮问题。有的实行"六个一"、"法理情帮"四位一体解决问题的信访工作方法[2],取得信访工作受理率100%,群众满意率100%的工作成效,得到各方充分肯定[3]。善于与群众理性对话,善于与不同意见的当事者协商,是引导社会成员依法维护自身合法权益、履行维护社会秩序义务的重要方式。所有人都依法办事、理性平和,很多矛盾才不会升级激化。

(二)积案化解的方式和途径

信访积案产生与存在本身,已经提示在总体与全局上实现党的统筹的紧迫性,同时也彰显了政府职能转变的紧迫性。积案化解没有灵丹妙药,只有扎扎实实的具体工作,为民、亲民、靠民,默默奉献,润物无声,责任担当,积极作为,协调协同。在此,只从具体实践中有成效的经验中梳理以下几个方面供参考。

1. 针对行政行为的依法依规分类分解分流

(1)以行政运行为基础进行的行政行为划分有法可依

---

① 骆锦勇:《遵循"法理情"逻辑规则》,《人民法院报》2017 年 8 月 28 日。

② 林洪演:《信访条例实施试点:"诉访助"三分离机制促"法理情"和谐统一》,2014 年 12 月 22 日,见 http://www.rd.gd.cn/xwdt/201412/t20141222_143196.html。

③ 《梁河县"法理情帮"四位一体化解信访问题受省委督导组赞誉》,2016 年 7 月 7 日,见 http://www.dhzf.gov.cn/content-6-25473-1.html。

《信访条例》第十四条第二款规定："对依法应当通过诉讼、仲裁、行政复议等法定途径解决的投诉请求,信访人应当依照有关法律、行政法规规定的程序向有关机关提出。"第二十一条规定："对本条例第十五条规定的信访事项,应当告知信访人分别向有关的人民代表大会及其常务委员会、人民法院、人民检察院提出。对已经或者依法应当通过诉讼、仲裁、行政复议等法定途径解决的,不予受理,但应当告知信访人依照有关法律、行政法规规定程序向有关机关提出。"①这些规定为信访积案归类管理和处置提供了法律依据。

(2)对行政行为进行划分、匹配、协调,增强信访积案化解效果

一是涉法涉诉事项转交司法部门专门处理。涉法涉诉事项主要指当事人对国家权力部门在事项处理和法律适用上不满,主观认为自身受到不公平、不公正的待遇,为求得自身诉求得到满足而引发信访事项。这类事项要按照最高人民检察院颁布的《人民检察院受理控告申诉依法导入法律程序实施办法》、《人民检察院司法瑕疵处理办法(试行)》、《人民检察院控告申诉案件终结办法》,最高人民法院颁布的《人民法院涉诉信访案件终结办法》进行处理。引导信访人采用司法途径解决反映的问题,对于涉法涉诉的积案,转交司法部门按照法律途径加以解决,实行诉访分离。二是涉及法定行政业务交由具体行政机关处理。法定行政业务,指的是按照政府机构权力设置规范属于行政部门管理和管辖的业务。对于积案中信访人诉求属于行政部门具体业务的,要实现事项交办和转接,交由具体行政部门按照行政程序依法按规办理。比如,劳动争议范围的积案,交由劳动仲裁委员会依法协调处理;医疗纠纷方面的积案,交由卫计委或者医疗监督部门依法处理;计划生育问题的积案,交由计生委等职能部门依法处理等。三是涉及纪检事项转交纪检部门专项处理。检举举报事项,指的是信访人对于一些党员干部作风、不作为、贪腐等方面的揭发举报事项。对于这类信访积案转交纪检监察、检察机关进行专项处理。四是涉及现实生活问题应通过民政等特殊途径解决。生活确实困难的积案信访者,国家有关部门要主动通过社会救助途径提供帮助和支持,及时改进信访者的生活条件,在此基础上为顺畅沟通提供条件。对于信访事项中虽无法律、

---

① 《信访条例》自 2005 年 5 月 1 日起施行。

政策依据,但却于情有理的诉求,在具体处理时也实施"访"中与"访"后救助。如退伍老兵群体要求享受有关福利待遇的某些诉求未有政策规定,一时难以解决,而生活又确实存在困难。对此,该地采取帮助其本人或子女就业、给予临时救助等办法解决问题,或采用政府购买服务的方式,组织农村退伍老兵参与镇街、村居社会综合管理工作,帮助其解决生活困难,将"消极力量"化为"积极力量",有效地化解矛盾。

2. 针对工作流程的标准化程序化建设

(1)针对信访工作部门提出规范化要求

2016年,国家信访局依托国家信访信息系统,对各地积案化解攻坚情况进行网上抽查,共抽查了4580件信访积案,重点抽查了信访事项办理规范化情况。这些事项基本都是在县一级办理的,发现的业务规范化问题主要在以下方面:一是录入不规范。信访信息应录未录,录入结案汇报要件不全,缺少判定信访积案已结案化解的必要材料。二是办理不规范。受理告知书内容格式不规范,录入原有答复意见和办理结果,未出具新的答复意见,送达不到位,没有回执或回执签收不规范。三是答复不规范。答复意见避重就轻、简单应付,由信访部门代替有权处理行政机关出具答复意见等,问题没有化解,就出具结案报告,以程序性结案替代实体性结案。

信访业务不规范,直接影响政府形象和解决问题的实际效果,是造成越级上访、重复信访的重要影响因素。严格执行《信访条例》和国家信访局有关制度文件规定,规范登记、受理、转送交办、办理、送达、录入、督查督办等关键环节。比如,凡信访必登记,不能搞"两本账";信息录入要全面,确保信访人、信访事项基本信息无错登漏登,信访事项内容分类、信访目的、信访概况准确完整;要在法定期限内及时出具书面受理告知并送达到位;转送交办对象应该是有权处理的行政机关;诉访分离、依法分类处理要准确,不能扩大或缩小受理边界;超期未办结要及时向群众告知,办理情况要及时送达信访人,要明确告知信访人复查复核权利;信访部门要加强跟踪督办,对发现的问题及时提出建议、督促改正。

(2)针对行政行为提出规范化要求

伴随着我国行政体制的不断完善,政府行政划分、行政职权、行政方式等日益清晰,但也存在行政行为流程相对简化的问题,针对信访积案的行政行为约束性较弱,随意性明显,规范性较差,人治性较强。再加之现实中信访积案存在数量大、涉及面宽的特点,因此,化解数量庞大的积案必须实现化解工作的规范化和程序化,以此提高化解效率。信访积案化解的一般程序是:一要理清事项——可以组织信访工作人员、法律工作者、群众代表等人,通过翻阅查看积案案卷记录、与信访人对话、询问事项当事部门、实地调查研究等方式,重新对事项进行梳理。二要查找原因——通过信访处理人员集体商讨的方式对信访人诉求产生的原因是什么,为什么解决困难,形成积案的缘由等方面进行分析,找到问题的症结和缘由。三要制定初步化解方案——协调积案解决的有关权力部门、司法部门、地方政府等,就化解积案达成初步解决方案,制定好解决问题的步骤、方法、时间,形成初步答复意见。四要与信访人协商方案——以制定的初步方案为依据,同信访人进行协商沟通,听取信访人的合理意见和建议,形成最终解决方案。五要实施最终解决方案——就最终解决方案交由职能部门实施。六要追踪实施效果——对方案实施进程进行跟进,回访信访人对实施方案的满意程度。

3. 针对基层政府执行问题的方式创新

信访积案的化解,既要坚持基本原则,又要寻求有效解决问题的方式方法。在积案化解过程中,以下几种方式行之有效。

(1)信访事项督查

2016年8月,国家信访局发布了《关于进一步加强和规范信访事项实地督查工作的意见》(以下简称《意见》),随后中共中央印发《关于加强新形势下党的督促检查工作的意见》,把督促检查工作作为推动党的决策落实的重要手段,促进党的决策完善的重要途径。国家信访局官网有一个专门的"曝光台"版块,设置的主要目的就是对信访督导中的不作为、乱作为、拖延为、敷衍为的问题进行曝光,引起各个地方重视。

从信访积案督导方法上来说,对于事实清楚,应当解决的积案,督导部门要求责任单位限时办结;对于事实不清、责任不清的积案,督导是否按照"属地管理、分级负责,谁主管、谁负责"的原则,明确了责任主体;对于已经最终办结、符合三级终结的积案,督导是否明确了管理、教育责任单位和责任人。

从积案督导的形式上来说,实行定期督导与抽查暗访等方式进行。定期开展专项督查活动,形成定期督查的长效机制。为防止地方提前准备应付督查的情况,实行不定期的抽查和暗访。针对地方发生较多的、影响较大的积案,既要定期进行现场督导,听取有关领导和部门的汇报,同时也要采取抽查暗访的形式,提前不告知,随机抽查,约见信访人,会见职能部门,面谈包案领导,一旦发现有应付督导、没有实质推动的错误做法,及时督导推进。

从实施效果上看,信访积案通过督查的方式起到了很好的积案化解作用。贵州省在督导方面对积案进行化解做得比较到位,通过督查的方式,信访积案基本可以化解。2017 年,安徽省霍邱县为有效解决信访积案问题,进行了精心组织、周密部署,建立了定期督查督办、预约督查督办、点对点督查督办、会议督查督办的"四个督办"机制,努力将积案化解的目标任务和工作措施落到实处,取得良好的效果。

(2)信访事项专项治理

"专项治理"又称专项整治,在信访领域,"专项治理"指的是地方政府对一些群众反映突出、社会影响大的积案,在一定时期内集中人员、集中精力针对特定内容和对象开展集中处理或整治的方式。通过"飓风式"的"专项行动"开展进行信访积案化解,能够在短时间内取得良好的治理效果。2003 年,国家信访局发布《关于开展群众重复上访问题专项治理工作的通知》;2016 年初,国家信访局印发《关于开展化解信访积案集中攻坚的通知》;2017 年 5 月 9 日,海南省纪委印发《2017 年信访举报专项治理工作实施方案》,明确对反映扶贫领域违纪问题、侵害群众利益的不正之风和腐败问题信访举报以及重复信访举报问题进行专项治理,经过有关部门的努力,有效化解了大量信访事项。2018 年 2 月 9 日,内蒙古自治区临河区信访局召开专项治理扶贫领域腐败和作风问题暨集中整治形式主义、官僚主义"十种表现"学习部署会。2018 年 1 月 22 日,北京市房山区纪委召开常委会专题研究信访突出问题。会议通过工作方案,决定在全区范围内开展为期一年的信访突出问题专项治理,将多次重复反映相同问题,信访举报件办理时间过长、反映人反复催问结果,反映人对处理结果不满意、持续信访,信访举报件虽已办结但违规问题仍未得到纠正等 6 类问题列为重点,进行专项治理。

（3）探索建立信访救助专项资金

出于"以人民为中心"和化解社会矛盾的目的，建议各地方政府综合考虑，积极探索建立信访救助专项资金，满足困难群众的需求。江苏省财政从2007年起设立省级信访救助专项资金，专项资金主要用于解决生活特别困难、依靠单一救助途径难以解决诉求问题的特殊疑难信访个案，突出"特殊"和"疑难"两个要点。2009年《荆门市信访救助专项资金使用管理办法（试行）》已经市人民政府同意实施。信访救助专项资金是指由政府批准设立，通过财政预算安排，用于解决信访事项当事人实际生活困难，促进社会和谐稳定的资金。充分利用信访专项救助资金，既能有效解决信访者生活生计问题，提供基本生活保障，又能有效化解信访事项，实现社会稳定，同时还能够体现政府关怀，拉近党群干群关系。通过政府干预的方式，有效调节社会利益，使信访者最关心、最直接的现实利益问题得到解决，使其正当的利益诉求得到维护。这在彰显人文关怀的同时也完成了政府对社会利益的第二次分配，使广大群众共享改革发展的成果，是社会公平正义的应有体现。目前，设立专项基金的建议得到地方政府的积极响应，甚至有的政府部门为此出台了基金使用评价办法以加强管理，如娄底市在2016年对全市信访救助资金开展专项检查，信访局官方网站发布《娄底市信访局关于2015年度信访救助专项资金绩效目标的自评报告》①。

（4）以基层民主协商破解信访积案

按照美国学者奥尔森在《集体行动的逻辑》一书中的观点，由于社会各相关群体的自私理性，在集体行动中存在着趋利避害和"搭便车"现象，从而导致社会共识意愿难以达成，社会团结也难以实现，走入"囚徒困境"。但对于中国社会来讲，这一困局找到了有效的破解之法，即在政府主导下的多元主体的良性互动，进行民主协商。济南市"三联彩石山庄"烂尾楼问题是集体行动困境的典型体现，困境的突破也需要集体行动的解决，前提是各相关利益主体要实现良性的沟通与互动，通过民主协商产生集体共识。共赢局面的出现，是

---

① 曾乐文、杜东义：《娄底市信访局对全市信访救助资金开展专项检查》，2016年11月12日，见http://www.ldlz.gov.cn/ShowNews.aspx? id=6584。

集体行动合作治理理性的共赢，是民主协商的成功范例，从社会层面看，解决了老百姓的问题，消除了一个重大社会不稳定因素；从政府层面看，有效地彰显了政府的公信力；从政治层面看，表明当前中国社会集体行动的合作治理理性的存在，民主协商解决利益纷争具有现实性。

4. 针对综合协调机制的治理能力提升

党的十八届三中全会提出要在党委领导、政府主导之下，积极鼓励社会各方全面参与，实现政府治理和社会自我协调有效结合，形成共建共治共享的社会治理格局。综合协调是在各个行政机构间互通有无、沟通协调的方式和方法，它比传统的"一事一协调"的工作机制更具综合性和常态化。信访积案化解过程中，不应片面强调方式和方法，更应当从长远和可持续性上综合考量，建立一些综合性的、长久的、有效的机制，这样的社会治理模式的运行，能够形成立体化的信访积案化解体系。在实践当中，建议地方政府因地制宜建立以下几种治理机制。

（1）创新建立具有统筹功能的信访联席会议制度

联席会议制度的着眼点是统筹协调、形成合力、破解难题。2004 年 8 月，中共中央建立了《处理信访突出问题及群体性事件联席会议制度》，统一领导和协调解决信访突出问题和群体性事件。按照中共中央要求，省、市、县三级都建立了联席会议制度。实践证明，联席会议制度在新时期信访工作中发挥着重要的作用。如青岛中院 2017 年与信访、综治维稳等党政部门召开 51 次联席会议，对 79 件信访事项进行会商，联合化解 26 名涉诉信访老户。但通过对县区联席会议工作深入调查，发现有的地方联席会议发挥作用较大，有的制度形同虚设。据不完全统计，信访问题中大约有 30% 是属于疑难问题，如"三跨三分离"问题，有些属于政策性的难题，有些是历史遗留问题。单靠信访部门、专项协调小组协调力所难及，需提请信访联席会议集体研究、高层决策。如何更好地发挥该制度作用？一是建立书记总管、定期汇报机制。二是建立上下联系、综合协调机制。建立省、市、县三级联席会议网络，便于综合协调、破解信访难题。对联席会议各专项协调小组协调不了的事关群体利益和事涉政策法规的群体信访问题，由相关专项协调小组做好前期调研，找准问题的症结和瓶颈，提出解决问题的意见和建议，及时递交本级联席会议集体研究解决。

（2）强化领导包案制度

领导包案的重点是统筹协作、合力化解。包案工作要按照"五个一"要求，"一个案件，一个领导，一套班子，一个方案，一抓到底"，做到"包掌握情况，包思想转化，包矛盾化解，包教育稳定，包停访息诉"，推动信访问题的解决。这项工作在全国各个系统各级领导干部中规范推开，如湖北省纪委监委通过建立包案包点制度，由省纪委监委领导联系基层纪委，把先进的工作理念和严格的工作标准，通过调研交流、辅导启发和深入一线的方式，带动基层纪委监委落实"四个意识"具体化、实效性①。

（3）力推第三方参与机制

第三方参与的重点是增强工作的透明度、说服力与公正性。第三方参与机制指的是信访事项化解过程中，积极引入第三方人员参与信访问题解决和化解，充分发挥第三方的专业性、协调性、公正性优势，化解信访积案。最高人民法院院长周强明确提出："要创新服务主体，通过购买服务、引入第三方、聘请志愿者等方式，为律师、人民调解员、法律服务志愿者等法律服务队伍参与诉讼服务搭建工作平台。"四川省"组建了'省级信访事项第三方评议专家库'，目前专家库成员有175名，都是来自各行业、各领域的专家学者，还有省人大代表、省政协委员、退休老同志、基层群众代表。另外，各市州也都组建了专家库，共有1500名专家成员"②。引入社会多元力量进行居中公开评议，能够搭建良好的沟通平台，由"局外人"来评判处理情况，解决政府部门既当运动员又当裁判员的问题，推动信访积案难案得到有效化解。

（4）运行"五个一"常规化解机制

为夯实信访工作基层基础，着力提高预防和处理信访问题的能力，各地纷纷探索构建了完备的基层群众工作网络，建立了信访"五个一"工作机制：一天一名领导接访；一周一次分析研判；一月一次下访排查；一季度一次督查督

---

① 《湖北：建立领导包案包点制度 助力基层高质量发展》，2018年11月29日，见 http://fanfu.people.com.cn/n1/2018/1129/c64371-30431988.html。

② 《省信访局副局长李永平接受省政府网站专访文字内容》，2016年9月23日，见 http://www.sc.gov.cn/10462/10910/13934/13937/2016/9/23/10397003.shtml。

办;年终考核实行"一票否决"①。他们认为"五个一"信访工作机制充分调动和激发了各方面的积极性,真正形成了各级领导重视信访工作、全县上下协调联动、社会各界齐抓共管、广大群众有序参与的良性互动体系,全县信访总量逐年下降,社会大局和谐稳定,经济持续健康发展。

积案化解工作,关乎群众的利益能否得到有效保障,关乎政府部门的职权能否顺畅执行、政府形象能否得到有效维护,关乎社会运行秩序能否良性有序、社会关系能否和谐。信访积案的化解,既需要战术上的多种解决方法,也需要战略上的创新机制,更需要思想上的集中统一。地方政府和有关部门只有坚持"以人民为中心"的原则积极有效地解决信访积案,才能让群众满意。只有因地制宜、综合考量各种积案化解的方法和机制,积极进行方式方法的创新,才能有效解决积案,减少社会矛盾。

---

① 《陕西岚皋:信访"五个一"工作机制》,2015 年 6 月 25 日,见 http://leaders.people.com. cn/n/2014/0625/c382918-25199270.html。

第十章 信访统筹的网上信访制度平台

网上信访,主要是从空间上划分的信访类型与形式。以空间为主轴来处理信访事项,是信访工作的制度创新。"改革信访工作制度,实行网上受理信访制度,健全及时就地解决群众合理诉求机制。"①网上信访是中央领导高度重视、精心指导、亲自推动的重点工作,是社会关注、群众欢迎的民心工程。近几年,互联网发展迅速,网上信访逐渐发展。不管是中央还是地方对网上信访的重视度不断增强,国家信访局指导各地网上信访工作,以中央巡视整改为契机,加大信访工作制度改革推进力度,始终坚持向上看齐,与中央决策部署和习近平总书记要求对标,始终坚持向下用力,积极创新、稳步推进、狠抓落实。目前,网上信访已成为信访主渠道,网上信访具有传统信访无可比拟的优势,推动网上信访系统平台不断完善,促进信访制度改革,有助于实现公民民主权利、促进服务型政府建设、缓解社会矛盾、促进和谐社会建设。但在网上信访及系统平台的发展过程中也存在一些问题,党和政府如何统筹全局,提出完善措施才是关键。

一、网上信访的缘起与发展

(一)相关概念辨析

网上信访是一种制度,也是一种新的信访形式。随着时代的发展,网上信

---

① 侯惠勤、范希春主编:《十八届三中全会精神十八讲》,人民出版社 2014 年版,第218页。

访应运而生且不断发展。在网上信访的发展过程中也出现过其他概念,易与网上信访产生混淆。因此,对网上信访概念辨析与界定十分重要。

1. 信访信息系统

《信访条例》(2005 年)第二章第十一条提出:"国家信访工作机构充分利用现有政务信息网络资源,建立全国信访信息系统,为信访人在当地提出信访事项、查询信访事项办理情况提供便利。"[①]这里的信访信息系统,是指全国信访系统内部的工作网络,逐步将某些信访工作事项通过网络处理,明确了信访事项属于网上信访的范畴,但没有明确提出网上信访的概念。信访信息系统学术界主要侧重于系统设计和管理研究,如刘辉对信访信息系统设计进行了研究[②],张献研究了法律信访管理系统[③],之后各地开始建立了信访信息系统,学者开始研究其他功能的开发,钟声研究了信访信息系统的复查复核功能[④],付群研究了网络安全的设计与实现[⑤]。

2. 网上信访

2004 年开始,云南德宏傣族景颇族自治州州委州政府利用"书记州长信箱"实行"网上信访",拓宽民意和诉求表达渠道,进行创新信访工作的有益尝试。经过一段时间的运行,网上信访事项得到解决,民众开始认同网上信访。2007 年《关于进一步加强新时期信访工作的意见》中,国务院文件中第一次出现"网上信访"这个概念,"网上信访"作为一种信访渠道提出,并且提出了要设立"国家投诉受理中心"。起初学术界对其研究主要侧重于它是一种新的信访方式,之后开始出现探究网上信访是在什么样的理念下产生的。

3. 信访信息化

随着信访制度的发展,2014 年中办、国办颁布了《关于创新群众工作方法解决信访突出问题的意见》,提出要"全面推进信访信息化建设建立网下办理、网上流转的群众信访事项办理程序,实现办理过程和结果可查询、可跟踪、

---

① 汪永清主编:《信访条例释义》,中国法制出版社 2005 年版,第 15 页。
② 刘辉:《信访信息系统设计研究》,山东大学硕士学位论文,2007 年。
③ 张献:《法院信访管理信息系统研发》,河海大学硕士学位论文,2007 年。
④ 钟声:《全国信访信息系统"复查复核"功能的开发和应用》,吉林大学硕士学位论文,2010 年。
⑤ 付群:《信访信息系统的网络安全设计与实现》,电子科技大学硕士学位论文,2012 年。

可督办、可评价,增强透明度和公正性"①。随后,国家信访局又颁布了《关于推进信访工作信息化建设的意见》,提出了信访信息化建设的总体和详细目标。信访信息化可以说是信息化信访,以信息化促规范化,提升信访事项受理办理工作水平,最大限度方便群众反映诉求,充分利用新媒体,拓宽信访举报受理渠道,理顺办理信访事项途径。学术界对其研究主要是其建设和作用方面,王宏冰研究了信访信息化建设②,王宇鹏以陕西洛南县人民政府信访信息化建设为例研究了信访信息化推动信访法治化③,唐亮研究信访信息化建设策略④。

4."网络信访"

"网络信访"这个概念,较早出现在地方信访制度改革中。"网络信访"是近几年才出现的叫法,学术界对其研究主要是在它的产生意义上,例如李林认为"网络信访"是一项权力运行方式的变革⑤,李树明分析了"网络信访"的优势和其产生的合理性⑥,杨丽红研究了电子政务视角下的"网络信访"⑦。

从上述概念来看,信访信息系统侧重于信息系统,信访信息化侧重的是政府信访工作的智能化、标准化、规范化,强调信访受理部门。网上信访主要指的是通过互联网这个平台提出诉求,强调信访人,而"网络信访"不仅指信访人通过互联网提出诉求,还指政府部门通过互联网收集民意,实现双向互动。而信访信息系统更加侧重于政权层面的诠释,主要是指国家政权构建和发展的"网络信访"平台,信访信息化则指涉一个动态化的过程,包括民众基于信息技术载体的表达和政权依托信息技术载体的政策整合。网上信访和"网络信访"则更加侧重于信访的场域,即发生在网络电子平台的信访活动⑧。

---

① 《关于创新群众工作方法解决信访突出问题的意见》,人民出版社 2014 年版,第 4 页。
② 王宏冰:《浅谈信访信息化建设》,《电子政务》2008 年第 Z1 期。
③ 王宇鹏:《信访信息化推动信访法治化探析——以陕西洛南县人民政府信访信息化建设为例》,《公民与法》(法学版)2014 年第 10 期。
④ 唐亮:《信访信息化建设策略研究》,北京邮电大学硕士学位论文,2011 年。
⑤ 李林:《网络信访,一次权力运行方式的变革》,《温州瞭望》2008 年第 21 期。
⑥ 李树明:《"网络信访"优势几何?》,《党的生活》(黑龙江)2010 年第 4 期。
⑦ 杨丽红:《电子政务视角下网络信访问题研究》,华中师范大学硕士学位论文,2014 年。
⑧ 于水、姜凯宜、徐亚清:《网络信访的研究主题与深化方向》,《电子政务》2018 年第 1 期。

本书是基于互联网系统的信访,而且在官方活动和新闻报道中使用最多的是"网上信访",所以下文选择使用"网上信访"概念。从政府治理模式看,网上信访系统是一种从数字时代的治理到网络化治理的模式变革。网络化治理理论是为了适应信息革命和信息时代网络技术发展的需求,是把先进技术与依靠各种伙伴关系建立起来的横向合作关系有机地结合起来的、把新公共管理松散的组织结构连接成为一个有机整体而在公共服务中进行整体性运作。目前我国的网上信访平台系统就是这样一种治理模式的应用载体。

(二)网上信访的产生发展

1. 网上信访产生的背景

(1)互联网技术的飞速发展

2019 年 3 月,中国互联网络信息中心(CNNIC)在京发布的第 43 次《中国互联网络发展状况统计报告》显示:截至 2018 年 12 月,我国网民规模达 8.29亿,普及率达到 59.6%[①]。互联网近几年发展迅速,现代高新技术的飞速发展为网上信访的产生和发展提供了坚定的技术基础[②]。通过计算机网络的交互不受人时空的限制,可以成为信访工作的载体和渠道,具有跨界性、灵活性和创新性。

(2)寻找信访困境的大势所趋

现在中国思想观念深刻变化、社会结构深刻变动、社会体制深刻变革、利益格局深刻调整,由此产生的社会矛盾和问题必将在信访工作中体现出来,信访制度承担了最重的冲突和压力,信访制度出现变革是必然。网上信访产生和发展是因为传统信访模式的反应速度迟滞、工作效率低,大量信访事项堆积,造成政府和党的压力增大,网上信访可以克服这个弊端,以互联网为基础和中介,可以实现信访人和政府的理性沟通,简化信访程序、优化信访过程,在一定程度上缓解当前的信访困境。

---

① CNNIC 发布第 43 次《中国互联网络发展状况统计报告》,2019 年 2 月 28 日,见 http://www.cac.gov.cn/2019-02/28/c_1124175686.htm。

② 《我国网民规模已达 8.29 亿 互联网普及率近 6 成》,《光明日报》2019 年 3 月 1 日。

（3）公民民主政治权利意识不断增强

进入 21 世纪后,公民的民主权利意识不断觉醒,民主政治建设进程加快。信访是民众参政议政、实现民主权利的重要路径。网上信访是信息化时代信访制度的产物,它的产生和发展为民众提供了一条表达诉求、发挥民主权利的新途径,参与政治更加方便快捷。政府可以通过网上信访吸纳民众智慧科学决策,提高执政水平和能力,激发民众积极主动地参与国家和社会事务管理,发展社会主义民主政治,团结各方面人力物力财力,巩固中国共产党执政的群众基础和阶级基础。

2. 与政府内网联网的网上信访阶段

从国家层面来看,根据 2005 年《信访条例》提出的建立信访信息系统这个目标,国家发改委在 2006 年即公布了《关于国家信访局全国信访信息系统一期工程项目建议书的批复》。2007 年 1 月 1 日,全国信访信息系统展开运行、正式试用,2008 年对全国信访信息系统进行了优化,提升了版本并运行良好。从 2009 年到 2010 年,国家信访局不断对全国信访信息系统进行改进,完善其功能,在 2009 年国家信访局开通了网上投诉受理系统,并分为了社保、"三农"等部分,分类受理。2011 年,全国信访信息系统一期工程建设基本完成。据国家信访局网站统计,从 2013 年 7 月 1 日起,国家信访局全面开通了网上投诉受理的内容,半年间收到和处理了各种投诉共计 14 多万次。

从地方层面来说,在全国范围内有 29 个省、275 个市,1831 个县建立了网上信访平台,并且 19 个省达成了三级平台互通互联,228 个市达成了二级平台互通互联。在这个阶段来说,网上信访平台建立在政府专网的基础之上,通过信访信息系统实现了信息共享、互通互联、网上办公等,建立信访信息分析预测体系、信访业务处理体系和督查督办管理体系等。信访人通过信访部门网站和党委、政府领导信箱提出信访事由。

这个阶段,没有准确的数据评估网上信访信息系统的效果,但从各地的新闻报道来看效果并不显著,从 2009 年到 2014 年全国网上信访数量从 5 万余件增加到 14 万件。由此可见,通过基于政府专网的信访信息系统的运用,网上信访的总量虽逐年增多,但没有从根本上改变传统信访。

3. 与互联网联网的网上信访阶段

与互联网合并的网上信访的特点是进一步开放,成为一个开放的体系。全国网上信访工作现场推进会于 2014 年 4 月 10 日至 11 日在江苏省淮安市召开,会议的主要内容是大力宣扬淮安的阳光信访经验,从实践中找到经验和创新点更好地完善网上信访信息系统,全力提高信访工作的信息化水平,促进网上信访工作发展,并对此提出了具体要求,基于互联网的全国网上信访信息系统要在 2014 年年末基本建成,实现信访业务在网上全面流转。2015 年新的全国网上信访信息系统正式上线运行,各级政府也陆续建立了新的网上信访信息系统,并实施了《信访事项办理群众满意度评价工作办法》,系统实行"两级建设、五级应用",横向覆盖有权处理信访问题的责任部门,纵向联通至乡镇、街道,实现全国"一网通"。以国家信访信息系统为基础,各地方政府和部门建立了全国网上综合运用平台,集递交、办理、查询、监督、跟踪、评价于一体。在这一阶段的网上信访,信访人可以在网上注册后登录系统,根据相关提示,提出事项和建议,随时查看事项处理情况及结果,进行满意度评价,不满意的会有进一步的处理。随着移动互联网、大数据的不断发展,手机客户端日渐成为人们获取新闻资讯的重要方式。

2016 年 7 月 1 日和 9 月 1 日,国家信访局着眼于移动互联网时代特征,满足群众快速便捷的反映诉求,相继开通手机信访平台和微信公众号,进一步拓宽了群众诉求表达渠道。在国家信访局示范带动下,各地也纷纷开通信访微信公众号、手机 APP 等,为群众提供更便捷的服务。2017 年,国家信访局进一步加强信访信息系统的深度应用,推动地方各级加大信访资源整合力度,将各种信访事项全部纳入统一的网上信访受理办理综合平台。2018 年 1 月全国信访局长会议指出,2017 年全国网上信访同比上升 79.4%①。由此可见,新的国家网上信访信息系统提升了传统信访办理的效率。2018 年上半年,网上信访量占到了信访总量的一半以上,并且移动端信访占比超过了 70%,30个省份的网上信访向掌上发展。2018 年重点建设信访业务智能辅助系统,确

---

① 《全国信访局长会议:网上信访同比上升近八成 信访法治化建设不断深化》,2018 年 1月 24 日,见 http://www.chinapeace.gov.cn/2018-01/24/content_11447275.htm。

立了安徽、上海等六个省份进行试点,安排专门的工作人员,确定了研发重点和方向①。2018 年,从国家信访局召开的网上信访工作推进会议上获悉,上半年以来,国家信访局受理的网上信访占比超 50%,7 成为移动端信访,信访事项的及时受理率、按期办结率和群众满意率都超过了 95%,网上信访成为信访主渠道②。2019 年,全国信访系统将拓展网上信访覆盖面,普及移动端信访,推广视频接访,加强网上信访平台同信访信息系统的整合对接和深度应用,用好信访大数据和人工智能,更好地解决信访问题,提高信访工作质量和效率,增强信访工作专业化、信息化和规范化水平③。

（三）国外网上信访情况

1. 多元化的网上沟通机制

纵观国外国家和地区的各类网络机制,具有多元化特征。这是与民主国家的治理主体多元化、政府与公民对社会政治之物的协同治理模式相一致的。互联网的应用使协商民主、参与民主更容易实现。

（1）多元化的信息公开渠道

通过互联网,欧盟和美国等发达地区的信息公开化程度达到了很高的水平,极大地便利了公民对政府工作的了解和监督。如美国政府的"政府采购与补贴数据网"、"数据网",欧盟的欧洲"直连网站"、"透明度"网站等,为政府政策信息的透明性起到了至关重要的作用。相比之下,我国政务数据应用管理化水平有待提高,需要加强互联网政务信息数据服务平台和便民服务平台建设。

（2）多元化的决策参与渠道

美国的开放性政府旨在建立一个公众参与、透明和政府与民众的协作体系。正如美国"白宫请愿网"的宗旨:为美国人提供一个可以和政府沟通与他们有关的问题的渠道;欧洲官方的"立法倡议网"、"您在欧洲的声音"网站,为

---

① 《网上信访业务将进行智能化升级》,2018 年 7 月 26 日,见 http://www.gjxfj.gov.cn/gjxfj/xfgj/jjwsxf/webinfo/2018/07/1541103090213456.htm。

② 《国家信访局:网上信访占比超 50%　7 成系移动端信访》,2018 年 7 月 27 日,见 http://www.xinhuanet.com/legal/2018-07/27/c_129921692.htm。

③ 《国家信访局:信访事项办结率 95%　推广让群众"最多访一次"》,2019 年 1 月 18 日,见 http://news.china.com.cn/txt/2019-01/18/content_74386962.htm。

公民向政府请愿提供了一个前所未有的新平台。在平台上,民众可以通过网络直接跟行政官员对话和互动。我国网上信访应充分借助政府政务网平台与功能,使信访成为畅通的协商民主平台、民意表达和政治参与渠道。

(3)多元化的诉求表达渠道

在处理民众诉求方面,俄罗斯和欧盟有多个选择机构。民众既可以向总统提交诉求,也可以向俄罗斯联邦人权全权代表机构提交诉求,还可以向俄罗斯联邦政府提交诉求。在欧盟除了"申诉专员"机制以外,还有欧盟委员会的投诉机制和欧洲议会的"网络请愿"机制。多元机制相互补充,保障了公民的诉求能够及时表达和处理,起到了避免矛盾积累和释放压力的作用。

2. 不同网络机制间的运作

(1)不同渠道的互联和整合

从欧盟网站的整体上看,欧盟把全部有关诉求的网站整合在一块,包含欧盟委员会的投诉机制、欧盟的申诉专员机制、欧洲议会的网络请愿机制、欧盟公民立法倡议机制等,将其编织成无缝式"蜘蛛网"。还把"您给欧洲的建议"、"透明度"、"您在欧洲的声音"等给公民提供参政议政和信息的网站设立了链接,使得信息查询、参政议政和申诉处理机制之间可以实现互联互通。"互联"是互联网的核心功能,我国信访部门更好地运用,就会便捷民众诉求表达,提高行政效率,减少官民矛盾。

(2)不同渠道的引导和分流

国外的投诉请愿网站可以对网络用户进行非常明确的指引。如欧盟的申诉专员署网站上的交互指引功能,通过简单问答,使用户能够快速地链接到其诉求所对应的处理机制的网站上,这样就不会出现不同部门之间的踢皮球。此外,交互执行所涉及的问题还包括信访人什么时候知道的信访事项;信访人是否已经向相关行政部门寻求过问题的解决;信访人选择是或者否,均会得到相应的信息使其知晓下一步该怎么做。通过在网络上设置的分流机制,使信访人了解表达诉求和提出建议对应的部门,既有助于缓解信访人的负面情绪,又可以节省时间,有助于解决越级信访,提高信访部门的工作效率。

(3)网上表格内容的递进式设计

网上信访的特殊功能在于压力分解和递减。而要使得压力分解主要是依靠信访网站提交网上信访的表格的内容设计,通过层层递进的指引和明确的问题分类,使信访人的意见有逻辑性地表达出来。如欧盟的申诉专员网上的"在线表格":第一项是申诉人的基本信息;第二项是选择被申诉机构的名称;第三项是填写关于什么的申诉,从什么时候开始察觉到的;第四项是在填表人看来被申诉的欧盟机构在哪方面做错了;第五项是在填表人看来申诉机构应该怎样做是对的。此外,还应设置"帮助"功能来提示如何操作或者告知信访人不明信息。在设置内容方式时,采用选择项可以更好地定位信访人要表达的诉求。最后在网页设计上,要丰富网站的内容,利用多媒体手段,提高网页的新颖性和实用性。

3. 研究机构对于政府决策的作用

国外收集好网上诉求信息后,交由相关的高校和机构进行研究和整理,并定期发布研究公告,在网上公开,为政府决策提供参考,民众能够通过订阅邮件第一时间看到研究报告。此外,处理民众诉求的部门也会制作调查问卷、统计数据。如欧盟申诉专员署的"欧盟民意调查",目的是调查公民知晓《基本权利宪章》的程度和他们对"欧盟公民权"的了解程度,调查问卷也对参与人的年龄、性别、教育程度和国籍进行了统计。调查必不可少,只有知道自己所享的权利的人、知道出现问题时去哪里寻求解决的人,才能够有效行使自己的公民权。在欧美国家,研究机构和高校的研究成果可以辅助政府决策制定,促进问题解决。但我国的体制不一样,虽然高校的研究成果被政府采纳,但总体数量不多。要想有效解决信访问题,就要研究其根源和本质,分析信访数据,研究当前社会热点,预测潜在的问题。所以,信访机关应该成立一个专门的机构研究相关内容,利用网络技术,联合民众与高校、科研机构合作共进。

二、我国网上信访发展现状评估

(一)网上信访的特点与优点

1. 网上信访的特点突出

当今时代,人人有终端、物物可传感、处处可上网。国家信访系统建立的网上信访信息系统,为群众及时表达诉求、反映问题提供了跨时空的技术平台。

(1)及时性

信访人可以通过网络及时地将对政府部门的意见建议或想表达的诉求反映给相关部门,确保信访事项处理的及时性,缩小影响范围,减少各方面的利益损耗。信访部门会快速办。通过网络可以及时流转信访事项,一般来说,群众反映的网上信访事项自提交之日起一天之内就能传送到有关责任单位进行处理,工作效率得到极大提高。2016年7月1日,国家信访局制定的《信访事项简易办理方法(试行)》开始施行,对诉求简单的,日收日清,当天答复;对适用简易办理的信访事项,10个工作日内要求办结。

(2)安全性

不少信访人反映的信访事项都具有不同程度的保密性,尤其是那些有关检举举报的信访事项,信访人会有顾虑不想表明自己的真实身份,如果是用传统写信走访方式,信访人面对接访人员会产生心理压力和种种顾虑,不会将所有的真实情况说出,使得接访部门不能掌握真实情况,不利于办理信访事项。而如果是网上信访形式,信访人可以通过网络与信访工作人员进行沟通,将整个情况说出,比较安全。

(3)高质性

在网上信访中,信访事项提出后,信访事项的办理过程和结果会受到网民的监督,从而提高了网上信访的质量。如果有关信访部门没有准确把握事实,正确引用法律,公正客观地处理信访事项,就会引发社会舆论;甚至如果表达不够清楚、态度敷衍,都会对社会产生极大影响,降低政府权威,增加干群隔阂。

2. 网上信访的优势彰显

网上信访具有与传统信访相比特殊的优势:首先是方便快捷、节约时空。网上信访方式同传统的信访方式相比更加便捷简单,打破了时空界限,民众通过手机、电脑坐在家里就可以表达诉求,提出意见建议,成本低、速度快。网上信访以互联网为依托提出信访事项,可以实现信访部门和其他国家之间以及各级信访机关之间的信息共享、互联互通;有助于信访工作规范化、体系化、标准化,可以达成其反应快、回复快、转送交办快的目标。其次是公开透明、动态互动。网上信访依托互联网平台,可以对信访人的诉求、各级各部门的处置情况和信访人在时间和空间上的移动轨迹进行记录,信访人可随时随地查询监督信访事项的办理情况和结果、与信访工作人员实时交流;各级各部门和信访人可用互联网实现连接,跨时间和地域沟通情况。国家网上信访信息系统有自动提醒功能,信访事项转交给责任单位后,责任单位会收到提醒,如黄灯亮就是快到期了,红灯亮意味着到最后期限了。再次是平等开放、压力释放。网上平台对信访人没有限制,每个公民都能通过互联网对信访部门反映诉求、提出建议,提供无障碍沟通、"全天候"运行、"一条龙"服务和"一站式"办公。信访人提出信访事项后,网上信访系统会进行分流、分类、转送、处理,节约成本,减少资源损耗。其成本低廉使得一部分人愿意使用网络反映问题,起到情绪疏导、压力释放、广开言路、化解矛盾的功效。

随着互联网技术的飞速发展,传统的公众参与方式、信息传播格局和社会舆论生态从根本上得到了改变。国家信访局也积极回应群众对表达权、监督权、知情权的日益重视,以互动、阳光、开放为理念,建立了国家信访信息系统,并以此为基础打造便民、透明、动态、开放的"阳光信访"新模式,实现了办理全公开、数据全生成、信息全录入、业务全覆盖,信访事项办理结果和过程可评价、督办、跟踪、查询。2016 年,全国网上信访同比上升 106.8%,通过国家信访局手机信访客户端和微信公众号注册绑定用户已达 7.4 万人,网上信访量8.6 万次。2017 年,全国信访结构不断优化,网上信访上半年同比上升116.1%,已有近 8.6 万个单位接入全国信访信息系统,视频信访系统得到大力拓展①。2018 年,信访工作与信息技术的深度融合,网上信访占比超过50%,成为信访主渠道。2019 年,信访信息系统加强深度应用,规范化、标准化建设提升,网络约访、智能语音咨询系统设置、自助一体机安装,推进全天候零距离服务。

---

① 《砥砺奋进的五年·全面依法治国:信息上网　阳光信访》,《人民日报》2017 年 9 月13 日。

(二)S省网上信访运行效果

本课题组通过到省长信箱挂职、现场调查、深度访谈调研S省信访情况,掌握第一手真实数据,对2017年全年的信访数据进行了分析,发现很多新情况新动向。S省信访局敢于直面问题,纳入第一方调解、听证,网上信访成效显著。与同期相比,网上信访量增至一倍多。为什么网上信访的上升量这么大? S省2017年网上信访受理的总量占信访总量的68%,远远高于全国总数,几乎多半省市都超过了50%。S省信访局提出,网上信访只要好使,老百姓就喜欢使用,就会成为信访主渠道。如图26所示,2017年S省全年登记信访总量中,网上信访占比68.42%,与同期相比上升率120.55%。在全省17个地市和省直共18个区域中,同期上升超过一倍的有11个,而P市上升率竟高达940.63%。

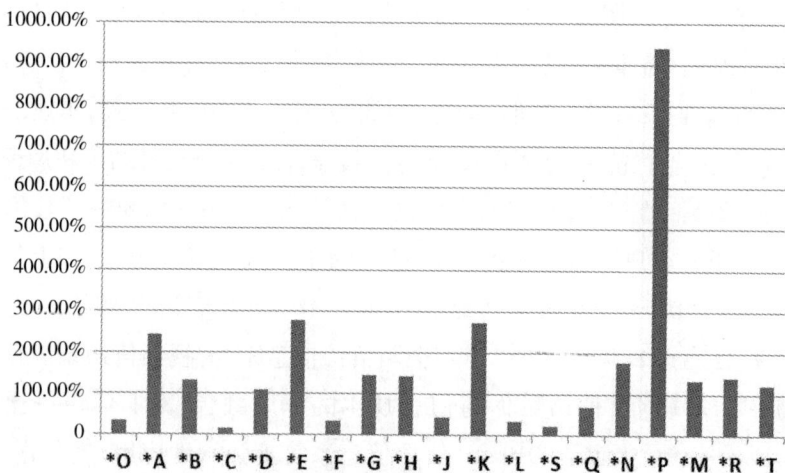

图26　2017年S省省级登记信访量网上信访同比增加

1. 网上信访成为信访主渠道

如图27所示,2017年1—12月S省在"国家信访局登记信访"总量中,来信占比32.55%;来访占比13.46%;网上信访占比54.00%,同期同比上升135.77%。这些数据说明,国家信访信息系统呈现良性运行的发展态势,网上信访成为信访的主渠道,同比增速快。

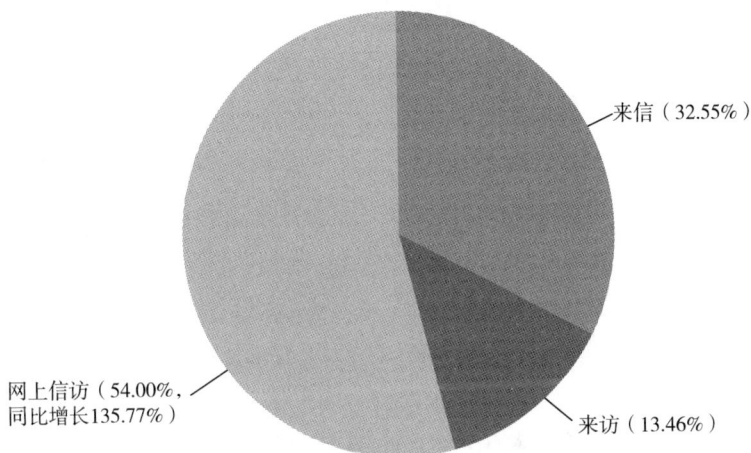

图 27　2017 年 S 省国家信访局各类信访量占比

2. 网上信访受理与办理比较

信访事项的"及时受理"与"按时办理",需要信访部门与责任单位的共同努力,前者主要是信访部门职责,后者要求信访事项的责任单位协同。以实例来观察网上信访的实际运营情况,对于网上信访整体状况掌握有一定的借鉴意义。本课题组实地调研数据显示,如图 28 所示,2017 年 1—12 月 S 省 17 市信访部门已到受理期限的网上信件总量中,网信及时受理率为 99.79%;及时办理率为 98.44%。受理好于办理。凸显事要解决的难度与问题。按期办理率与责任单位及时受理率完全一致,说明二者有正相关关系。责任单位及时受理,信访部门才能按期办理。信访部门及时受理在先,责任单位落到实处在后。"来访"的及时—按期率低,说明"来访"的信访事项难度大于"信访"。

3. 国家信访局转交总数的比例

如图 29 所示,2017 年 1—12 月 S 省国家信访局转交信访总量中,来信转交量占比 7.05%;来访转交量占比 0.09%;网上信访转交量占比 92.86%,网信转交同期同比上升 142.45%。

4. 网上信访与各类转交之比

如图 31 所示,2017 年 1—12 月 S 省国家信访局登记信访总量中,"纳入

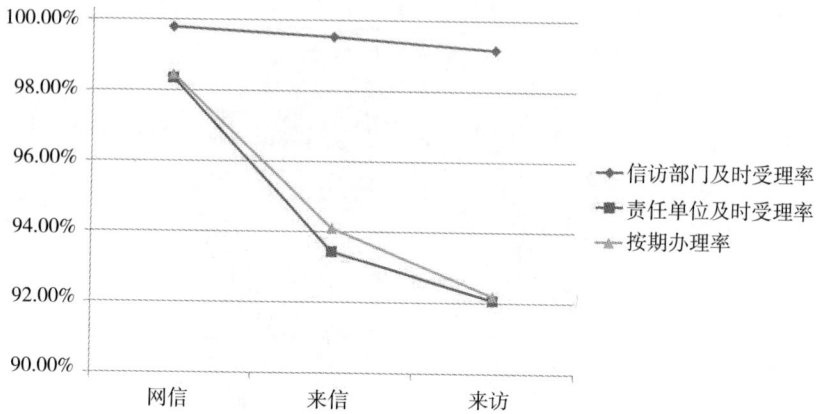

图 28　2017 年 S 省不同类型信访事项及时受理率和按期办理率

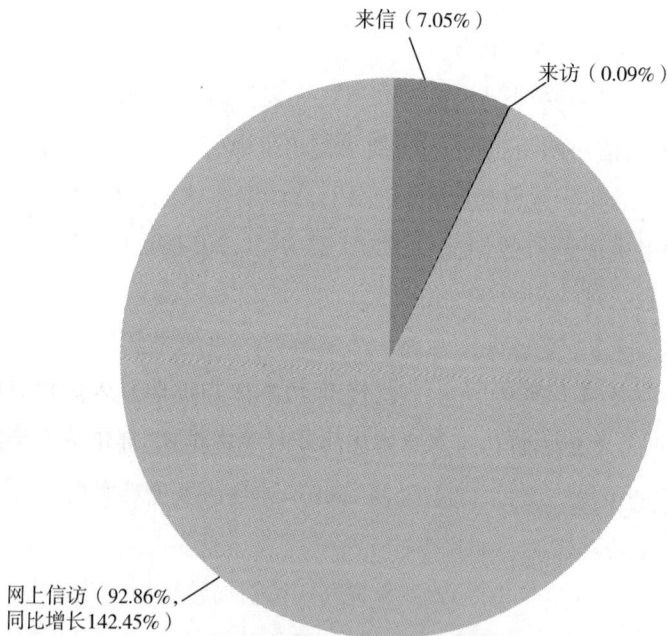

图 29　2017 年 S 省国家信访局各类信访转交量占比

满意度评价"的信访事项中,网上信访占比 95.88%,说明"国家级转交信访总量"达到了登记信访总量的接近一半,在这小一半中多数这都是网上信访。

国家信访局通过网上信访办事的取向非常明确。群众选择信访比来访的方式居多;来访已不占多数。通过"信"与"网络"进行信访事项处理——来信与网信,已经成为主要方式;也显示出网上信访在 S 省信访工作中占有的重要地位和作用。

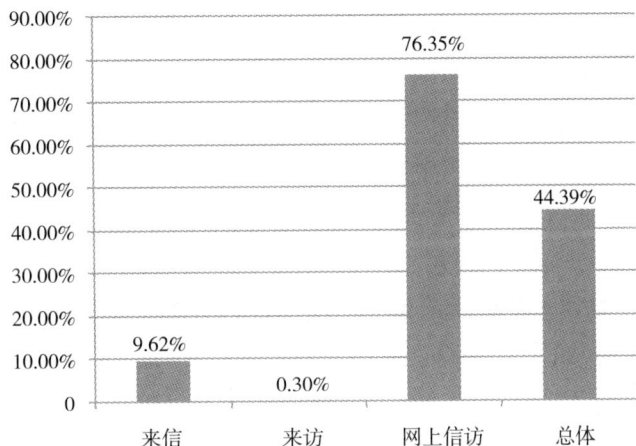

图 30　2017 年 S 省国家信访局各类信访转交比例

5."纳入评价范围"的满意度

在日常接待信访群众中,来访群众反映的问题并非都是通过信访渠道来解决的,有些不是国家投诉受理办公室可以登记受理的、应当纳入评价范围的网上信访事项,《信访条例》第十四条第二款规定:"对依法应当通过诉讼、仲裁、行政复议等法定途径解决的投诉请求,信访人应当依照有关法律、行政法规规定的程序向有关机关提出。"S 省提出用参评率来推动、保证满意率,认为"没有参评率就没有满意率"。从 2017 年数据可见,S 省全年在国家信访局登记信访总量中,省市县三级纳入满意度评价的分别为 99.30%、94.04%、83.15%,如图 31 所示。说明国家信访系统进行的"信访事项办理群众满意度评价工作"网上信访工作自下而上总体看是满意度上升,级别越高工作越好,成正相关关系。以上数据显示,S 省的省级网上信访工作做得非常扎实。

2017 年 S 省"纳入满意度评价"的参评率总体并不高,但网上信访的参评率很高,达 99.30%,其他的仅占 0.7%,如图 32 所示。可见,只有 1/3 的信访

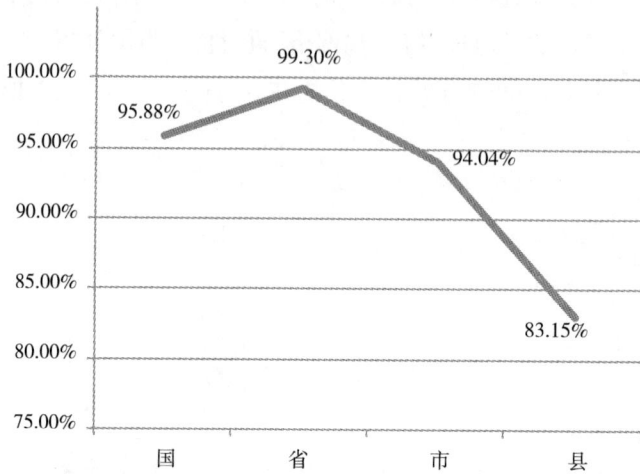

图 31　2017 年 S 省四级信访机构登记信访量纳入满意度网上信访占比

事项纳入了满意度评价（2/3 的信访事项则没有被纳入）。这部分主要是网上
信访发挥了作用。

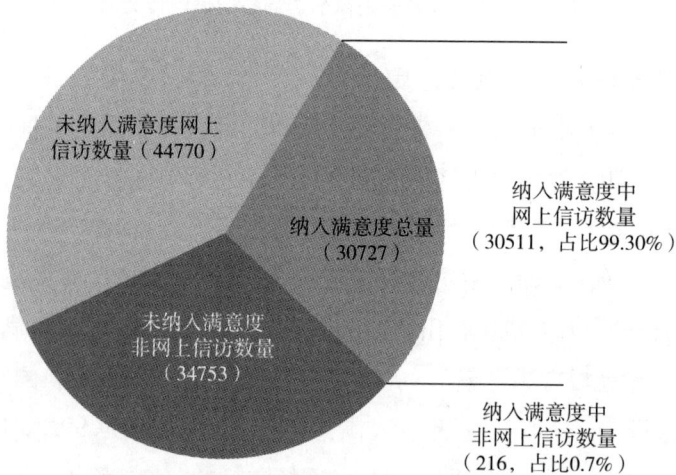

图 32　2017 年 S 省省级信访纳入满意度评价的网上信访占比

（三）不足与困境

网上信访,架起了一座新的沟通党和政府与民众关系的桥梁,在一定程

度上突破了信访制度现有的困境,开辟了信访渠道,拓展了信访空间,得到了民众的认可,但在其发展过程中也难免存在许多问题需要不断改进与完善。

1. 网上信访的工作困难

(1)平台机制方面

首先,多则困,多则乱,渠道"太多"反而导致重复投诉重复受理。当前群众通过网络反映信访诉求的渠道很多,如国家投诉受理办公室、省市县党委政府领导信箱和信访网站,除此以外还开通了手机信访和微信信访。这些渠道各成系统,独立运行,群众上网投诉时无法判断哪个渠道更适合表达自己的诉求,便会在所有知晓的渠道中分别投诉,形成重复信访。信访工作人员面对来自不同渠道的重复投诉难以辨别,只能重复受理。其次,制度要求不同、程序烦琐、影响效率。网上信访办理时限越压越短,更关键的是长短不一,如国家投诉受理办公室要求的是 60 日,省委书记信箱是 30 日,省长信箱是 30 个工作日,市(州)及县(市、区)网站信箱一般 10 日左右不等。此外,网上信访工作办理质量要求越来越高,程序也逐渐烦琐。如某省对于国家投诉受理办公室转交的信访事项,需各市(州)使用统一账号自行上网查找认领,然后再登录各自账号办理。最后,息访结案难、评价不客观。当信访群众对网上信访办理回复意见不服而重复投诉时,经沟通解释无效,信访部门还能引导其申请复查复核,而其他网上信访办理机构面对重复投诉,尤其是缠诉,基本无法应对。一些信访复查复核机构对于网上信访是否可以申请复查复核举棋不定。网上信访渠道开展群众满意度评价,对办理结果不满意的也有相应的指标考核及后续处理机制,但是在实践中往往对办理结果满意的信访人不一定都参与评价,不满意的则肯定评价,诉求无理的更是反复投诉表示不满。网上信访的特点就是公开透明,但都没有全面公开群众信访诉求及办理情况,一方面是因为信访人顾及个人隐私不愿公开;另一方面是因为信访问题比较"敏感",相关部门不愿公开,于是只公开群众满意的投诉、办理状态等,公开尺度完全由各主管部门掌控。

(2)分类处理方面

基于服务的"细分",是满足客户个性化需要的创新;基于管理的"细分",

会突出类型特点中忽略的很多宝贵的细节;寓管理于服务之中的"细分",是整体统一要求下的技术化应用。目前,我们的分类管理正在起飞阶段,还存在一些不足。一是信访部门与责任单位分类方式不一。信访部门对于信访诉求进行甄别分类时,碍于专业知识、法律素养、行业规定等,难免会出现分类不准。而责任单位通过信访信息系统,收到信访部门转交的信访事项后,往往不作甄别分类,直接按照信访工作程序受理、办理。有的责任单位选择性地告知信访人向同级信访事项复查委员会申请复查,不提及上级部门。既延误了信访诉求进入法定途径分类处理的时间,又造成信访问题在信访部门与责任单位之间往返得不到依法及时有效解决,使初次访变为重复访、个体访变为集体访、正常访变为越级访。二是信访部门与责任单位衔接不畅。信访部门通过信访信息系统,向责任单位转交应当分类处理的信访诉求处理过程中,对于法定途径受理时限内的信访诉求,责任单位通过信访信息系统收到后,首先向信访人出具不予受理告知,同时告知信访人诉求依法进入相应法定途径处理。责任单位依法处理完毕后,无法通过信访信息系统向信访部门反馈办理结果,一旦信访人不满处理结果、故意回避已处理的事实,再次到各级信访部门重复上访,信访部门无法在第一时间作出准确判断。对于超过法定途径受理时限的信访诉求,是纳入信访程序协商调解,还是按当事人超过主张权利期限作不予受理,尚无明确规定。责任单位多以法定途径无法解决为由,引导信访人向信访部门提出,但信访部门并无法律政策依据进行处理。三是业务要求与技术规则统一依然面临"信息孤岛"。

信访信息系统作为信访业务主要工作平台,既满足了信访业务工作需求,又实现了信息互通、资源共享,为夯实基层基础发挥了巨大作用。责任单位通过信访信息系统办理应当分类处理的信访诉求时,在依法出具不予受理告知书后,该信访事项在信访信息系统内即被认定为办结的信访诉求,通过法定途径受理完毕后,如在同一信访事项内按自办补充录入分类处理的结果,会影响信访事项的按期办结率,给工作绩效考核造成被动。同时,即使责任单位可以在同一信访事项内补充录入分类处理的结果,又因法定途径种类较多、各种程序规定的办理时限不尽相同,信访部门难以对责任单位录入分类处理结果的实现作出统一要求。

（3）技术能力方面

近几年，虽然电子政府应用快速普及，基层政府办公也趋于信息化、自动化、电子化。但是网上信访工作有一定的特殊性，它需要工作人员既会电脑，又懂法规，及时准确依法按政策回应网上信访平台的各种需求。有部分领导同志没有专业知识，只能进行大方向的指导。目前对一线网上信访工作人员进行了培训，但就全国范围看，能够有计算机和电子政务背景的网上信访工作人员不多。部分地区人员配备不齐，不能专职处理网上信访问题。信息技术应用和普及的不平衡，存在于不同阶层、地区、城市和乡村之间。不少偏远地区缺少互联网基础设施，不能进行网上信访。

（4）思想观念方面

不管是电子政务还是网上信访工作，其总体目标都是公开、公平、公正，这就对政府职能转变提出了要求，从管理型政府向服务型政府转变。最根本的就是思想转变，政府要主动公开信息，让政府在阳光下运行，还要接受民众和媒体的监督，以前需要民众经常向部门领导求事，现在由于信息公开和时间限制，使得政府必须及时妥善处理，加重了工作人员的压力。网上信访中政府部门与信访人的连接点是网上信访部门的工作人员，通过他们信访事项才能进行分类处理，流转到各个部门，如果不转变信访工作人员的思想观念，使其全心全意为人民服务，那么网上信访工作也很难继续深入发展。

（5）法律制度方面

社会生活的各方面都需要法律的保障和约束，法律提供的规则、制裁和救济方式，是保障和规范。良好的法律制度环境对网上信访的良性健康发展作用重大。中国虽然有一些相关电子政务和互联网的法律，但从总体上说，没有纲领性立法，法律和行政法规的数量小于规范的数量。再看信访制度，只有一部《信访条例》和地方法规，缺少针对性，更别说保障网上信访。所以网上信访处于一种无序状态，其法律定位主体之间的权利义务关系、信息公开和隐私保护，以及系统建设标准等内容均未得到确认。网上信访要想得到进一步发展，就必须改变这样的法制环境。

2. 网上信访的群众困难

现有的网上信访平台的工作模式存在着功能设置的限制，有许多原因导致重复上访率高。现有的网上信访平台繁多,功能不全,不能使用关键词查找类似访件,使得出现相同访情不同访者的信访事件重复。信访人对于网上信访运用的熟练度不同,一些年纪大的信访人,在进行网上信访时会发生重复多次点击的现象,还有部分对网上信访存在恶意,在不同网址上重复提交信访事项,给工作人员的分类处理工作增加了难度。信访人从总体上还缺少系统的解释,重复上访率高。网上信访方便快捷,效率高,信访人可以通过网上客户端跨地区提交信访事项,节约社会资源;但也有劣势,传统信访信访人可以在现实中到相关责任单位上去了解查询,知道信访事项的办理情况,而网上信访部门如果没有在时限内流转完毕,信访人则看不到办理状态和提示信息,不少访民因为没有得到回复,往往再次提交信访事项。总的来说,由于人的因素是不可控的,所以一事多访难以避免。这些都是制约网上信访发展的不良因素,如果不能妥善解决,不但会给网上信访工作人员增加巨大的工作量,也妨碍公平处理其他信访事项。

3. 网上信访的基层困难

《信访事项办理群众满意度评价工作办法》规定的群众满意度评价,评价主体是信访人,评价对象是各级人民政府信访工作机构和有权处理机关,评价内容是对办理信访事项工作情况作出的评价,评价范围是通过国家信访信息系统第一次登记受理的信访事项[①]。数据显示,群众满意度评价从全国范围来看并不高,这包含多重因素。满意是目的,参评是前提。S省提出"用参评率保证满意度"的思路,在工作中取得了积极成效,省级的参评率与满意度都在国家信访局工作中表现优良,然而相比之下,市县级的参评率与满意度则存在明显问题。如图33所示,在S省17市网上信访满意度评价中,国、省、市、县四级信访中,省级网上信访评价最高。

2017年国省市县四级比较,四级纳入满意度评价的比率分别为95.88∶99.30∶94.04∶83.15,这说明,网上信访工作自下而上,级别越高、工作越好,成正相关关系。省级网上信访工作做得最好,市县级网上信访工作是加强的

---

① 国家信访局:《信访事项办理群众满意度评价工作办法》,2014年12月18日,见 http://www.gjxfj.gov.cn/gjxfj/xxgk/ywgz/xfzn/lxlf/wsxf/webinfo/2014/12/1541448758329054.htm。

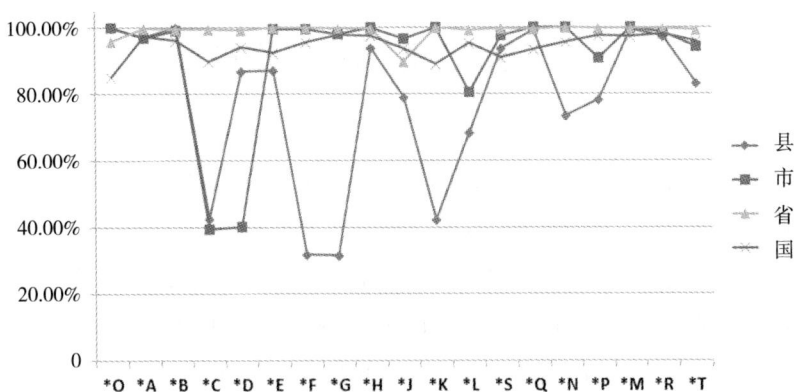

图 33　2017 年 S 省四级信访纳入满意度网上信访占比

重点。

　　数据显示,S 省网上信访工作卓有成效。近年来,全国县级按照国家信访局要求,着力打造"阳光信访",信访基础业务规范化、制度化水平不断提升。S 省着力改变过去市县级普遍存在的信访网络信息不健全、信访件办理工作主要靠信件传送的状况,成立了网上信访信息中心,专门负责网上信访工作。在原有信访信息系统的基础上,充分利用"政务网"等平台资源优势,搭建了集受理、办理、查询、跟踪、监督、评价于一体的网上信访平台,实现了信访形式和工作流程的全覆盖。但依然有些县网上信访工作开展不尽如人意。与就地及时化解、属地管理的要求相比,应在基层市县级加大网上信访的技术支撑与培训服务力度,把大量信访事项在市县解决。信访部门要加强对信访群众的宣传,提高群众的参评率。有许多群众不了解满意度评价,甚至不知怎么评价。一些信访部门没有将满意度评价告知群众,没有把查询码打印交给信访群众,使得信访群众不知评价或超出时限。信访部门要关注群众没有参与评价的信访事项,找到原因,解决问题。全国各级信访部门要认识到群众满意度评价的重要性,满意度评价的目的是要减少重复来信,提高信访工作公信力。信访部门要尽可能地运用各种方式来宣传满意度评价,使得信访民众了解和知道怎样评价,加强群众对信访部门和责任单位的监督。

三、我国网上信访的工作重点

信访工作的核心是及时就地解决问题,根本标准就是让群众满意。信访问题解决得好不好,信访群众最有发言权。通过国家信访信息系统,群众对信访事项的办理情况,分别给信访部门和责任单位作出评价,让群众参与到信访工作和问题处理中来,倒逼信访部门和责任单位及时就地解决群众合理诉求。

党和政府在面对网上信访存在的问题时,要从实际出发、从大局出发,以党为统筹主体,以更好地服务群众为统筹理念,找到更好解决问题的措施,推动网上信访信息系统的深度应用。全国信访信息系统建立了统一的数据交换网络平台,实现了国家、省、市、县的互联互通,逐步延伸到乡一级。县一级是信访信息的基础数据源,关系到信访大数据库的质量,关系到信访部门能否充分发挥了解民情、集中民智的作用。在信息化建设和应用中,县一级的责任就是"用",会用、用好、用足。要把好数据入口关,对于信访事项信息要应录尽录、录得准确;将处理过程和结果及时上传系统,受理告知、答复意见、复查复核材料、息访协议、结案报告、相关法律文书都要上传。加强督促检查。国家信访局部署开展了信访基础业务规范化检查工作,并将检查结果纳入下年信访工作考核内容。今后的发展还应该注重以下方面。

(一)转变政府服务理念,推动网上网下融合发展

不管是工作人员还是有关领导干部,都要积极主动面对信访民众。工作方法要用心,不能简单粗暴。要将信访事项按日期统转处理,有特殊或紧急的信访事项,要上报领导听从指示,把诉求落实解决,化解矛盾;将网上网下相结合,网上矛盾网下解决,工作人员和领导干部要深入群众配合网上信访。对于信访人,尤其是多次进行网上信访的人要在网下密切关注,通过事先预防、事中沟通、事后回访的手段,将问题扼杀在萌芽状态。其他各单位部门也要转变思想观念,积极配合解决信访事项,避免扯皮推诿。在需要多部门联合处理信访事项时,要积极主动与其他部门协同对接;在处理本部门的信访事项时,要

实地调查了解清楚群众诉求和情况,提出真正的解决办法,落实到位。

1. 通过督查督办推动问题解决

督查督办是推动落实的"一把利剑"。网上信访要坚持问题导向,真督实查、问责到底。对于超期未办结或交办未果的信访事项,进行常规性网上督办;对于群众评价不满意,重点督办仍然没有结果的,统筹实地督查。对于实地督查情况,通过门户网站及时向社会公开,对严重损害群众利益的突出问题,纳入国务院大督查问责①。各地各级信访部门加大督查力度、频度、深度,推动化解信访积案。就拿信访积案网上督查结果来看,从程序上查,最高的70%以上,从国家信访局统计数据看,这方面河南做得不错,网上附件齐全率79.1%,但有的省只有12%。所以我们讲信访督查,不能把全部期望都集中在出台《信访法》上面,要立足当前、立足既有,把侧重点放在信访业务规范上,按照《信访条例》来规范我们的行为,不能出现对下敷衍群众、对上敷衍上级的状况。

2. 通过目标考核树立问题导向

党和政府要把群众满意度、及时受理率和按期办结率作为重点,将网上信访事项的办理及结果作为信访工作人员的目标考核,引导各级政府把注意力放在解决问题和化解矛盾上。严格落实《办法》,压实各级党政机关及领导干部、工作人员信访工作责任,从源头预防和减少信访问题发生,及时高效解决信访问题。此外,建立典型信访问责案例曝光机制,充分发挥新闻媒体和社会舆论的监督作用,对因不作为、乱作为引发的信访问题,又或对信访问题处理不力而被追究责任的典型案例,不定期进行曝光。自2010年以来,在国家信访局门户网站分三批曝光了11个问责案例,有效发挥了警示作用,树立了鲜明导向。山东省烟台市在网上信访实践中探索出的"五个面对面"(面对面告知、面对面督办、面对面会商、面对面答复、面对面回访)工作方法,成效显著。实践证明,运用好手机微信终端、APP等新平台,主动接受群众监督,有利于提高行政效率。

---

① 黄威铭:《透过信访看十八大以来南宁民生和谐》,《南宁日报》2017年10月12日。

（二）规范网上信访流程，促进信访事项妥善解决

在 2018 年 1 月中央政法工作会议上，习近平总书记作出重要指示强调，坚持以人民为中心的发展思想，不断增强人民群众获得感、幸福感、安全感。我们要总结推广"网上枫桥经验"，推动社情民意在网上了解、矛盾纠纷在网上解决、正面能量在网上聚合，努力使社会治理从单向管理向双向互动、线下向线上线下融合、单纯部门监管向社会协同转变。

1. 通过顶层设计，界定网上信访边界

在顶层设计方面，党委与政府有关部门要结合"互联网+政务服务"建设，把所有可拓展上线的窗口服务延伸到网上，形成建设集约、服务集聚、数据集中、管理集成的智能化公共服务平台，切实解决百姓问累、诉累、跑累问题，让群众在掌心里、指尖上就能办成事、办好事。在微观层面，全国各地各种形式的网上信访没有统一的规范，亟须通过顶层设计来统一规范网上信访工作的内涵、外延；明确各级信访部门网上信访工作的职责，特别是要把网络舆情监管与网上信访工作有效区分；明确信访人网上信访的权利、责任，指明信访人通过网络表达诉求的必要条件；明确网上信访工作机构设置、人员配备标准等；明确网上信访的终结机制，网上重复信访的处理方法与信访复查复核的衔接等，促进信访事项的妥善解决，推动网上信访工作的发展完善。党和政府要紧跟时代变化，出台新的《信访条例》和相关的法律法规，推动网上信访制度体制机制的发展，妥善解决信访事项，促进社会和谐稳定。

2. 整合诉求渠道，完善分类处理

网上诉求表达渠道要操作实用、办理管用、方便群众。现在省、市、县三级网上信访平台多是领导信箱和网上投诉受理中心，全国范围内各级各地都有不同形式的网上信访，各省、市、县应当参照国家投诉受理办公室的做法，以机构的形式对应信访人，整合四级网上信访渠道，根据各地实际情况开设入口。这样有助于规范网上信访工作，节约资源，方便群众投诉，避免重复访。首先，压实责任单位依法分类处理责任。针对当前责任单位不对信访诉求进行甄别分类、无形中将矛盾转移到信访部门的实际，建议上级部门根据《信访条例》、《办法》和"一岗双责"等规定，将责任单位依法分类处理信访诉求纳入督查、

考核范围,压实责任单位的信访工作主体责任,推动信访问题依法及时解决。其次,健全信访部门与责任单位的衔接机制:一是健全部门间协调联动机制,实现信息互通、资源共享,避免因信息不对称造成信访诉求再次进入信访途径,影响信访人依法维权。二是健全超过法定途径时限诉求的办理机制。信访诉求超过法定途径受理时限并不等同于其不具有合法性和合理性,对于这部分信访诉求,建议责任单位从履职尽责的角度,及时协调处理,作出书面答复,最大限度维护信访人合法权益的同时,争取信访人的理解和支持。

3.统一办理规范,调整督办重点

对网上信访工作要规范统一。不能政出多门、标准各异,不能让基层信访部门和承办单位无所适从。在办理时限上,严格遵循《信访条例》规定的60日的办理期限,合法合规,全国应当规定一个统一的办理时限。也可以按国家、省、市、县四级平台分别为60、50、40、30个工作日依次递减,形成及时就地解决问题的导向。但不能将时间压缩得太短,否则就会出现没有深入调查就回复信访事项的情况。在办理流程的设计上,系统平台要充分体现网络的特点、优化系统,信访事项流程要在网络平台进行处理。要将按期办结回复率高低、操作规范与否、回复质量好坏作为重要考核内容。目前上级发函交办督办的网上信访事项多是初信初访,由于数量日益增多,加上办理、操作程序较为复杂,一些基层承办单位难以招架。从现实情况看,各级各部门对初信初访的办理都非常重视,国家信访局已对初信初访进行群众满意度评价,省委书记、省长信箱要求一个月内必须回复,许多地方还将中央、省、市信访工作机构转交的网上信访事项按期办结回复率纳入了月度通报考核,所以网上信访督办重点应着眼于督促问题解决,加强对重信重访和诉求合理却未得到解决的案件的督办,统一督办部门,突出督办实效。

4.适度结果公开,提高评价满意度

信访事项办理情况公开主要涉及两个层面:一是信访事项的受理、办理情况,以及办理时限和结果;二是社会关注的信访事项受理、办理情况及满意度评价情况。信访事项办理情况公开应坚持"公开是原则,不公开是例外",信访事项的办理过程,应该对信访人公开;信访人愿意公开又可以公开的应当向社会公开;信访人不愿意公开的事项,或信访人愿意公开但信访内容不宜向社会公开的,不能向社会公开。对于一个信访事项的办理结果,信访人是否满意受诸多因素影响,包括信访问题解决程度、答复意见书质量高低等等。目前网上信访大多设有群众满意度评价环节,评价结果统计以信访人的评价为准。提高信访群众满意度评价,有两个方面:一是信访群众对信访部门的满意度;二是信访群众对责任单位的满意度。从信访部门来看,信访部门要将群众的意见转化成履职的动力,按照规定程序办好受理、转交、督办等流程,对于不认真履行职责、群众满意度低的责任单位做好问责工作,把信访部门的职责落到实处,推进信访事项的进展和落实。定期分析评价结果,改进不足,提高效率和质量。从责任单位来看,各责任单位要严格遵循《信访条例》的规定,重点落实关键环节工作,提高信访事项的按期答复率、办结率和告知率;与信访群众进行交流和沟通,将相关的法律法规告诉信访群众,为群众解惑答疑;还要定期分析本单位所在地区的群众满意度评价情况,有针对性地提出完善举措,并推动落实,提高信访群众对责任单位的满意度。

(三)优化技术支撑,重视信访大数据作用

信息化的社会性特点,使得任何主体和客体的关系都产生新的不对称变化,互相成为新的不对等制约,使得决策目标要多层次化多样化,间接措施越来越多,并与直接措施相容和结构化,决策中要使目标结构与措施结构经常地对等转换等等。技术支持与技术服务对工作效益尤为关键。信访系统要着力推动信息基础设施的共建共享、开放兼容,搭建快速便捷、安全可靠的跨部门大数据平台。

1.加强信访工作人员技能培训

网上信访部门要重视信访工作人员尤其是一线工作人员的技能培训。设置专门的工作人员,对网上信访事项进行登记流转,确保回复质量,在回复民众时采用通俗易懂的方式。因为大多数访民总体素质不高,差异较大,若回复的内容引用大量的文件政策或专业术语,又或是内容表达不清,普通信访民众很难明白内容,从而导致一事多访或重复网上信访。因此,网上信访工作人员要注重回复效率和回复率,狠抓回复质量。还要积极主动接受信访事项,转变工作观念。若遇到重复网上信访时,工作人员要通过网上信访平台反馈群众诉求,解释信访工作,群众使用信访解决问题是由于表达诉求的其他渠道不畅通,工作人员要将心比心,了解信访人的心理状态,扎实做好信访工作,将问题控制在萌芽状态。

2.优化信访信息系统,加大宣传力度

信访信息系统承载着包括来信、来访、网上信访等多种形式信访事项的办理工作。针对法定途径种类较多、要求不一的实际,建议对信访信息系统进行优化调整或者由上级信访部门明确专门的办理方式,以适应当前依法分类处理工作的要求。将信访信息系统中信访事项办理模块开设资料投入板块,责任单位随时补充录入相关工作资料,供信访部门查阅。对于应当导入相应法定途径、分类处理的信访诉求,责任单位通过信访信息系统向信访人出具不予受理告知书后,待信访诉求通过相应法定途径处理完毕后,将办理结果补录信访信息系统,这样既不影响事项的办理,又让信息资源互通共享。现在对网上信访的宣传力度不够,一些群众不知道网上信访,不了解其操作流程。信访部门要重视网上信访的宣传工作,大力宣传网上信访,宣传资料的形式可以是宣传单、宣传册、音频、视频等,形式不限;丰富宣传内容,让群众了解网上信访的基础知识、操作流程等,积极引导群众进行网上信访。

3.发挥大数据作用,消除"数字鸿沟"

大数据是难以用常规的软件工具在容许的实践内对其进行内容抓取、管理和处理的数据集合。国家信访局"围绕信访工作信息化,深入推进大数据技术应用,积极研发信访业务智能辅助系统,以智能化助力信访基础业务规范化,去破解长期以来制约信访工作发展的一些瓶颈性难题,不断提升服务群众的能力和水平"[1]。在网上信访平台中,要实现信、访、网、电的相关信息全录入网上信访系统,其存储的数据可以称为信访大数据,信访大数据虽然源于网上信访,但它的发展又高于网上信访。信访大数据建立在网上信访基础之上,要发展好信访大数据,就要加大网上信访的投入力度,扩大网上信访的覆盖面,加强网上信访系统建设,防止网上信访数据的失真和流失,更好地存储信

---

① 张璁:《新时代信访工作踏上新征程——访国务院副秘书长、国家信访局局长舒晓琴》,《人民日报》2018年4月30日。

访信息,用信访大数据进行分析时,才能最大限度地代表真实民意。

发展好信访大数据,要实现思维方式的变革。从现实运行数据上看,因为信访数据一般都是高度结构化的,而网上信访系统平台要进行真正意义上的大数据分析,只有将其他相关部门的数据和网上信访数据相融合和交互才可以实现,除此之外,要想使信访大数据充分发展,还得发展商业模式,需要社会科学理论研究者的指导和技术支持,只依靠政府部门发展不能满足信访大数据分析的需要,要开放信访数据,让其他部门或市场上的数据科学家和分析师为信访大数据提供技术支持。

(四)保障网络安全,加强网上信访舆情管控

习近平总书记高度重视网络舆情与网络安全。2014 年 4 月 15 日,习近平首提"总体国家安全观",并将信息安全等 11 种安全纳入国家安全体系。2015 年 12 月 16 日,习近平在出席第二届世界互联网大会乌镇峰会演讲中提出:"要整合相关机构职能,形成从技术到内容、从日常安全到打击犯罪的互联网管理合力,确保网络正确运用和安全。"①这是我们做好网上信访工作的根本指针。

网上信访是建立在互联网背景下的,必然要面临网络安全的问题。《中华人民共和国网络安全法》指出:"网络安全,是指通过采取必要措施,防范对网络的攻击、侵入、干扰、破坏和非法使用以及意外事故,使网络处于稳定可靠运行的状态,以及保障网络数据的完整性、保密性、可用性的能力。"②网络舆情是以某些事实为基础在网络上进行报道并扩大,逐渐偏离最初事实给别人造成负面影响和压力的一种情况,但从这种情况的本身来看并不违法。但网络舆情失控会产生不良影响。网上信访既是网络舆情信息的交汇处,又是调转平台。大数据时代的信访将舆情的收集、管控集中到了一起。习近平总书记在 2018 年全国网络安全和信息化工作会议中强调:"要加强网上正面宣传,

---

① 吴楚、徐子论:《共享共治 内外统筹 习近平顶层设计保障网络安全》,《中国青年报》2016 年 4 月 14 日。

② 《中华人民共和国网络安全法》,法律出版社 2016 年版,第七章"附则",第七十六条。

维护网络安全,推动信息领域核心技术突破"①。面对网络舆情和安全问题,政府应该从法治保障、平台建设、主体规范、技术完善这四个方面着手,保障网络安全,引导网络舆论,推进网上信访良好运行和发展。

1. 完善法治建设,推进信息妥善利用

法治建设是保障。现有的有关网络安全危害行为的法律规定,主要规定了转发量,可考虑时间维度,根据信息传播的天数和小时进行规范与处罚,也可按传播范围和领域进行处罚。可以针对具体问题如网络舆情进行立法,使相关部门可以有法可依,进而做到执法必严。健全网络安全与网络舆情治理责任机制;归档、备案网络舆情与网上信访典型事件,及时妥善公开相关数据和典型案例。

2. 健全网络舆情平台,构建网络安全体系

政府既要完善阳光信访系统,又要用好微信、微博等平台,打通信息汇集渠道,将信访信息系统和网络舆情大数据并联对接,提高信息搜集效率,实现双方数据的实时对接,利用数据进行实时研判,辨析舆情信息的真伪,更好地处理信访事项。政府也要建立网络安全监管体系、网络信息行业自律体系、网络安全技术共享体系、网络安全技术规范体系等,切实保障整体网络的运行安全。

3. 规范各主体行为,发挥政府引领作用

政府应严格管控新媒体舆论窗口,将新媒体网络端口与信访信息系统对接,用舆论引导群众。政府应与网络运营商合作,主动承担起职责。网络运营商要自律,确保自己的行为在法律规定的范围之内,政府要加强对于网络运营商的监管。网民也要提升素质,增强网络安全意识,树立正确的网络安全观,提高对舆情信息的辨别能力。网民素质和网络安全是正相关的,政府要提高对网络舆情和网络安全的宣传,利用讲座等形式对网民开展网络安全、网络舆情教育宣传。通过对各主体的规范使网络空间清朗起来,营造良好的网上信访氛围。

<hr>

① 《全国网络安全和信息化工作会议在北京召开》,《电子政务》2018年第5期。

4.加大网络安全投入,提升网络技术水平

政府要强化核心成果的创新和应用,加快安全、高速、泛在、移动的最新网络技术设施建设。技术创新是网络安全的核心要素,加大各方面的投入力度,确保研究进程。加强信息资源建设,做好网络舆情防护工作,能够从源头上解决舆情。人才是网络安全的主体,信访工作部门要制定适当的人才激励机制,引进人才,培养多层次、多类型的网络技术人才,还要对现有的信访工作人员进行有关网络安全和舆情的培训,树立防范意识,加强网络技术人才管理工作,充分重视专业人才培养,建立健全人才培养机制。

结　语

信访问题统筹治理是指以取得整体综合效用为中心展开信访工作,以追求组织合理、切实有用的可适用可持续为目标,对信访问题与社会矛盾在最高层次上进行总体处理的过程。统筹治理实为一种思维模式的调整。信访问题是经济社会发展状况的综合反映,涉及方方面面。需要坚持统筹治理的思路,总揽全局,通盘规划,把信访问题的治理放在经济发展、社会稳定的大局中,真正形成党委领导、政府主导、部门协调、统筹兼顾、标本兼治、各负其责、齐抓共管工作新格局。

一、统筹治理的理论视角

(一)统筹是一种整合平台与顶层设计,着眼的是大局与整体统一

"统筹"一词的"统",指对所管辖范围内的各类信息的收集、分析与择取选用;"筹"是依主客观条件进行的决策与组织实施的思维活动。统筹是对实践对象的整体所作的首要的、统一的、总体的筹划。从深层含义看,"统筹"的重点在于"统",即统领、统揽。质言之,统筹并非具体的药方或对策,而是作为一种思维方式的存在,甚至可以把统筹视为一种整合平台与顶层设计,着眼的是大局与整体统一。它以实现人、时、空统一为核心标志,通过权衡利弊、寻求优化、促进事业良性循环。从实践过程看,统筹是领导者对人、时、空以及资源条件进行全局性、整体性的调配与规划的过程,是领导、规划、预前、资源与利益的优化整合实践。

（二）统筹治理顺应我国国家治理体系和治理能力现代化要求

从主体角度建构理论范式看，"治理"关注系统性、可控性与秩序性，强调主体一核多元、良性互动、合作管理。信息时代打破了系统界限，主体对象与管理目标都变得不确定、不清楚、不可控。适应管理效用与领导效能提升的要求，"统筹治理"应运而生。"统筹治理"体现出东西方文化在某种程度上的共识与交汇，在不同时空条件下对国家治理方式的不同抽象和概括。文化背景与侧重点虽有不同，却异曲同工。"统筹"也超越"治理"的系统思维局限，顺应了我国国家治理能力与治理水平现代化发展的历史要求。

（三）统筹治理既是政治学理论学科发展的成果，也是对传统行政管理及政府治理实践的反思，更是中国实践哲学的新探索

统筹治理以"整体"、"统一"观念和战略思维为基本理念，试图通过整合全部资源，统一谋划、统一安排和统一行动以实现公共治理的整体效能。统筹治理范式的国家治理要发挥整体效应，必须实现从细分到整合、从部分到整体、从系统到体系的转变与超越。统筹治理理念在科层制和公共部门基础上的运用，是信息技术和现代知识在跨部门管理领域，包括市场、科层、网络等在内的各类协调机制，直面问题解决而实行的"跨域（界）治理"。以"统筹治理"范式架构、言说和应对错综复杂的"信访问题"，是为走出信访治理困境，从多个层面的统筹安排：一是统筹多元主体，化解信访难题，主体责任虽在政府工作部门，但需部门、地区之间的协调联动、相互配合，并赋予信访部门协调与督办督查权能，还应发挥社会各主体作用。二是统筹治理方略，实施"上下前后左右内外"立体网络治理。三是统筹手段，运用法治手段、思想引导、心理纾解以及科技方式方法，把党的方针政策贯彻到群众之中。只有党委政府从"总体统筹"着眼，以群众工作、信访工作与社会工作有机结合构建服务群众网络，整合各主体及相关力量，才能形成社会问题妥善处理的良性循环之势。

二、统筹治理的实践路径

（一）统一筹划社会发展

我国当前的信访工作问题表现多样,如社会矛盾的源头治理问题、意见表达与利益协调解决机制建构问题、信访工作的体制地位问题、信访制度建设问题等。这些问题要从根本上得到解决,必须在国家治理体系的综合框架下加以整体确认,使其与社会主义社会发展阶段相适应,与经济政治社会发展的目标与事业取向相协调。但实际情况是,在宏观上,无论是从理念设计、组织架构还是制度建设上,尚未凸显出信访工作在国家治理体系中应当具有的战略重要性。在微观上,有的领导干部不是用辩证综合的思维将其放在社会主义事业发展大势中去看,而是抱一种轻视、消极或抵触心理来看待信访工作与信访问题。特别是某些部门认为经济发展的可控性较强,而社会利益矛盾协调的可控性差;抓信访太牵扯精力,把信访工作与经济发展、社会改革对立起来。这不仅容易导致区域性发展政策的制定偏离实际、脱离群众、违背民意,而且容易进一步激化矛盾,不利于问题的妥善解决。宏观上战略缺位、微观上工作错位,这正是信访问题治理难、化解难的症结所在。将信访问题的治理与社会经济发展和稳定相统筹,是社会主义社会发展的内生性需要;必须从战略层面上将信访工作与各项事业发展的目标统一筹划,才能从根本上解决信访问题。

从行政体制的角度,横向上看,各相关职能部门在信息、利益、权力等关系上存在着不协调、不统一,在模拟判断复杂的社会矛盾问题上存在的"信息孤岛"导致信息失真,在利益协调上就难免失衡。纵向上看,当前信访考核虽说不再"一票否决",但压力机制依然压到政府系统的直线层次,并没有从整个行政系统整体对信访问题的缘起进行统筹分析,从上至下、全方位地去查找整个体系的决策、政策、执行、组织、协调等系统性问题。所以,这种单系统性、单向度的治理模式与复杂动态的社会矛盾问题演化态势不相匹配。从政治体制结构看,信访治理各主体之间在匹配协调上出现"体制性断裂"。信访部门应或隶属于集中并表达民意的立法部门,或隶属于纪检监察部门(如广东顺德的改革实践),而目前情况是全国各省信访局级别不同归属不同,游移在体制之内,只是在集中与传递信访案件,既不能对上负责,也不能居中协调。因其在体制中的相对孤立性,从而导致信访部门与职能部门、基层政府与上级政府之间,在决策、信息、协调、沟通等多方面出现"体制性断裂"。这两大体制性或结构性断裂,使各信访治理主体之间无从有效协调、配合,无法从信访源头、政府决策、沟通协调、权利保障上对整个信访问题进行统筹治理。现实需要进行多元、多层次治理系统的相互衔接与匹配,政治系统、行政系统内各主体责权利关系全面理顺,进行统筹兼顾的转化更新,才能实现相应的治理现代化目标。

(二)统筹匹配工作目标

关键是要处理好工作中的"供求关系"。信访工作的"求",是呼声是重点;信访工作的"诉",是心声是难点,都涉及时间、空间、人群的统筹问题。信访工作的"供",是回应是基础,不仅是政策、人力、物力、财力等,还包括说服教育、演示、联谊等多种形式的"供";根据不同的"诉"与"求"进行有针对性的"供",有引导性的"供",有规范性的"供",有抚慰性的"供",将信访工作的各个环节、流程也匹配起来。因此,信访工作的目标与群众工作、社会工作的目标具有相容性与互补性。为进一步调动各方因素,形成以保护群众合法权益为支点的社会稳定机制,党的社会工作要将群众工作、信访工作与一般社会工作统筹协调;以党的信访工作带动群众工作与社会工作,以党的群众工作协调信访工作与社会工作,以党的社会工作促进信访工作与群众工作,将这三者有机结合,构建服务群众网络体系。而这一切,只有在党的统一领导下才能实现。因此,信访问题的解决,首先,是党对治理目标的统筹。社会发展的多元化,不同的群体组织以及个人利益诉求与目标不尽相同,这是与传统政府管理或自上而下的目标管理体制之最大区别。有效的政府治理必须能够有效统筹凝聚各方目标,达成治理共识,才能从源头遏制社会矛盾冲突的发生,这与信访治理的"源兆"治理准则是相统一的。其次,是党对治理资源的统筹。社会资源总量与社会发展调控形式之间存在着密切关联。政府、社会组织、社会精英、企业等都掌握着大量的社会资源或社会资本,信访问题的治理需要以上各主体间的合作与集体行动。最后，是党对治理工具的统筹。政府可以创新治理工具，并向其他主体购买服务工具；通过党的组织力，创新基层社区自治机制，培育基层社会的自组织力，构建中国特色基层治理模式，建设以人为本、服务为先的和谐社会。总之，强化党的科学统筹，目的在于优化党群关系，建立平等协商、相互尊重、合作互动、互利共赢的关系模式和目标体系。

（三）动态互补治理机制

信访问题的统筹治理必然要求在基于提高回应公众需求的基础上，建立公共管理服务能力基础性机制，以确保相关各方能持续有效地互动，使问题在恰当空间时间点上得到有效解决。必须形成以纪检监察等部门组成的党政职能监督机制，保持政策的正当性、有效性与连续性；形成以党委与政府为责任主体的信息沟通与社会回应机制，增强政府的公信力与执行力，实现党民同心、政民互信；建构以体制内组织为依托的劳动关系协调机制，切实保障弱势群体的利益；建立以社会组织为依托的个体心理健康防卫、救护机制，为弱势群体提供心理救助；形成以体制外力量为主体的社会矛盾组织化解机制，有效整合社会资源；建立以信访部门为主体的信访信息预警管理系统及其软件的应用平台，从源兆上预警化解社会矛盾冲突；等等。从而形成政策正当、沟通流畅、利益保障、心理疏导、矛盾化解和有效治理为一体的信访问题动态治理机制体系，保证信访治理过程的顺畅。

为此，要正确处理以下几个关系。"前后"：注重信访信息的预警功能，变反馈为前馈，把解决信访事项的关口前移到对信访原因的查找和消除上。"内外"：把完善、改变、教育的对象由对群众转变为对党政部门自身的反省，从政策、决策、体制、组织系统上寻找原因，通过组织文化的建设，实现工作理念、价值体系、道德规范、行为方式等方面的提炼升华。"上下"：强化"基层、基础、基本"信访工作标准化建设，进而实现自上而下的信访考核制度革新，追求卓越绩效管理。"左右"：社会所有部门，包括公共部门、企业、社会组织，充分参与到信访问题的治理过程中去，寻求情、理、法的有机统一。统筹以上关系，综合平衡利益需求、制度规范、价值理念、风俗习惯等各维度，方可补益共进。

（四）统筹兼顾协调各方

实现主体性适应：党委政府要从控制性主体转变为适应性主体。适应性主体具有感知和效应能力，自身有目的性、主动性和积极性，能够与环境及其他主体随机进行交互作用。信访部门关口前移，就要及早了解群众诉求，准确把握信访心理，预先避免其进入"复杂适应系统"，适时把信访群众主体转变为信访工作主体。

打造"虚实空间统一"的网络阵地：党委政府要适应信息化时代网络生态环境，做好网络信访工作，成为网络把关人。要强化网络信访，做到线上线下管理与服务相统一。党委政府在信息时代适应性调整的过程中，需要提高技术应对能力，并从价值观和制度层面系统回应、整体统筹各部分群众切身利益的实现及维护。做好综合考量、公共治理，统筹规划、建管并举；虚实结合、标本兼治，政社协力、全程管理，不断强化制度性吸纳，使网络与信访成为民主治理的建设力量。

重建信息化时代的统一战线，构建新的伙伴关系：党委政府要适应社会转型的治理要求，成为多元化协同治理的合作者。政府应采取立体结构分析，全新考量政府、网络与大众间的关系并积极构建多元化协同治理框架。建立联合设计和有效实施网民参与表达、利益诉求和权益保障维护机制，推进公共服务供给均等化，促进网民大众与国家（政府）之间的关系走向互动和协调。只有承认政府与社会、民众乃至虚拟空间主体的合作伙伴关系，才能真正提高适应信息化社会环境的能力；政府要在信息化潮流中整合行政资源，超越"条"、"块"以破除区域冲突困境，为民众提供个性化服务，在区域发展乃至整体协调中发挥作用。

放眼世界、营造环境、制定规则、提供保障：信息化时代的党群关系互为主客体。党委政府要关注国家整体与国际环境，防控互联网时代的蝴蝶效应、破窗效应，监控世界范围突破性的技术、颠覆性的政策、破坏性的行动对社会经济发展的影响。对于国家内部的管理，党委政府需要提升统筹协调能力，不断思考、反复思考、超前思考，以动态耦合和虚拟迁跃的方式与环境保持弹性，与人民群众保持适应性。

主要参考文献

（一）著作类

1.《毛泽东选集》第一——五卷，人民出版社 1991 年版。

2.《新华日报》编：《十六大以来党和国家重要文献选编》，人民出版社 2005 年版。

3. 中共中央文献研究室编：《十八大以来重要文献选编》，中央文献出版社 2015 年版。

4. 中央党校采访实录编辑室：《习近平的七年知青岁月》，中共中央党校出版社 2017 年版。

5. 习近平：《做焦裕禄式的县委书记》，中央文献出版社 2015 年版。

6.《习近平谈治国理政》第一卷、第二卷，外文出版社 2018 年、2017 年版。

7. 中共中央宣传部：《习近平总书记系列重要讲话读本（2016 年版）》，学习出版社、人民出版社 2016 年版。

8. 习近平：《之江新语》，浙江人民出版社 2007 年版。

9. 中共中央宣传部：《习近平新时代中国特色社会主义思想三十讲》，学习出版社 2018 年版。

10. 中共中央宣传部、中央广播电视总台：《平语近人——习近平总书记用典》，人民出版社 2019 年版。

11. 中共中央办公厅、国务院办公厅信访局：《全国信访工作会议资料汇编》，1989 年版。

12. 刁杰成编著：《人民信访史略 1949—1995》，北京经济学院出版社 1996 年版。

13. 俞可平主编：《治理与善治》，社会科学文献出版社 2000 年版。

14. ［美］B.盖伊·彼得斯：《政府未来的治理模式》，吴爱明、夏宏图译，中国人民大学出版社 2013 年版。

15. 严强：《国家治理与政策变迁：迈向经验解析的中国政治学》，中央编译出版社 2008 年版。

16. 吴志成：《治理创新——欧洲治理的历史、理论与实践》，天津人民出版社 2003 年版。

17. 刘天禄：《统筹学概论》，中国商业出版社 2004 年版。

18. 曲格平、于今主编:《统筹人与自然和谐发展》,党建读物出版社 2005 年版。

19. 曹康泰、王学军主编:《信访条例辅导读本》,中国法制出版社 2005 年版。

20. 宋善文:《人民内部矛盾》,群言出版社 2007 年版。

21. 李宏勃:《法制现代化进程中的人民信访》,清华大学出版社 2007 年版。

22. 张宇、董鹏祥编著:《信访工作理论与实务》,中国民主法制出版社 2008 年版。

23. 张永和、张炜等:《临潼信访:中国基层信访问题研究报告》,人民出版社 2009 年版。

24. 李秋学:《中国信访史论》,中国社会科学出版社 2009 年版。

25. 张严:《当代中国信访工作研究:以构建社会主义和谐社会为视角》,法律出版社 2009 年版。

26. 李微:《涉诉信访:成因及解决》,中国法制出版社 2009 年版。

27. 朱国林等:《统筹学》,时事出版社 2010 年版。

28. 赵威:《信访学》,辽宁大学出版社 2010 年版。

29. 郑杭生主编:《中国人民大学 中国社会发展研究报告 2011——走向民生为重的社会:现阶段社会建设面临的挑战及其应对》,中国人民大学出版社 2011 年版。

30. 刘国新:《中国共产党治国社会方略研究》,中国人民大学出版社 2011 年版。

31. 姚中秋:《中国变革之道:当代中国的治理秩序及其变革方略》,法律出版社 2011 年版。

32. [美]梅拉妮·米歇尔:《复杂》,唐璐译,湖南科学技术出版社 2011 年版。

33. 王浦劬等:《以治理的民主实现社会民生——对于行政信访的再审视》,北京大学出版社 2012 年版。

34. 田先红:《治理基层中国——桥镇信访博弈的叙事,1995—2009》,社会科学文献出版社 2012 年版。

35. 俞可平主编:《中国治理评论》(第 2 辑),中央编译出版社 2012 年版。

36. 陈丰:《中国信访制度成本问题研究——基于制度成本理论的视角》,华东理工大学出版社 2012 年版。

37. 龚维斌:《城市化:空间变化与社会重构》,中国民主法制出版社 2012 年版。

38. 薄钢主编:《信访学概论》,中国民主法制出版社 2012 年版。

39. 蒋冰晶:《重复信访行动研究》,知识产权出版社 2012 年版。

40. 北京市信访矛盾分析研究中心编:《信访与社会矛盾问题研究》第 4 辑,中国民主法制出版社 2013 年版。

41. 张宗林、郑广森主编:《信访与法治》,人民出版社 2014 年版。

42. 王凯主编:《信访制度与国外相关制度分析研究》,中国民主法制出版社 2013 年版。

43. 王赐江:《冲突与治理:中国群体性事件考察分析》,人民出版社 2013 年版。

44. 徐观潮:《信访救济手记》,中国检察出版社 2013 年版。

45. 刘二伟主编:《论坛与点评——社会转型进程中的中国信访》,人民出版社 2014 年版。

46. 肖唐镖主编:《信访研究》,学林出版社2014年版。

47. 张宗林、叶明珠主编:《使命与愿景:北京市信访矛盾分析研究中心发展报告(2009—2014)》,人民出版社2014年版。

48. 张宗林、王凯主编:《信访与治理》,人民出版社2014年版。

49. 薄钢、张宗林主编:《信访与社会矛盾问题研究》第1辑,中国民主法制出版社2014年版。

50. 黄灵辉、聂军编著:《当代中国信访制度》,知识产权出版社2014年版。

51. 吴镝鸣主编:《信访理论研究》,人民出版社2014年版。

52. 任晓春:《基于信息管理视角的信访工作分析》,社会科学文献出版社2014年版。

53. 钟俊生、赵洪伟编著:《社会稳定若干重大问题研究》,东北大学出版社2014年版。

54. 尹利民:《地方的信访与治理——中国地方信访问题调查与研究》,人民出版社2015年版。

55. 李培林、陈光金、张翼主编:《2016年中国社会形势分析与预测》,社会科学文献出版社2015年版。

56. 陶乾:《国内外"网络信访"机制研究》,中国政法大学出版社2015年版。

57. 法规应用研究中心编:《信访条例一本通》,中国法制出版社2016年版。

58. 尹利民:《表达与治理的艺术:民众与国家互动关系中的信访》,中国社会科学出版社2016年版。

(二)期刊论文类

1. 陈德泉、计雷、徐伟宣:《统筹学》,《优选与管理科学》1987年第2期。

2. 黄景丽:《〈人民信访史略〉评介》,《当代中国史研究》1997年第6期。

3. [英]格里·斯托克、华夏风:《作为理论的治理:五个论点》,《国际社会科学杂志》(中文版)1999年第1期。

4. 俞可平:《全球治理引论》,《马克思主义与现实》2002年第1期。

5. 吴志成:《西方治理理论述评》,《教学与研究》2004年第6期。

6. 于广洲:《统筹国内发展和对外开放》,《求是》2004年第11期。

7. 罗朝良:《论统筹发展》,《东南学术》2004年第1期。

8. 朱纯华:《基于新公共服务理论的政府治理模式变革》,《黑龙江对外经贸》2008年第11期。

9. 彭浩:《涉诉信访终结相关理论问题之澄清》,《广西政法管理干部学院学报》2010年第2期。

10. 杨小军:《中国共产党人统筹兼顾方法的传承与发展》,《学术论坛》2009年第5期。

11. 马海龙:《区域治理体系构建研究》,《北方经济》2009年第11期。

12. 张静如:《毛泽东的统筹兼顾思想》,《党史研究与教学》2010年第3期。

13. 王浦劬:《以治理民主实现社会民生——我国行政信访制度政治属性解读》,《北京大学学报》(哲学社会科学版)2011 年第 6 期。

　　14. 王克群、卢继元:《加强社会矛盾源头治理　妥善处理人民内部矛盾》,《前进》2011 年第 4 期。

　　15. 童之伟:《信访体制在中国宪法框架中的合理定位》,《现代法学》2011 年第 1 期。

　　16. 浙江省人民检察院课题组:《涉法涉诉信访工作改革的法治化研究》,《法治研究》2015 年第 2 期。

　　17. 胡婷:《浅谈中国信访制度的走向》,《法制与经济》(下旬)2012 年第 4 期。

　　18. 黎晓武、王淑芳:《对我国信访制度本质的法理学思考》,《求实》2012 年第 1 期。

　　19. 陈朝兵:《化解我国信访制度困境的理性路径论析——基于信访制度改革争论的反思》,《云南社会科学》2013 年第 4 期。

　　20. 田先红:《基层信访治理中的"包保责任制":实践逻辑与现实困境　以鄂中桥镇为例》,《社会》2012 年第 4 期。

　　21. 冯仕政:《国家政权建设与新中国信访制度的形成及演变》,《社会学研究》2012 年第 4 期。

　　22. 竹立家:《着力推进国家治理现代化》,《中国党政干部论坛》2013 年第 12 期。

　　23. 包刚升:《"国家治理"新思路》,《南风窗》2013 年第 24 期。

　　24. 汤丽娟:《浅谈当前我国弱势群体利益表达存在的主要问题与对策——兼谈完善弱势群体利益表达机制的现实需要》,《时代经贸》2013 年第 20 期。

　　25. 伍俊斌:《当代中国公民社会建构的基础维度论析》,《中南大学学报》(社会科学版)2013 年第 1 期。

　　26. 李立国:《创新社会治理体制》,《求是》2013 年第 24 期。

　　27. 张光全:《社会稳定风险评估机制问题及解决对策》,《中外企业家》2014 年第 34 期。

　　28. 陈德忠:《基层检察机关涉法涉诉信访矛盾化解工作的思考》,《人民检察》2014 年第 8 期。

　　29. 许耀桐:《习近平的国家治理现代化思想论析》,《上海行政学院学报》2014 年第 4 期。

　　30. 王浦劬:《新型城镇化、社会矛盾与公共政策——基于行政信访的视角》,《信访与社会矛盾问题研究》2014 年第 2 期。

　　31. 刘正强:《重建信访政治——超越国家"访"务困境的一种思路》,《开放时代》2015 年第 1 期。

　　32. 肖唐镖:《当代中国的"维稳政治":沿革与特点——以抗争政治中的政府回应为视角》,《学海》2015 年第 1 期。

　　33. 李学同、李菲:《毛泽东统筹兼顾思想试析》,《岭南学刊》2015 年第 1 期。

　　34. 于秀丽、金长奇:《关于丹东市信访情况的调研报告》,《法制与社会》2015 年第 36 期。

35. 易轩宇:《合作治理模式下社会组织参与社会治理博弈分析》,《兰州学刊》2015 年第 3 期。

36. 吴华钦:《从信访的三次高峰看信访制度的法治化改革》,《法学评论》2015 年第 2 期。

37. 黄杰、朱正威:《国家治理视野下的社会稳定风险评估:意义、实践和走向》,《中国行政管理》2015 年第 4 期。

38. 代山庆:《论习近平社会治理思想》,《学术探索》2015 年第 3 期。

39. 于建嵘:《机会治理:信访制度运行的困境及其根源》,《学术交流》2015 年第 10 期。

40. 薛澜、张帆、武沐瑶:《国家治理体系与治理能力研究:回顾与前瞻》,《公共管理学报》2015 年第 3 期。

41. 荆鹏飞、何丽娜:《复杂适应性系统理论对可持续设计过程的启示》,《设计》2016 年第 9 期。

42. 朱政:《基层信访工作中的"开口子":信访困局的郁结与疏解》,《云南大学学报》(社会科学版)2016 年第 5 期。

43. 杜栋、葛韶阳、牛青:《统筹学"透视"下的城市工作》,《辽宁行政学院学报》2016 年第 11 期。

44. 田先红、罗兴佐:《"群众"抑或"公民":中国信访权利主体论析》,《华中师范大学学报》(人文社会科学版)2016 年第 5 期。

45. 侯淑芬:《重构信访问责机制对策研究》,《法制博览》2016 年第 4 期。

46. 金太军、杨国兵:《政治系统论视角下传统信访与网络信访的比较研究》,《苏州大学学报》(哲学社会科学版)2016 年第 1 期。

47. 陈石明:《论习近平的国家治理现代化思想》,《武汉科技大学学报》(社会科学版)2016 年第 1 期。

48. 张亮:《大数据信息时代我国信访现状分析及合理化建议》,《中国市场》2017 年第 5 期。

49. 郁建兴、王诗宗、杨帆:《当代中国治理研究的新议程》,《中共浙江省委党校学报》2017 年第 1 期。

50. 左俊斌:《党组织视角下信访制度研究》,《经济研究导刊》2017 年第 4 期。

51. 雷浩伟、田田:《创新信访改革思路:信访第三方处置机制的运用分析》,《南方论刊》2017 年第 3 期。

52. 郭广珍、谢地、程广宇:《互联网环境下的制度变迁与社会治理研究》,《中国软科学》2017 年第 2 期。

53. 杨俊一:《价值正义:国家社会治理的原则、原理与路径——兼论"核心价值观"规范国家社会治理的伦理路径》,《上海大学学报》(社会科学版)2017 年第 1 期。

54. 李大宇、章昌平、许鹿:《精准治理:中国场景下的政府治理范式转换》,《公共管理学报》2017 年第 1 期。

55. 王惠林、洪明:《历史遗留问题信访的治理机制研究——以中部某省 L 镇的调查为例》,《天津行政学院学报》2017 年第 1 期。

56. 董亚炜:《中国信访制度问题探析——基于政治社会学的视角》,《天津行政学院学报》2017 年第 2 期。

57. 周军:《复杂性理论视角下的政府模式变革》,《公共管理与政策评论》2017 年第 1 期。

58. 韩志明:《在模糊与清晰之间——国家治理的信息逻辑》,《中国行政管理》2017 年第 3 期。

59. 卢守权、刘晶晶:《整体性动态治理模式:内涵、方法与逻辑框架》,《中国行政管理》2017 年第 3 期。

60. 于水、姜凯宜、徐亚清:《网络信访的研究主题与深化方向》,《电子政务》2018 年第 1 期。

61. 谭笑风:《社会治理背景下信访工作系统化路径研究——基于河南永城信访工作的调查》,《领导科学》2019 年第 12 期。

62. 付晶、刘振宇:《大数据时代的网上信访:治理模式与优化路径》,《宁夏社会科学》2019 年第 2 期。

63. 刘振勇、陆霞、王刚强:《"互联网+"视域下信访权利实现的渠道创新研究》,《领导科学》2019 年第 4 期。

64. 潘素敏:《浅论中国法制进程中的信访制度》,《法制博览》(中旬刊)2012 年第 11 期。

(三)学位论文

1. 张修成:《1978 年以来中国信访工作研究》,中共中央党校博士学位论文,2007 年。

2. 张炜:《公民的权利表达及其机制建构》,西南政法大学博士学位论文,2008 年。

3. 叶笑云:《平衡视阈下的当代中国信访制度研究》,复旦大学博士学位论文,2008 年。

4. 申端锋:《治权与维权:和平乡农民上访与乡村治理 1978—2008》,华中科技大学博士学位论文,2009 年。

5. 贾新政:《科学发展观视域下"五个统筹"思想研究》,山东大学硕士学位论文,2010 年。

6. 李娜:《党群关系视角下的信访制度研究》,中共中央党校博士学位论文,2010 年。

7. 黄晓梅:《基层信访工作的困境及突破——以义乌市为例》,浙江大学硕士学位论文,2010 年。

8. 张学勇:《谈现行信访制度的改革》,山东大学硕士学位论文,2010 年。

9. 薄存东:《我国信访制度的困境及出路》,山东大学硕士学位论文,2010 年。

10. 杜桥省:《社会转型期群体性事件成因及对策研究》,西北大学硕士学位论文,2010 年。

11. 许英姿:《基于委托代理理论的信访制度的研究》,上海交通大学硕士学位论文,2010 年。

12. 张盈盈:《公民视角下我国信访制度改革研究》,首都经济贸易大学硕士学位论文,2010 年。

13. 孙首灿:《政治体制视角下的政府信访制度研究》,东华大学硕士学位论文,2012 年。

14. 丁榕俊:《国际关系理论的复杂性转向——"复杂系统"研究》,外交学院博士学位论文,2016 年。

15. 钱培华:《我国"一站式"信访服务研究》,复旦大学硕士学位论文,2012 年。

16. 薛敏:《信访制度的价值目标、现实困境及对策研究》,中国海洋大学硕士学位论文,2013 年。

17. 张晓彬:《论社会管理创新视角下的信访工作》,山东师范大学硕士学位论文,2013 年。

18. 陈鸣:《社会冲突视角下的基层信访工作创新研究》,华东政法大学硕士学位论文,2013 年。

19. 张兴华:《当代中国国家治理》,华东师范大学博士学位论文,2014 年。

20. 李凤翠:《我国信访工作存在的问题及对策分析》,黑龙江大学硕士学位论文,2014 年。

21. 杜楠:《现阶段信访问题研究》,贵州财经学院硕士学位论文,2011 年。

22. 李勇杰:《习近平社会治理思想研究》,青岛理工大学硕士学位论文,2015 年。

23. 鲍枫:《国家治理视野下的信访机制建设研究》,内蒙古大学硕士学位论文,2015 年。

24. 黄闪闪:《行政监督视角下信访制度创新研究》,电子科技大学硕士学位论文,2015 年。

25. 朱广吉:《习近平社会治理思想研究》,大连海事大学硕士学位论文,2015 年。

26. 刘馨蕾:《十八大以来对中国特色社会主义的创新研究》,吉林大学硕士学位论文,2015 年。

27. 杨柳:《社会力量参与信访矛盾化解的实践与思考》,华东政法大学硕士学位论文,2015 年。

28. 武森:《信访体制改革与完善研究》,山东大学硕士学位论文,2015 年。

29. 刘厚见:《建国后中国共产党信访理论与实践研究》,湖南师范大学博士学位论文,2016 年。

30. 张丽:《区域治理视域下我国中央政府与地方政府的合作治理关系研究》,中国矿业大学硕士学位论文,2016 年。

31. 薄云凤:《基层信访矛盾的社会治理研究》,南京大学硕士学位论文,2016 年。

32. 陈鑫:《基层信访问题研究》,福建农林大学硕士学位论文,2016 年。

33. 田鹏程:《基层信访治理变迁研究》,南京大学硕士学位论文,2016 年。

34. 程涛:《社会稳定风险评估机制在维稳工作中的建构研究》,云南大学硕士学位论文,2016 年。

35. 王凤霞:《涉法涉诉信访制度研究》,山东大学硕士学位论文,2016 年。

36. 王一名:《社会治理创新背景下基层信访问题研究》,长春工业大学硕士学位论文,2018 年。

37. 李东升:《信访制度改革研究》,内蒙古大学硕士学位论文,2018 年。

38. 蔺代标:《网上信访:一种新的非暴力利益表达形式》,湖南师范大学硕士学位论文,2018 年。

39. 柯鹏:《信访制度的改革实践与制度创新》,华中师范大学硕士学位论文,2018 年。

40. 夏臻真:《征地拆迁冲突下基层信访治理的困境与对策研究》,南昌大学硕士学位论文,2019 年。

41. 杜琴:《广安市环境信访工作的问题及对策研究》,电子科技大学硕士学位论文,2019 年。

42. 刘闯:《契约式治理:中国地方治理一种新类型研究》,吉林大学博士学位论文,2019 年。

后　记

　　本书的创意起于前个国家课题"信访和谐问题研究"关于信访工作标准化、信访预警以及信访和谐问题的研究,遇到问题解决的顶层设计难题;触发于 2008 年后接触到的统筹学理论学习的指引,构思于完成前个国家课题之际,随后申报立项国家项目。信访问题的统筹治理,是一个涉及从经济政治、发展稳定、民主法治、协调平衡等多方面利益关系与权力关系的统筹过程。用新的理论范式来解构中国社会治理中的根本性问题,是本研究在理论创新方面的一种探索。但面对信访错综复杂的利益关系,体制机制制度与现实之间一系列不适应,构成理论创新的一道道坎。本研究企望可以抓住信访问题的关键和本质,以系统与统筹的辩证,以整体与统一的耦合,以"树形网状"的结构,对社会矛盾问题产生一定的解释力。但这是一种大胆探索与创新。这种涵盖贯通式架构,定会因为笔者对问题的把握能力、视野局限,而不周延不完善、生涩与生硬。毫无疑问,现实总是比理想更骨感。

　　基于笔者对相关理论与问题的长期思索,使得本书的写作有了较为充足的理论基础,并通过挂职、实地考察体验,大量调研,获取了经验及第一手资料。借助所在单位优势,对领导干部进行了大量调研问卷和深度访谈。通过"省长信箱"、信访听证、现场接访,对信访工作现场体验。对山东省新泰市的"平安协会"、"文化惠民工程",泰安市的"泰山幸福 e 家园",枣庄市的社区"网格化"管理、山东省各地基层党建工作调研、塘约村"塘约道路",烟台党支部领办合作社等社会实践的现场跟踪研究,为本书提供了实践支撑。纵然如此,由于功底、能力与精力所限,对于这一理论范式的构建、完善与实践检验仅仅是个开启。同时,因统筹侧重领导者和决策者,本书从信访人或者"第三方"角度对理论效用的检验,也是有着进一步拓展的广阔空间。

　　本书的写作与出版,有赖于国家社会科学基金的支持,有赖于中共山东省委党校(山东行政学院)科研政策及"信访与社会问题研究中心"的资助,有赖于人民出版社毕于慧编审的胆识与眼力及鼓励与鞭策,在此表示衷心的感谢;还要感谢所有参与项目相关工作的部门与人员,他们是提供现场支持的各级信访局领导及工作者,由衷感谢参与课题初创与初稿案例资料数据问卷及录音整理和文稿修改校对编辑的所有人员。一项科研任务的完成,是研究者、一线实务工作者与组织管理等多方面共同努力的协同结果,国家的信任、前人的肩膀、制度的支持、部门的服务、团队的合作、家人的包容、朋友的帮助,有无数的"无名英雄"在背后默默地奉献,这是一个感人的故事,这份长长的名单,请允许我感恩至深、铭记在心。本书援引的著作、报刊、媒体的有关信访与统筹的思想和观点,有的已经载明,有的可能没有明确指出,在此一并致以诚挚的谢忱。

　　《易·坤》文言曰:"君子黄中通理,正位居体,美在其中,而畅于四支,发于事业,美之至也。"人生境界,美好理想,何其高远！时不我待,只争朝夕,我当砥砺前行,不负时代,不负韶华。

宋协娜

2019 年 5 月 20 日于泉城

责任编辑:毕于慧
封面设计:石笑梦

图书在版编目(CIP)数据

信访问题统筹治理研究/宋协娜 著. —北京:人民出版社,2020.6
ISBN 978 - 7 - 01 - 021500 - 6

Ⅰ.①信… Ⅱ.①宋… Ⅲ.①信访工作-研究-中国 Ⅳ.①D632.8

中国版本图书馆 CIP 数据核字(2019)第 245208 号

信访问题统筹治理研究
XINFANG WENTI TONGCHOU ZHILI YANJIU

宋协娜 著

人民出版社 出版发行
(100706 北京市东城区隆福寺街 99 号)

中煤(北京)印务有限公司印刷 新华书店经销

2020 年 6 月第 1 版 2020 年 6 月北京第 1 次印刷
开本:710 毫米×1000 毫米 1/16 印张:21.25
字数:330 千字

ISBN 978 - 7 - 01 - 021500 - 6 定价:65.00 元

邮购地址 100706 北京市东城区隆福寺街 99 号
人民东方图书销售中心 电话 (010)65250042 65289539